新华文摘精华本

纪念《新华文摘》创刊30周年

（1979-2009）

（2000-2008）

精华本

新华文摘

新华文摘杂志社 编

经济卷

人民出版社

目　录

❋ 2003年

❋ 2004年

2008年

经济卷

2000 年

世纪之交的中国经济

王梦奎

中国经济发展的新阶段

一个总的判断:中国经济进入了一个新的发展阶段。因为:

第一,从实现第二步战略目标转向开始实施第三步战略目标。"十五"计划是开始实施第三步发展战略的第一个五年计划。1980—2000 年 GNP 翻两番的计划,提前 5 年,在 1995 年实现了。十四届五中全会修改了原定目标,提出2000 年人均 GNP 比 1980 年翻两番,也提前实现了。从总体上可以说,实现了第二步战略目标,而且比原来预定的标准高。这标志着,我国社会经济发展进入了一个新的阶段,即从小康逐步向现代化过渡的阶段。这将会在社会经济生活中引起许多重大的变化。现在社会经济生活中的许多矛盾和问题,是同经济发展阶段的变化有关的。"十五"计划必须考虑经济发展阶段的变化,使第三步战略目标有个好的开端。当然,全国发展很不平衡,有些地方刚刚解决了温饱问题,有几千万人温饱问题还没有完全解决。但从总体可以说,初步实现了小康。我说"初步",是因为小康是个长达几十年的过程,直到下世纪中叶基本实现现代化之前,都是小康,这几十年都是小康建设,也可以说是从小康向现代化过渡的阶段。

第二,经济体制进入了新的阶段。"十五"计划是初步建立社会主义市场经济体制条件下的第一个五年计划。以往的九个五年计划,是在计划经济体制下,或者是在经济体制转折过程中制定的。"十五"计划是在市场经济体制下制定的,也将在市场经济条件下实施。制定计划的指导思想,计划的方法,实施计划的手段,都同过去有很大不同。制定和实施"十五"计划,要充分考虑到体制的变化,考虑市场经济条件下的新情况和新问题,包括市场经济体制还很不完善的现状以及改革的方向,都同经济发展有密切关系。

第三,国际形势的变化。国际政治格局、经济格局和军事格局正在发生重大变化。制定和实施"十五"计划,必须考虑国际形势的变化,特别要考虑我国加入世贸组织,我国经济同世界经济联系越来越密切的情况。在国际竞争越来越激烈的条件下,我们要在国际竞争中求发展。这是直接关系我国下世纪在世界上地位的大事。

"十五"计划的基础或起点

"九五"的结果就是"十五"的起点。还有一年多时间,现在可以做出如下判断:

第一,1999年预定7%的增长率可以实现。如果2000年经济增长达到7%左右,"九五"时期(1996—2000年)平均增长率为8%,1981—2000年平均增长率为9.6%,2000年GDP是1980年的6.3倍,超额50%实现了80年代初提出的翻两番的目标。据世界银行统计,1997年我国经济总量居世界第七位,许多重要工农业产品产量居世界前列。按1995年不变价计算,2000年GDP为9万多亿元。这是实施"十五"计划和下世纪初发展的物质基础。

第二,中央所采取的刺激经济增长的措施正在落实,2000年经济增长速度可以达到7%左右。1999年发电量和工业用电增长速度快于1998年,重工业产销率高于轻工业,库存明显减少,企业效益好转,进口增长比较快,出口可以比去年略有增长,9月份居民消费价格比上月上涨2%,商品零售价格上涨0.7%。这说明,中国经济正在好转。如果能保持这种发展势头,估计2000年物价有可能止跌回升。如果没有外部环境的突发性变化,"十五"计划将会有一个比较好的起点。

第三,2000 年将会继续实行扩张性的财政政策,"十五"前期可能需要继续实行这种政策。这是对付通货紧缩的必要措施。世界上不少经济专家都在说:凯恩斯主义回来了。这种扩张性的财政政策能不能长期实行? 不能。什么时候放弃? 至少,在通货膨胀成为主要危险的时候则必须放弃。要研究扩张性财政政策的限度,考虑国家财政的承受能力,这种财政资金的使用效益,以及这种扩张性财政政策停止以后在建项目的延续。扩张性财政政策实行与否,实行时间可以延续多久,以及规模之大小,直接关系到"十五"计划总的规模,也关系到每个省、自治区、直辖市的发展。

第四,社会主义市场经济体制初步建立,这是"十五"计划和下世纪发展的体制基础。对于当前我国经济的市场化程度,有不同的估计,从总体上说,大约在 50% 到 60% 之间,不同领域情况不同。传统体制下的社会经济矛盾和问题,有些解决了,有些还没有完全解决,新体制也产生一些新的矛盾和问题。在社会经济发展中也积累了不少矛盾和问题。这都是制定和实施"十五"计划必须考虑的。

第五,国际环境。以下三点是重要的:(一)世界经济有可能保持正常的发展态势。亚洲经济在复苏。欧洲经济在好转。美国经济连续九年繁荣,对前景有不同的估计,近期不会太坏,也不可能更好。国际货币基金组织预测,1999 年全球经济增长率为 3%,2000 年为 3.5%。世界银行最近对 1999、2000 年世界经济增长速度的预测也提高了。据世界银行预测,2000—2007 年世界经济年均增长率可以达到 3%,发展中国家将高达 5%。都是比较乐观的预测。总的来说,这对中国经济增长比较有利。(二)从政治上看,世界单极与多极的矛盾和斗争进入更加复杂的阶段,我国周边环境中的潜在压力和现实挑战增大。(三)国际形势中不稳定因素增多。地区冲突和局部战争的频度和强度可能上升,军控和裁军势头减弱,地区和全球军备竞赛危险增大。经济全球化的发展,世界金融体系的脆弱,虚拟经济的膨胀,使国际经济风险增加。天下并不太平。但是,综合各种因素判断,未来 5—10 年不会引发世界大战。我们仍然有条件坚持以经济建设为中心,集中力量进行现代化建设。

当前和"十五"时期经济发展中
必须着重解决的一些问题

需要研究和解决的问题很多,各地情况又千差万别。从全国情况看,以下几个问题是必须着重加以研究和解决的:

第一,扩大内需,保持经济增长的问题

除极少数具有特殊情况的小国外,世界绝大多数国家都是立足国内市场,以内需为主促进本国经济增长的。对于像我国这样一个人口众多的大国来说,经济发展更是主要依赖内部需求的扩张。事实上,不仅改革开放前30年,就是改革开放以来的20年,我国经济的高速增长也是在国内投资需求和消费需求快速扩张的过程中实现的。

那末,为什么1998年以来强调扩大内需呢? 一是因为亚洲几个国家发生金融危机,我国商品出口受到很大影响,使国内市场压力加大;二是国内通货紧缩,市场疲软,需求不振。扩大内需是缓解当前经济困难的正确选择,也是长期经济发展的基本立足点。当然,强调扩大需求同改善供给并不矛盾,并不是说不存在供给方面的问题。改善供给是扩大需求的重要手段,也是经济工作的一个重要的着力点。

我国投资需求和消费需求都具有很大的扩张余地,能够支持国民经济稳定增长。今后一个时期,投资需求的扩张,主要依靠四个方面:

一是产业结构升级的推动。二是固定资产的大规模更新。三是城市化进程和基础设施建设。我国城市化明显滞后于工业化,城市基础设施明显滞后于经济发展和人民生活的需要。加快城市化进程和基础设施建设是今后相当长时期经济发展的一个显著特点,将会给经济增长提供强大的推动力。四是多种经济成份投资的增长。以公有制为主体、多种经济成份共同发展是我国社会主义初级阶段的一项基本经济制度。公有经济要继续发展,非公有制经济也有广阔的发展余地。

我国有12亿以上人口,经济在持续发展,消费需求扩张的潜力很大。同其他国家相比,我国的市场商品过剩,是在工业化过程尚未完成,城乡居民生活刚从温饱迈入小康,有几千万人口连温饱问题还没有解决的发展阶段过早地发生的。市场商品过剩的原因需要进行具体分析。有些是长期以来盲目重复建设所造成的产品绝对过剩,或者根本没有销路。有些是结构性过剩,例如品种、质量不适销对路,或者不具备消费某种产品的条件(没有电力供应就不能使用电器)。有些是有效需求不足,群众没有购买能力。改革开放初期改变"高积累、低消费"政策,1981 年居民消费占国内生产总值67.5%,1997 年下降到47.5%。根据各国经济发展的普遍规律,随着收入水平提高,消费水平随之提高但消费率下降。但是,同处于类似发展阶段的国家相比,我国居民消费率是偏低的。要加大刺激消费需求的政策力度,"十五"时期至少要扭转消费率下降的趋势,包括增加工资,农民增收减负,以及通过健全社会保障制度增加人们的消费。要在经济发展的新的更高的起点上,重新提出正确处理建设和民生关系的问题。目前的市场过剩也有体制方面的障碍,例如住房,如果能实现商品化并开放二级市场,目前 8 000 多万平方米积压商品房就可以销售出相当一部分,市场就可以搞活。

当前消费需求不足的重要原因之一,是相当一部分人对收入增长预期下降,对支出预期提高。支出预期提高与就业、养老、医疗、住房和教育等方面改革措施的集中推进有关,这导致人们尽可能多地增加储蓄,降低了即期消费欲望,增加了市场商品销售困难。需要调整政策,健全社会保障制度,减少人们对未来的不确定感和不安全感,解除后顾之忧,改变收入和支出预期。发展消费信贷,即某种意义上的"寅吃卯粮",是市场商品过剩条件下刺激消费需求的一种可供选择的政策。

第二,国有企业改革与发展问题

1984 年党的十二届三中全会关于经济体制改革的决定,提出改革的重点由农村转向城市,国有企业改革是整个经济体制改革的中心环节,到现在已经 15 年了。15 年来,国有企业改革和发展取得很大进展,对整个国民经济的改革和发展作出了重要贡献。十五届四中全会又专门讨论国有企业改革和发展问题,一方面说明中央对这个问题的高度重视,同时也说明问题还没有完全解决。国有企业的困难不是今天才有的。现在,由于多种经济成份的发展,由于其他方面改革的推进,由于国内市场供求关系的根本性变化,由于国内外市场激烈的竞争,国有企业的状况明显不能适应全国改革和发展形势的需要。国有企业改革是经济体制改革中最艰巨、最困难的任务。和农村改革比较,和财政、金融体制改革比较,都可以看出这一点。农民对包产到户这种生产组织形式并不陌生,主要是政治胆略和决心的问题。财政、金融改革有市场经济发达国家许多成功的经验和做法可供借鉴。国有企业改革是要找到国有经济同市场经济相结合的有效形式,是一种创造。西方国家也有国有经济,有些管理办法也可以借鉴,但和我们社会主义全民所有制的国有经济性质不同。中央总结20年来的经验,广泛吸取各方面意见,也借鉴了国外的做法,作出这么一个好的决定,将会对国有企业改革与发展起到很大的积极推动作用,也会对整个经济改革与发展起到很大的推动作用。现在各方面对这个决定期望很高,但一个决定不可能解决所有问题。有些问题,还需要在实践中摸索。例如企业治理结构的问题,即所谓"老三会"和"新三会"的关系问题,各方面认识并不一致。现在有些新的提法,还需要在实践中检验。资产重组也是很复杂细致的工作,还需要具体的办法。这方面现在做得还不够,是一个突出的薄弱环节。结构调整是更长期的任务。在2000年经济工作中,要突出抓好四中全会精神的落实。

第三,产业结构调整和升级的问题

这是"十五"时期乃至整个下世纪前半叶经济增长的战略重点。这是由两方面情况决定的:一是温饱问题解决,进入小康建设阶段,消费结构发生明显变化,市场需求变化加快,要求改变生产结构以适应市场变化的需要;二是科技进步加快,市场上新产品层出不穷,新的行业不断代替旧的行业,不适应这种变化就难以在国内外市场上立足。工作的重点,一是发展新兴产业,一是用新技术改造传统产业。从发展速度看,新兴产业会超过传统产业,近年来电子信息产业的高速发展可以证明。但是,从在经济总量中所占的比重来看,在"十五"时期乃至更长的时间,传统产业仍将占主要地位,绝不能忽视传统产业的发展。这是由我国经济发展的阶段所决定的。要发展资本密集型产业,但绝不能忽视劳动密集型产业,这是我们的优势所在,增加就业也是经济政策的重要目标。

结构调整是长期任务。结构调整进行了多年,现在的特点是:从补齐短线转变到解决过剩;从增加品种转变到产品升级和产业结构调整;从国内行业与企业的发展转变到参与国际范围内的竞争;从单纯政府导向转变到在市场配置资源作用的基础上发挥政策导向的作用。

第四,全面发展农村经济的问题

改革开放以来,农村经济的发展为整个经济改革和发展提供了重要保障。目前遇到新的问题。一是农产品供求总量已经大体平衡,有的已经发生过剩。这个问题只能通过调整农业生产结构,进行农产品的深加工来解决。二是乡镇企业和整个工业一样,面临生产过剩和销售困难,增长速度趋缓,近两年乡镇企业减少300万个,从业人员减少近2 000万人。初始阶段那种低水平的规模扩张已经不能适应市场需求的变化,需要通过结构调整提高水平。讲产业结构调整和技术进步,应该包括乡镇企业。三是随着资本密集型产业的发展和技术装备水平的提高,单位资本所吸纳的劳动力数量减少,农民外出务工的机会相对减少,乡镇企业的资本有机构成也在提高。从长远看,这是一种进步,但对于有大量剩余劳动力的中国农村是个严重问题。四是农村负担重,三令五申减不下来。农村消费水平低,市场潜力大。扩大内需,农村市场是很重要的一块,关键是如何使农民增加收入和减轻负担。

从长远来说,农村问题的根本解决,要靠工业化和城市化。中国工业化的历史进程还没有结束。因为中国是后发展国家,工业化和现代化是交错在一起进行的。工业化和现代化将引起农村人口的非农化。现在农村人口仍占总人口的将近70%,如果城镇人口每年增加1个百分点,就有1 200万人,所增加的消费需求就相当可观。做到这一点相当不容易。由于交通运输的发达和通讯的便利,由于新技术产业的发展,城市的形态也在发生变化。我们要积极探索有中国特色的农村人口非农化和城市化的道路。成亿农村人口的非农化和适当集中向城镇转移是不可避免的。这个过程也就是现代化的过程,可能要持续几十年的时间,不能求成过急。城市化的进展,将引起社会生产和生活方式的巨大变化。中国现代化的最困难之点和最终落脚点也在这里。

第五,地区经济发展差距的问题

地区经济发展不平衡是普遍规律,大国尤其如此。现在讨论的,是工业化和现代化进程中地区经济发展差距的问题。

中国的工业化进程是从上世纪60年代开始的。新中国成立之后,地区政策几经变化:开始强调均衡发展,毛泽东《论十大关系》提出重视沿海地区,60年代至70年代搞大规模的工厂内迁和"三线"建设,改革开放以来实行允许一部分地区先富起来的政策。总的来说各个地区经济都有很大发展,纵向比较发展速度都很快,但横向比较,发展速度的差距扩大了。总的来说地区发展差距是扩大的趋势。

一般用两种方法测度地区差距状况:一种是绝对差距,即地区之间人均GDP的差距,反映地区之间发展水平的差距。因为基数不同,每个百分点的绝对量不同,即使以同样速度增长,绝对差距也会扩大。另一种是相对差距,即地区之间人均GDP之比。和绝对差距不同的是,如果经济落后地区增长速度快,相对差距就会缩小。建国50年来,即使在实行计划经济时期,地区差距也是扩大的,近20年来差距扩大的趋势更加明显。这说明,在我国经济发展的现阶段,地区经济发展差距的扩大是难以避免的。这是指总的趋势。个别地区由于发展快,缩小同先进地区的差距甚至后来居上,也是有可能的。

研究地区差距。需要注意到:

一、地区人均收入差距主要是由农村居民的收入差距引起的,城镇居民收入差距要小得多。国内和国际的比较都是如此。这说明,地区差距在相当大程度上是城乡差距的问题,或者说,是工业化和城市化程度的差异。

二、从社会发展指标来考察,大部分社会发展指标,如文化、教育、卫生、科技、环境等,相对差距系数都小于人均GDP的差距,说明人民在享受公共服务方面的地区差距相对比较小。但是,主要基础设施指标,除人均用电量外,都明显高于人均GDP的相对差异系数。这说明,不发达地区基础设施更加落后,基础设施建设应该成为缩小地区差距的一个工作重点。

三、除了各省、区之间的差距外,还应该注意省、区内部各市、县之间的差距问题。多数省、自治区内部,市、县之间的发展差距也呈扩大的趋势。省、自治区制定发展战略要考虑这个问题。

在地区发展差距问题上,要树立"两个大局"的观点:

允许一部分地区先富裕起来是一个大局。改革开放以来由于实行允许一部分地区先富起来的政策,东部地区加快了发展步伐,各省、区内部也都有一部分地区率先富裕起来,带动了全国的发展。这个政策要坚持。

实现共同发展、共同富裕也是一个大局,而且是我们的目标。实现这个目标需要有一个过程。"九五"计划已经突出地提出这个问题,但"九五"时期地区差距还是扩大的。现在中央提出加快西部地区发展的问题,"十五"计划要制定西部地区发展的计划。"十五"时期的目标,应该争取地区相对差距不再扩大;绝对差距由加速增长变为匀速增长,然后转向减速增长,直至缩小差距。发展轨迹大体如此。旧的地区差距缩小或者消灭了,还会出现新的地区差距。发展不平衡是普遍规律,但那将是高水平上的地区差距。

关于东、中、西部的经济区域的划分并不是很精确的。新中国成立初期常用南方和北方分析地区经济差距。毛泽东《论十大关系》中用沿海和内地来分析地区发展不平衡。"七五"计划开始提东部、中部和西部。"八五"没有采用这种划分方法,"九五"又开始采用这种划分方法。这只是粗线条的分析方法,同是东部、中部或者西部,省、区之间发展也不平衡。这个问题,实质是加快经济落后地区发展的问题。要研究如何发挥优势,走有自己特色的发展道路。加快落后地区的发展,采取什么样的发展战略和政策,是制定"十五"计划的一个重要问题。区域经济发展,不能局限于东、中、西部的划分,还需要有跨区域的规划。

第六,关于外部经济环境和对外经济关系有两点需要考虑:

一、坚持对外开放的基本国策,继续扩大对外开放,对外贸易和利用外资的规模会继续扩大,对经济增长起积极的拉动作用。总的说来,政策会放宽,限制会减少。但是,同过去20年相比,今后一个时期对外贸易的增长速度将会降低。现在国际经济格局发生很大变化,许多发展中国家都在积极进入国际市场,本币大幅度贬值的国家对我国出口商品的竞争优势显现出来,加上一些发达国家国内市场需求缩小,国际贸易保护主义抬头,世界市场不稳定性增加,我国的对外贸易不可能像1979—1997年那样远高于GDP的速度增长,中国经济增长要更多地依赖扩大内需来实现。预计"十五"时期的出口增长率会高于最近这两三年。对外贸易必须进一步提高水平和质量,积极开拓市场。

二、经济全球化进程加快,中国经济会进一步同世界经济相融合。这对中国经济发展有两方面的影响:一方面,为我们提供更多的进入世界市场、扩大出口、引进技术和资金的机会,同时也带来严峻的挑战。世界市场是由西方发达国家占主导地位的,游戏规则是西方发达国家制定的,总体上说是对发达国家有利的。在全球化的浪潮中,世界贫富差距在扩大。在经济全球化浪潮中,有赢家,也有输家。我们要增强国家的竞争能力,在加入经济全球化进程的步骤和方法上,在实行对外开放的具体政策上审时度势,权衡利弊,力争成为世界经济竞争中的赢家。

当前世界经济发展有三种趋势:国家经济振兴,区域集团化(例如欧元区、北美自由贸易区、东盟),全球化。全球化并不是唯一的趋势,不能只讲全球化。对于发展中国家来说,国家经济振兴是逐步融入全球化的基础,实行对外开放又是国家经济振兴的条件。在经济全球化的浪潮中,必须高度重视国家的经济安全,特别是信息安全、金融安全和重要的短缺资源的供给保障。

加入WTO是我国经济进一步和世界经济相融的重大步骤。谈判正在继续进行。加入WTO涉及国民经济和社会发展的广泛领域,利弊得失要具体分析,而且要分析近期利弊和长期利弊。总体上说利大于弊。不论加入迟早,我们都应该努力提高企业的竞争能力和抵御风险的能力,积极作好参与国际市场竞争的准备,维护我国在对外开放过程中的主动权。

第七,进一步实施可持续发展战略

需要考虑两方面的情况:一是我国的自然资源,包括耕地、森林、水和矿产资源,绝大多数(不是全部)人均占有量低于世界水平。加上几十年来在技术水平比较低、资金缺乏的情况下,快速推进工业化,消耗了大量资源,粗放式的发展路子已经难以为继。二是随着温饱问题的解决,人民对于生活质量的要求提高,环境保护是提高生活质量的重要方面。为当前全国人民的福祉,为子孙后代的长远利益,必须进一步实施可持续发展的战略。主要是人口、环境和资源问题。

人口问题是我国经济发展中的特殊问题。1998年底全国人口12.481亿,人口自然增长率为 9.53%, 首次降到 10% 以下。"十五"时期如果能控制在 10% 以下, 2005 年底全国人口可以控制在 13.3 亿。"十五"时期是劳动力供给数量增长最多而劳动力需求增长相对缓慢的时期。有人根据 30 个省、市的情况作过计算, 人口增长率每下降 1 个千分点, 人均 GDP 增长率可提高 0.36—0.59 个百分点。人口问题应该是三句话:控制人口数量, 提高人口质量, 注意老龄化问题。我国现在 60 岁以上人口占 10%, 在经济不发达的条件下进入老龄社会。虽然老龄化会带来不少新的问题, 但现阶段仍然必须坚持计划生育的基本国策。

环境保护不仅是提高生活质量的需要, 也是一个新的经济增长点。环境保护可以推动企业技术改造, 推动产业结构调整, 甚至形成新的产业。值得注意的是, 环境问题可能成为今后国际政治经济斗争和外交斗争的一项重要内容, 我国可能会面临来自某些经济发达国家的压力。

资源的合理开发和节约使用是长远大计。水资源短缺的问题愈益严重, 必须全面推行节约用水制度, 积极寻找新的水源。要减少初级产品出口以节约资源, 进口高能耗的产品以节约能源。

第八, 处理好改革、发展、稳定三者的关系

目前改革处于攻坚阶段, 发展处于转折时期, 处理好改革、发展和稳定三者关系的难度增大。由于深化改革引起利益关系的重大调整, 收入差距扩大, 经济增长速度下降使失业人员增加, 产业资金技术密集度提高使单位投资所提供的就业机会相对减少, 以及社会腐败现象的滋生蔓延, 加上民族和宗教问题, 都是影响社会稳定的因素。制定"十五"计划需要综合考虑经济发展的速度、改革的力度和群众的承受能力, 把妥善处理改革、发展、稳定三者关系作为一条重要的指导思想。

下世纪初经济增长的前景

中国经济发展和改革中确实存在许多困难、许多棘手的问题, 都是必须高度重视, 认真加以解决的。但是, 总的来说, 当前我们所遇到的困难, 是前进过

程中的困难。从主流看,从长远战略眼光看,中国经济发展有许多有利的条件,有着光明的前景。

第一,从经济发展阶段看。我国正处在传统的工业化进程尚未完成,现代化进程刚刚开始的经济发展阶段。

第二,从物质条件看。现在各种建设材料和机器设备供应丰富,还可以引进国外的先进设备,有比较多的外汇储备,过去做不到、甚至连想都不敢想的建设项目,现在很容易就做到了。

第三,从体制基础看。随着社会主义市场经济体制的逐步完善,一方面,市场化程度在提高,市场在资源配置中的作用在增强;一方面,在发展市场经济条件下如何实施宏观调控,国家也积累了经验。

第四,从人才条件看。中国人口多,就业压力大,但劳动力价格便宜,具备竞争优势。

第五,从国际环境看。尽管国际环境有不少隐忧,但和平的国际环境能够保持,我们还可以集中精力进行经济建设。

综合分析各方面条件,"十五"时期我国经济将是一个新的成长期。整个下世纪初叶会保持好的发展势头。

【2000年第3期】

现代化标准研究

宏观经济研究院课题组

现代化的基本涵义、特征和标准

现代化的概念是美国学者1951年提出来的,其基本涵义是说明从农业社会向工业社会的转变。1958年,美国学者丹尼尔·勒纳在《传统社会的消失》一书中提出了两种相互对立的社会,即传统社会和现代社会,现代化则是指传统社会向现代社会的转变过程。60年代和70年代,对现代化涵义的解释更多地倾向于一种特殊的社会变革。这种变革包括政治、经济和社会文化等多方面。

中国学者的研究认为,现代化是传统社会向现代社会多层面、全方位的转变过程,包括经济领域的工业化、政治领域的民主化、社会领域的城市化和价值观念的理性化,及其相互间的互动过程。广义而言,现代化作为一个世界性的历史过程,是指人类社会从工业革命以来所经历的一场急剧变革。这场变革以工业化为动力,导致传统农业社会向现代工业社会的全球大转变,它使工业主义渗透到经济、政治、文化、思想等各个领域,引起深刻的变化。狭义来说,是落后国家采取高效率的途径——包括利用传统因素,通过有计划的经济、技术改造和学习世界先进经验,带动广泛的社会改革,适应现代世界环境变化和迅速赶上先进工业国家的发展过程。现代化的基础和核心是工业化,工业化的重要特征是国民经济的持续增长和经济社会结构的转变。

分析国内外研究的成果,我们认为:

现代化是指在科技和产业革命的推动下,由工业化引起的传统农业社会向现代工业社会的转变,以及由此导致的社会经济、政治、文化等各个领域的深刻变革过程。这一过程,在世界范围内表现出如下一些特征:

第一,现代化是一场革命,这场变革的规模和深度在人类社会发展史上绝无仅有。第二,现代化的变革涉及人类生活的所有领域和各个方面。至少包括工业化、城市化、民主化、世俗化以及社会成员流动和分化、文化教育的普及、传播媒介的扩展、政治参与的扩大等等。第三,现代化具有世界性。现代化发源于欧洲,但现在已经变成一个世界性的现象。现代化导致不同发展程度和不同社会制度的国家相互影响和相互依赖进一步加深,同时,现代化在不同国家的实现道路又有所不同。第四,现代化具有鲜明的时代特征。现代化是一个历史的范畴,有其基本的内涵。但随着时代的发展和社会的进步,受世界经济和政治发展不平衡规律的影响,世界现代化的程度不断提高,内容也日益丰富。第五,现代化运动呈加速发展的趋势。英、法的现代化过程大约用了150年,俄国和日本用了100年左右,而新兴工业化国家和地区只用了40年的时间。现代化起步晚的国家,可以利用后发优势,加速发展。

现代化既然是社会的全面变革,自然包括经济、政治和思想文化等各方面的全面的现代化。但由于政治和思想的现代化很难量化,国际上衡量现代化的标准主要围绕经济和社会指标来拟定。

目前国际上比较常用的现代化标准是美国社会学家英格尔斯提出的社会现代化指标,内容如下:

(1)人均国民生产总值(GNP)——3 000美元以上

(2)农业产值占国民生产总值的比重——12%—15%以下

(3)服务业产值占国民生产总值的比重——45%以上

(4)非农劳动力占总劳动力的比重——70%以上

(5)识字人口的比重——80%以上

(6)适龄青年中大学生的比重——10%—15%以上

(7)每名医生服务的人数——1 000人以下

(8)平均预期寿命——70岁以上

(9)婴儿自然死亡率——3%以下

(10)城市人口占总人口的比重——50%以上

(11)人口自然增长率——1%以下

此外,国外还有一些有代表性的社会现代化综合评价指标。例如美国宾州大学教授埃恩蒂斯选择36个指标,组成"社会进步指数";联合国开发署用3个指标(平均预期寿命、成人识字率和按购买力平价计算的GDP)组成"人文发展指数";美国海外开发署大卫·莫里斯博士用3个指标(平均预期寿命、婴儿死亡率和成人识字率)组成"生活质量指数"。另外还有国际竞争力、人均财富资产总值、投资环境、生活成本等多种多样的综合评价指标。

我国现代化的历史进程和国际比较

从严格意义上讲,中国现代化的历史进程是在1949年新中国成立后的社会主义制度条件下展开的。从50年代到70年代后期,党和国家曾多次提出过建设现代化的问题。但是,由于特定的国际环境,特别是受"左"的思想路线的影响,政治运动接连不断,现代化的方向被严重扭曲,现代化建设在曲折的道路上缓慢发展。

1978年党的十一届三中全会,作出了改革开放的伟大战略决策,全党工作重心开始向社会主义现代化建设转移,并在实践中逐步形成了邓小平理论,中国的社会主义现代化建设进入了一个崭新的时期。

经过半个世纪的建设,我国的国民生产总值已跃居世界第7位,约占世界经济总量的2.5%和发展中国家的12.5%,仅次于美国、日本和西方几个发达国家。1952—1998年,我国经济增长率平均为7.7%,比世界平均约3%的增长速度高4.7个百分点。我国已经建立起了完整的工业体系和国民经济体系,一些重要工农业产品产量居世界前列。我国对外开放水平明显提高,1998年对外贸易进入世界前十名的行列,吸收外资和外汇储备均居世界第 2 位。

但是,我国仍然是一个发展中国家,现代化水平和国际通行的标准相比还有很大差距。据中国社会科学院社会学研究所《社会发展与社会指标》课题组 1995 年的分析,我国的现代化水平仍然是很低的。该项研究使用美国英格尔斯提出的现代化十项标准,从世界银行的世界发展报告、联合国教科文年鉴和劳工年鉴中,收集了 120 个国家 1994 年的数据,用综合指数法进行了现代化水平比较。评价的结果是:1994 年中国实现现代化水平为 77.5%,居世界第 69 位,属中等偏下水平,比低收入国家高 36%,比中等收入国家低 24%,比高收入国家低 67%。

其中,我国实现现代化水平较高的指标有四项:(1)每名医生服务的人口为 645 人,已超过现代化标准 1 000 人的 55%,居世界第 33 位;(2)平均预期寿命 70 岁,已达到标准,居第 46 位;(3)人口自然增长率(1990—1994 年平均)已接近现代化标准,居第 34 位;(4)成人识字率为 80%左右,已基本达到标准,居第 61 位。

另外据世界银行《1997 年世界发展报告》对 190 个国家的排序显示,中国的 GDP 总量仅相当于美国的 10%、日本的 13.7%,与巴西持平。而人均 GDP 我国仅为 730 美元,只相当于日本的 1.56%、美国的 2.3%,相当于高收入国家平均水平的 8.79%。从社会发展水平来看虽然大多数居民已经解决了温饱,并正在向小康迈进,但城市人口的比重一直很低。到 1998 年,城镇人口只占全国人口的 30.4%。从总体上看,我国尚属中低收入国家的行列。

我国基本实现现代化的概念和标准

江泽民同志在党的十五大报告展望下世纪我国的发展目标时说:"到世纪中叶建国一百周年时,基本实现现代化,建成富强民主文明的社会主义国家。"这里,明确提出了我国基本实现现代化的时间概念和目标要求。

我们理解,"基本实现现代化"这一目标,包含了如下含义:

首先,实现了现代化。现代化有客观标准,我们所实现的现代化是经得起实践检验、符合国际标准的现代化。在国际上进行比较,达到这一目标,标志我国进入了发达国家行列。其次,现代化的水平还是基本的、初步的,有待进一步发展、扩大和提高。这是因为,现代化是一个历史的、动态的概念,同一个历史时期的不同国家或地区,或者同一个国家或地区在不同的历史时期,现代化所达到的水平和实现的程度会有所不同。再次,充分体现我国的国情和特点。我国的现代化具有社会主义制度的规定性,社会主义初级阶段是我国为实现现代化而奋斗的历史时期。基本实现现代化既标志着社会主义初级阶段的结束,也标志着有中国特色社会主义又一个新的发展进程的开始。最后,表现为社会的全面进步。我们的最终目的,是建设一个富强、民主、文明的社会主义国家,这是包含了物质、制度和精神三个方面的现代化的比较完整的表述。如果还有必要补充的话,可以加上"环境现代化"一条,以充分体现当代意义的"现代化"的更加丰富的内涵。

关于我国"**基本实现现代化**"这一目标的衡量标准,可以从定性和定量两个方面来考虑。只有这样,才能够全面深刻地反映现代化所达到的实际水平,体现不同条件下丰富多彩的现代化模式。因此,对我国基本实现现代化的标准,首先要给出定性的结论。根据已有的提法和研究成果,可以归纳为:第一,完成了工业化,由农业国转变为工业国,综合国力位居世界前列。第二,实现了经济市场化,建立起完善的社会主义市场经济体制,制度优越性得到充分体现。第三,达到较高的国际化水平,不仅经济体制和规则与国际惯例接轨,而且能够在很大程度上影响国际规则的制定。第四,人民的物质和文化生活水平极大提高,达到比较富裕程度。第五,地区发展差距缩小,不同社会群体的收入差距比较合理,社会保障和福利制度完善,基本做到共同富裕。第六,民主法制制度完善,建立起了适应现代化发展的新型政治体制和社会管理体制。第七,科技教育文化事业发达,全民族的素质普遍提高,精神文明达到较高水平,为实现社会的全面进步和人的现代化创造了良好条件。第八,经济社会和资源环境协调发展,各种严重污染和对生态的破坏得到控制,人民的生产和生活环境显著改善。

从量的角度分析,我们采用多项指标综合评价的方法建立了一个现代化标准评价指标体系。这个体系由三个大类三项内容构成。第一项是类别,共分经济发展、社会进步、人口素质和生活质量三大类。进行类别划分的主要目的是为了在整体评价的同时能够从经济和社会发展的不同角度予以考核和评价。

第二项是主要评价指标,共设15项,其中2项为综合性指标,共同构成评价指标体系。第三项为标准值,是在参考国内外有关资料和实践中提出的评价数值,经分析调整确定的。现列表如下。

我国基本实现现代化主要评价指标体系

类　　别	评价指标	标准值
经济发展	1. 人均 GDP	9 000 美元
	2. 农业产值占 GDP 比重	10% 以下
	3. 第三产业产值占 GDP 比重	60% 以上
社会进步	4. 非农劳动力占总劳动力比重	80%
	5. 城市人口占总人口比重	75%
	6. 人均收入	42 000 元
	7. 基尼系数	0.25
	8. 信息化综合指数	60%
人口素质和生活水平	9. 人口自然增长率	7‰
	10. 识字人口比重	90%
	11. 适龄人口中大学生比重	20%
	12. 平均预期寿命	75 岁
	13. 每名医护人员服务的人数	500 人
	14. 恩格尔系数	40%
	15. 环境质量综合指数	80%

现对表中的体系和内容说明如下:

第一类为经济发展指标。经济现代化是现代化的基础和核心,是整个社会全面发展的首要条件。这里包括3项指标:

指标1. 人均 GDP,是反映经济发展整体水平的重要指标,国内外现代化标准均选择该指标并将其放在核心位置。世界银行按人口 GDP 水平将各国分为低、中下、中上和高收入四个等级。世界银行报告(1998—1999)预测,今后十年人均增长1.5%。如果以人均3 000美元为基数,按此增长速度,下世纪中叶其人均 GDP 的下限将达到6 500美元。根据我国的情况,标准值可考虑规定为9 000美元。这一标准值意味着年均增长速度为5%(按1999年基期800美元测算),即使考虑到人口增长因素,也是可以达到的。

指标2.农业产值占GPD的比重,是反映经济发展水平和经济结构变化的重要指标。随着经济的发展,农业产值在经济总量中所占比重将会减少。目前发达国家这一比重约在5%—10%左右,我国可以把这一比例定为接近上限的水平,即10%以下。

指标3.第三产业产值占GDP比重。同上,也是反映经济发展水平和结构变化的重要指标。这一比重越高,产业结构越高级化,经济发展越现代化。根据国际通行的标准和我国的情况,我们把这一比例定为60%。

第二类为社会进步指标。随着经济发展,将带动社会的发展和进步,构成现代化的重要内容。这里列出5项指标:

指标4.非农劳动力占总劳动力比重。随着经济现代化尤其是农业的现代化,越来越多的农民将从单一务农的状态中解放出来,从事其他产业和社会事业,这一比例是社会进步在人口结构上的表现。发达国家非农劳动力所占比重均在90%以上,美、英等国已达到95%以上。参照国际标准并结合我国的情况,此项指标的标准值定为80%。

指标5.城市人口占总人口的比重。道理同上,也是社会结构进步的重要指标。它可以反映一个国家或地区的城市化水平,标准值定为75%。

指标6.人均国民收入。人均收入是反映人民生活水平的一个重要指标,是国家计委和国家统计局提出的《全国人民生活小康水平的基本标准》中的一项内容。根据我国的情况,此项标准值可定为42 000元(不分城乡)。

指标7.基尼系数。基尼系数是最低收入群体人数与总体人数之比。它反映了一个国家普遍富裕的程度,也从侧面体现贫富差距的情况。国际上也常用此项指标进行社会发展状况的比较。根据我国的情况,确定此项标准的数值为0.25。

指标8.信息化综合指数。信息化是当代经济社会进步的重要内容,应成为未来现代化一项重要指标。江泽民同志指出,四个现代化,哪一化也离不开信息化。因此,我们将此列为基本实现现代化的一项指标。此项指标以综合指数的形式来表示,可以考虑由广播电视人口覆盖率、计算机普及率、电话普及率、报纸拥有率等4项指标综合形成。标准值可考虑定为60%。也可考虑用信息产业增加值占 GDP 的比重来衡量。

第三类指标为人口素质和生活质量指标。人的现代化是现代化的根本目的,不断提高人口素质和生活质量是现代化的根本目的。这里列出 7 项指标:

指标 9. 人口自然增长率。人口繁衍是人类发展的客观过程,并呈自然增长的趋势。对这一趋势应当有所控制,否则将受到自然规律的惩罚。我国人口基数很大,此项标准更应严格规定,可考虑定在 7‰以下。

指标 10. 识字人口比重。这是指识字人口占总人口的比重,是体现人口文化素质的一项重要指标。随着我国现代化的进程,文盲越来越少,但尚未完全消灭。此项标准可定为 90%。

指标 11. 适龄青年中大学生比重。这也是体现人口文化素质的一项重要指标。我国目前这一比例不到 10%,按现代化进程的要求,随着我国教育事业的发展,进入高等院校的人数会进一步增加,标准可定为 20%。

指标 12. 平均预期寿命。这是体现生活质量的一个综合指标,它反映居民生活、医疗和健康水平的高低。生活质量越高,平均预期寿命越长。1994 年日、美、英、法四个高收入国家这一指标平均为 79 岁,我国是 70 岁。随着生活水平的提高和医疗条件的改善,我国平均预期寿命会不断提高,标准可定为 75 岁。

指标 13. 每名医护人员服务的人数。这是反映一个社会医疗水平的一项通用性指标。英格尔斯的指标值为每名医生服务的人数在 1 000 人以下。如果把护士算进去,可考虑每名医护人员服务的人数在 500 人以下。

指标 14. 恩格尔系数。恩格尔系数是指用于食物的支出与总支出之比,也是国际比较通行的一个指标。一般来说,随着水平的提高,用于基本生活需要的购买食物支出的比重会逐步下降,50% 左右为温饱,40%—50% 为小康,尔后会降到 40% 以下。根据我国的情况,恩格尔系数的指标值可按 40% 确定。

指标 15. 环境质量综合指数。生态环境既反映居民的生活质量,也构成经济与社会可持续发展的重要内容。因此应当把这方面纳入指标体系,并以综合指数的形式表现出来。参照一些地方的数值,把标准确定为 80%。

西部大开发的经济学思考

中央党校经济研究中心课题组

西部大开发,是国家最近提出的调整区域经济结构、缩小地区间经济差距的一项重大发展战略。也是近期理论界和实际工作部门讨论的一个热门话题。本文拟从经济学的角度对西部大开发的难点、风险和关键政策进行理性和冷静的分析,并据此提出西部大开发可供选择的思路和对策。

要素区域流向法则与东西部经济成长差异

根据全要素经济增长模型以及重视人力资本的新经济增长理论的分析,一个地区的经济成长,最主要的推动力来自于资金、劳动力、技术、知识、人才等各要素的投入。从西部经济发展的要素供给看,土地和劳动力过剩,而资金、技术、人才等要素特别缺乏。缩小发展差距和大开发的一个最重要的决定因素就是这些西部缺乏的要素能不能从内部更多地得以积累,并大量从东部流向西部。那么,要素是根据什么积累和流动的呢?关键在于要素的收益水平。市场经济运行体制中,从要素的地区间流动看,要素是要追逐收益的。哪个地区的资金利润率、工资待遇、技术价格、企业家报酬等等水平较高,它对要素的吸引竞争力就强,资金、劳动力、技术、人才等等,就往哪里流动。这虽然是一个经济学铁的法则,也是西部大开发的最关键的一点,但往往被研究西部大开发的许多文献所忽视。

从信贷资金的流动看,由过去的计划控制、规模下达和额度管理,改变为存贷挂钩和资产负债风险管理。这就使得信贷资金的流动要讲安全,讲效益。东西部比较,信贷资金投在东部要比投在西部收益高且安全。因此,信贷资金可以随着金融体系内部的同业拆借市场,从收益较低和风险较高的西部地区向收益较高和风险较低的东部地区流动,西部储蓄积累的一部分,由"西部存款→金融体系内部拆借→贷款流向东部企业"渠道流出西部,进入东部。

从资本要素的流动看,新兴的资本资金市场,则以东西部地区的上市公司多少和融资规模大小来调节地区间的资金流动。东西部比较,由于公司的效益差别,东部可以由券商推荐的上市公司较多,而西部一些省选择够上市标准的企业很困难。东部上市公司和建立的基金较多,西部较少。西部居民又要购买东部上市公司的股票和基金等,西部储蓄积累的一部分,又由"西部居民购买股票和基金→资本市场→东部上市企业的资本"渠道流出西部,进入东部。

劳动力和人才的地区间流动,更要追逐其收益水平。随着改革的纵深进行,劳动力和人才流动的制度环境已经今非昔比。人事档案管理制度放松,粮食计划配给取消,住房商品化,保险社会化和商业化,户籍约束软化,就学和就医也逐步市场化,农村户口和城市户口的差别在模糊,这一切为劳动力和人才在全国范围内追逐收益而流动创造了条件。从劳动力和人才的收益看,东部要比西部高,东部对劳动力的需求量大,对人才的吸引竞争力强,四川、云南、贵州、重庆等地的劳动力和西部的人才总体上从收益低的西部向收益高的东部,特别是向沿海地区流动,呈很强的趋势。

一个地区的资金和人才收益率越高,说明这个地区资金和人才的利用率较高。技术专利等等,则随资金的收益率和人才的收益水平而流动。现实的微观经济运行中,技术专利、技术人才和企业家要素的流向,主要还是决定于企业综合收益(包括净收入、资本利润率等)水平的高低。从东西部比较来看,这些要素在东部利用的机会要比西部多,发挥作用的环境要比西部好,收益回报要比西部高。这就是国家在计划经济时期配置给西部的技术工艺、技术人才和企业家,在改革开放以后向东部流动的重要原因。

简言之,由于西部地区的收益水平低,总体上讲,资金、技术、人才,特别是企业家等这些西部稀少的要素,越是市场经济,越是净流出,而不会净流入。这是影响西部大开发和其经济成长的最关键的一点。

西部发展要素流动和积累的几个陷阱

西部发展,有运输距离过长、自然条件较差等客观原因。但是,阻碍西部发展的最大障碍是体制因素。西部作为国内欠发达地区,其发展存在着一些体制和经济运行方面的恶性循环,或者说在发展的一些环节上有陷阱,使物质资本、技术和人力资本等要素积累内蓄力不足,并使要素流动陷入漏损之中。

第一个陷阱是内部要素积累和外部要素流入遇到非生产经营性系统负担太重和生产经营系统薄弱的尖锐矛盾。在西部,党政社团和教育等事业单位规模相对较大,经济基础相对薄弱,每一层次的党政等机构对应的企业数量要比东部少;这样,西部企业和劳动者党政社团教育等单位运行经费的负担经费要比东部相对沉重,影响了西部发展的内部积累能力;而由于企业过少,财政产出能力较弱,供养的非经济单位和人口规模过大,使西部党务、行政、社团、教育等工作和事业的运转受到所缴税收短缺的限制;于是,西部企业的税收要分文不少地收上来,预算约束使税收减负和返还的余地很小,而政府各部门则巧立各种名目,向企业、个体经营者和农户尽可能多地收取苛捐杂费,以维持其运转;这就使得西部企业和家庭的储蓄积累能力大大下降,甚至有的农业家庭和城镇企业,简单再生产也难以维持。

从实际的比较可以感觉到,东部有的一个地级区域,有几万家企业,个体工商户的数量也较大,党政社团教育是一个地区级的规模;西部有的省级区域,还没有几万家企业,个体工商户数量也相对较少,但却是一个省级党政社团的上层建筑系统和规模,其下还有几个到十几个地区级的党政社团系统。因此,西部企业不仅在运输成本、自然条件等方面有与东部企业竞争的困难,因上层建筑负担太重也无法与东部企业平等竞争。我们可以从另一个更为深刻的负担与增长的角度进行分析,将一个地区的党政社团和其他吃皇粮的事业人员规模设为 G,将其企业所产出的国民生产总值设为 Q,G/Q 则为经济基础的上层建筑负担系数 R。一个地区的 R 系数越大,这个地区企业的吃皇粮(上层建筑)负担越重,投资、技术、人才的收益率就越低。要素很难流入区内,而且区内要素还会千方百计地流往区外。

在上述大的陷阱中还套着相关的陷阱:非生产经营系统规模过大,但凭借其权力和智力而获得的收益比生产经营系统高且稳定;生产经营性系统薄弱,且企业和生产经营劳动者的收益较低。这样,人力资本在西部内部非生产经营系统和生产经营系统进行配置时,高智力和技能的人力资源往往被吸引和导向到党政社团等非生产经营性系统。越是需要高能力和智力人力资源的生产经营系统,越是得不到分配,甚至原有存量也流出了。

第二个陷阱是其观念封闭、体制滞后对区外流入要素的侵蚀、漏损和排斥。

从外部要素流入西部的位势推理,随着东部发展其劳动力和土地价格的提高,并且西部也有固有的劳动力、土地和资源丰富及便宜的比较优势,应当吸引一些东部要素梯度流动转移到中西部。但是,实际的东西间要素流动有这样两个问题:(1)从观念上看,西部一部分人的潜意识中认为经商赚钱是不义的,特别是对东部来的投资者,在自己管辖范围的土地上赚取利润、发财致富、汇出收入感到不适。于是,在没有引进区外资金时,对外来投资者热情欢迎;一旦资金进入,在土地、人事、双方权利等诸方面摩擦不断。落后观念支配的行为使东部投资者经营环境恶化,并且抵销了西部劳动力、土地和资源价格便宜的比较优势。(2)从体制上看,虽然从全国来看,从 1992 年就开始向市场经济转轨。然而,在西部虽然计划直接分配的资源少了,但是政府经济的特征十分明显。西部政府的管理运行方式还留有很浓的计划经济色彩,加上市场经济下的政府各部门权力和利益动机影响,投资和经营失败的风险也比东部大得多。这样,东部投资者到西部投资,就面临着西部重义轻商、均贫富观念和行为,以及体制成本高、办事效率低的风险陷阱。

西部获得外部要素流入的另一个重要渠道,就是中央政府的转移支付,分为常规性转移支付和专项转移支付。前者为中央财政核定的每年给西部各省市区地方财政的补贴,后者是指中央财政或者中央政府各部门给地方财政或者地方政府各部门的专项事业经费,如扶贫、育林、水利、教育、交通、环保、城建等专项拨款。实际情况是,由于前述的上层建筑负担太重,税源企业基础太薄弱,中央财政和各部门下拨的转移支付和各项专项转移支付,被捆绑挪用作发放工资或者其他非生产性的建设项目的情况较为严重。通过中央财政和各部门下拨的用于人力资本、基础设施等专项资本积累的要素漏入吃皇粮的陷阱之中。

教育方面的转移支付不足,且有一部分被挪用漏出,加上西部较困难财政情况下的自身投入形成低水平的教育资金规模,教育所获得的资金流入较为薄弱。另外,人力资本积累和流动方面,西部在很困难状态下向教育投资形成的高中、大学师资和其他专业的人力资本流向东部。一部分东部经济发展所用的人力资本,从西部免费流入。是由西部投资而形成的,但是没有收益向西部回流。形成的局面是:西部越是教育经费困难,越是很少的教育投资形成的人力资本,越是往东部流动;由于人力资本不足和素质不高,影响经济发展,使用于人力资本积累的教育经费更困难。这就是西部发展的"教育经费少→人力资本积累少并流失→经济发展水平低→教育经费少"的恶性循环。恶性循环中的陷阱是教育转移支付被挪用、自身投入教育经费少、形成的人力资本向区外无偿流出。

第三个陷阱是不利于西部发展的西部资源和市场外围与东部加工工业中心的经济区位分工。不论西部怎样调整其产业结构,从总体区域分工上讲,仍然是国内的资源生产地区、粗加工工业地区,而东部则是深加工工业地区。资源和原材料等产品的收入需求弹性小,市场很不稳定,并且其加工的附加价值较低。而东部深加工工业产品的收入需求弹性大,附加价值高,市场总是有较兴旺和稳定的丰厚利润预期。因此,在国内东西部之间贸易中,西部处在一个不利的劣势位置上。西部向东部输出原材料和粗加工工业产品,成了东部的原材料供应地,而东部向西部输出深加工工业产品,西部又成了东部深加工工业的销售市场,低附加价值输出,高附加价值输入,一出一进,西部流失了大量的净收益。

在实际的经济生活中,改革开放的 20 年来,一些地方自觉和不自觉地采取了这样一种发展方式:限制外部商品进入本区销售,建立自己的工业门类,保护本地区工业品市场。然而,这种替代东部输入型发展思路受到客观限制:由于西部人口比东部少,加上收入水平又比东部低,加工工业的规模受到区内消费市场狭小和容量有限的限制,许多加工工业达不到经济规模,重复建设较多,要素收益率低,效益很差;国内经济的一体化,信息、网络、通讯、交通等等的发展,使商品交易费用大大下降,加上治理公路三乱,中央政府和社会消费者反垄断的法治和情绪压力,使西部实施"资源→深加工→区内市场"这种自我循环工业化发展战略难度很大;如果西部深加工工业产品向东部竞争输出,拟解决西部市场容量有限的限制,从总体上看又受到运输成本、东部技术和质量的竞争。西部替代东部输入型的区内工业化,总体上是在政府经济体制框架内进行的。结果使政府投资、政府管理、政府保护下的区内产业,除了市场规模容量有限的约束外,本身体制成本高、技术进步动力差、经济效率较低。由此看来,在一个较短的时期内,国内东西部之间,外围与中心的区位分工格局很难改变。东部深加工工业由于劳动力、土地等成本上升而向西部的梯度推移和扩散,使东西经济位差缩小,也可能是一个较长的过程。西部要素积累和流入的"中心—外围"陷阱可能将长期存在。

西部大开发的思路和对策

从以上的分析可以看出,西部大开发的推动力是要素的积累和流入,而要素积累和净流入在市场经济运行体制下,关键决定于要素在西部收益率的高低。一些诸如交通运距长、运输成本高这样的影响收益率的因素是主观上无法改变的。但是,中央财政支持、经济政策、制度创新、政府机构改革等等,会使西部企业承担的社会成本部分大大下降,即企业的一些内部化了的社会成本外部化;并且,产权制度方面的创新,使投资者财产积累克服收益率低方面的约束,投资于长期的土地使用权财产;而政府机构的改革,不仅可以降低企业的上层建筑负担,还可以使更多的社会精英和人力资本分配于创造财富的系统。如果在这几个关键的环节没有有力的措施加以改善,西部大开发从经济分析的角度看,可能会落空。因此,首先,需要通过中央和地方政府税收政策方面的优惠提高西部要素的内部收益率。税负高低,实际是企业利润在政府与企业之间的分配比例。政府对投资和企业税收上有优惠,投资和经营者的收益率就会提高。而资金收益率提高相应会带动技术、人才的收益率上升,吸引技术和人才要素西进。20 世纪 80 年代后半期和 90 年代初,在实施东部沿海开放发展战略时,用税收优惠的方式成功地吸引过外资进入。在西部投资环境比东部差的情况下,现在和未来一段时间中更需要这种税收上的优惠政策来吸引资金西进。目前来看,对于到中西部投资的外商,中央政府有税收方面的优惠政策:即在现行税收优惠政策执行期满后的 3 年内,可以减按 15% 的税率征收企业所得税。

其次,需要有土地使用权制度的创新,使到西部开发的投资者有比东部更加实质性的土地长期使用财产权。土地要素供给多是西部的一个比较优势,而且土地要素不能流动。土地长期使用财产权的明晰和硬化,应当成为吸引要素流入的一个重要制度条件。许多投资者,其资金投入,不仅是为短期的收益,也为长期的财产权利和长期的投资收益。有时对长期财产权利的需求偏好会平衡短期资金要素收益较低的缺陷。甚至一些投资者,目的就是为了购买长期的土地使用财产权利。

再次,中央财政合理、稳定的转移支付。近期内生产力布局的倾斜,吸引和筹集资金等方面的优惠政策,是西部大开发和西部长期发展不可缺少的外部推动力。西部由于经济不发达,相对于税收来源较少,程度不同的党政社团和事业性的开支,需要由中央政府的转移支付来解决。中央财政合理和稳定的转移支付,会减轻西部企业的税收和苛捐杂费负担,使其要素投入有一个与东部大致相同的收益率。中央财政对各省区的经常性转移支付,应当通过全国人民代表大会,对选用的核定指标、确定的额度、年增长比率、拨款程序等等予以立法确认,以便使西部各省区科学、合理和稳定地得到中央财政的转移支付。对于经常性和专项转移支付经费的开支,应当有严格的法律和相关条例细则监管,对于挪作它用的,应当视作违法,追究决策者和当事人的法律责任,以保证专项费用不被挪作吃皇粮和其他浪费性支出。

第四,精简党政社团及其他事业机构、压缩人员规模、分流吃皇粮人员、转变政府职能,彻底清理苛捐杂费。精简西部党政社团及其他事业机构和压缩其人员规模,从经济学的意义上讲,就是减轻经济基础的上层建筑负担,除了减少税收外,还要较为彻底地消除企业的税外苛捐杂费,从而使利润合理地在政府与企业及农户之间进行分配,保证西部企业和东部投资者正常的收益率。

从东西部企业公平竞争的角度看,西部设置党政社团和事业单位规模的一个最首要和重要指标,应当是"财政经费负担人数/GNP"。先是核定一个从全国范围内来看,企业均能承受的宽松的比率,然后西部各省市区严格按照这一指标加上其他如人口、地域等指标来核定乡、县、地、省等各级党政社团及其事业单位应有的规模。西部的党政社团和事业单位精简改革,应主要按照这一比率来核定编制,并且机构数量也应当进行大量的压缩,使上层建筑负担适应经济基础的承受能力。

西部党政社团机构和事业单位的精简改革必定会遇到比东部更大的阻力。民族聚集区需要考虑稳定和加上可供分流的经济单位较少,改革的难度也很大。但是,从长远看,西部的稳定,根本上决定于其经济的发展和与东部发展差距的缩小,而制约其发展的一个要害问题就是上层建筑规模相对庞大,经济基础不堪重负,严重影响到各种要素的收益率,使要素积累、流入较为困难。因此,开发要与机构人员精简改革同步进行,力度要大,并且中央政府要为其承担一定的改革成本,列入预算,支付费用。我们认为,与其将全部资金给西部大量的项目投资,还不如拿出其中的一部分用于给西部的上层建筑消肿。

一个地区的发展如何,也决定于社会精英和技术、企业家等人力资本要素,是偏重于向上层建筑系统分配,还是向经济基础系统配置。西部党政社团和事业单位改革的目的和结果,应当是更多的社会精英和人力资本要素流入经济基础系统,给经济注入发展和竞争的活力和成长的推动力。思路是:中央政府支付一定的成本,对断皇粮的职工进行一定的补偿;鼓励目前党政社团和事业单位的干部和职员脱离吃皇粮单位,独自、合伙兴办企业,或者到企业就业,政策上要降低注册企业的门槛,简化兴办企业手续、缩短办企业的时间,减少其办企业的成本;甚至可以考虑将中央政府所列的改革成本,以兴办企业或者到企业就业的补助金形式支付;新人新办法,西部党政社团和事业单位需要新增的人员,严格按照上述科学的编制原则公开竞聘,鼓励新需要分配的大中专毕业生和复转军人更多地到生产经营性部门就业或者自我创业就业;事业单位尽可能地企业化经营,一方面减少财政对其的支出;另一方面,也要防止其利用某些垄断和政府给予的行政权力向社会乱收费,成为其他生产经营性企业新的负担。

第五,选择符合西部区情、经济规律和可持续发展原则的工业化和城市化发展模式。从经济发展的角度看,西部大开发就是想加速西部的工业化和城市化过程。但是,工业化和城市化有着不同的模式可以选择;并且,模式不同,其开发的效果也大不一样。

除了中央政府生产力布局方面的投资项目倾斜外,西部开发的资源动员模式上,应当摒弃政府为主、计划直接动员的传统思路,改为政府利用税收优惠、消除苛捐杂费、转变政府职能,改善要素的收益率信号,利用市场机制,间接调动社会资源内部积累外部投入。通过改革和市场导向,利润在国家和企业之间多分配给企业一些,使西部投资的收益率提高,社会资源自然会正常和快速积累,并从低收益区流向高收益区。这就是政府利用宏观经济政策,通过要素收益信号和要素市场流动机制来开发西部的新思路。

从东西部经济交流和转移看,西部工业化,应当选择两组结合模式:往东输出导向型和扩大西部内需、替代东部输入型相结合;遵循梯度转移趋势和积极发展区内增长极相结合。一方面,要摆脱政府主导下的替代东部输入型的封闭工业化,采取往东输出竞争导向型的开放工业化。西部产品只有东输到人口众多的东部甚至国外市场上去竞争,才能获得比西部更大和更广阔的市场容量,克服区内市场容量有限的限制,使工业发展有规模经济条件。调整工业化思路:有所为,有所不为,有进有退,放弃与东部竞争不利的工业,主要发展有自己优势和东部市场和国外市场上有竞争力的产品,以产品的东输为导向建立区内的工业结构和体系。通过鼓励西部产品东输和出口竞争,使西部企业感觉到竞争压力,改革体制、提高质量、加快技术进步、加强管理,加入到国内外竞争的行列之中。另一方面,西部也要培育区内需求和市场,塑造有容量的市场,发展自己的产业和产业链尽可能多地替代东部输入的产品。通过长期土地使用财产权制度创新和集中型城市化,增加人口容量、形成集中的城市和城镇、改变生活

方式、提高居民收入,形成区内有容量和一定规模的需求和市场;东部的一些产品到西部市场上,也有着运输距离过长而成本过高的不利因素,只要西部企业加强管理、降低体制成本、并有一定的经济规模容量,就能竞争和替代东部产品的进入。然而,西部内部,各省区、各市地之间,也应当有产业上的分工,避免小规模的重复建设、使一些产业能在区内规模化生产。

从城市化方式看,西部人口、企业、市场等等,尽可能要在地理上予以集中,这样总体上可以获得聚集经济效应,企业可以获得外部经济效应,从而提高要素的收益率;并改善发展对生态环境的压力,且在技术和经济上给治理污染和改善生态提供可行条件。发展大中城市、小城市、县所在镇和中心镇,小城镇发展战略重点放在县所在镇和中心镇,并在分散居住的农业区,使人口向小集镇集中。西部城市化模式,要避免过去三线建设企业与周围地方和县乡经济隔离、城市与乡村隔离的二元局面,使城市由乡村分散的经济转移集中而成,实现城乡经济的良性循环。也要加快过去三线建设企业和城市与地方和县乡经济融合的过程。

总之,在以上五个方面切实有政策出台,并理清思路、创新制度、深化改革,西部大开发才会真正得到启动,在十几年或者二十余年的时间内,东西部之间的发展差距就会得到控制,争取缩小,使国民经济走上东西部之间良性运行和平衡发展的轨道。

(主持并执笔:周天勇,参加讨论的有:谢鲁江、徐祥临、胡希宁、施虹、张弥、齐长东、赵荣祥、李志杰等)

【2000年第9期】

短缺与过剩

董辅礽

　　匈牙利经济学家科尔奈把计划经济描述为短缺经济,并作了深刻的论证。把短缺作为计划经济的特征是有道理的,因为在计划经济中,短缺是普遍存在的,也即不是某些商品和服务的短缺,而是商品和服务的普遍短缺;短缺又是经常存在的,也即不是某些商品和服务的一时短缺,而是商品和服务的普遍的经常的短缺。那就是说,在计划经济中短缺不是经济运行过程中某些外在的暂时的因素作用的结果,而是一种制度性的现象,或者说,是计划经济这种体制内在决定的。与此同时,在计划经济中,由于没有通过市场而建立的需求与供给的紧密联系,没有竞争,没有市场竞争对企业和个人的约束和激励,从而又存在着资源的严重浪费,浪费加剧了资源的约束。因此,科尔奈又把计划经济描述为资源约束的经济。也就是说,短缺是资源严重浪费的结果,而资源浪费的一种表现就是在短缺的同时又存在物资、资金、人力的积压,这些积压其实就是过剩。因此,在计划经济中,短缺与浪费、短缺与过剩是共存的,即一边是普遍和经常的短缺,一边是普遍和大量的浪费、过剩。这是计划经济的进一步的特征。也就是说,计划经济的特征是普遍的经常的短缺与普遍的大量的浪费、过剩的并存。无论是短缺还是浪费、过剩都是资源配置的失调。普遍的经常的短缺和普遍的大量的浪费、过剩正是计划经济无力使资源配置优化的证明。

在科尔奈的理论中,他在分析计划经济的弊端时,把计划经济与市场经济作对比,他认为,计划经济是资源约束的经济,市场经济是需求约束的经济,进而他又指出,计划经济中的资源约束所造成的短缺形成卖方市场,即卖方处于主导地位的市场,而市场经济中的需求约束则形成买方市场,即买方处于主导地位的市场。他的这些论述在我国产生了广泛的影响,但也产生了一些对市场经济的误解。例如,他把计划经济中的"市场"(其实计划经济中不存在真正意义的市场)称为卖方市场是恰当的,但把市场经济中的市场说成是买方市场,就在我国产生了误解。这是因为,经过多年的改革,我们摒弃了计划经济,走上了发展市场经济的道路。随着向市场经济的转变以及市场经济的发展,作为计划经济的特征的普遍的经常的短缺逐渐减弱并正在消失。同时,近几年在通货紧缩中又出现了商品和服务的普遍的过剩。由于人们往往把计划经济与市场经济做简单的对应,于是,有些人在我们正走出短缺经济的时候,认定我们已经告别了短缺,在否定计划经济的短缺经济的时候,赞颂市场经济是过剩经济,在贬视计划经济中的卖方市场的时候,赞颂市场经济的常态是买方市场。我不赞成这样的简单的对应。最近,在我国,通货紧缩正在过去,经济出现了可喜的转变。在此转折阶段,有必要对有关问题作一点探讨,以免产生进一步的误解。

先说短缺。如前所述,普遍的经常的短缺是计划经济的一种制度性特征,在我国,随着计划经济向市场经济的转变,这种普遍的经常的短缺必定而且正在逐渐减弱和消失。近几年,在我国的经济中出现了商品和服务的普遍过剩,很少有供不应求的商品。于是,有些人宣称我国已经告别了短缺,并把过剩看做是我国经济的常态。

首先,能否说我们已经摆脱了短缺经济呢?大体上可以,但还应有所保留。摒弃计划经济,发展市场经济,的确会使我国的经济摆脱普遍的经常的短缺,也就是摆脱短缺经济,这正成为现实。但是否可以说我们从此告别了短缺经济呢?还不能。近几年,在我国,在计划经济尚未完全退出,市场经济体制尚未全面建立的情况下,几乎没有短缺的商品,甚至出现了商品和服务的普遍过剩,这里自然有计划经济加速向市场经济转变的原因,但通货紧缩、有效需求不足则起着主要的作用。那么,在通货紧缩过去以后,是否会重新转入短缺经济呢?应该说,由于计划经济向市场经济的转变已经取得了实质性进展,市场经济的基本框架正在形成,计划经济中的那种普遍的经常的短缺确实正在消失,因此可以说,我们已经基本告别了短缺经济。但是,与此同时,也必须看到,计划经济还未全部退出历史舞台,那种由计划经济体制造成的短缺现象还会局部地产生,特别是在市场作用弱的领域。我们将会看到,当我国的经济走出了通货紧缩的困境后,一些政府部门、国有单位争投资、争项目、争贷款、争其他资源的情况还会抬头(实际上,在通货紧缩中,这些现象也存在,只是不那样明显)。也就是说,局部的具有计划经济制度特征的短缺还可能发生。最近一段时期以来,跑技术改造贴息、跑债转股、跑破产指标,当前,在西部大开发的热潮中,跑项目、跑投资,又成时尚。这将使本来就短缺的资源更加短缺,使资源的约束加强,也就是说,在政府继续控制着的资源方面,计划经济中的那种短缺经济在一段时间内还会局部地存在。

其次,即使告别了短缺经济,能否说告别了短缺?不能。因为市场经济不是过剩经济。在市场经济运行中由于供求的变化而出现某些商品和服务的短缺,与出现过剩一样,会不断发生。随着通货紧缩的过去,普遍的过剩也将过去,而在需求转入正常并加快增长后,一些原来就短缺而由于通货紧缩而发生过剩的商品和服务就会重新出现短缺。(例如,最近在有些地区电力供给已经出现不足,)也会发生其他商品和服务的短缺。而当经济周期进入上行阶段,进而出现有效需求过旺、经济过热时,则又会发生更多商品和服务的短缺。当然这与计划经济中存在的那种普遍的经常的短缺有根本的不同。由此可见,说我们已经告别了短缺经济,大体上是可以的,但必须看到,在计划经济还未全部退出之前,由计划经济体制引起的那种短缺还会局部地发生。同时,说我们已经告别了短缺,则不恰当,因为在转向市场经济后,消失的只是作为计划经济特征的短缺经济,而不是一切短缺。

再说过剩。近几年出现商品和服务的供给普遍过剩,使得有些人在接受计划经济是短缺经济的同时,把市场经济视为过剩经济,从而认为我国在告别了短缺经济后转入了过剩经济。有些人则只看到近几年发生的商品和服务的普遍过剩与以往的计划经济体制造成的大量重复建设有关,而否认主要是通货紧缩的原因,甚至否认有通货紧缩。

首先需要指出,虽然计划经济是短缺经济,但绝不能把市场经济说成是过剩经济。由此我们也不能说,当我国的经济正由计划经济转向市场经济时,我国的经济正由短缺经济转向过剩经济甚至已经转入了过剩经济。科尔奈把市场经济看做是需求约束经济,与资源约束的计划经济相对立,有其道理。市场经济存在需求约束,但市场经济并不是与短缺经济相对应的过剩经济。市场经济有需求约束,从而也会有过剩,特别是在经济周期的下行阶段,尤其是萧条或危机阶段,由于社会总需求不足还会引起商品和服务的普遍过剩,发生通货紧缩。但市场经济也有供给约束,在出现供给约束时,市场会有短缺,但不会有计划经济中那样的制度性的普遍的经常的短缺,特别是在其经济周期的上行阶段,普遍的现象不是有效需求不足,不是过剩,而是需求旺盛,甚至会发生过热,出现通货膨胀。近几年在繁荣的美国经济下,美联储担心的主要是需求过旺,经济过热,通货膨胀,而不是需求不足,供给过剩,价格下跌。如果市场经济是过剩经济,那么,市场经济国家的国民经济就只能一直萧条,一直往下滑,用不着去防止需求过旺、通货膨胀。实际上,在市场经济正常运行的情况下,在市场的力量的作用下,市场竞争一般会使供给和需求趋向于平衡,既不会出现普遍的经常的短缺,也不会出现普遍的经常的过剩。

其次,难道近几年我国出现的商品和服务的普遍过剩不是计划经济向市场经济转变的结果吗?确实,随着由计划经济向市场经济的转变,计划经济中的普遍的经常的短缺在迅速减弱甚至消失,但计划经济的退出和市场经济的发展并不就会发生由普遍的短缺转向普遍的过剩。发生普遍过剩另有原因。这就是在我国的经济运行中发生了有效需求不足,通货紧缩。有效需求不足、通货紧缩如同有效需求过旺、通货膨胀一样,是市场经济运行中会发生的一种阶段性现象。在市场经济的运行过程中,在市场自身的调节下,在政府有效的干预下,有效需求不足、通货紧缩会逐渐地过去。这个过程目前正在发生。至于为什么会发生有效需求不足、通货紧缩,这里不论。由此也可以看到,把近几年出现的普遍过剩看做是市场经济的特征,并认为市场经济是过剩经济,在由计划经济转向市场经济后我国经济即进入了过剩经济是没有根据的。既然市场经济不是过剩经济,那么在我国经济走出通货紧缩的困境后,目前的普遍过剩的情况就会逐渐改变。

再次,有些人不认为发生了有效需求不足,通货紧缩,他们认为,近几年发生的商品和服务的普遍过剩,不是由于需求不足,而是供给过剩,而供给过剩则是以往大量重复建设造成了生产能力膨胀的结果。需要看到,确实在我国经济过热的阶段,发生过计划经济中那种投资者不承担风险的大量的重复建设,从而在一些部门造成了生产能力的膨胀,引起了供给过剩。但这只是在有些部门(如纺织、家电)发生的局部的现象,也就是在局部发生了生产能力的过剩。用重复建设还不能解释为什么会发生商品和服务的普遍的过剩,为什么一直是我国经济增长的瓶颈部门如电力、铁路运输等部门也突然发生过剩。只不过在出现通货紧缩的情况下,计划经济中的那种重复建设加剧了过剩。这里还要顺便谈一下重复建设。其实,在市场经济中也有重复建设(前几年我写过《两种不同经济体制下的重复建设》的文章),如果没有重复建设,那就不会有后来者居上,就不会有后来者超越先占领市场者的竞争,而没有这种后来者赶超先占领市场者的竞争,就会由于先占领市场者保持其对市场的控制而产生停滞,换句话说,就不会有市场对资源配置的优化。市场经济不禁止投资者承担风险的重复建设,虽然重复建设会造成资源浪费,但更会由于促进了竞争而节约资源,不允许重复建设则会造成资源的更大浪费。此外,在市场经济中,有些企业也会由于不了解市场变化或未及时适应市场变化而发生商品积压、过剩。但无论是重复建设还是积压、过剩,在正常情况下,都或迟或早地会被市场所纠正。当然,在计划经济还未完全退出历史舞台前,在一些政府部门和国有单位继续从事不必承担风险的投资的情况下,计划经济中的那种重复建设而引起的过剩,以及在国有企业还不必承担盈亏责任的情况下生产一些没有市场的商品而发生的过剩,也还会出现。但随着计划经济的退出,这类过剩会逐渐减少。

还要说说买方市场和卖方市场。我在以往写的《买方市场和卖方市场》、

《买方市场岂可赞颂》等文章中曾指出,在市场经济中买方市场是指在供给过剩的情况下,买方在交易上处于有利的支配的主动的地位,卖方不得不或者降低价格甚至降到平均成本以下出售商品,或者降低商品的产量,或者二者同时下降;卖方市场则相反。在市场经济的运行中,由于商品和服务的供求关系不断发生变化,时而供不应求,时而供过于求,因此买方市场与卖方市场也是经常发生的,而且往往是交替发生的甚至同时存在的。买方市场和卖方市场都不是好的市场状态,因为在买方市场情况下,供给过剩意味着一部分资源浪费了,而在卖方市场情况下,供给不足意味着一部分需求得不到满足,实际上也是资源的配置不当。尽管在市场经济中会不断发生买方市场和卖方市场,但市场的竞争又会促使供求平衡,无论买方市场还是卖方市场都不可能长时间存在。不过,如果在国民经济的总体上发生了总供给与总需求的失衡,买方市场或卖方市场的改变就不那样容易,那样快。但正如我国近几年出现的买方市场那样,即使是总供给与总需求发生失衡,在市场的作用下,加上政府的有效干预,也会扭转的。有些人将市场经济看做是过剩经济,因而赞颂买方市场,说买方市场好,对买方有利,因为价格下降了,买方得到了好处。这对不对? 如果说买方市场发生在某些时候、某些商品和服务上,这样说是可以的,但如果把买方市场看成是市场经济中的常态,而且买方市场真的成为长期的普遍的状态,那就麻烦了,不仅对卖方不好,对买方也不好。因为在市场经济中,一般地说,企业和个人既是买方也是卖方。企业不用多说。拿个人来说,人们购买商品和服务,他们是买方。而人们出售体力和智力,他们又是卖方。在普遍存在买方市场的情况下,虽然价格下降对作为买方的他们有利,但雇用他们的企业由于价格下降而发生生产萎缩、经营亏损,作为卖方的他们的工资也会减少,他们甚至会失业,这对他们又是不利的。这时,即使商品和服务的价格下降,他们也不愿意购买或无力购买。可见,我们不应赞颂过剩经济,也不应赞颂买方市场,并将其作为市场经济的常态特征来赞扬。在有效需求不足、通货紧缩的情况下出现的普遍存在的买方市场将伴随它们的过去而过去。

总之,随着我国的国民经济逐渐走出通货紧缩的困境,我们将逐渐摆脱目前普遍存在的买方市场和过剩的困扰。而在经济转旺后,有些商品和服务还可能发生短缺。同时,还要看到,由于我们还没有完成由计划经济向市场经济的转变,计划经济体制所造成的那种短缺和浪费、过剩,也还会局部地发生。在计划经济向市场经济转变时期,两种经济体制中的情况交错,形成复杂的局面。我们不能把问题简单化,从而产生认识上的失误。

【2000年第12期】

经济卷

2001年

世纪之交的中国大型企业

陈清泰

大型工业企业是战略性经营单位,应认真分析这些变化、仔细品味这些变化对自己意味着什么,从中发现机遇,利用机遇,采取积极对策,这是力挽狂澜、竞争取胜的重要条件。

大型企业面对的环境

进入 90 年代中期,中国企业的外部环境发生了急剧变化。对企业影响最大的变化有三:第一,国家宏观管理由计划体制逐步转向市场体制,目标是使市场在资源配置上发挥基础性作用。为此,财政体制、税收体制、价格体制、金融体制、外汇体制、外贸体制等相继转轨。由此带来的结果是政府、市场、企业之间的关系正在发生根本性变化。第二,长期的卖方市场转向了买方市场,卖主与买主在市场中的主被动地位发生变化。由生产能力决定企业兴衰转向由企业的订单、市场占有率和企业的创新能力、竞争能力决定企业的兴衰生死。由此带来的结果是企业间的竞争真正开始了,优者胜劣者汰已成为严酷的现实。第三,中国市场对外开放格局进一步形成,中国正逐步成为国际市场的一部分。1995 年、1997 年两次关税大幅下调,已使我国进口产品关税算术平均值由 35.9%

下降到了 17%,但还没有到位。加入世界贸易组织的谈判为我国企业的国际化经营进一步改善了条件,但也将我国关税和非关税进一步减让的时间表锁定。由此而带来的结果是,中国企业已经面对经济全球化的大潮,即便在国内市场,中国企业也将面对世界最强对手的竞争。

与此同时,世界贸易组织作为冲破市场壁垒的先锋,有迅猛发展的信息通讯为主导的科技进步推波助澜,经济全球化的形势迅速发展。世界各大公司为适应和利用这一形势,纷纷调整战略,采取措施,争夺竞争的主动权,争夺竞争的制高点。世界级大企业迅速大规模跨国重组,巨型跨国公司以全球为版图,利用各地比较优势,进行全球性产业重新布局、全球性生产和研发的分工、调整。这一势头来势迅猛,席卷全世界。

对于长期局限于计划经济体制下、封闭于国内市场的中国企业,在体制转轨尚未到位、市场机制还不健全的情况下就要面对国内国际环境如此迅速的巨变,确实是极大的挑战,但真正的企业家在身处危境时更能发现机遇、捕捉机遇。

大型企业的特殊作用

在中国的工业化过程中,大型企业有着特殊重要的作用。

大型企业是国民经济的支柱。在那些规模经济特别明显的领域,如电力、石油、石化、电讯、铁路、钢铁、航空、海运等行业,必须通过市场聚集有效资产,形成若干大型企业,实现规模生产、规模经营,为国民经济发展提供质优价廉的基础产品,支撑国民经济迅速健康发展。

大型企业是经济结构调整的主体。结构调整和升级是推进经济发展的动力;经济结构调整主要通过企业结构优化而实现。大型企业通过技术进步、产业升级、体制创新和资产的兼并、扩张或转让、分立,一方面形成新的增长点,另一方面淘汰落后的生产能力,转移低效或无效资产,提高自身的市场竞争力,带动为数众多的相关企业甚至相关产业的升级、调整,为整个国民经济发展增加动力。

大型企业是技术创新和实现集约化经营的领头羊。从某种意上讲,大型企业的技术实力代表着国家的综合实力。经济增长方式由粗放型转向集约型是我国工业化正经历的过程。目前,我们正面临必须改变靠不遗余力地大规模投入资金、资源和劳动力,不惜牺牲环境而换取有限经济增长的状况,实现可持续发展。大型企业占用了全国较大部分的社会资源,它们对社会稀缺资源运用的水平和运作的效率,某种意义上决定着国家的经济运行质量;大型企业实现技术创新和增长方式转变才能转变国家的经济运行质量。那些技术密集、资金密集型新一代产业的形成,往往要求较高的经济规模和技术素质。没有大规模的技术投入不可能形成自主开发能力并保持产品、技术上的竞争力,没有大规模的生产和营销不能降低成本。因此,向集约化经营转变的关键是大型企业的转变。

大型企业是我国参与国际竞争的代表队。中国要立足于世界民族之林,必须不断提高国家的技术实力和经济实力。从某种意义上讲,国家的技术实力体现于企业的水平,没有一批达到国际水平的大型企业,国家的政治安全、经济安全都会受到威胁。国家间经济实力的较量,实际体现为企业经济实力和技术实力的较量。

改革开放之初,国家就以极大的精力关注和支持大型企业的改革与发展,目的在于通过提高大型企业的素质带动整个国民经济素质的提高,通过调整大型企业的结构改善全社会生产要素的配置效率。尽管广大中小企业具有广阔的前景和可释放的能量,但大型企业在重要行业、关键领域仍对国民经济发展具有支撑作用。

大型企业的竞争力

企业大并不等于企业强,与把企业做大相比,我们更应注意的是把企业做强。对于中国国有企业而言,通过行政办法,用"拉郎配"等各种方式把企业做大易如反掌,而把企业做强却远非易事。

把企业做强,就是要培育企业的核心竞争力。在强者如林的商战中,大型企业没有几个能镇服对手的"杀手锏",就会危机四伏。目前,电视机、DVD、空调机等产品的价格大战,已经打得使买主感到吃惊甚至目瞪口呆,厂家也已到了几败俱伤的程度,可是这种恶性竞争还在延续。什么原因? 没有"杀手锏"。各厂家几乎都拿不出具有技术突破的创新产品。在产品技术含量、质量、品种、档次、花色完全雷同的情况下,只靠价格这唯一因素你一刀我一枪地竞争很难有大的作为,即使市场份额有所增加,效益也上不去。经营之道正所谓"人无我有、人有我优、人优我转"。

核心竞争力就是持续创新的能力:即持续开发独特产品的能力,持续发明专有技术的能力,以及持续创造先进管理和营销手段的能力。其中创新是核心竞争力的灵魂,主导产品(服务)是核心竞争力的精髓。

就中国企业而言,面对世界科技进步的迅速发展,加大技术开发的力度已势在必行。我国产业每年的总投入已经不少,但囿于卖方市场的惯性,企业缺乏创新的动力机制和能力,大多数投资仍用于能力扩张甚至低水平重复建设,认为可以长期利用别人开发的技术和市场坐享其成。结果导致恶性竞争:生产能力过剩再过剩,平均利润率降低再降低。

世界500强企业的研发费用占销售收入的比例一般在5%—10%,我国大中型企业的研发费用却由1990年的1.38%降到1998年的1.28%,其中1996年仅为1.1%。在这里,我们必须明白一个最简单的道理,对于生产能力的投入,收获的是产能的增长;对于科技开发的投入,收获的是产品和技术的更新、产品附加值的提高。产能的增长会受到市场容量的制约而不能发挥,而创新的产品和技术却有无限的市场空间。

大型企业的改革

大型企业正经受摆脱对政府的依赖、建立适合市场经济的经营机制、自主自立走向市场的考验。企业改革正面临结构调整和体制转轨两大任务。

市场约束增强后,我国经济和企业的结构性矛盾充分暴露,面对加入世界贸易组织、参与国际范围的产业分工和经营结构调整的机遇与挑战,必须通过资产整合实现产业升级,通过企业重组增强竞争实力,使中国经济在与世界经济接轨中处于比较有利的地位。

这一轮结构调整应着手解决五个问题:1. 推动产业升级,培育一批新的高增长产业;2. 增强国际竞争力,在"入世"背景下发挥比较优势;3. 实现技术升级,缩短与发达国家的技术差距;4. 国有资本有进有退,优化国有经济布局,改善所有制结构;5. 形成产业结构和企业结构随市场变化而自行调整的机制。

近年来,国家直接操作的石油、石化、军工、有色、电讯、纺织、煤炭等大型国有企业的重组取得了成效;主要通过行政力量关闭某些浪费资源、污染环境和生产能力过剩的企业取得了一定进展,从而使产业和企业结构有所改善。但是,通过市场实现大规模企业重组的形势并未如愿形成。最典型的现象是,家电领域的恶性竞争几乎到了自相残杀的程度,但并未导致通常应出现的企业间的购并、联合和重组。这说明通过市场实现企业重组遇到了极大的障碍,符合市场经济体制的政府、市场、企业之间的关系还没有就位,也说明企业结构调整与体制转换相辅相成、密切关联。

体制转换的关键是政企分开,通过公司制改制实现所有权与经营权相分离。现在的问题是,从形式上看,经过公司制改制的企业已经不少,但从实质上看,机制转换大多并没有到位。但由于体制转换涉及诸多深层次的改革,涉及诸多方面权力利益关系的调整,有极大的难度。从政府到企业,往往希望绕过这些困难,在基本不触动旧体制和权力利益格局情况下建立新的企业制度。结果新制度是在被扭曲的情况下建立,当然也就很难实现建立新制度的初衷。为解决这个问题,党的十五届四中全会《决定》从三个方面提出了指导原则:继续推进政企分开,政府对国家出资兴办和拥有股份的企业,通过"出资人代表"行使所有者职能;积极探索国有资产管理的有效形式,国家所有,分级管理,授权经营,分工监督,公司法人治理结构是公司制的核心:国有企业公司制改制必须规范进行。仔细研究这些指导原则,我们可以从中找出解决当前企业制度创新中的基本问题和解决转制难点的途径。

大型企业与政府的关系

政企关系是国有企业改革的一个核心问题。按照党的十五届四中全会《决定》的精神,政府通过出资人代表授权经营机构行使所有者职能。这样,政府和一般拥有国有资本的企业不再有资产关系,那些企业原有的国有资本已经转成了授权经营机构的"国有法人资本",依《公司法》由授权经营机构行使股东权利。由此,那些企业从产权制度上就实现了政企分开。

目前,许多大型、特大型国有企业被政府认定为授权经营机构。现在的问题是,这些授权经营机构(有的称集团公司,或控股公司,或资产管理公司)与政府应该建立怎样的关系? 它应承担什么样的权能,如何才能胜任应有的职能?

授权经营机构是受政府委托经营国有资本的机构,在未来国有资产管理体制中处于承上启下的枢纽地位。对授权经营机构的设计和定位,是理顺政企关系、进行企业制度创新的一个关键。根据目前的认识和实践,似可这样认定这一机构:

1. 政府将边界清晰的经营性国有资本委托给授权经营机构经营,授权经营机构以资产保值增值为目标独立运作;

2. 授权经营机构按委托协议,对被委托的国有资产拥有占有、使用、处分和收益的权利,重大问题和事项向政府报告;

3. 授权经营机构属特殊企业法人,政府为其出资人,是政府单独出资设立的公司。授权经营机构按政府批准的章程,比照公司运作;

4. 授权经营机构不具有政府职能,对其全资、控股、参股企业以"国有法人股东"的身份行使出资人权利;

5. 政府通过一定的程序对授权经营机构进行监管,最重要的是管三件事:一是向授权经营机构派出董事(含董事长);二是每年与授权经营机构签订业绩合同;三是以业绩合同为准,对授权经营机构进行审计、监督和业绩评价。

体现政府意志的某些特殊要求,应在政府与授权经营机构双方认可的基础上列入业绩合同,除此之外,政府对授权经营机构的经营运作不应再干预。在业绩合同范围内,授权经营机构有充分的自主权独立运作;超出业绩合同的重大事项,必须要向政府报告。无论哪一方,如要修改业绩合同,必须经过必要的程序,以体现业绩合同的严肃性。

政府根据审计、监督和业绩评价结果,决定董事的报酬和去留。如果政府对董事会的经营业绩不满意,可以提出警示,甚至更换董事会,但不必越俎代庖替董事会进行决策。否则,内部科学、合理的责权体制被打破,就会造成对巨额资产无人负责的严重后果。

由此看来,"授权经营"是一个全新的概念,承担着全新职能,应当具有全新的运作机制。目前,一些授权经营的企业,为上市将核心业务和技术、管理骨干人员分出,发起设立股份公司,股票上市;将非核心业务和余留人员组成存续公司,两公司在人员任职、资产和财务等方面广泛交叉。存续公司一方面是上市公司的控股股东,另一方面负责消化和处理沉重的历史遗留问题,即质量较差的非核心资产和大量余留人员。存续公司的多重目标,使它很难成为以追求经济效益为目标的合格股东,非正常行为时常发生。实践证明,原国有大型企业并非一经国家授权、认定就可以成为合格的"授权经营机构"。这些企业面临极为深刻的重组、转制、改造的过程。重要的是对投资和拥有股权的企业,只应有一个目标,就是追求股东权益最大化,有正常的股东行为。

大型企业改制与发展的途径

大型企业要摆脱对政府的依赖、自主自立走向市场,面临的问题是如何建立适应市场竞争的机制和不断改善企业结构,以获得可持续发展的能力。

大型企业要以提高核心竞争力为目标,抓紧结构调整,重点是:

——改善企业的经营结构,甩掉近期无效益的、长远无前景的业务和尾大不掉的分支机构,突出主业,通过企业重组和技术升级形成经济规模,培育新的生长点;

——改善资产负债结构,消除无效资产,剥离非经营性资产,挤压资产泡沫,提高总资产回报率,通过资本市场把负债率降低到安全水平;

——改善股权结构,引入新的投资者,降低国有股权比例,除极少数必须由国家垄断经营的企业外,要积极改制为多元投资主体的公司,发展混合所有制经济,重要的企业由国家控股。

在调整结构中,大型企业进入资本市场是一种必然的选择。资本市场可以从三个方面发挥积极作用:一是政企分开后,政府财政转向公共职能,断绝了对国有企业的资本投入,资本市场成为企业直接融资的主渠道;二是企业进入资本市场运作,使企业的结构调整和重组变得便捷而有效;三是政府行政垂直管理职能弱化之后,企业要接受资本市场的评价、激励和约束,由此将形成新的机制。这是企业改革和发展的关键。

进入资本市场的公司已成为投资者、债权人、经营者、职工、甚至政府利害关系的交汇点,必须建立公司法人治理结构,依照法律和公司章程规范运作,使目标集中于公司和股东利益最大化——这是实现政企分开、端正企业行为、完善激励与约束机制、适应市场竞争和使投资者权益得到保障的关键。

由此可以看出,企业进行结构调整和重组,在这一过程中引入新的投资者,进行公司制改制——进入资本市场,实现股权多元化,接受资本市场的评价和监督——建立规范的公司法人治理结构。这就是大型企业走向市场的总体脉络。这里每走一步都十分艰难,需要政府和企业共同努力。但值得注意的是,在这一过程中决不应迁就旧体制和旧观念的牵制,使我们的目标扭曲和变形。

把握入世带来的机遇

经济全球化,意义在于在世界范围优化配置资源。一般来讲,这必然比一国配置资源有更高的效率。当今世界,离开了这一大趋势就意味着落后。

改革开放使中国人尝到了参与国际分工的甜头,也是近20年经济持续发展的重要动力。"入世"是这一政策在新形势下的延续。

人们说,加入世贸组织"挑战与机遇并存"。但必须加一句:机遇大于挑战。目前,不少政府人员和企业经营者都在认真研究入世的对策,大多出于对参与国际竞争的担心,不断提出并希望国家通过正常的和各种非正常的形式延长对某些产业的保护期。但20年来,我们自己的经验是,哪些产业较早地放开竞争,哪些产业就快速增长,在面临入世时表现出较强的竞争力;哪些产业受到较强的保护,哪些产业至今竞争力仍然较弱。竞争会使一批企业被淘汰,但真正的强者只能在竞争中产生。

中国企业应当以更加积极的眼光看待入世。如果像有些人所想,入世带来的大都是负面的影响,那么我们就没有必要入世。实际上,加入世贸的长远意义在于,中国承诺按国际商贸通行规则调控经济,加速经济体制转轨,同时使中国能以平等的身份参与世界范围的资源配置。由此中国企业可以得到的好处是,为发挥比较优势取得了更加广泛的空间和相对稳定的环境。

经济和技术发展程度不同、资源禀赋不同的国家及其企业,对不同的产业和不同层次的技术表现出不同的比较优势。经济全球化就是承认这一差别,按各自的比较优势重新进行国际分工。国际分工意味着各国、各企业在有比较优势的部分争夺制高点;在没有比较优势的部分,通过"全球采购"获得质优价廉的产品。现在,从一台汽车、一台设备到一台计算机、一个电讯产品甚至一台家电,都很难确认它就是由哪一个国家开发和制造的。实际上,哪一个国家和企业都不可能具有"全方位"的比较优势,从而在产业方面包揽一切。一般来讲,经济和技术量级高的企业附加值高、效益高,处于优势地位,是各国和企业争夺的目标。但企业间现实的竞争则表现为经济技术同一量级企业之间的竞争,不同量级企业之间多表现为"互补"。与此同时,量级高的企业通过技术和管理的创新实现产业再升级,创造新的优势,将原有产业向外转移;而后发的企业则争相接受产业转移,并希望通过自己的努力积蓄力量,实现超越式发展。这是一个此起彼伏的动态过程。

因此,为迎接入世,大型企业必须研究的是如何将自己放在世界范围挖掘比较优势;研究实现产业升级的可能性和具体途径;研究如何利用先发企业产业转移的机会;研究与自己在经济技术量级相当企业间的竞争形势。所以,入世为各大型企业创造了一个更大的舞台,但企业必须以在国际范围发挥比较优势为目标进行自我调整,积极慎重地投身国内、国际企业重组,积极参与国际分工,争取扮演一个有利的角色。只有这样,才有可能充分获得入世带来的全部好处。

面对入世,仍固守过去的一切必然丧失时机,眼睛只盯着国内市场就无法施展自己的优势,一味依赖国家保护就会束缚住自己的手脚。某些弱势产业,国家保护了几十年不过如此。事到如今,只有投身竞争才会壮大自己,只有参与国际分工和重组才会有更好的前景。

迈进新世纪的钟声即将敲响,全新的时代呼唤中国大型企业的成长。

【2001年 第2期】

"九五"国民经济宏观运行的典型与非典型特征

逢锦聚

从 1996—2000 年,我国成功地实施了第九个五年计划,其成就是在国民经济运行特征发生重大变化、政府调控进行艰苦探索的情况下取得的。研究国民经济运行发生的这些重大变化,总结"九五"政府调控的经验,对保持我国国民经济在进入 21 世纪后继续健康发展具有重要的意义。

国民经济运行特征的重大变化

"九五"期间的国民经济运行,从其表现出的特征可分两个阶段:1996 年为一阶段,1997—2000 年为另一阶段。

1996 年的国民经济运行是"八五"计划期间国民经济运行的延续。从"八五"计划实施的第二年即 1992 年的下半年开始到 1993 年的上半年,我国国民经济运行出现了过热的问题,投资规模增长过猛,金融秩序混乱,通货膨胀压力加大,房地产热、开发区热、证券热发生。为遏制这种过热的势头,促进国民经济走向健康发展的轨道,从 1993 年年中开始,政府采取了以紧缩为基本取向的宏观经济政策:整顿金融秩序,实行包括压缩货币供应量增长速度、控制信贷规模、提高利率在内的偏紧的货币政策;控制固定资产投资规模,实行包括控制消费基金增长、适当提高中央财政收入在整个财政收入中的比重在内的偏紧的财政政策;整顿房地产市场,压缩开发区数量等。这些政策措施在"八五"后期已经收到明显的成效:遏制了经济的过热增长,保持了经济增长的较高速度;在一定程度上遏制了通货膨胀的势头;促进了产业结构的变动;使分配结构发生了积极的变化。这种政策效应到"九五"的第一年即 1996 年进一步显现,1996 年国内生产总值增长 9.7%,全年零售商品价格上涨率控制在 6.1%,固定资产投资同比增长 18.9%,扣除物价因素实际增长 12.5%,广义货币 M_2 增长 25.3%,实现了年初计划增长的目标,狭义货币 M_1 增长 18.9%,接近年初预定目标,国家外汇储备年末达到 1 050 亿美元。据此,理论界一般认为,1996 年我国国民经济过热的状态消除,"软着陆"成功。

在国民经济"软着陆"、经济增长处于或接近处于经济波动低谷的情况下,1997 年发生了亚洲金融危机并给我国经济造成了严重影响。在这样的背景下,从 1997 年到 1999 年初,我国国民经济运行发生了重大变化,出现了一系列新的与以往不同的特征,突出的表现是:

第一,与以往经济持续高速增长相比,1997 年以后国民经济增长速度持续下降,1997—1999 年连续三年,每年的速度低于改革开放 20 年的年平均速度。

表1 1992—1999 年我国 GDP 增长速度

单位:%

年　份	1992	1993	1994	1995	1996	1997	1998	1999
增长率	14.2	13.5	12.6	10.5	9.6	8.8	7.8	7.1

资料来源:《中国统计摘要》,中国统计出版社 1999 年版第 16 页。

第二,与以前需求过旺的情况相反,1997 年以来需求下降,呈现不足的状态。

表2　1992—1999 年我国全社会固定资产投资、消费、出口增长率

单位：%

年　份	1992	1993	1994	1995	1996	1997	1998	1999
投资增长率	44.4	61.8	30.4	17.5	14.8	8.8	14.1	5.2
社会消费品零售总额增长率	17.7	28.4	30.5	26.8	20.1	10.2	6.8	6.8
出口增长率	22.2	13.0	97.2	19.5	10.0	20.5	0.5	6.1

资料来源：根据《中国统计摘要1999》第42页、125页、130页数字计算。

注：社会消费品零售总额1992年数是社会商品零售总额，包括生产资料零售总额，出口增长率中1994年以前和1994年以后的变动未扣除汇率变动的因素。

第三，与前些年通货膨胀的状况相反，1997年到1999年底，物价持续27个月下降，出现通货紧缩的某些症状。

表3　1992—1999 年物价指数（上年为100）

年　份	1992	1993	1994	1995	1996	1997	1998	1999
商品零售价格指数	5.4	13.2	21.7	14.8	6.1	0.8	0.8	3.0
居民消费价格指数	6.4	14.7	24.1	17.1	8.3	2.8	2.8	1.4

资料来源：《中国统计年鉴1998》第301页，1998、1999年《中华人民共和国国民经济和社会发展统计公报》。

国民经济运行新特征的典型性和非典型性

供给不足和需求膨胀是计划经济的痼疾，在过去几十年包括改革开放以来的二十年，曾经是我国国民经济运行的常态，是困扰我国国民经济发展的宏观问题之一。改变这种状态，是我们长期为之努力的目标。

根据对市场经济和计划经济发展史的研究，经济理论一般地认为，计划经济的典型特征是供给约束或称资源约束，市场经济的典型特征是需求约束或称市场约束。随着我国经济体制从计划经济体制向社会主义市场经济体制的转

变,国民经济的运行状态也将实现从供给约束型经济向需求约束型经济的转变,这是符合规律的逻辑。从这样的意义上说,1997—1999年在"九五"期间我国国民经济运行出现一些新的特征,具有典型的意义,它昭示着随着改革的深化和市场经济的发展,我国国民经济运行变化的趋势和方向,提供了在我国经济条件下如何解决需求不足问题可供研究的实践。长期以来,人们习惯与短缺经济打交道,积累了处理和解决在资源约束条件下国民经济发生的诸如通货膨胀、需求膨胀、经济过热等问题的成熟经验,而对于如何解决需求不足问题则缺乏实践。1997—1999年国民经济运行的状态,弥补了我国经济运行的这种空白,为我国提供了探索和积累处理市场经济条件下经济运行最主要矛盾的实践和机会。从这样的角度说,"九五"期间国民经济运行所呈现的新特征的实践意义是重大的。

但是,是否由此就可以说,我国经济就由此告别了短缺,而成为一种典型的需求约束或市场约束经济了呢?鉴于以下的理由回答是否定的。

首先,我国国民经济运行中出现的需求不足的市场约束虽然持续三年,但从更长期看,很可能是一种不稳定的阶段性现象,而且,即使在这需求不足的三年,制约供给的结构问题仍然突出。

支持这一判断的根据是:1. 1997—1999年我国出现的需求不足和经济增长速度下滑,是在1993年主动实行紧缩的宏观政策之后和受东亚金融危机影响的特定情况下出现的,而并非生产力发展已经超过了社会有效需求之后出现的常态。从本质上看,我国目前处于社会主义初级阶段,生产力还不够发达,有效供给能力尚不高,不足以达到生产过剩的程度。2. 近年来出现的部分商品供过于求,很大程度上是多年来产业结构不合理造成的,这种供过于求现象随着产业结构调整的进行和结构合理化的实现而消失。3. 近年来出现的部分产品供过于求是前些年盲目引进、重复建设的后果,其深层根源是经济体制不合理。所以部分产品的供过于求是一种体制现象,随着经济体制改革的深化和经济体制的合理,部分产品的供过于求将会消失。4. 近年来出现的部分产品供过于求与商品质量较差、不适销对路有关,也与在一个消费周期过后,没形成新的消费热点有关。改革开放以来,我国居民的收入水平提高较快,不应存在长期需求不足的问题,只是由于上述原因,才出现了短期需求不足的现象,随着产品质量的提高、企业市场意识的加强和新的消费热点的形成,部分产品的短期供过于求将会消失。

其次,1997—1999年出现的通货紧缩只是一种趋势或部分症状,而并非真正意义上的通货紧缩,更何况,与这种趋势相伴的同样有突出的结构不合理的问题。

得出这样的判断,首先是基于对导致我国出现通货紧缩趋势原因的分析。导致我国出现通货紧缩趋势的原因,既有长期累积的深层原因,也有一些特殊的短期原因。属于长期累积的深层原因主要是:1. 结构问题。长期重复建设和盲目引进,导致部分生产能力过剩,产品结构失调,并由此造成供给结构和需求结构不相适应,部分产品积压和市场不景气。2. 管理问题。长期以来,我国管理水平、技术水平、劳动力素质提高不快,导致产业结构升级缓慢,产品质量不高,市场竞争能力不强。在国民经济开放度越来越高、与国外产品竞争越来越激烈的情况下,不仅由此导致出口减少,而且可增大进口商品对国内商品的替代,导致需求不足。3. 分配问题。在较长一段时期内,我国居民收入增长幅度落后于经济增长,据统计,"八五"期间,我国平均资本形成率比"七五"和"六五"期间上升3.9和5.2个百分点,但最终消费率下降了3.4和7.5个百分点。1979—1997年我国国内生产总值年平均增长9.8%,但全国居民消费水平年增长只7.3%,其中农民消费水平年均增长7.2%,非农业居民消费年均增长6.2%。与此同时,个人消费分配中又有不合理收入差距拉大的问题。一部分人集中了比较多的收入,消费倾向降低,由于种种原因,投资热情不足;而另一部分人收入水平相对较低,影响了实际购买力的增加;从而出现了居民储蓄增长较快与市场需求不足并存的矛盾。4. 物价水平问题。改革开放以来我国进行价格改革,使在计划经济体制下形成的不合理的价格体系得到了改变,但由于多次发生通货膨胀,所以使物价总水平实际上处于较高的位置上,1997年遇到东亚金融危机特殊的国际环境和需求不足的特殊国内环境,物价持续下降即具有一定的必然性。

属于短期的特殊因素有:1. 东亚金融危机的严重影响。首先,东亚金融危机严重影响了我国的出口。东亚金融危机使亚洲国家和地区的经济增长和国内需求大幅度下降,对我国出口的产品需求降低。东亚国家和地区与我国的经济发展阶段、出口结构相似,东亚金融危机发生后,这些国家和地区的货币大幅度贬值,从而提高了它们的出口竞争力,使中国的国际份额减少。2. 我国国民经济运行处于经济增长波动低谷。从 1993 年开始,我国国民经济增长波动处于收缩期。在这样的时期,经济增长速度有所下降是合乎规律的。受经济增长速度下降的影响,投资增长率和消费增长率必然有所下降。这样的经济波动状态与东亚金融危机重合在一起,是导致我国需求不足和物价持续下降的重要原因。3. 某些改革措施的阶段性效应。1997 年前后,我国在国有企业改革、金融体制改革和投资体制改革等方面出台了一些重大措施。国有企业改革加快建立现代企业制度的步伐,金融体制改革强化中央银行的调控能力和加快专业银行商业化的步伐,投资体制强化投资主体的自我约束,投资风险由投资者承担。这些改革措施从长远和根本上看,有利于加快建立社会主义市场经济体制的进程,但从短期看,体制的转换需要时间并要付出成本。在体制转换过程中,在措施出台的初期,某些企业可能发生困难,银行可能惜贷,投资者可能降低收益预期并谨慎增加投资。所有这些,都会使市场需求减少。4. 某些宏观措施的惯性作用。针对 1992—1993 年出现的经济过热的情况,自 1993 年下半年我国实行以紧缩为取向的宏观政策是必要的,这对于避免我国发生像东亚国家和地区的金融危机和减少东亚金融危机的影响起了积极的作用。但由于其惯性作用,1997 年又突然遇到东亚金融危机影响,所以我国的宏观政策尽管作了比较适时的调整,但由于政策的惯性作用,国民经济运行状态在短期内未能转变到正常的状态,相反却陷于持续两年多的需求不足。

此外,人们的投资预期和消费预期降低,消费周期处于低点和消费热点一时未能形成等因素也都不同程度地影响了需求增加。

从上述原因的分析可以看出,1997 年以来我国国民经济运行中确实出现了需求不足、物价持续下降等经济现象,但并不能由此判定我国已经发生了通货紧缩。因为:物价持续下降等只是通货紧缩的症状之一,但不是构成通货紧缩的充分必要条件。判定是否发生了通货紧缩的重要条件还应该看货币流通量是否出现了不足。对此,事实回答是否定的。

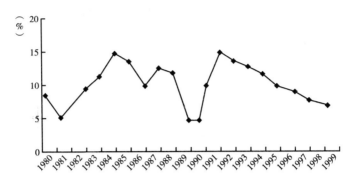

1980—1999 年我国经济增长波动图

资料来源:根据《中国统计摘要 1999》中国统计出版社 1999 年版
第 16 页数字绘制。

为了分析的方便,我们列出近些年的货币流通量增长率、经济增长率和物价上涨率。

表 4　我国近些年的货币流通量增长率、经济增长率和物价上涨率

单位: %

年　　份		1995	1996	1997	1998	1999
货币流通量 增长率	M_0	8.2	11.6	15.6	10.1	20.1
	M_1	16.8	18.9	22.1	11.9	17.7
	M_2	29.5	25.3	19.6	14.8	14.7
经济增长率		10.5	9.6	8.8	7.8	7.1
物价上涨率		17.1	8.3	2.8	2.8	1.4

资料来源:货币流通量增长率根据《中国统计年鉴》第 67 页数字整理,经济增长率见同书第
16 页,1999 年数字见第九届全国人民代表大会第三次会议《政府工作报告》。

从表 4 中的数字不难发现,1997 年以后我国的货币流通量增长虽然有下降的趋势,但仍快于经济增长和物价上涨的总和,即使考虑货币供应的滞后效应,从 1995 年开始考察,货币流通量增长率与经济增长率和物价变动也是适应的,所以从总体上说,1997 年以来的物价下降和经济增长率下降,不能认为是货币紧缩的结果。

综上所述,基本的结论是:"九五"期间从1997—1999年虽然我国国民经济运行中确实出现了市场约束的特征,但这种特征是不稳定的,因而长期看,这种特征不是我国现阶段市场经济的典型的特征。

那么,我国现阶段市场经济运行的特征是什么?我认为,"九五"期间国民经济运行的种种现象表明,我国仍处于由计划经济向市场经济转变的过程中,但从1997—1999年开始,我国国民经济运行的特征将不再是单一的供给约束,而是并存的"双重约束"。对于这种"双重约束"的更深入的分析,将在另文中进行阐述。这里只是指出,需求约束和供给约束"双重约束"的突出特征,是结构问题和市场需求问题并存,构成制约国民经济发展的突出矛盾。

要重视总结"九五"期间政府调控的经验,促进国民经济持续快速健康发展

"九五"期间我国政府调控所解决的突出问题是需求不足和预防通货紧缩,积累的经验主要集中在刺激需求和改善供给方面。总结这些经验,对促进"十五"到2010年期间国民经济的健康发展具有极其重要的意义。

"九五"期间政府调控的经验至少可以概括为以下方面:

1.适时调整政府调控的方向,实施稳健的货币政策

1996年,国民经济"软着陆"之后,面对新出现的东亚金融危机的影响和国内需求不足的问题,政府对宏观政策及时进行重大调整,由治理通货膨胀转向遏制需求不足,并及时有效地将以紧缩为取向的货币政策转向以适当放松的稳妥的货币政策。其内容包括:

(1)逐步适当增加货币供应量。中国人民银行1998年1月对商业银行取消贷款限额控制,由商业银行按信贷原则自主发放贷款。1998年和1999年先后两次累计下调法定存款准备金率7个百分点,按1999年末存款余额计算,相应增加金融机构可用资金7 000多亿元。从1996年6月以来连续7次降息,存款平均利率累计下调5.73个百分点,贷款平均利率累计下调6.42个百分点,减少企业利息支出2 400亿元。1999年对金融机构再贷款增加1 222亿元,有力

支持了基础设施建设和农村经济发展。与此同时,中国人民银行通过拆借市场和公开市场,向社会适当投放资金。

(2)加强金融监管,执行金融稳定工作计划。人民银行认真执行了金融稳定工作计划。支持和配合财政部发行2 700亿元特别国债,补充国有独资商业银行资本金,提高其资本充足率。组建信达、长城、东方、华融四家金融资产管理公司,收购从国有独资商业银行剥离出来的1万多亿元不良资产,并对4 200多亿元贷款实行债转股,明显降低国有独资商业银行不良贷款的比例。全面整顿各类金融机构,帮助化解地方金融机构支付风险,维护债权人合法权益。

实行稳健的货币政策对促进国民经济回升发挥了重要作用。1998年和1999年,广义货币分别增长15.3%和14.7%,狭义货币分别增长11.8%和17.7%,金融机构贷款增加。到2000年6月底,城乡储蓄存款余额为62 842亿元,比年初增加3 487亿元,比1999年同期少增加2 318亿元。到2000年6月底,企业存款40 740亿元,比年初增加3 645亿元,比1999年同期多增加2 691亿元,反映企业支付能力的明显提高。债转股4 200多亿元,不但降低了企业负债率,每年还减少企业利息支出200亿元;1998年到2000年上半年,实际运用1 143亿元呆账准备金,支持企业兼并破产。到2000年6月底,外汇储备增加为1 585.7亿美元,人民币汇率保持稳定。

2. 适时调整政府调控的方向,实施积极的财政政策

与适度放松的货币政策相配合,1997年政府开始实施积极的财政政策。至2000年为止,实施积极财政政策已持续3年。通过实施积极的财政政策,集中力量建设了一批重大基础设施项目,为缓解就业矛盾,保持社会稳定,推进改革,发挥现有的生产能力,创造了有利的环境,顶住了亚洲金融危机的冲击,实现了国民经济的持续较快增长。

3. 在实施适度放松的货币政策和财政政策的同时,实施刺激需求增加的投资政策、消费政策和鼓励出口的政策

自1998年以来,中国实施刺激需求增加的政策,推动了投资、消费、出口三大需求的增长。1998、1999年投资增长主要靠政府和外资,进入2000年以后,

非国有投资加快,上半年同比增长7.9%。刺激消费的政策,不仅增加了各种形式的个人收入,而且使消费者信心恢复和增强,促进了对消费品的需求。2000年上半年,城镇居民可支配收入同比增长8.7%,农村居民人均现金收入增长1.5%,考虑价格因素,实际分别增加7.7%和1.8%。出口2000年上半年猛增,为国民经济增长贡献3个百分点。

4.调控总量政策与经济结构调整政策相结合,在刺激需求增长的同时,改善供给

在实施刺激需求的宏观总量政策的同时,加快结构调整的步伐。在实施货币政策过程中,及时引导贷款投向,促进经济结构调整。1998年以来,人民银行先后发布了有关增加消费信贷、中小企业和高新技术企业贷款、农业贷款以及股票质押贷款等一系列指导意见和管理办法。两年来,国有银行发放与国债使用项目配套的贷款已超过3 200亿元。农业贷款逐年增加。到2000年7月底,金融机构个人消费贷款金额2 750亿元,比年初增加1 073亿元。非国有企业贷款占新增贷款比例已超过43%。

在结构调整过程中,压缩传统长线亏损产业,大力扶植和发展第三产业和高科技产业,培育新的经济增长点。西部大开发战略的实施,不仅为优化地区经济结构提供了机遇,而且成为国民经济发展新的增长点。

5.继续深化改革,以改革促进经济发展

"九五"期间,政府采取了一系列深化国企改革的措施,如加快建立现代企业制度,加大兼并破产力度和债转股、技改贴息等,加强企业管理,直接促进了企业扭亏脱困和经济效益的提高。到2000年上半年国企改革与脱困取得重大进展,国有及国有控股工业实现利润903亿元,同比增长2.06倍;亏损企业亏损额463亿元,同比下降6.1%;1997年的6 599户国有大中型亏损企业到6月底已减少3 626户,占总数的54.9%。全国31个省、自治区、直辖市中有25个地区国有及国有控股工业企业整体盈利。从行业看,14个重点行业中,冶金、石化、机械、电子、轻工、纺织、医药、烟草、黄金行业实现利润都有不同程度的增加,电力行业继续保持较高盈利水平。作为三年改革与脱困突破口的纺织行业,在提前一年实现整体扭亏的基础上,国有纺织企业实现利润24.1

亿元,同比减亏增盈36.6亿元;有色行业实现利润27.72亿元,建材行业实现利润26.2亿元;煤炭、军工行业亏损减少,原94户中央财政煤炭企业上半年净亏损23.1亿元,同比减亏4.8亿元。在深化国有企业改革同时,金融、粮食流通体制、社会保障制度等改革也取得了新进展,为政府调控的成功奠定了基础。

"九五"政府调控的经验是宝贵的财富,它从另一个方面增加了我国宏观调控的感性认识和理性知识,使我们增强了驾驭市场经济复杂多变形势的能力和艺术。"十五"我国国民经济步入一个新的阶段,有了"九五"以前和"九五"期间积累的两个方面的经验,我国国民经济发展会取得更加辉煌的成就。

【2001年第4期】

企业中个人的绝对权力与企业衰败

郭　强

创业阶段,面对高速增长的市场,在实现原始资本积累的过程中,企业的控制权逐渐集聚于一位强人之手,是中小企业中较为普遍的现象。尽管企业控制权的垄断者获得被我们称之为绝对权力的方式有所不同,但是,权力垄断者在企业中所承当的绝对权力载体的角色,以及这种角色对企业未来成长的作用却基本相同。

本文力求说明的问题是,当企业达到一定的规模,市场竞争又发展到需要否定绝对权力的阶段,而权力垄断者却不能及时否定自己的人性需要,反而不断强化自己控制的权力时,绝对权力内涵的人性弱点与机制是如何阻碍企业从企业家意志主导阶段向专业规范化阶段转变的。由于不能及时完成这种转变,我们看到,大多数企业停滞不前,继而无可奈何地走向衰落,能够避免这种命运的企业实属凤毛麟角。

绝对权力的本质特征

当一个企业领导者成功地垄断了企业决策和企业内部资源配置的权力,在行使权力的过程中外力无法约束或没有及时进行约束,我们就可以断定,这个企业存在着绝对权力。在绝对权力的条件下,权力垄断者可以不受约束地任意支配企业的一切内部资源,就像一个消费者可以自由地支配自己口袋里的薪金一样,企业未来的命运已完全取决于他个人的思维方式和行为方式。

任何绝对权力在本质上都是非理性的,因为这种权力的行使无法克服个人知识与经验的局限性,亦无法克服存在于个人性格中普遍的人性弱点,因此,绝对权力对企业组织首先意味着巨大的风险,而不是收益与希望。

首先,在缺乏约束的条件下,人的自律与自制性大为降低,人的自觉的自律与自制又与人对所进行的活动具有多少相关的知识、经验,及对风险的认识密切相关,不论面对任何事物,个人的知识结构与经验都有其局限性。因此,一个人对事物的判断不可能是全面、客观且理性的。权力垄断者可以不受约束地自由决策,在他个人频频享受自由决策的快感时,企业因个人局限性和不理智而导致的决策风险骤然倍增。

第二,在绝对权力不受约束的条件下,有价值的否定性批评和见解,因权力垄断者自尊、虚荣及逃避心理挫折倾向的强弱程度不同,其价值被弱化,甚至消失。同时,人亦是条件反射的动物,从下属的角度看,来自于领导的鼓励会强化他继续表明自己真实见解的行为,而挫折会阻止他重复这种行为,当下属的命运完全由领导控制时,为了安全的需要,他在心理上倾向与领导的主张相一致,当发生分歧时,他倾向于选择妥协,而不是坚持发表相反的意见。久而久之,同样的条件反射机理,使领导者愈来愈习惯于下属的妥协,而对相反主张的容忍度愈来愈低,这就进一步强化了下属的妥协行为,在领导者建立个人尊严的过程中,组织内其他个体所掌握的有价值的知识与信息对企业的贡献和作用趋于弱化。

第三,当批评性意见愈来愈少而赞美之辞不绝于耳时,批评在客观上作为一种心理惩罚的意义几乎消失,因此,即便事实证明领导者是错误的,他自己已经创造了对自己宽容的环境,自尊和虚荣也使他倾向于从客观因素中寻找失误的原因,有些投其所好的下属甚至帮他寻找这种原因,或者他把失败的责任归咎于下属,而下属在双方地位极不平等的条件下已习惯于妥协,从而使领导者既维护了自己的尊严,又逃避了理性的反省和心理上自责的惩罚,这就意味着,在类似的事物中,由于同样的思维与行为方式,权力垄断者还会犯同样的错误。

第四,正如罗素所说:"在人类无限欲望中,居首位的是权力欲和荣誉欲"。一个企业领导者垄断权力倾向的动机可能是经济性的,如满足个人的物质欲望;也可能是社会性的,如满足自尊或社会地位的欲望;还可能是心理性的,如满足自己的安全感或英雄情结的需要。但是,只要企业组织的决策权、执行权和监督权集于一人之身,权力的行使便处于不可控状态,特别是在他错误地行使权力时,企业内外部没有任何力量能及时阻止和纠正他的错误行为,这就意味着,此时,一个人的错误就是企业的错误,一个人的局限性就是整个企业的局限性。

由此不难归纳出,在不受约束的条件下,绝对权力在行使过程中源于人性弱点的四个基本特征,即绝对权力的自由性、自我宽容性、不可侵犯性和不可控性。

人性的弱点及人在不受约束的条件下对这种弱点的倾向性态度说明,企业健康成长的期望绝不可建立在企业领导者个人的能力和理性水平上,而必须由相互制约的权力结构和理性的制度体系来保证,但是,绝对权力本身的特点恰恰使它成为企业及时迈入理性轨道难以逾越的门槛。

绝对权力条件下的决策风险

在关键时刻的一次关键性决策失误,可以导致企业的迅速崩溃,即使不到这种地步,亦使企业长期无法恢复元气,从而失去有利的企业成长条件和市场机会,这种案例不胜枚举。在绝对权力的条件下,企业无法回避这种决策风险,相反,这种风险的发生倒是一种逻辑的必然。

企业决策面对的第一个风险是权力垄断者对未来企业发展与市场竞争的知识准备不足和经验的欠缺。

大多数创业者的成功都受惠于一个新市场的出现和这个市场形成初期的高速增长。在这个阶段,企业规模较小,产品利润高,决策的重要性尚不突出,即使有所失误,损失亦不致命,而且,这种损失能很快地由高速增长的销售额和利润弥补回来。在这个时期,决策果断性与时效性的价值高于科学合理性的价值。行动重于思考,个人非智力因素如魄力、果断、韧性,灵活性及对挫折的承受力等对成功创业起决定性作用。但当市场进入成熟期,即产品的总供给超过总需求那一刻起,市场竞争对创业者个人素质和决策能力的客观要求发生了根本的变化。首先,买方市场的形成,使企业与消费者和中间商的关系由主动变为被动。其次,卖方市场一旦转化为买方市场,竞争的内涵也从产品的市场占有率之争转变为企业生存能力之争。可以把价格大战理解为企业间争夺未来生存权力的"战争",它的本质是一场产品成本大战,而要获得成本优势,则涉及从采购、生产、仓储、运输、销售整个企业内部价值链的整合,及人员、资金、设备等资源配置这些极为复杂的管理问题。大多数创业者的管理意识是在此时萌芽的,但他们的知识结构和管理能力远无法胜任这样的挑战。

企业决策的第二个风险来自权力垄断者对创业初期成功决策模式的依赖,正是这种模式和它继续发挥作用的惯性,为企业日后的衰败埋下了伏笔。

导致大多数创业者成功的决策模式是,发现一个市场机会,迅速果断地开发一个产品并投入市场,然后获利。因此,在创业者的潜意识中,成功的主要原因是他能先于别人拿出新产品,并先于别人进入市场。这种决策模式的理念本质是产品导向与行动导向。然而,当市场进入成熟期之后,一大批新产品的赢利能力甚至不如市场高速增长期一个普通产品的赢利能力,是众多行业的普遍现象。创业者靠一个产品就可以短时间暴富的决策模式在市场需求饱和的那一刻起开始失灵。不同市场发展阶段对企业提出的客观要求不同,当市场进入成熟期后,对企业领导者提出的决策思维要求已从战术策略的层次上升到战略的层次,如果企业领导者不能将企业目标及资源的投入及时转移至那些与企业成长战略和企业竞争能力相关的要素上,那么,不论企业现实的竞争地位如何,它在未来竞争中陷于被动困境并逐渐衰落是可以预期的。但是,知识结构的局限性加之对创业初期决策模式的依赖,使权力垄断者依然痴迷于寻找单一产品机会和推销技巧的低级游戏中难以自拔,很少有人能理智地及时将注意力转移到建立支持企业持续发展和赢利的能力体系及它的基础管理体系上。更为糟糕的是,产品导向的决策模式及思维惯性很容易将创业者诱入多元化陷阱,即当创业者在自己熟悉的领域中不能再有所作为时,他们将目光投向其他高速增长的行业,找产品,寻项目,在资源和经验皆不具备的条件下,盲目地闯入自己不熟悉的领域,结果大多与他们的期望背道而驰,资源的分散与消耗,反过来又加促企业在原有行业中竞争地位的迅速衰落。

比较明智的创业者在意识到自己的专业力与经验不足时的普遍作法是,聘请专家顾问或咨询机构参与决策过程。但是,在绝对权力的条件下,这种看似理性的形式仍然无法避免由于权力垄断者个人局限性而导致的决策风险。

首先,顾问不能代替决策者决策,决策本身仍然由权力垄断者一人独立完成,当顾问与决策者的观点发生分歧时,顾问亦不能阻止决策者一意孤行,在这种情况下,专家的参与对决策不起作用。第二,如果顾问的作用仅限于操作方案,即决策已经完成,顾问仅就如何运作这个决策发表看法,那么,顾问对决策本身没有意义,仅对如何操作决策起作用。第三,如果顾问的作用仅限于某一职能领域,而对企业的整体信息缺乏了解,则顾问很难就一局部决策及其他职能要素对这个决策的影响进行判断,而只能对它们的影响进行假设,但这种假设很可能是错误的。将一个判断放到企业全部职能要素中进行反复的权衡与计算是决策水平的关键,而这项关键工作仍由决策者独立完成,顾问的作用被弱化。第四,顾问本身也有局限性,如果聘请的顾问或咨询机构的水平不能胜任竞争的要求,或者当发生观点分歧时为了经济利益向决策者妥协,甚至具有人格缺陷的顾问由于虚荣心的缘故,在自己不懂的领域中亦装腔作势,指手划脚,误导企业,那么,这反倒增加了决策的风险。

结论:绝对权力的自由性决定了在不受约束的条件下,知识与经验皆具有局限性的权力垄断者的个人决策在本质上是非理性的,绝对权力的不可控性使错误的决策亦能通行无阻,绝对权力的自我宽容性使非理性的决策机制可以不断地重复运行,企业决策的风险无法避免。

绝对权力与建立制度体系的冲突

制度是组织为实现某一既定目标而要求人们共同遵守的办事规程和行为

准则。它具有法律的意义,制度面前人人平等,因此,有效的制度体系不承认特权,它与绝对权力的所有本质特征相对立。在绝对权力控制下的企业内,或者是缺乏完善的制度体系;或者是即使有一套制度体系也形同虚设,不可能得到有效的执行,其根本原因即在于此。

一种有趣的矛盾现象是,企业权力的垄断者往往是制度建设的倡导者,同时,又是制度体系的第一个破坏者。他倡导建立制度体系,是由于激烈的市场竞争迫使他降低费用,而提高运作效率的有效方法是制度工具。此外,在无规则的条件下,企业内部运转的无序和混乱也使权力的行使缺乏效率,不利于他对组织行为的控制。然而,由于知识与经验的局限性,大多数创业者对未来市场竞争的不确定性和企业成长的内在规律无从把握,他们只能是这种变化与不确定性的被动应付者,机会与行动导向决策模式的惯性,使他们经常在未经充分论证的条件下改变原来的企业目标,不断做出前后矛盾的决策,使组织行为缺乏内在逻辑和连续性。由于制度是辅助目标实现的管理工具,因此,企业内部的制度也随目标的飘忽不定而不断地被否定、被改变,具有法律意义的规则大多是短命的。企业制度被权力垄断者不断建立又不断破坏的事实,使企业无法树立制度的权威性,相反,这个频繁的条件反射过程,在人们潜意识中建立的恰恰是绝对权力的权威。在企业员工的意识中,制度是权力垄断者用来约束别人的,对他自身没有约束,制度与他的主观意志是一回事。

绝对权力与制度的矛盾突出体现在权力垄断者与下属管理人员的契约关系中,这种关系在本质上否定契约内涵的合作规则与彼此承诺的有效性。

现代企业制度中,理性的组织内成员间的合作关系是以契约的形式规定的,双方皆经过精心的计算,在自愿平等的基础上将这种合作关系以法律的形式确定下来,从而形成契约关系。这是管理一个有一定规模且职能要素复杂企业的基本要求,也是保证企业运作效率和实现企业目标的有效手段。但是,这种关系对绝对权力的自由性却是一种约束,这种约束无疑又是对它的不可侵犯性的侵犯。

首先,契约关系的建立使权力垄断者用人上的自由性受到了约束。没有契约关系,他可以随时且任意撤换下属,现在不行了,他必须寻找撤换下属的客观依据,而这种依据只能到契约中寻找,契约不仅束缚了权力垄断者的随意性,也使下属有了维护自己合法权利的筹码,契约内涵的平等关系法则与绝对权力不可侵犯性内涵的不平等关系法则相对立。

其次,契约关系不仅内涵着契约双方间的相互平等性,同时亦内涵双方对遵守合作规则的承诺。当权力垄断者的随机决策目标前后矛盾,并与契约规定的目标发生冲突时,这就意味着必须改变原有契约关系的内容,这不仅使权力垄断者要付出信誉形象和谈判成本的代价,更为重要的是,这种谈判本身使下属有了讨价还价的权力,这是权力垄断者不能忍受的。绝对权力的自由性和不可侵犯性对下属的要求是服从,而不是平等的谈判,如果它在行使中不能畅通无阻,它就不是绝对权力。面对契约关系的约束和信誉形象受损的压力,权力垄断者有四种选择。

选择一:遵守原来的契约和契约规定的承诺。这当然是对绝对权力自由性的否定;选择二:修改契约。这意味着他不仅要同所有的直接下属谈判,支付一定的谈判成本,而且也给了部下讨价还价的权力,这是对绝对权力不可侵犯性的否定;选择三:废止契约关系。这种选择的实质是权力垄断者通过放弃原来对下属的责任要求,将包括下属本身在内的企业资源集中到自己手中,保证新目标的实现;选择四:根本就不建立契约关系,也不对下属进行任何具有法律意义的承诺,以避免日后的麻烦。

大多数权力垄断者都本能地进行后两种选择,契约关系及内涵的具有法律意义的规则的无效进一步强化了绝对权力的权威,制度与契约在权力垄断者手中如同一块柔软的橡皮泥,可以随心所欲地捏成让自己顺心的模样。

结论:在绝对权力的条件下,制度只有在强化这种权力的行使时才被重视与运用,一旦制度对绝对权力形成约束,它总是首先受到来自于权力垄断者的破坏,因此,企业无法建立起有效的制度体系与制度文化。

绝对权力对知识要素的排斥

知识或智力资本是企业竞争优势的根本来源,由于这种资源和作为它载体的知识员工无法分解,因此,创造宽松和谐的企业内部环境,调动知识员工的积极性,是知识要素发挥作用的前提条件。但在绝对权力的条件下,企业环境中恰恰存在诸多排斥知识要素或弱化其作用的机制。

对知识要素的排斥首先体现在权力垄断者的用人方式中,这种方式暗含着四种排斥机制。首先:由于缺乏制度工具,在企业达到一定规模后,权力垄断者无法直接有效控制下属行为和企业资源,为了弥补这一缺陷,以信任为依据而不是以能力为依据是非制度条件下用人方式的内在要求,当能力与信任发生矛盾时,信任是第一位的,这就使有能力的人在职位竞争中处于劣势。第二,信任以了解为前提,而了解则需要频繁的接触,受管理幅度的制约,领导者不可能接触所有的职工,这就导致两种情况的发生。一是由于缺乏制度体系的评价,不称职的人不会被自然淘汰,从而减少了称职者的机会;二是领导人无法在不接触本人或接触较少的条件下发现潜在的知识人才。第三,缺乏专业力的人一旦获得了重要职位,为了不受潜在竞争者的威胁,可能会不自觉地阻止有利于竞争者的信息与领导者接触,甚至有目的地向领导者输送相反的信息,并以小动作排挤有竞争力的下属(缺乏客观考核评价制度的企业中不存在抑制此类行为的机制)。第四,当领导者选择被信任的下属担任重要职位后,他自己日后也处于两难抉择的境地,愈是能力低下但人品尚朴的下属,愈是忠心耿耿,惟命是从,因此,只要事情尚能应付过去,他就会向感情逻辑妥协,延长不称职下属的任期,从而减少了知识人才的机会。

不仅如此,知识人才即便获得了重要职位,他的创造力由于绝对权力的抑制也很难充分发挥,使知识要素的作用被弱化。首先,由于缺乏制度工具的辅助,权力垄断者对企业的控制方法大都将权力与资源集中于自己一人之手,即所谓"一支笔"现象。这就使他的下属在资源和权力皆受限制的条件下可自由发挥创造力的空间极为狭窄,也无法对所管理的事物独立地承担责任。从而使其积极性和创造力被抑制。其次,知识人员必然从专业的角度对领导的决策和指令进行理性的审视,在结论是否定性的情况下,他面临理性与利益的两难抉择。

彼德·德鲁克在他的新著中指出:"提高知识工作者的效率是管理的重心,

对领导而言,知识工作者不是下属,他们是伙伴,伙伴不能被使唤,他们需要被说服。"但是,绝对权力的本性排斥平等的伙伴关系,在绝对权力控制的企业中,知识工作者只能处于被动从属的地位,因此,他们亦很难产生主体意识。在不能忍受机制的排斥和创造力的束缚时,离开企业是理性的选择。而知识人才的流动率愈高,权力垄断者就愈认为他们难以驾驭,愈不信任他们,因而对原来被信任的下属的依赖性愈强,从而导致企业人才结构弱化的恶性循环。

结论:在绝对权力条件下,当知识权威与绝对权力发生冲突时,利益、道德回避和无风险三种内在机制使知识工作者倾向于选择妥协的行为方式,企业中排斥知识要素的若干机制使企业对知识工作者缺乏吸引力和凝聚力,即使他们因高薪的诱惑留在企业中,以知识工作者为载体的知识要素的作用也将被弱化。

绝对权力与组织老化

现实中,组织老化的倾向普遍存在于绝对权力控制的企业中。

企业解决问题能力下降的第一个原因是,在高度集权的企业组织中,中层管理人员缺乏解决问题所必需的权力和资源。问题是否重要,是否有解决价值的判断是权力垄断者的权力,而他个人的判断,如前所述是受知识结构和经验局限性制约的,只要他认为不是问题,一个实际上极重要的问题就长期得不到解决。

企业解决问题能力下降的第二个原因,在于权力垄断者个人精力与时间的有限性。由于缺乏完善的制度体系,授权将导致失控,在不授权的条件下,任何涉及两个以上部门配合才能有效解决的问题都必须由权力垄断者亲自来协调,即便他重视所有的问题,并力求将它们全部圆满地解决,他的时间和精力也无法让他做到这一点,因为,这类问题在非专业规范化的企业中层出不穷。

频繁的组织冲突是企业解决问题能力降低的第三个原因。由于部门间无法及时有效地协调与沟通,当一个部门的问题由于其他部门的不配合而不能解决,部门管理者又不能将矛头指向领导时,他就只能将原因归结为相关部门的不配合,在职责不清的管理体制中,相关部门很容易找到推卸责任的理由,于是组织间的冲突频繁发生且日益尖锐。由组织冲突而产生的内耗,在大大提高组织运作成本的同时,又加剧了组织解决问题能力的降低。老板个人的效率高而组织的效率低是这类企业的普遍特征之一。

结论:在绝对权力的条件下,企业组织中不存在及时解决问题的自然机制,随着企业规模的扩大,组织冲突呈递增趋势,组织解决问题的能力呈递减趋势,组织老化不可避免。

绝对权力与企业衰败

企业中个人的绝对权力与企业衰败之间的逻辑必然性在于,科学的决策机制,健全的制度体系,知识资本的介入和组织效率这些理性的要素,是成熟市场和竞争对企业的基本要求。同时,它们亦构成企业未来竞争力的基础。不论企业现实的竞争地位如何,如果不具备这些基础,企业的生存空间将逐渐被竞争对手蚕食,已经建立的行业地位也将被竞争者所取代,企业市场资源的丧失和企业内部资源的损耗,必将导致企业有形与无形资产的日趋萎缩,乃至枯竭,因此,企业最终走向衰败是可以预期的。

由于绝对权力的非理性本质悖逆于市场竞争规则对企业成长的理性要求,因此,绝对权力在企业内的自由性必然受到来自市场竞争自身逻辑的无情惩罚,这种惩罚的结果便是企业衰败。然而,必须特别指出的是,这种惩罚对不同企业中的权力垄断者个人的意义有着本质的区别。

在所有权与经营权合一的私营企业中,权力垄断者以经营者的角色行使权力给企业带来的风险及造成的损失,只能由他以所有者的身份来承担。作为经营者,他在行使绝对权力的过程中充满快感,但作为所有者,权力行使的结果却使他感到痛苦,除非他把办企业当做一种纯个人消费游戏,仅是为了享受行使权力的快乐而不在乎结果,来自于市场权威的惩罚就会迫使他回到理性的轨道上,即如果他想逃避所有者的痛苦,他就必须否定经营者的快乐。

由内部人控制的公有制企业则不存在这种个人对绝对权力的自我否定机

制。在公有制企业中,权力垄断者既可以尽情享受行使绝对权力的快乐,又不必承担因企业衰败而丧失个人财富的痛苦。如果说市场惩罚和自我否定是私营企业抑制绝对权力的有效机制,那么,这种机制对公有制企业中的权力垄断者作用甚微。企业衰败是市场权威对所有者的惩罚,对公有制企业的经营者而言,这种惩罚与对绝对权力者的自我否定之间不存在逻辑必然性。因此,公有制企业一旦产生绝对权力现象,它的风险更大,企业衰败的概率也更高。

结论:绝对权力与企业衰败之间存在着逻辑必然性。来自市场权威的惩罚如果能使私营企业主在企业衰败之前及时否定自己的绝对权力,由绝对权力导致的企业衰败就可能避免。但在公有制企业中,这种机制没有实质性作用,如何建立有效的企业内外部制度体系,防止绝对权力现象的发生,是避免企业衰败的关键。

【2001年第6期】

从基础性改革转向结构性改革

——21 世纪初期我国经济改革的特点分析

迟福林

　　未来几年,我国市场化改革的重大进展在于结构性改革的实质性推进。在保持宏观经济和社会稳定的前提下,抓住机遇,适时地实施和推进结构性改革,就能加快体制创新,从而为促进我国的经济结构调整和经济的较快发展提供真正动力。

从基础性改革转向结构性改革是解决当前改革深层次矛盾和问题的必然选择

　　当前,我国经济体制改革面临的深层次矛盾,主要是指体制性结构的不合理。无论是作为宏观层面的政府改革,反反复复,时进时退;还是作为微观层面的国有企业改革,步履艰难,尚未突破,其体制性的结构矛盾都起主要作用,并处于十分突出的地位。

　　我国经过 20 年的渐进式改革,社会主义市场经济体制已初步建立。这主要表现在,作为社会主义市场经济的基础框架已基本形成。例如:第一,我国已初步形成多元化的市场竞争主体,以公有制为主体,多种经济成分共同发展已确立为一项基本的经济制度;第二,市场机制在经济运行中逐步取得主导地位,无论是国民经济的总体市场化程度,还是产品的市场化程度,要素的市场化程度,都有了相当的发展;第三,政府宏观调控的工具和方法已发生重要变化,政府职能在逐步向适应市场经济的方向转变。这充分表明,过去20年我国以着力塑造市场经济主体和形成市场机制为重点的基础性改革已取得决定性进展,我国经济的微观基础已发生实质性变化,并使我国的经济运行进入市场约束的新阶段。

由于以往的基础性改革并没有解决旧体制中的深层次矛盾,使得旧体制中的结构性冲突和矛盾十分突出。这主要是:第一,行政性资源配置方式和行政性垄断还占有一定比重;第二,与市场经济主体多元化相适应的制度化、法律化建设还严重滞后;第三,尽管在某些体制方面有所突破,但体制结构性矛盾还仍然十分突出。这些矛盾和问题在现实经济社会生活中还比较普遍地存在。从现实情况出发,体制性的结构矛盾越来越成为制约中国经济体制改革进程最为突出的因素。例如:

——政企分开一直是改革的重要目标,但政企不分仍然是目前改革中难以解决的问题。如,国有企业改革或整个国有经济的结构调整,在一定程度上都同政府管理经济的制度模式相联系。在进一步的改革进程中,是强化政府对经济的直接控制力,还是放松行政管制,打破行政垄断,使政府从以直接干预经济为主的职能,向以提供公共服务为主的职能目标转变。这些问题不从根本上加以解决,国有企业改革或国有经济的结构调整,就很难有多大进展。

在当前,打破行政性垄断对扩大国内需求有特殊作用。如,近两年,与许多工业品价格下降相反,服务品价格不断上涨,幅度超过10%。这种情况的根源在于服务业长期以来形成的行政垄断的局面还未根本改变,服务业改革的步伐相当缓慢。实践一再说明,无论是国有公共部门的改革,还是国有企业的改革,都是同政府体制的职能转换直接联系在一起的。我们强调建立完善的公司治理结构,但不解决各种党政行为和行政手段对企业的干预,这种治理结构无论如何都是难以建立的。

——大力发展非国有经济,并使之成为市场经济的重要主体,是我国经济改革的重要内容之一,但非国有经济的发展却存在许多制度性障碍。如,产权保护问题、市场准入问题、融资渠道问题等。近两年,政府实施积极的财政政策,取得一定成效,但到目前为止,积极的财政投资未能明显地带动非国有经济的投资,民间资本尚未真正启动。例如在 1998 年,国有投资增长 19.6%,私人投资仅增长 6.1%,集体投资则下降 3.5%。这说明,发展非国有经济,根本的出路在于克服制度性障碍,为非国有经济发展创造空间。这在我国即将加入 WTO 的背景下,更具迫切性。

——作为一项重要方针,我们一再强调,改革与发展、稳定的关系。但在实际经济社会生活中,某些结构性矛盾还十分突出:由于城市化改革的滞后,加剧了城乡之间的矛盾,并在一定程度上制约了农村经济的发展和农民收入水平的提高;由于尚未建立统一完善的社会保障制度和尚未形成合理的收入分配格局,大大影响了人们对改革的心理预期,并降低了参与改革的热情,加上下岗职工的增加,形成了许多新的社会矛盾和问题;由于经济运行中行政配置资源的现象仍然十分突出,再加上缺乏有效的社会监督机制,使得经济生活中的某些腐败现象难以从根本上得以抑制,等等。

由于体制性的结构问题成为改革的突出矛盾,因而实行并加快结构性改革是新形势下改革的重要选择。推进结构性改革,对我国"十五"时期的经济结构调整,对促进经济的较快增长,对保持社会的长期稳定,都会产生重要的作用。应当说,20 年来的改革实践已经为结构性改革创造了很好的基础。在当前宏观经济和社会都比较稳定的情况下,实施结构性改革的条件也是比较有利的。

推进结构性改革是实现制度创新的关键所在

经济转轨是一个长期的过程,它不仅仅是一种运行机制代替另一种运行机制,它实质是体制创新与新体制结构逐渐积累的过程,并且这个过程又是与经济结构、社会结构和政治结构转轨有机联系在一起的整体。因此,在我国经济转轨的发展过程中,当市场运行机制基本取代计划体制时,以体制创新为核心的结构性改革就是经济改革发展到现阶段的必然选择。当然,这个结构性改革是在宏观经济和社会稳定的情况下发生的。反过来,结构性改革又会为宏观经济的长期稳定和社会的长治久安提供制度结构保证。正如江泽民总书记深刻指出的,社会主义制度自我完善和发展,说到底,是一个体制创新的问题。不改革,不进行体制创新,很多问题的解决就没有出路。

实施并推进结构性改革,就是在基础性改革的前提下,面对新旧两种体制的结构性矛盾,加快培育发展新体制因素,并逐渐形成新体制的合理结构,以充分发挥新体制结构的整体优势和作用。因此,结构性改革阶段既同以往的基础性改革相联系,又表现出这一阶段改革的重要特征:

——强调体制创新在推动经济改革中的根本性作用。一是在改革的新形势下,依靠政策引导、推动的改革策略将被制度创新的实际过程所替代,改革只有依托于制度创新,才能更有效地发挥它的效应和作用。因此,寻求宏观经济政策和体制创新的结合,努力实现体制创新和政策联动,才能抓住现阶段转轨的主要矛盾。下一步,推进结构性改革,会把制度创新推到前所未有的程度。二是结构性改革不仅仅在于注重一项新制度的安排,更重要的是重视制度结构的合理性。因为任何一项制度都有其结构性,都以其他制度安排为补充。制度的互补性及其合理结构是一项新制度充分发挥效应的基础和前提。三是政府在结构性改革中作为制度创新和制度供给主体的地位和作用更为突出。结构性改革标志着我国市场体制运行的新阶段,但市场力量本身并不总是能够顺利推进结构性改革的实际进程。政府作为改革的主导者,必须适应改革新阶段的变化,对自身的行为方式和政策取向作出重大调整,以提供更多的制度性公共产品,适应结构性改革阶段的需要。

——强调改革的配套性。由于体制的结构性特点,配套改革在结构性改革阶段具有决定性的作用。一是结构性改革注重整体改革的配套性、系统性。我国现阶段的改革实践充分证明了这一点:国有企业改革要与建立完善的社会保障制度改革相配套;深化农村改革要与加快城市化改革相配套等。伴随经济改革产生的矛盾和问题,已超越了经济本身。全面的配套改革越来越成为一个大趋势。二是结构性改革阶段的整体攻坚是一个不容回避的现实,要突破改革的深层次障碍,并适应改革的新环境,改革的阶段性突破就是不可避免的。我国的结构性改革从总体上说,仍是渐进式的,但比照过去,结构性改革的阶段性突破有着更为迫切的要求。

——强调法制化建设对推进改革的作用。以立法来保证体制创新的自觉性和目的性,同时制度化、法制化又是结构性改革的基本目标。没有法治的体制创新,社会主义市场经济的新体制就难以确定。保护已有的改革成果,规范未来的改革行为是结构性改革对法制化提出的基本要求。一是与产权保护(包括知识产权)相关的法制建设对我国结构性改革的成败具有关键作用;二是依法行政,用法律和制度约束政府行为是法制建设的重要内容和任务;三是加快与重大改革措施相关的法律制度建设,例如,从法律上进一步明确地划分中央与地方的事权,这对我国来说十分重要。

我国结构性改革的主要任务和思路

关于我国下一步改革的思路,有的人主张采取重点推进和重点突破的办法,这是有一定道理的,并且这种办法在以往的改革实践中有成功的经验。这里,需要提出研究的问题是,今天,当改革已进入到深层次阶段,体制性的结构矛盾日益突出,并且,这个矛盾的发展制约了单项改革的深入推进。事实也说明,现阶段的许多单项改革难于取得真正的突破。实施并推进结构性改革,就是适应这种改革的新形势,把体制创新、逐步形成合理的新体制结构作为基本任务,在改革整体攻坚的前提下,分阶段、分步骤地实现局部改革的突破。这样一种配套性改革的思路是结构性改革阶段最本质的要求。

当然,结构性改革是一个总的要求,在其不同阶段,改革的基本目标和具体任务也是有所不同的。分析我国当前深层次改革面临的矛盾和问题,下一步,我国结构性改革的主要任务是:

1. 加快推进国有经济的股份化进程

未来几年,我国国有经济的战略性重组对经济结构调整起着十分关键的作用。国有经济战略重组的决定因素是国有经济的市场化,出路是实行股份制改革。

国有经济的股份制改革,涉及到三大基本问题:一是国有企业的股份制改革,尤其是大中型国有企业的股份制改革。这是国有企业建立现代企业制度,实行法人治理结构最重要的基础。

二是国有公共部门的股份制改革。加快对电信、铁路、民航、电力等国有公共部门的股份制改革,对于推进我国基础领域投融资市场化进程,纠正制约我国国民经济的产业结构偏差,并保证有效地向全社会提供以竞争为基础的公共产品,都有着特殊的意义。为此,通过股份制改革,改变国有资本过于集中的状况,打破行政垄断局面,吸收民间和社会资本,形成有效的竞争机制,是国有公共部门改革的主要内容。这项改革,越来越具有紧迫性。

三是积极稳妥地推进国有商业银行的股份制改革。这是下一步我国结构性改革的焦点所在。它不仅对国有经济的改革具有牵动全局的作用,而且对宏观经济的稳定具有重要影响。特别是在我国加入 WTO 的背景下,金融领域的对外开放和利率市场化的进程将大大加快,这为国有银行的股份制改革留下的时间、空间都是十分有限的。我们对这项改革的全局性、紧迫性应当有清醒的认识。

2.尽快形成非国有经济发展的制度、法律环境

当前,非国有经济的发展已成为支撑我国经济高速增长的主要力量。下一步,无论是改革与发展,非国有经济都将扮演越来越重要的角色。但是作为主要因素,制约非国有经济发展的体制性障碍还没有消除,在有的方面还相当突出。近两年,在政府连续采用扩张性宏观政策的背景下,非国有经济的投资离政府的预期目标尚有很大差距,根源就在于现实中存在着的对非国有经济的制度性约束和体制性限制。为此,与我国非国有经济进一步发展相关的体制创新和法制保障至关重要。

3.全面推进社会结构的改革

我国改革和发展在当前的一个突出矛盾是,社会结构改革严重滞后,这对社会稳定和社会成员参与改革的热情都带来重大影响。因此,结构性改革的一项重要任务就是要全面推进与经济改革相配套的社会改革。

一是要实质地推进收入分配制度改革,规范社会分配秩序。目前,从总体

上说,体制内平均主义的分配格局尚未完全打破,并伴随平均主义产生了多种形式的隐性收入和灰色收入。另一方面,体制外不同层次和群体之间的收入差距超过了合理的界限,利益冲突较为突出。为此,要建立有中国特色的职工持股制度,要确立资本、技术、管理、劳动力诸生产要素参与分配的途径,形成国家对收入分配关系的有效调节机制,并积极寻求结构性改革进程中合理的财产分配关系,科学整合利益群体,为人们创造进一步获得利益的空间。

二是建立完善的社会保障制度。当前如何寻求通过减持国有股、发行特别国债等形式充实社会保障的个人账户,尽快建立最低生活保障制度的可靠机制,并且保证社会保障资金的安全、有效运作,都是迫切需要解决的突出矛盾和问题。应特别强调的是,在努力寻求社会保障资金多元化来源的同时,应强化政府在建立社会保障制度中的责任和作用。

三是人力资源开发应成为结构性改革的战略重点之一。在知识经济和信息化时代,人力资源开发是关系和决定一国竞争优势的关键所在。科技创新根本取决于决定人力资源开发程度的体制创新。寻求人力资源开发与配置的市场化途径,建立有效的产权激励机制,形成合理的人事管理制度等,都是在新形势下通过体制创新促进人力资源开发的有效途径。面对我国人口多,劳动力素质不高,一般劳动力过剩的现状,应当把提高全社会劳动力素质,并建立能激活家庭、企业和个人相关的制度建设,作为人力资源开发不可忽视的重要任务。

4. 配套推进城乡改革

我国的结构性改革面临的一个基本情况是,涉及 8 亿人口的农村改革在一定程度上依赖于城市化改革的进程。在未来的 10 至 20 年,农村剩余的 1 至 2 亿人口转移到城市,是深化农村改革的战略目标之一。实现这个战略目标有利于加快城市化进程,提高我国的城市化水平。当前我国的农村改革处在一个十分关键的时期,在加快实现农村土地使用权长期化、资本化的同时,积极推进农村的各项配套改革,对我国改革发展的全局具有重要影响。这是我国结构性改革需要解决的基本任务,并且是一项长期的任务。

5. 彻底的政府改革

我国结构性改革的特点表明,政府既是结构性改革的主导者,同时政府自身的改革又是结构性改革的重要内容。适应结构性改革的要求,政府活动的范围、方式及其职能都必须彻底转变。要大大减少政府对资源的行政审批,加快政府职能转变,强化政府公共职能,规范政府行为,促进政府管理体制由管制向监控方式转变。

　　进入新世纪,实施并推进结构性改革,应当客观分析改革的基础和条件,但更为重要的是,要分析和把握改革的主要推动力。我们说,政府是结构性改革的主导者,但与此同时,更要强调广大群众在结构性改革中的地位和作用。广大群众拥护改革的程度和参与改革的热情是决定结构性改革成败的关键。从理论上说,市场经济的优势在于它在不同社会及文化中的差异性及适应性。我国社会主义市场经济的本质是广大人民群众作为主要获益者的市场经济。因而它的根本优势在于广大人民群众不断获取利益基础上的广泛参与,这也是激发我国经济社会各方面活力的最重要的动力。作为顺利推进我国结构性改革的重要保证,明确结构性改革的目标,增强改革的透明度,让广大群众了解改革的进程和内容,并使他们中的多数在改革中获益,过去是,下一步仍然是我们顺利推进结构性改革应予坚持的重要原则。这样,尽管结构性改革面临的难度更大,情况更复杂,但有了这个重要的基础,我们才能更加自觉地、以更大的勇气把我国的各项改革推向前进。

【2001年第8期】

"空账"与转轨成本

——中国养老保险体制改革的效应分析

孙祁祥

引　言

　　养老保险制度的改革是一个世界性的课题。中国也在试图建立一个新的养老保险制度,以便不仅为国有企业改革、实现市场经济目标提供重要的前提条件,同时也为养老保险制度的世代延续提供坚实的财政基础。

　　改革开放以后,经过 10 多年的探索与实验,国务院于 1997 年颁布了《关于建立统一的企业职工基本养老保险制度的决定》。自此开始,中国正式确定了以社会统筹与个人账户相结合为标志的混合型养老保险体制。从理论上说,这一体制体现了公平与效率的结合,是具有历史意义的变革,然而在实践中,几年的运作结果表明,个人账户只是一个名义账户,其中并没有资金,由此形成业内人士所言的"空账"问题。有关资料显示,"空账"的规模在逐年增大,1997 年为 140 亿元,1998 年为 450 亿元,1999 年已达到 1 000 亿元以上。问题的严重性还不在于此,不仅个人账户是空账,而且近些年来,养老保险计划的当年收入不抵当年支出。"空账"问题导致混合型体制在实质上仍然是现收现付体制,如果不正视和解决这一问题,空账规模将越来越大,所要建立的新体制必将难以为继。

本文试图从实证的角度研究,在我国养老保险费率已高达24%(在实践中,许多地方实际缴费达到30%左右)的基础上,为什么仍会出现养老保险计划收不抵支和"空账"问题,并分析其后果及其解决办法。

"空账"的形成及其成因

以"个人账户"和社会统筹相结合为特征的中国养老保险制度的设计实施是一种具有历史性意义的变革。它一方面体现了效率:将职工个人的贡献(缴费)与获益(退休后领取养老保险金)在某种程度上结合了起来,使其从理论上说具有更强的激励作用;另一方面又体现了公平:社会统筹部分对不同收入的养老金领取者进行了收入再分配,这正是养老保险制度的重要功能之一。

然而,在实践中,个人账户只是名义上的,其中并没有资金,换句话说,个人账户只是一种"空账"。据有关人士估计,"空账"的规模在1997年为140多亿,1998年上升到450亿左右,到1999年超过1 000亿。问题的严重性还不止于此。事实上,不仅个人账户是空的,而且养老保险计划当年的收入不抵支出,也就是说,所有的当年收入用于支付现有的退休人员的退休金都不够,更不用说个人账户上有所积累了。

应当说,24%的缴费率是很高的。据有关部门对OECD24个国家社会保障缴费率的统计,只有丹麦(24.55%)、意大利(29.64%)、荷兰(25.78%)、西班牙(28.30%)和葡萄牙(34.75%)等5个国家的社会保障缴费率高于中国。但如果考虑到OECD国家的社会保障缴费率为包括养老、伤残和死亡三项合计数,而我国仅养老保险一项的缴费率就达24%,我国的养老保险缴费率应当说是相当高的。在如此高的缴费水平上,为什么还会出现养老保险金收不抵支以及"空账"问题呢?我认为,退休人员的增长比例大大高于在职职工增长比例是根本原因。在现行养老制度覆盖的人群分类中,国有企业退休人员仍占很大比重、保费收缴率逐年下降以及缴费基数过低是引发这一问题的重要因素。

其一,退休人员的增长比例大大高于在职职工增长比例。据《中国统计年鉴》提供的资料显示,从 1980 年至 1998 年,职工的增长比例为 3.8%,而同期退休人员的增长比例为 8.6%。这说明,假定其他条件不变,在保证退休人员养老金不下降的情况下,除非提高缴费率,否则当年收入将不抵当年支出。

其二,"体制偏向"。1997 年确定的养老保险体制虽然规定,"进一步扩大养老保险的覆盖范围,基本养老保险制度要逐步扩大到城镇所有企业及其职工。城镇个体劳动者也要逐步实行基本养老保险制度"。但由于体制过渡需要时间以及其他一些原因,目前的养老保险体制所覆盖的范围仍以国有企业为主。有关资料显示,从 1996 年至 1998 年,国有企业在职职工参加养老保险的人数分别占全国各类体制内在职职工人数的 80.4%、79.6% 和 78.6%;城镇集体企业分别为 16.6%、16.6% 和 16.2%;其他企业分别只有 3.0%、3.8% 和 5.2%(《中国劳动统计年鉴》,1999)。在这种情况下,由于国有企业退休职工在整个退休职工中所占比重、国有企业就业职工在整个就业职工中所占比重、以及国有企业产出在整个工业产出中的比重发生变化,导致现有养老保险体制的支付困境。

从表 1 可以看出,1980 年国有企业的就业职工占所有企业就业职工的63.6%,到 1998 年下降到 31.8%,下降了近 32 个百分点;同期国有企业创造的工业产值占工业总产值的比重从 76% 下降到 26.5%,下降了近 50 个百分点;而同期退休职工的比重从 81.5% 下降到 77.4%,仅下降了 4.1 个百分点。可见,在目前养老保险体制覆盖的范围仍以国有企业为主的情况下,可以用来支持该体制的资源和人口规模已大大缩小,而必须从该体制中得到养老保险金支付的人口基本保持不变,由此,支付困境的出现是显而易见的。

表 1　国有企业退休职工、就业职工和国有工业产出在整个经济中的比重

单位:%

退休职工比重		就业职工比重		工业产出比重	
1980 年	1998 年	1980 年	1998 年	1980 年	1998 年
81.5	77.4	63.6	31.8	76.0	26.5

资料来源:根据历年《中国统计年鉴》整理。

其三,保费收缴率逐年降低,欠缴保费的情况大量发生。这又与上述第二个因素有直接关系。由于现行养老保险体制中的绝大多数是国有企业,它们中的许多处于亏损状态,无力缴纳保险费,于是导致保费收入减少,社会保障机构不得不提高缴费率。于是,一些效益好的企业也觉得负担过重而无法支付,由此形成欠缴;社会保障机构只好再次提高费率,从而导致一种恶性循环。据报道,目前绝大多数地区企业缴费占工资总额的比重都已超过国务院(97)26号文件规定的20%的比例。不仅如此,这种高费率还使目前许多处在养老保险体制外的非国有企业"望而生畏",从而以各种理由推迟进入养老保险体制,这无疑减少了保费收入来源。

其四,缴费基数过低。理论上说,养老保险费的征缴是以企业工资总额作为基数的。在研究这一缴费基数时,我们可以观察到一个有趣的现象,即中国的工资总额占国内生产总值的比重很低。这可以从人力资本占比相对小,因而劳动力便宜,第三产业不发达得到部分解释,但它不是问题的全部。因为从另一角度来看,相对于发达国家和地区,由于中国的产业劳动力密集型的特征,工资收入应当占相对大的比重才是,可现实却是大大低于发达国家和地区。以下两个因素可以用来补充解释这一现象。其一,众所周知,中国企业的工资收入中,有一部分是以实物形式分发的,这在传统的计划体制下更为明显。因此,实际货币收入打了很大的折扣。其二,中国企业的工资外收入(也可以称为"灰色收入")占很大比重,而这一部分也是没有体现在货币工资总额中的。据国家税务总局分析,职工从单位获得的工资外收入占工资收入的比重,1978年为8%,1990年为35%,1994年为50%左右。

比较近年来工资总额增长与每年城市居民新增储蓄总额的增长,可以为我们观察工资总额占国内生产总值的比重过低这一现象提供另一线索。自1990年以来,我国大部分年份的新增储蓄存款都占到工资总额的一半,甚至三分之二之多。储蓄是消费后的剩余,在中国的城市恩格尔系数仍为40%左右的情况下(再加上其他的消费支出,总消费至少应当占到工资收入的70%以上),新增储蓄占到工资总额三分之二以上的事实只能说明工资总额被大大低估了。

转轨成本

中国在设计养老保险改革方案,也就是从传统的现收现付制转向社会统筹与个人账户相结合的体制时,没有采取专门方式处理转轨成本,而是希冀通过加大企业统筹费率的方式逐步将其消化。在这种情况下,一个以前从未有过的问题凸显在我们面前:现有企业和在职职工既要建立职工的个人账户(新体制下的义务),缴纳保险费,又要为已退休的职工提供养老金(现收现付体制下的义务——转轨成本)。为此,新体制必须设计相当高的费率以完成这一计划目标;然而,高费率必然影响人们加入新体制的动力和缴费的积极性。即使政府采取了一些行政、法规措施,强制更多的企业加入养老保险计划和强制征缴保险费,但收效不明显,抵制也是很大的。其结果必然是,以"高费率"开始,以"低收入"终结。不仅如此,高费率还将导致劳动力的非正式雇佣,其动因在于雇主希望减少其工资性支出(因为如果是非正式雇佣,雇主可以不支付雇员养老保险费等),但这将大大降低劳动生产率。因此,试图通过加大企业统筹费率的方式解决转轨成本问题是造成"空账"的根本原因,弥补"空账"必须从解决转轨成本入手。

(一)谁应承担转轨成本

转轨成本可以被定义为"显性化的隐性债务"。隐性债务指的是在现收现付体制下,参保人所拥有的养老金权益。我认为,转轨成本应当由政府来承担,而不应当让企业和个人来承担,否则就是不公平。这是因为,在传统的现收现付体制下,职工的养老保险是通过代际转移,即下一代在职职工承担上一代退休职工的养老保险义务来实现的。如果维持现收现付体制不变,每一代退休职工的养老都可以通过这种代际转移来完成,并且每一代职工只需要承担一次义务。然而,当养老保险制度的改革发生后,新体制不仅要求有人为社会统筹账户和个人账户筹集资金,而且保证有资金来兑现过去在现收现付制度下已经积累起来的养老金承诺。于是,在如何完成代际转移这一问题上将出现两种选择和后果:一种选择是继续由现有企业和职工来完成(这正是1997年养老保险体制的设计思想），这对他们而言显然是不公平的，因为他们必须承担"双重负担"，而其后果正如我们前面分析所见：新体制必须设计很高的缴费率，以期既弥补转轨成本，又为新的社会筹资账户和个人账户筹资。但高费率阻碍了人们加入新体制的积极性和引起缴费率下降，由此造成保险费收不抵支，"空账"问题严重。

第二种选择是由政府来承担现收现付体制下积累起来的养老金承诺，这是顺理成章的。因为在传统的计划体制下，我国一直实行"低工资、低消费、高积累"的政策。从 1952 年到 1978 年，职工实际平均工资年均增长仅为 0.38%，而积累率却由 1952 年的 21.4% 增长到 1978 年的 36.5%，其中许多年份甚至高达 40% 以上。显然易见，国有资产中的一部分是靠老职工牺牲其消费和未来积累凝聚起来的。因此，在转轨之际，由政府承担起这一代际转移的义务，向老退休职工支付养老金，以顺利实现养老保险体制从现收现付制向个人账户和社会统筹相结合的新体制过渡，既是公平的，也是明智的。

（二）如何承担转轨成本

中国养老保险制度的转轨成本到底有多大？国内外的专家有不同的估算结果，但多数人，包括世界银行的估算结果为 3—4 万亿元左右。我这里采用王晓军的测算结果，转轨成本 3.7 万亿元。应当指出的是，这一转轨成本并不是必须在一年，或者几年以内偿还的。因为转轨成本包括 1997 年以前退休的职工（即"老人"）的全部养老金和 1997 年以前参加工作，1997 年以后退休的职工（即"中人"）的过渡性养老金。如果将这两部分人全部去世视为体制转轨结束，大约需要 50 年左右的时间。如果将 3.7 万亿元总转轨成本分摊到这一时间段内来消化，假定未来 50 年的平均利率为 5%，那么，每年的平均转轨成本将为 1 900 亿元左右，如果利率为 4% 的话，平均转轨成本将为 1 600 亿元左右。假定我们将 1998 年实际支出的 1 512 亿元养老保险金全部视为转轨成本（因为个人账户上没有任何积累，当年征收的 1 459 亿元保险费收入全部用来支付当年的退休职工还不够，留下了 53 亿元的赤字），并且假定由政府来承担，让我们来讨论一下具体的方式。

国际上通行的做法无非是使用政府经常性收入、出售国有资产、发行特种国债、发行福利彩票等。仅从政府经常性收支的角度考察我国运用政府收入弥补部分转轨成本的可行性,其结论会是很悲观的。统计数据表明,1978 年改革以来,除 1985 年我国的财政有 21.6 亿元的赢余外,其余所有的年份均为赤字。进入 90 年代以来,赤字规模从 200 多亿元逐年上升到 1999 年的 1 759 亿元。因此,除非重新调整政府收支结构,压缩行政性开支和基本建设支出,否则,依赖政府从经常性收入中再拿出一部分来弥补转轨成本的可能性不大。

关于通过出售国有资产来补充一部分社会保障基金的必要性和可行性,国内已有很多议论,这里不再赘述。从发行特种国债的可行性来看,目前我国的国债负担率为 10%左右,而西方发达国家均在 50%以上。另一方面,中国居民储蓄存款已高达 6 万多亿元。在投资方式仍然很有限,股票市场投资风险很大、银行存款利率又比国债利率低的情况下,购买国债在很长的一段时间内仍然会是居民的重要投资手段之一。可见,通过发债,比如说,每年增发 800—1 000亿元的特种国债来补充一部分社会保障基金是有空间的。从发行福利彩票筹资的角度来看。1994 年至 1999 年,我国彩票销售收入从 18 亿元增加到104 亿元,增长了 477%。这表明,通过发行彩票来筹集一部分社会保障基金在中国也会有一定的市场。

与大部分发展中国家一样,中国由于现收现付体制的覆盖面相对狭窄,其转轨成本也相对较小,仅占国内生产总值的 54%左右。而大部分中等发达国家和发达国家,这一比例在 90%—240%左右。在政府承担转轨成本后,企业和个人的缴费水平将大大降低,由此将提高新体制对人们的吸引力。

结　论

变个人账户由"空账"到实账,是中国养老保险体制改革成功的关键。只有个人账户真正有积累,才有可能进行投资,由此真正从现收现付制转变为社会统筹与个人账户相结合的混合型体制。而处理转轨成本又是变个人账户从"空账"到实账的关键。因此,问题的逻辑链条就在于:如果不解决转轨成本问题,个人账户就很难从目前的空账转为实账;而如果"空账"问题不解决,现有体制在实质上就仍然是现收现付体制,它所改变的只是从以往由企业支付退休人员的养老金改为由社会(比如说,从县级统筹逐步向省级统筹过渡)来支付养老金。它解决了传统的现收现付体制与市场化改革的矛盾(如企业负担不均,职工无法流动的问题),但它没有解决现收现付体制更为致命的问题——支付危机,而仅仅只是推迟了支付危机发生的时间。

　　政府应当负担转轨成本,这是实现个人账户由"空账"转变为实账的前提。当然,如何改革工资制度,扩大缴费基数,避免税收规避,保证充足的保险费收入;如何提高养老保险金的投资回报率,这些都是一些对于建立社会统筹与个人账户相结合的养老保险体制很重要的问题。限于篇幅,作者将在以后就这些问题进行分析研究。

【2001年第9期】

经济卷

2002年

进一步深化粮食流通体制改革

温家宝

粮食流通体制改革取得明显成效，进一步深化改革势在必行

1998 年以来，党中央、国务院针对我国粮食总量出现阶段性供大于求、市场粮价下跌的情况，从保护农民利益、巩固农业基础地位的大局出发，实施了以"三项政策、一项改革"为主要内容的粮食流通体制改革。各地和各有关部门认真贯彻中央的粮改精神，不断完善政策措施，取得了显著成效。一是坚持按保护价敞开收购农民余粮，较好地保护了农民利益。据统计，1998—2000 粮食年度，国家粮食收购总量分别为 1 931 亿斤、2 561 亿斤和 2 339 亿斤，平均每年 2 277亿斤。这对于防止市场粮价过度下跌，稳定农民收入，保护和调动农民的种粮积极性，起到了关键的作用。二是在稳定粮食生产能力的前提下，推动了农业和粮食生产结构的调整。1999 年以来，通过不断完善政策措施，如逐步缩小粮食收购保护价范围、实行优质优价、拓宽收购渠道，推进粮食产区和销区建立稳定的协作关系，使粮食主销区进一步发展效益农业，粮食主产区进一步发挥种粮优势，促进粮食区域布局调整和粮食品种优质化，有效地引导农业和粮

食生产结构的调整。三是增强了国家粮食调控能力,为促进经济发展和维护社会稳定提供了雄厚的物质基础。中央和省两级粮食储备体系不断完善,粮食市场不因自然灾害出现大的波动,始终保持稳定。这几年我们之所以能够有效抵御亚洲金融风波的冲击,成功地实行扩大内需的各项方针政策,在生态脆弱地区实施退耕还林(草),城镇低收入阶层尤其是下岗职工的生活水平比较稳定,国有企业改革顺利进行,都是与我们有比较充足的粮食分不开的。四是国有粮食购销企业改革取得进展,初步扭转了企业大量亏损的局面。据对 24 个省(区、市)的调查统计,1998 年以来国有粮食购销企业分流富余人员 85.9 万人,减员增效工作迈出较大步伐。1999 年全国国有粮食购销企业比 1998 年减亏256 亿元,2000 年又比上年减亏 18 亿元。同时,粮食收购资金封闭管理工作取得明显成效,保证粮食收购资金及时足额供应,从根本上解决了给农民"打白条"的问题,挤占挪用收购资金的现象也得到有效遏制。总起来看,前一时期的改革,对建立适应社会主义市场经济发展要求和符合我国国情的粮食流通体制进行了有益的探索,积累了丰富的经验,为进一步深化改革创造了有利的条件。实践证明,党中央、国务院关于粮食流通体制改革的方针政策,是符合实际的,是完全正确的。如果没有"三项政策、一项改革"的实施,就不会有今天的好形势。

在充分肯定粮食流通体制改革取得明显成效的同时,我们也应该清醒地认识到,当前粮食生产和流通中存在着一些突出问题,主要是:一些地方没有完全做到按保护价敞开收购农民余粮,部分粮食品种顺价销售困难;粮食省长负责制没有完全落实,有些产区的粮食风险基金不能及时足额到位;国有粮食购销企业改革滞后,未能真正实现自主经营、自负盈亏;国家储备粮规模、结构和管理方式还不能完全适应国家宏观调控的需要。经过多年的改革和发展,我国粮食流通体制发生了很大变化,粮食收购渠道逐步拓宽,销售市场完全放开,除收购市场在粮价过低时实行保护价收购外,粮食购销价格基本由市场调节,粮食产区与销区之间购销协作关系逐步发展和稳定,中央储备粮垂直管理体系初步建立。我国即将加入世界贸易组织,粮食生产和流通面临着日趋激烈的国际竞争。针对当前存在的突出问题,面对新情况、新形势,我们必须进一步深化粮食流通体制改革,继续完善有关政策措施。

这次出台的改革思路和政策措施,既是在新形势下对1998年以来粮食流通体制改革的进一步完善和深化,又是一次有实质性突破的重大改革。国务院根据粮食主产区和主销区不同情况,实行分类指导,制定了一系列切实可行的政策措施。这对于优化农业区域布局,充分发挥各地区农业生产的比较优势,推进农业生产结构调整,实行产业化经营,提高农业综合效益和增加农民收入,将发挥重要作用。

进一步深化粮食流通体制改革的
基本思路和工作重点

深化粮食流通体制改革的总体目标是:在国家宏观调控下,充分发挥市场机制对粮食购销和价格形成的作用,完善粮食价格形成机制,保护粮食生产能力,建立完善的国家粮食宏观调控体系和粮食市场体系,逐步形成适应社会主义市场经济发展要求和我国国情的粮食流通体制。

根据上述总体目标和粮食生产、流通面临的新情况、新形势,当前进一步深化粮食流通体制改革的基本思路可以概括为:放开销区,保护产区,省长负责,加强调控。

(一)放开销区,就是加快推进主销区粮食购销市场化改革,在国家宏观调控下,放开粮食收购、粮食市场和粮食价格

国务院决定,在粮食主销区,主要是浙江、上海、福建、广东、海南、江苏和北京、天津等地区要加快推进这项改革。这是当前深化粮食流通体制改革中一项影响深远的重大举措。首先,这是推进农业结构调整的客观要求。这些主销区经济比较发达,农业和农村经济结构调整的潜力较大,粮食市场发育较好,粮食购销形势已经发生了很大变化,可以放开粮食收购,实行粮食价格由市场调节。这样,一方面可以促进这些地区根据市场需求更好地调整农业生产结构,发展效益更高的经济作物、养殖业和出口创汇农业;另一方面,也可以为粮食主产区腾出更大的市场空间,促进市场粮价合理回升,支持主产区粮食生产的稳定发展。这步棋走活了,粮食主产区和主销区就能充分发挥各自的比较优势,促进农业增效和农民增收。其次,这是推进粮食流通体制市场取向改革的必要步骤。经过多年的改革和不断探索,我国市场取向的粮食流通体制改革取得了重大进展。但由于粮食的特殊性和粮改的复杂性,相对于其他农产品,粮食流通体制改革难度更大,制约因素更多,市场机制的作用还没有得到充分发挥,粮食价格形成机制、企业经营机制和市场发育程度等方面,都还不适应发展社会主义市场经济的要求。推进主销区粮食购销市场化改革,是深化粮食流通体制市场取向改革迈出的重要步骤,对于建立和完善社会主义市场经济体制具有重大意义。第三,这是提高我国农产品竞争力的重要措施。我国加入世贸组织后,对农业和粮食来说,将会面临很大的挑战。我们要在符合世贸组织规则和国际惯例的前提下,完善适合我国国情的国家对农业和粮食生产的支持与保护体系。更重要的是加快体制创新,促进农业结构调整,提高农业的整体竞争力。加快主销区粮食购销市场化改革,有利于东南沿海地区发展有优势、有特色的畜产品、水产品、果蔬产品等,积极扩大出口,参与国际竞争。同时也有利于促进全国粮食供求的平衡,减轻加入世贸组织后对粮食生产和流通带来的冲击。

在推进主销区粮食购销市场化改革中,要采取有效措施,确保粮食供应和粮食市场稳定。一是必须切实保护好基本农田,决不允许擅自将耕地改为非农用地。这是一条不可逾越的"红线"。只要耕地和农田水利设施得到有效保护,一旦需要就可以很快恢复粮食生产。销区农民在这条"红线"范围内可以放手调整种植结构。二是要主动与主产区建立稳定的粮食购销关系。在这方面,浙江等地已经作了很好的探索,在稳定渠道、拓宽领域、互利互惠、提高信誉等方面取得了新的进展。各地要从粮食供求状况的实际出发,深入研究市场经济条件下的粮食产销衔接问题。三是要完善地方粮食储备制度,按照国家关于"销区保持 6 个月销量"的要求充实省级粮食储备。目前销区实际粮食储备远远没有达到这个水平。销区省级政府必须认真对待这个问题,要把增加省级粮食储备作为义不容辞的责任。地方粮食储备数量没有达到要求的,必须尽快予以充实。对这项工作的落实情况,国务院要组织专项检查。同时,国务院各有关部门要积极支持主销区加快推进粮食购销的市场化,帮助解决存在的困难和问题。

(二)保护产区,就是保护主产区粮食生产能力和经济利益,特别是保护农民种粮的积极性

这一条,在任何时候都不能动摇。第一,保护产区是保障全国粮食供应的关键所在。在当前粮食供大于求的情况下,中央反复强调必须保护粮食生产能力,确保粮食安全,这是从全局和长远考虑的。随着人口增加、人民生活水平提高和城镇化步伐的加快,全社会对粮食供给的数量和质量将提出更高的要求,从长远看我国粮食供求关系将是偏紧的。一定要全面分析我国粮食生产和供求形势,居安思危。粮食主产区是我国商品粮生产的主要基地,是销区的主要粮源,在稳定全国粮食供求关系中具有决定性的作用。要采取各种保障措施,使粮食主产区能够充分发挥粮食生产优势,确保国家粮食安全。第二,增加农民收入是充分发挥主产区粮食生产比较优势的重要前提。发挥主产区粮食生产比较优势,必须增加农民收入,提高农民种粮积极性。放开销区,扩大主产区的粮食市场空间,就是为主产区农民增收创造条件。粮食主产区要抓住这个机遇,适应市场需求,优化粮食品种结构,提高质量,发展产业化经营,实现农业增效、农民增收的目标。同时,国家也要采取政策措施支持和保护主产区的粮食生产。

保护产区,当前要着重抓好三项工作。一是在主产区继续坚持按保护价敞开收购农民余粮的政策。这一点不能动摇。粮食主产区要继续实行"三项政策、一项改革",做到在市场粮价过低时实行按保护价敞开收购农民余粮的政策,确定合理的保护范围和保护价水平,以切实保护农民利益和种粮积极性。1997年以来,全国农民人均纯收入增幅已连续4年下降,有些主产区农民收入还出现负增长,相当一部分纯农户甚至已经连续几年减收。在当前粮食仍供大于求、农民增收困难的情况下,如果主产区放弃按保护价敞开收购农民余粮的政策,无异于雪上加霜,对稳定农民收入和保护农民种粮积极性将产生非常不利的影响。二是国家对粮食主产区要给予重点支持。在风险基金补助、粮库建设、增加中央储备粮规模等方面,要重点照顾粮食主产区。这次调整粮食风险基金包干办法,中央重点增加了对主产区的粮食风险基金补助,而且增加部分不要地方配套,为主产区进一步落实按保护价敞开收购农民余粮的政策、更好地保护农民利益创造了有利条件。各地要从大局出发,充分理解中央财政这样安排的意义,不要相互攀比。三是加强粮食主产区的农业基础设施建设。稳定提高主产区的粮食生产能力,才能促进沿海发达地区调整农业生产结构和生态脆弱地区退耕还林,这件事关系全局。中央和地方都要切实增加投入,搞好农业综合开发,努力改善主产区的农业生产条件和生态环境。加强大型商品粮基地建设,保证商品粮有效供给。增加农业科技投入,建立健全农业科技创新推广体系,提高粮食生产科技含量。加强农业抗灾减灾体系建设,减少粮食生产的波动。

(三)省长负责,就是各省级人民政府要对本地区粮食生产和流通真正负起责任,落实和完善粮食省长(主席、市长)负责制

对粮食问题,必须实行在国家宏观调控和政策指导下,由省级政府对本地区粮食生产和流通全面负责的体制,不能由中央包揽。目前,粮食省长负责制还没有得到很好落实。一些地方没有完全贯彻落实国家的粮食购销政策,粮食风险基金未能及时足额落实到位,对粮食企业改革和扭亏增盈缺乏紧迫感和有力措施,粮食市场管理松懈等。解决这些问题,还是要靠进一步完善和真正落实粮食省长负责制。这次国务院下发了《关于进一步深化粮食流通体制改革的意见》(国发〔2001〕28号)也为全面实行粮食省长负责制提供了必要的条件。

一是进一步完善粮食风险基金包干办法。从1999年开始,中央对各省(自治区、直辖市)实行粮食风险基金包干。总体上看,包干政策执行情况是好的,大部分省没有出现超支,但也有一些粮食主产区地方配套资金没有完全到位,缺口较大。鉴于这种情况,这次完善粮食风险基金包干要遵循以下原则:(1)从2001年开始,中央适当增加对粮食主产区补助,由地方包干使用。这是国务院根据当前粮食流通体制改革需要作出的决定,不搞平均分配,地区之间不要相互攀比。(2)按1999年粮食风险基金包干的政策规定,应由地方财政配套的自筹资金,要继续按政策及时足额配套到位。(3)适当扩大省级政府使用粮食风险基金的权限,具体补贴范围、标准和方式,由省级人民政府按照国家规定的用途和使用监管办法自行确定。(4)实行"统筹使用、超支不补、结余留用"的办法,真正做到包住、包死。(5)国务院有关部门要进一步加强对粮食风险基金的监管。上述措施,有利于落实省长负责制,有利于增强地方做好粮食工作的责任感。

二是赋予省级人民政府管理粮食生产和流通更大的决策自主权。为了有利于主产区根据市场需求和本地实际情况调整农业和粮食生产结构,今后各省级人民政府可以按照国务院确定的原则要求,自行确定实行保护价收购的品种、范围和办法,并合理确定收购保护价水平。粮食产销基本平衡的省(区),由省级人民政府根据本地实际情况,自行确定具体的粮食购销政策。其中粮食产量相对较多的地区,可比照实行粮食主产区的政策。这样,就体现了"有责有权、责权一致"的要求,真正把管理粮食生产和流通的权力交给各省级人民政府。

当前,完善和落实好粮食省长负责制,要着重强调以下五个方面:(1)粮食主产区要增加粮食生产投入,稳定和逐步提高粮食生产能力,改善粮食品质结构,做好粮食收购和储存,保证提供必要的商品粮和中央储备轮换用粮。(2)各省级人民政府要鼓励和引导各类有经营粮食资格的企业,积极发展产销区之间长期稳定的粮食购销协作关系,并信守合同。(3)认真落实和监管好粮食风险基金,确保专款专用。实行粮食风险基金包干后,各省级人民政府筹集的配套资金要纳入地方财政预算,不准挤占挪用。要加强对粮食风险基金拨付和使用情况的监管,任何部门和单位都不得挤占、截留、挪用粮食风险基金。(4)积极推进国有粮食购销企业改革。实行粮食风险基金包干后,管理和监督国有粮食购销企业的责任在各省级人民政府,盈亏也由地方政府负责。各地必须大力推进粮食购销企业改革。(5)加快粮食市场体系建设,维护正常流通秩序,稳定市场粮价。

(四)加强调控,就是增强国家对粮食调控的能力,健全调控机制,提高调控水平

粮食生产既是经济再生产也是自然再生产的过程,必然存在着自然和市场的双重风险,要保持粮食供求和价格的基本稳定,就必须加强政府对粮食生产和流通的调控。政府调控主要是实行保护价收购、建立粮食风险基金和储备制度。前两项已经讲过了,这里着重讲一下粮食储备问题。一是要进一步扩大中央储备粮规模。在今明两年内,要通过新建储备库装新粮和在产区直接收购,逐步使中央储备粮规模达到 1 500 亿斤左右,保证国家掌握充足的调控粮源。二是加强对中央储备粮的管理,健全中央储备粮垂直管理体系和制度。要尽快建立管理科学、调控有力、吞吐灵活、人员精干的中央储备粮管理体系,确保国家调控的需要。对储备粮的管理要强调一个"严"字,切实严格制度、严格管理、严格责任,完善粮食推陈储新的轮换机制,防止粮食霉变和损失,确保数量真实、质量完好,国家需要动用时能调得动,用得上。三是继续抓紧国家储备粮库建设。2001 年建设的 200 亿斤国家粮库,要确保工程质量和建设进度。这里需要指出的是,近几年国家对粮食调控主要是努力扩大收购,今后,我们还要认真研究在各种情况下调控市场、稳定价格的办法,制定多种预案,提高调控的水平。

国家要对粮食生产和流通进行有效的调控,还必须有健全的粮食市场体系。支持培育全国性和区域性的粮食批发市场;加强粮食市场信息网络建设,提倡应用电子商务等多种交易形式;鼓励国有粮食企业、龙头企业和农民联合经营,形成生产、加工、销售一体化利益共同体;支持各类粮食企业与农民签订产销合同;鼓励具备条件的多种所有制经济主体,经国家有关部门审查登记后,按有关规定从事粮食经营。要搞好粮食市场管理,维护正常的粮食流通秩序。要严格市场准入制度,规范交易规则,加强对粮食生产、流通、加工各个环节的质量监督和安全监督,坚决打击各种欺行霸市、哄抬物价、掺杂使假、坑害群众等违法违规行为。禁止粮食流通中的地区封锁,尽快形成公平竞争、规范有序、全国统一的粮食市场。

【2002 年第 1 期】

国家分配论就是国家财政论

邓子基

如何理解国家财政与公共财政的范畴,以及如何看待二者之间的关系,是一个亟待解决的问题,需要有正确的理论作为指导。有鉴于此,本文着重明确一个问题:我国财政主流学说——国家分配论就是关于国家财政的理论或学说,国家分配论亦即国家财政论;同时,本文还对公共财政论与国家分配论(或国家财政论)的关系进行探讨。

国家分配论就是国家财政论

多年以来,国家分配论以其"财政是以国家(或政府)为主体的分配活动"和"财政本质是以国家(或政府)为主体的分配关系"的独特论断,而鲜明地与其他各种财政学说区分开来,从而被贴上"国家分配"标签,并且因此而在财政经济学界广为流传。但事实上,就其总体而言,国家分配论实质上就是关于国家财政的学说,国家分配论就是国家财政论,用它来指导我国当前国家财政实践,是完全适宜的。

之所以可以这么说,这是由国家分配论对于"国家财政"这一范畴的全面把握和深刻分析所决定的。国家分配论认为,国家财政这一范畴大体上可以从以下三个方面进行理解：

1. 关于财政与国家的关系

国家与财政有着天然的联系，没有无财政的国家，也没有任何财政可以离开国家而存在。古今中外，财政就是国家财政、政府财政，因其天然具有公共性，因此也是公共财政。这实际上是对于国家财政作为一般范畴的理解。

2. 对于社会主义市场经济条件下的财政模式（或类型）的认识

适应于市场经济体制，我国应实行公共财政；而适应于社会主义经济制度及其方向，我国还应在公共财政之外，另有一块体现国家作为资本所有者、体现公有制为主体的财政，即国有资本财政；因此，适应于社会主义市场经济的财政模式应当是既相互区别又相互联系的公共财政和国有资本财政的有机统一体，即双重结构财政（或双元财政），而单纯用公共财政是不足以概括社会主义市场经济下的财政模式的。

3. 对于国家财政范畴的特殊涵义的理解

在"财政"一词前加上"国家"二字，以"国家财政"作为对我国现行财政模式——双重结构财政模式的概括，可以涵盖公共财政。另外，使用"国家财政"一词，还有利于反映我国财经改革进程中的两个重要事实：一是我国市场化改革进程主要是由政府自身推进的，对财政改革来说同样如此；二是多年以来，我国财政一直存在"两个比重"偏低的情况，需要通过政府尤其是中央政府的权威对这种局面加以改观，以建立稳固、平衡、强大的国家财政。

不过，除了侧重从财政现象和我国财政活动的现实出发，国家分配论较早对"国家财政"这一范畴已经有着精辟见解之外，国家分配论的精髓与核心则是透过财政现象抽象出财政的本质。国家分配论认为，社会经济过程是生产力与生产关系的统一，在财政活动的背后，隐含着人与人之间的关系。这样，从生产关系或经济制度的角度，国家分配论把财政本质理解为"以国家（或政府）为主体的分配关系"，并且认为，财政的基本属性是公共性和利益集团性（或阶级性），也就是说，一方面，国家或政府作为社会公众利益的代表，需要为社会公众提供家庭和企业所不愿提供或难以有效提供的公共服务，维护社会经济秩序；另一方面，国家或政府在其本质上又是各种集团利益纷争的场所（在剥削阶级社会主要体现为剥削阶级与被剥削阶级之间的对抗性矛盾、在社会主义社会则主要体现为各阶层、不同组织之间的矛盾）。基于上述理解,国家分配论认为,在我国现实条件下,着重要解决好两种财政分配关系:一是国家、企业和个人之间的分配关系;二是中央政府与地方政府之间,以及地方各级政府之间的分配关系。

由此可见,国家分配论不仅从现象的层面理解财政模式问题,更从本质的层面揭示财政活动所体现的经济关系,而这对于理解财政范畴,理解国家财政范畴,以及我国社会主义市场经济条件下的财政现状及其目标,无疑具有独特的价值。国家分配论表明,财政现象是复杂的,财政的表现形式是多样的,由此决定着作为对财政现象及其表现形式进行概括的范畴——财政模式,也可以是多样的,如计划经济时期无所不包的"大一统财政",西方发达市场经济国家的纯粹公共财政模式,我国当前的双重结构财政模式,等等。但是财政的本质却是唯一的,任何形式的财政活动,在其本质上都体现着以国家为主体的分配关系。并且,作为对财政本质特征的直接反映,任何财政活动又都兼具公共性和利益集团性(或阶级性)这两种基本属性。

至此,我们可以断言,国家分配论就是国家财政论,国家分配论反映着国家财政论的本质观!

公共财政论的本质观也是国家分配论

公共财政论认为,在完全竞争条件下,市场经济能够在自发运行的过程中,仅仅依靠自身力量的调节,使社会上现有的各种资源,即各种人力、物力和财力得到充分、合理的利用,从而达到资源的有效配置状态。但是,市场经济并非万能,在一些领域或场合,市场机制本身并不能得到有效的发挥,从而天然达到有效配置资源的结果;而在另外一些领域或场合,市场机制即使能够充分发挥,也无法达到符合整个社会要求的正确的资源配置结果。这些问题是市场经济自身所无法克服的固有缺陷或不足,一般将它们统称为市场失灵问题。如果任凭其发展,市场经济体系将无法存续,因此必须加以克服和纠正。这首先可以通过企业和个人的活动在一定程度上得以实现,但无法从根本上解决问题。因为在市场经济中,企业和个人是市场最主要的参与主体,企业和个人的经济活动也基本上是通过市场途径,以市场方式进行的。这样,市场无法有效解决的问题,决定了企业和个人也难以有效地解决。因此,市场失灵需要有公共的或集体活动的介入,并且以非市场机制的方式进行干预,才能在一定程度上加以纠正。而公共活动又主要由作为社会生活组织者的政府来体现,这就决定了政府必须对市场失灵进行干预,以克服和矫正市场的不足与缺陷。这样,在市场经济体制下,政府干预的必要性,决定着作为直接计划配置资源手段的政府财政,必须介入和参与到政府克服和纠正市场失灵的问题中去,并且通过自身的收支活动,服务和支持政府的这类干预活动。

这样,沿着市场有效→市场失灵→政府干预→财政介入的分析思路,西方财政理论提出了市场经济条件下财政存在的必要性。公共财政论则在准确揭示这一思路的基础上,概括和总结了市场经济条件下的财政运行过程及其特征,认为公共财政是弥补市场失灵的财政、应该为市场活动提供一视同仁服务的财政、具有非市场盈利性的财政和法治化的财政。

公共财政论是对长期根植于西方资本和市场环境之上的财政活动及其运行机制的理论概括,而进行这样的理论概括无疑是正确的,对我国建立与社会主义市场经济体制相适应的财政模式具有十分积极的意义。但是,囿于长期形成的学术研究传统,西方财政理论仅从财政活动的现实来把握财政范畴,并没有深入财政活动的本质,没有进一步揭示财政分配活动背后所隐藏着的人与人之间的关系。但是,不谈财政本质,不等于财政没有本质,不等于财政理论不能或不应该揭示财政的本质。事实上,鉴于任何事物都是现象与本质的统一,任何范畴都是对事物本质的概括和体现,因此,没有揭示财政本质的财政范畴是不科学的,没有回答财政本质的财政理论是不完整的,哪怕它能够正确反映特定财政活动的特征及其运行过程。

事实上,公共财政理论以无政府假说为出发点,论证市场经济处于失灵状态时政府及其财政进行干预的必要性,这固然不失其理论意义,但却的确忽略了一个重要事实:提出政府及其财政为什么有必要存在,并没有揭示政府及其财政实际上是如何存在与运作,以及为什么会如此存在及运作的理由。而要揭示政府及其财政的实际运行情况,就不能不把关注的焦点放在财政活动所体现的错综复杂的分配关系之上,也不应对财政活动的另一个属性——利益集团性避而不谈。特别是,我国财政、经济之路是十分艰辛而曲折的,财政的公共性并不会自然而然地显现出来,其间交织着各种利益集团之间的摩擦、冲突和斗争,伴随着各种利益集团的分化、瓦解与重组,这就使我们不得不关注于国家财政的集团性(或阶级性、阶层性),不得不关注于财政分配行为背后所隐藏着的分配关系或经济关系,而国家分配论则提供了理解这些问题的钥匙。

有鉴于此,我们说,公共财政也是以政府(国家)为主体的一种分配关系。可见,公共财政论的本质观也是国家分配论。

正确认识国家分配论与公共财政论的关系

(一)国家分配论与公共财政论的区别

1.国家分配论的核心在于分析与探讨财政活动的本质,是本质论;而公共财政论着重在于界定财政活动的范畴,并揭示市场经济条件下财政的运行过程,是现象论。因此,二者居于不同的理论层次上。国家分配论运用马克思主义政治经济学和国家学说的基本原理,提出了"财政活动体现的是以国家(或政府)为主体的分配关系"这一论断,正确揭示出财政的本质。而公共财政论由于始终处于资本和市场的环境之中,加上受到客观的经济基础理论背景的影响,决定它所分析和解决的是直接面向西方市场经济这一经济背景下的财政活动如何进行运作的问题,并没有对人类社会经济发展史中财政活动的内在规律作出概括和总结。因此从理论研究的深度看,公共财政论所涉及的仅仅是西方国家财政特殊,对财政活动的分析只停留于表层;而国家分配论则涉及财政一般,对财政活动的分析触及到了它的最深层次,揭示出财政活动的内在、本质的联系。

2.国家分配论和公共财政论的立论基础不一致。财政活动涉及的是政府的经济行为,因此财政理论不仅要以一定的经济理论为背景,而且必须以特定的政治理论为依据,这一点对中西财政理论来说都不例外。不同的是,国家分配论以马克思主义的国家学说为立论基础,以马克思主义政治经济学作为其基础经济学依据,建立在劳动价值论的基础之上;其对于社会主义市场经济下财政活动规律的认识,还以市场经济的一般理论为指导。而公共财政论则以社会契约论作为国家学说基础,并且以西方经济学作为基础经济学依据,建立在边际效用价值论基础之上。

3. 财政的产生与存在问题是财政理论的分析起点,在这一问题上,国家分配论与公共财政论遵循着不同的分析思路。国家分配论把财政视为一个历史的范畴,认为财政是人类社会发展到一定历史阶段的产物,随国家的产生而产生,随国家的存在而存在,也将随着国家的消亡而消亡。它着重运用了历史分析的方法来揭示财政的产生与存在的问题。公共财政论则不然,它直接面向市场经济下的财政,并不试图去解决各种社会形态下的财政问题。因此,在关于财政的产生与存在这一问题的认识上,它采用的是逻辑分析的方法。在它看来,在市场经济条件下,政府及其财政之所以能够有立足之地,那是因为市场经济有着自身难以克服的弊端,这些弊端如果不由政府及其财政来加以解决,市场经济将无法续存下去。因此,公共财政论以市场经济为基础,把解决市场失灵问题看做是政府干预根本理由,从而推导出财政产生与存在的必要性。

4. 国家分配论与公共财政论所指的财政对象不同。国家分配论认为,财政分配的对象是社会产品,这里的社会产品只包括有形的物质产品,而不包括无形的劳务服务,也不包括精神产品。公共财政论则认为,财政活动提供的对象是公共产品,即具有共同消费性质的物品。它不仅包括有形的物质产品,更主要的是指各种公共服务。同时,从概念的形成看,社会产品是社会物质生产部门创造的产物,因此"生产"与社会产品有着直接而紧密的联系;而公共产品虽然也是社会活动的产物,但恰恰是产品或服务在"消费"时具有的属性——共同消费性,才使之与通常意义上的只适合于个人或少数人消费的私人产品区别开来,因此公共产品与"消费"之间有着直接而紧密的联系。

5. 国家分配论与公共财政论所探讨的财政活动的目的存在着差异。国家分配论认为,财政活动的目的满足的是国家实现其职能的需要,即国家需要。

国家既要履行社会管理职能,也要履行经济管理职能,其中包括进行国有资本管理的特殊职能;它不仅要实现弥补市场失灵的需要,即公共需要,而且还要对大量的经营性国有资产进行有效管理,以实现其保值、增值的需要。而公共财政论认为,国家虽然也具有进行社会管理与经济管理的双重职能,但是政府及其财政的活动基本上只应局限于为市场经济提供私人经济活动不能有效提供的公共产品,以满足社会公众的共同需要;对少量的国有资产,财政固然有进行有效管理的职责,但不以盈利性为目的,而主要是为了实现纠正市场失灵,克服市场缺陷的需要。

6.国家分配论与公共财政论关注的财政模式有所不同。国家分配论认为,在社会主义市场经济条件下,由于受到客观经济发展水平和既定的社会经济关系的影响,应当实行公共财政与国有资本财政并存状态下的双重结构财政模式;而公共财政论始终倡导独立运作的纯粹公共财政模式。因此,相比较而言,国家分配论不仅要对市场失灵领域内的财政如何运行进行研究,还要对市场有效领域内的财政活动进行探讨,同时,不可避免要对两种财政活动之间的交互作用与相互关系进行分析和总结。显然,其涉及问题的复杂性和研究内容的广泛性是公共财政论所不能比拟的。

(二)国家分配论与公共财政论的统一

1.在财政定义上,国家分配论与公共财政论都把财政看做是主体、客体、形式和目的的四个要素的统一体。具体地说:(1)双方都认为国家(或政府)是财政活动的主体。(2)在财政客体方面,国家分配论主张社会产品范畴,西方财政理论主张公共产品范畴。上文已经提到,社会产品与公共产品是从不同考察角度提出的概念,公共产品在外延上较宽。但是,公共产品必须以社会产品为基础,无形必须以有形为基础。没有社会产品的生产,公共产品的提供就没有现实的物质基础。(3)双方都认为,在现代市场经济条件下,财政活动的主要形式是货币或价值形式。(4)关于财政活动的目的,国家分配论认为财政活动是为了满足国家需要,其中包括满足社会公众的公共需要和国有资本管理需要;西方财政理论认为财政活动是为了满足公共需要。

2.立足于各自现实的经济背景,国家分配论与公共财政论都对财政活动现象及其运行机理进行了分析与探讨。国家分配论作为一个较为完整的理论体系,形成于计划经济时期;但随着经济改革的逐步推进,为了适应我国建立社会主义市场经济体制的需要,这一理论在保留原有的理论精髓——财政本质观的基础上,对自身的研究方法、理论观点与政策主张等进行了修正、补充和完善,其中吸收与体现了大量的市场经济内容,与公共财政论在诸多问题的认识上找到了共通之处。比如,在关于市场经济下的财政应当采取什么样的运行模式这一问题的认识上,国家分配论与公共财政论都主张应当以市场经济为财政活动的出发点、立足点,财政活动必须对市场经济自身无法克服的不足与缺陷进行校正,从而为市场经济的发展创造良好的条件;因此,国家分配论与公共财政论都倡导市场经济条件下的财政应当实行公共财政。不同的是,国家分配论认为纯粹的公共财政模式并不适合我国的国情,而应在着重实行公共财政之外,保留一块国有资本财政,实行双重结构财政;而公共财政论则主张实行单一的公共财政。

3. 在财政活动内容方面,国家分配论与公共财政论都认为财政活动由财政收入、财政支出、财政平衡与财政管理等一些基本内容构成,把财政活动视为"收、支、平、管"等环节构成的统一体,财政运行过程表现为周而复始、循环往复的资金运动。

国家分配论是发展的财政理论

当前,我国的财政改革正面临建立稳固、平衡、强大的国家财政和构建公共财政基本框架的艰巨任务,与此相适应,我国的财政理论则要在坚持国家分配论的基础上,对各种财政理论,尤其是以公共财政论为核心的西方财政理论进行整合和发展,建立起一整套富有中国特色的,与社会主义市场经济要求相适应的财政学体系。在此情况下,国家分配论者将会大胆吸收和借鉴公共财政论的有关成分,发展和完善国家分配论。具体说来,国家分配论者将主要吸收和借鉴公共财政论的如下思路、观点和方法:

首先,在市场经济条件下,资源配置应当以市场配置为基础,以政府(财政)

配置方式为补充,使"看不见的手"与"看得见的手"相互配合,以实现社会经济的有效运行。在市场经济中,财政作为政府直接计划配置资源的手段,应当真正发挥市场在资源配置方面的基础性作用;财政活动则把弥补市场的缺陷作为出发点,其首要任务是为所有的市场主体提供一视同仁的公共服务,避免由于政府财政的不恰当干预给市场的有效运作和经济效率造成损害。这意味着,在社会主义市场经济下,我国在建立稳固、平衡、强大的国家财政时,应当把构建和完善公共财政作为财政改革的核心内容,并在此基础上,切实搞好国有资本财政。

其次,市场经济条件下的财政应当是法治化的财政。国家预算制度是一个国家的财政管理制度中最具决定意义的内容,国家预算的政治决定过程是西方财政理论关注的焦点。公共选择论认为,从出发点和归宿点来看,财政是应市场主体的公共需要而产生,为满足公共需要而存在的,因此通过预算收支提供的公共产品必然也必须是由公众的偏好和意愿决定的,要受公众的制约和监督,政府作为全体社会成员利益的代言人不能侵犯公众的利益。这就决定了国家预算应当依据有关法律,通过一定政治程序进行,国家预算的绝大部分内容向社会公众公开,社会公众有权监督国家预算的实际执行情况,这些做法使得市场经济条件下的国家预算在很大程度上步入了法治化、程序化和公开化的轨道,从而使政府的财政活动呈现出很强的法治化。为了使我国财政与社会主义市场经济相适应,无疑也应当采纳西方国家财政的做法,借鉴和吸收公共选择论的一些合理成分。

第三,在研究方法方面,公共财政论沿袭了西方经济理论的传统研究方法,即透过经济现象提出经济思想,再把经济思想具体化为系统的经济理论,之后通过建立适当的经济模型把经济理论作进一步深化,然后将经济理论用于指导经济政策与实践。这一过程可以简要地表示为:经济现象→经济思想→经济理论→经济模型→经济政策。公共财政论大量采用数理方法、计量方法,对财政理论与实践问题进行定性、定量分析,这是丰富、发展国家分配论时值得借鉴的地方。

【2002年第2期】

三农问题研究【两篇】

试析新阶段的农业、农村和农民问题

陈锡文

1998 年 10 月,党的十五届三中全会通过了《关于农业和农村若干重大问题的决定》。这个《决定》对我国农业的发展阶段做出了重要判断:粮食等主要农产品由过去的长期供给不足,变为"总量大体平衡,丰年有余"。这标志着我国农产品供求中数量不足的矛盾已基本缓解,以追求粮食等主要农产品数量增长为基本目标的农业将发生重大转折。由此,我国农业开始进入了一个新的发展阶段。

新阶段农业、农村问题的实质是农民的收入增长问题

缓解粮食等主要农产品供求中数量不足的矛盾,是多少代中国人梦寐以求的目标。这个目标的实现,对我国社会经济发展的历史性意义,是怎么估价也不为过的。但是,当人们还来不及为粮食的"丰年有余"而尽情喜悦的时候,就

发现历来被看作我国改革首战告捷之地的农村,却已经暴露出越来越多的令人忧虑的矛盾和问题。近年来,人们在谈论我国经济生活中的诸多矛盾时,最为集中的话题之一,便是农民的"收入上不来,负担下不去"。这表明,现阶段人们对我国农业、农村问题关注的焦点已从农产品的供求转到了农民本身。社会经济的方方面面都已经感觉到,当前农民收入增长所面临的严峻困难已成为制约整个国民经济实现良性循环的一大障碍。

(一)农民收入增长困难的突出矛盾是农业减收

近年农民收入增长幅度的下降只是农民收入问题的表象,问题的严峻性其实主要在于农民来自农业的收入连年减少。而农业减收的基本原因是农产品市场的变化。自改革以来,农业收益的主要来源已经发生过两次重大变化:从1979年到1984年,我国各类农产品基本都处于短缺状态,家庭承包经营激发了广大农民的生产积极性,农产品总量在这短短的五六年中迅猛增长,农民的增收从而主要来自于农产品总量的增加。自1984年开始,主要农产品短缺的状况已有很大程度的缓解,粮食、棉花等还发生过两次短时期的"卖难"。因此,农民靠增加农产品的产量已经难以保持农业净收益的增长。80年代中期以后,农业收益的增加,靠的主要是农产品价格的上涨。1996年农民人均纯收入之所以能够增加9%,就同这一年国家对订购粮的价格提高了42%有关。但进入90年代中期以后,我国多数农产品出现了供过于求的局面,而价格也大多明显高于国际市场的水平,因此,增产、提价已均无空间,这就导致农民来自农业的纯收入的持续下降。可见,改革以来农业增收的经验性途径,在当前的农产品市场状况下已经失效,要实现农业和农民增收,就必须在整个国民经济的结构调整中另辟蹊径。

(二)农民收入增长困难的深层原因是就业不充分

从80年代中期开始,由于乡镇企业异军突起,农村二、三产业开始较大规模地吸纳农业剩余劳动力,但直到1992年,农林牧渔业的劳动力才开始出现绝对量的下降。近年来,由于乡镇企业所处的整体经济环境发生较大变化,其自身也正处于结构调整和体制创新的转折阶段,因此吸收的新就业人员不仅没能增加,1997、1998两年合计减少了约1 000万从业人员,致使在农业中就业的劳动力总量从 1997 年开始又出现反弹,并持续 3 年呈增加趋势,致使本来就相当严重的农业劳动力过剩、农民就业极不充分的状况更加恶化。

从近年的实际情况看,如不开辟新的转移渠道,仅靠在农村内部、靠发展乡镇企业就地转移这一种方式,农业劳动力的总量就又将进入一个增长期,这对提高农民收入和保持农村稳定都极为不利。事实上,在农民来自农业的纯收入连续 3 年下降的情况下,全国平均的农民纯收入之所以还能保持低速增长,关键就在于农民外出流动打工就业的收入在增长。只有保障农民能够更充分地就业,农民收入才有可能保持正常的增长。

只有减少农民,才能富裕农民,这是世界各国促进农业、农村发展的基本经验。而我国农民增收所面临的最大困难,也恰恰在于向二、三产业和城镇转移农业劳动力所面临的困难。工业化与城镇化的脱节,GDP 中农业比重下降而农业中就业人员增加的巨大反差,无疑是抑制农民增收的最沉重障碍。近年农民增收困难,与我国城镇化进程缓慢有着直接的联系。原有的对农民转移进入城镇定居的有关规定,与实现"减少农民"的目标根本是背道而驰的。

正是在农村人增地减、城镇壁垒森严的严酷背景下,农民为了寻求扩大就业、增加收入的现实途径,乡镇企业才应运而生并异军突起,背井离乡在流动中寻求就业机会的农村劳动力才形成了滚滚洪流。毫无疑问,乡镇企业和流动就业,是广大农民求生存、求发展的愿望在现存经济体制下的本能使然。在这里,愿望同体制之间的矛盾和冲突已经到了水火难容的地步。显然,果真要使农民收入增加,就不能不把着力点放在扩增农民的就业机会上,否则,不仅会抑制农民收入的增长,而且必然使我国的农业劳动生产率持续低下、农产品成本持续上升,农业在总体上逐渐丧失竞争力。

(三) 近年农民的收入状况已经严重影响国内市场的扩大

由于农民收入增长乏力,自 1998 年以来,农民人均家庭经营费用和生活消费支出出现了减少或停滞的现象。

1998、1999 两年农民人均家庭经营费用支出连续减少,1999 年已比 1997 年减少了 15.1%(减少 106.50 元)。而 2000 年人均家庭经营费用支出的增加,一是恢复性的,因为比 1997 年的水平还低 7.4%;二是有很大的被动性质,主要是抗旱费用增加、燃油价格提高等因素所致。农民人均生活消费支出变化也带有相同的特征:1998、1999 连续两年减少,1999 年比 1997 年减少了 2.5%(减少39.73 元)。2000 年人均生活消费支出虽然比上年增加了 92.69 元,但也带有很大的被动性,一是人均食品支出在连续两年减少的基础上继续减少,而衣着的支出虽略有增加,但仍低于 1997、1998 年的水平;二是支出增加较多的主要是服务性收费的涨价所致。上述两方面基本是被动性的商品和服务消费支出就增加了 60.33 元,占全年人均生活消费支出增加总额的 65.1%。因此,2000 年农民人均生活消费虽有增加,但真正能作用于农民生活质量提高的部分却很有限。

以上的农民人均生产、生活费用支出情况还只是全国的平均数,正如前面所说到的,平均数总是掩盖着诸多现实矛盾。因此必须考虑到的是,绝大多数以农业为主要收入来源的农户,他们的支出下降情况显然比平均数更为严重。而这也正是农村消费品市场所占份额不断下降的一个重要原因。

由此可见,农民开支的缩减和停滞,实际上已经影响到了整个国内市场的扩大。亚洲金融危机爆发后,党中央、国务院及时制定了扩大内需的方针,并已初见成效。但必须清醒地看到,如果占人口大多数的农民的购买力不能提升,我国巨大的国内市场就仍然只能是潜在的而并非是现实的。因此,扩大内需的具体措施必须能够有效地带动农产品销售和农民就业机会的增加,否则农民就难以从中增加收入,也难以形成有支付能力的需求去带动国内市场的扩大。而在已经采取的扩大内需的举措中,最为醒目的两项是大规模投资兴建大型基础设施和增加城镇职工收入。从实施效果看,这两大举措对带动需求无疑有着重要的促进作用,但对农民增收的绩效却并不显著。大型基础设施建设对于增加农民就业和使用乡镇企业产品都极为有限;增加城镇职工收入主要是带动了住宅、汽车、教育、旅游等新兴消费市场的扩张和增加了储蓄,而在城镇居民群体总量有限的条件下,对带动农产品市场扩张的作用相当有限。据统计,2000 年城镇居民人均可支配收入比 1996 年增加了 1 441.1 元,但在 1996—2000 年的 4年中城镇居民人均用于食品的开支只增加了 53.6 元,食品的收入弹性系数不足 0.04,就是说,这一阶段,城镇居民人均可支配收入每增加 1 元,用于食品的开支只增加不到 4 分钱,这其中还包括在外用餐费用的增加。因此,如何使扩大内需的具体措施更有效地向农业、农村、农民倾斜,促使农民收入和消费增长,将是实现扩大国内市场的关键所在。

在农业、农村经济发展的新阶段,我国农产品的供求关系明显宽松了,与此相适应的是,人们也必须将关注农业、农村问题的眼光,从看重农产品供给的增加转向农民收入的增长。没有八九亿农民的富裕和文明,中国就不可能有真正意义上的现代化。40 年前,正是我国经济陷入极度困难之时,毛泽东曾痛定思痛地对党的高级干部们说:"中国有五亿农民,如果不团结他们,你有多少工业,鞍钢再大,也不行的,也会被推翻的。"他还极为深刻地总结道:"中国这个国家,离开农民休想干出什么事情来。"如今,中国农民的数量比毛泽东当年发此感叹时要多得多,对于农民地位和作用的重要性,对于农民收入和购买力增长的全局意义,我们当然也应该比之 40 年前有更为自觉、更为深刻的认识。

当前值得特别关注的两项农村基本政策

(一)减轻农民负担

除了完善税费改革方案本身的问题之外,要真正减轻农民的负担,显然还有一系列更深层次的问题需要认真考虑,否则就难以使减轻农民负担、保持农村各项社会事业发展、保证农村基层政府和组织运行这三个方面都相得益彰。而这三位一体的目标实现不了,农民的负担即便一时能够减轻,也迟早还会出现反弹。为此,我认为,至少有四个方面的问题必须考虑:

1. 财政体制问题

这里的关键是农村基层政府的财权和事权相一致的问题。从农村基层政府的实际运行看,开支最大的是教育。乡镇政府对教育的开支一般在财政开支中都高于 60%,有的甚至达到 80%,因此不少地方的农民都说"负担围着教育转"。这并不是说教育不重要,也不是说农村的教育开支过大,而是说农村基层政府在教育问题上的财权和事权大不一致。尽管自 2001 年开始,农村教师的工资由县财政统一发放,但财源还是在乡镇,因此并没有从根本上解决问题。

此外,相当部分乡镇政府的财力,保得了工资就保不了运行,结果是养了兵无法打仗。不能为农民提供服务,农民当然就不满意。因此,有必要从财权和事权相统一的角度,考虑县乡财政体制的改革问题。

2. 农村基层的政府机构设置和职能定位问题

机构臃肿、人浮于事的状况,在上层政府或许主要是个效率问题,但在农村,则首先就是个财政问题。据有关资料显示,2000年末全国财政负担的人员(不含军队和武警)总量中,由县乡财政负担的比重高达69.7%,而同期县乡财政的收入却只占全国财政总收入的20.7%。在这种状况下,为保工资、保运行,相当部分地区的农民负担难以减轻也就具有了必然性。因此,加快政府机构改革、职能转换和人员精简,就成为减轻农民负担的一个必要前提。

3. 发展和繁荣县以下地区经济的问题

县乡财政的好转要靠县和县以下地方经济的发展。县乡经济的一大特点,就是没有多少国有经济,更少国有大中型企业。因此,一个时期以来,在财政、金融等各类资金集中向国有大中型企业倾斜的背景下,县和县以下地方经济的发展就难以得到必要的资金支持。尤其是在相当部分的中西部地区,原有的地方国有企业因种种原因而极不景气,民营企业又因缺乏资金等原因而难以顺利成长,以致县乡经济难以找到新的生长点,县乡财政难有新的税源,于是农民负担也就减不下去。

4. 部分乡村基层干部的思想和工作作风问题

尽管导致农民负担沉重的根本原因并不在乡村干部而在于体制,但部分乡村干部的思想和工作作风问题,也确实在加重农民负担方面起到了推波助澜的作用。要从根本上解决这些问题,除了加强思想教育之外,还必须扩大农村基层民主,加强村民自治的制度建设并完善干部的选拔和监督机制。

由此可见,农村税费改革实际上是一项宏大的系统工程,涉及到方方面面的配套改革。因此,在现阶段,农村税费改革的推进必须和严格对农民负担的管理相结合,标本兼治,才能在过渡期间控制住农民负担的总水平,保证农业经济发展、农民生活改善和农村社会稳定。

(二)稳定农村土地承包关系和确立土地使用权流转的基础

当前,在农业结构调整中,一些地方在耕地使用权的流动和集中方面出现了一些新情况。目前,采用"反租倒包"形式收回农户承包地的做法有所增长。所谓"反租倒包",就是乡村向农户付一定租金,将农户承包地的使用权收归集体,集体再将其租赁给外来的公司、大户,或是在进行一定的投资后再将其"倒包"给村的部分农户。但无论是以哪种形式将收回的土地"倒包"出去,集体收到的租金一般都高于向农户"反租"时所付的租金。"反租倒包"可以使乡村干部得到比向农户直接收取承包费更高的租金收入,这是这种形式在一些地方迅速扩大的一个重要原因。

这里还需要指出的是,同是"反租倒包",情况却有很大差异。有些地方确实严格执行土地承包政策,因而既保障了农户在土地上的权益,又提高了农业的生产效率、增加了农民收入。但也有不少地方存在着曲解甚至违背土地承包政策的问题。主要是:第一,不尊重农民的意愿。村里在向农户"反租"承包地时往往附加种种不合理的规定,如对不愿意将土地"反租"给村里的农户表面上不强迫,同意给农户调整承包地,但却往往以偏远、土质差的地块调整之,结果使农户感到得不偿失,不得不同意将自己的承包地"反租"给村里。第二,混淆了土地承包权与经营使用权的关系。有的地方在农户租出土地使用权后,就取消了农户对土地的承包权。更普遍的情况,是农户在租出使用权之后,虽然名义上还保留着承包权,但实际上却失去了由自己来经营承包土地的基本权利,使承包权演变成了仅仅是那一点有限的租金。第三,明着"反租",暗着"倒包",土地租金的收益分配缺乏公开性和合理性。农户只知道"反租"时村里付给自己的租金价格,一般都不知道村里将土地"倒包"出去时的价格。正因为如此,村里通过"反租倒包"获得的租金差额,往往高于农户获得的土地使用权转让租金。因此,村组织获得的已经不是中介性的服务费收入,而是类似于"二土地出租"性质的地租收入了。

农业实行以家庭承包经营为基础、统分结合的双层经营体制所取得的最重要的体制性成果,就是使农户获得了承包集体土地和在承包地上自主经营的权利;而"反租倒包"后,农户虽然能够获得一定的租金,但却失去了对承包土地的经营自主权,因此它实际上是村组织对农户土地承包权的赎买。经过这种赎买,农户再次失去了经营主体的地位。出现这种深层次的变化,到底会在农村引起什么样的制度变迁，我们的整个经济、社会发展是否已经为这种变迁做好了准备、提供了条件，这确实需要做更全面的分析和研究，尤其是对以下三方面的关系应当做更深入的分析：

1. 农产品供求周期性波动和农地使用制度的关系

我国目前正处于农产品供过于求的阶段，农业的比较效益也处于低谷。这使部分农民的生产积极性下降，有的出现土地撂荒，有的感到不如把土地租出去收租金更上算，等等。但农产品的供求是有周期性变化的，当市场出现供求大体平衡甚至供不应求时，农产品价格必然上升，这时农民又会感到自己种地更上算，于是就会要求收回自己的土地使用权。这种情况过去曾多次发生过。更值得注意的是，农产品供求波动是经济运行中的短期矛盾，而土地制度则是社会经济的基本制度，为解决短期矛盾而动摇基本制度往往会得不偿失。

2. 农民流动就业的不稳定性与农地使用制度的关系

近年来，外出流动就业的农民数量在逐步增加，但必须看到的是，他们中大多数人的就业并不稳定，能够在外定居不再返乡的更是凤毛麟角。在相当长的时期中，大多数农民依然只能以土地作为最基本的生活保障，在外暂时找不到工作，回家有块承包地，至少还可以吃饱肚子。因此，稳定农村土地承包关系，形成农民在城乡之间"双向流动"的就业机制，是当前保持农村乃至整个社会稳定的一大重要条件。一些发展中国家之所以会在大城市周围形成大片的贫民窟，就是因为破了产的农民失去了土地，他们只能单向流入城市，即使没有就业机会也无法再返回农村，以致成为社会不稳定的因素。因此，至少在没有别的手段可以替代土地作为农民的基本生活保障之前，从流动就业的农民考虑也必须保持原有土地承包关系的稳定。

3. 公司、企业进入农业与农民就业及农村社会结构演变的关系

农业家庭经营不仅是一种经营方式，也是农民的生活方式。因此世界各国对于公司、企业进入农业都采取极为谨慎的态度，一般都只允许公司、企业在农业的产前、产后领域从事经营活动，而对公司、企业进入农业的直接生产领域，则都有严格的限制。之所以做出这样的限制，至少是出于以下的考虑：一是农民的就业保障。大片圈地，必然造成部分农民的失业。二是农民身份的转变。

土地兼并,大公司排挤小农户,会使尚未转移的农民从自耕农变成雇农,这对农民的心理、行为以及整个农村的社会结构等许多方面都会产生极为深刻的影响。三是对土地的利用方式。土地由农民自有自耕并世代继承,农民就会把土地作为财富,从而非常珍惜;而公司、企业在租赁期内仅仅把土地作为生产要素,容易因过度使用造成生态环境恶化的长期问题。我国农村人口众多,不加限制地让公司、企业进入农业的直接生产领域是否会影响农民的长期、根本利益,这是需要认真考虑的。为此,对承包地的"反租倒包"和公司、企业进入农业的问题必须采取慎重的态度。一方面,应当鼓励和支持工商企业进入农业,但是应当主要鼓励和支持它们进入农业的产前、产后领域为农民提供社会化服务,鼓励它们对待开发的非耕地农业资源进行投资开发,而对于公司、企业大量占用农民的耕地、从事直接的农业生产活动,则应当慎重对待。

一些同志认为,30年不变的土地承包期是土地流动和集中的障碍,这实际上是误解。中央比较集中地规定土地政策的3个文件,都是在强调稳定土地承包关系的基础上鼓励土地使用权的流转、集中的。第一个是1984年的1号文件,规定土地承包期15年不变,明确鼓励土地使用权向种田能手集中;第二个是1993年的11号文件,提出土地承包期30年不变,更加明确了在承包期内土地的使用权可以在农民自愿基础上依法、有偿流转;第三个是1997年的《关于稳定土地承包关系的通知》,对土地流转做出了若干具体规定。从法律上看,《土地管理法》对农村土地流转也做了专门的规定。因此,延长土地承包期和土地使用权的流转并没有矛盾。中央强调的是要稳定农户的土地承包权,同时鼓励农民在承包期内自愿流转土地的使用权。我国的农业经营确实存在着土地规模狭小的问题,但这是农村人多地少的国情决定的。要解决这一问题,必要的条件就是加快工业化、城镇化进程,大规模地实现农业劳动力的转移。离开这些条件搞土地集中和规模经营是行不通的,因为那实际上就是人为地搞土地兼并、迫使自主经营的农民变成雇佣者。因此,必须让农民自己做主,这是农户承包期内土地使用权流转的基础。

【2002年第3期】

"三农问题"的症结在于两个基本矛盾

温铁军

对我国的"三农问题"起制约作用的矛盾主要是两个:一是基本国情矛盾即人地关系高度紧张;二是体制矛盾即城乡分割对立的二元社会经济结构。理解"三农问题",不能脱离对这两个矛盾的认识。同样,一切解决三农问题的办法,也只能在深刻认识这两个矛盾的基础上提出,只有或多或少地消解这两个矛盾的政策才会有些效果。

从根本上讲,人地关系高度紧张是我国农业不发达、农民贫困的根本原因。现在,我国人口已增加到13亿,人均耕地减少到约1.2亩。而且,由于人口分布不平衡,有1/3的省市人均耕地不足1亩,有666个县低于联合国确立的0.8亩的警界线,463个县低于人均0.5亩的危险线。由于人地关系高度紧张,耕地承担的对农民人口的福利保障功能远远大于耕地的生产功能。耕地是农民的"生存资料",是农民活命的基础,不是西方经济学里体现市场配置资源"效率"的"生产要素",可以不断流向收益率高的行业或人手中。在耕地福利化趋势下,公平原则高于效率原则。80年代初期农村以均平地权为实质的改革推行以来,一些地方为了效率目标,强调规模经营,结果未必都理想。十多年来,实际通过转让集中的耕地面积,不到总面积的1%。规模经营的前提,是农民在非农产业上有就业机会和更大的收益,大量的农民离开耕地也能够生存,就算我国顺利地加快城市化,而且耕地保持现在的规模,人均耕地能够扩大一倍,也才达到3亩多一点,还是谈不上农业的规模经营。但农村劳力就要流出近2亿人。但实际上,耕地总面积不增加还可能减少。在未来几十年里,即便我国城市化率达到50%,仍会有8亿多农村人口,人地矛盾得不到任何缓解。因此在耕地问题上,先保障公平,再兼顾效率。只有在大量的农民离开土地,耕地的主要功能不是基本福利保障,而是土地收益率的时候,才有条件尝试那些以效率为中心的耕地分配和经营制度。当然,我国各地的情况不一样,沿海一些地区由于工商业的发展,许多农民已脱离了农业,部分耕地有条件集中经营。例如在浙江沿海,一些耕地通过转包集中到农业开发企业手中;在广东农村,在人地矛盾的压力下发展"以土地为中心的社区股份合作制"。这就在效率原则与公平原则间取得了一个平衡点。但在中国地区差异很大的情况下,没有一刀切的好办法。

在人地关系高度紧张这个内在的基本矛盾制约下,解决我国的"三农问题",很大程度上要靠农村外部条件的改善,要让农民在耕地以外找到生存和发展的新空间。但正是城乡分割对立的二元结构,将农民封锁在了有限的耕地上。在封闭的环境中,农村人口持续增加,耕地无限细分,农业效率低下,教育落后,生态破坏,农民贫困。80 年代中期以来,这个封锁圈曾经一度被打破,劳动密集型的乡镇企业和外资企业的发展,将近 2 亿农民带出了耕地,城市化有了迅速的发展,使我国城镇人口比例在 2000 年达到 36.09%。但是,对农民来说,中国城市化进程中也存在一个愈来愈重的阴影,这就是城市工商业资本和技术增密排斥劳动的问题。在农村,是劳动替代资本投入,在城市,则是资本代替劳动投入。对城市而言,这是产业升级、竞争强化的表现;对农村而言,则是农民逐渐被排斥出城市就业市场。这次对农民的封锁,是由于国际资本及其技术标准所演化出来的制度的力量,主要是农民受教育不足。小生产被大生产取代,区域市场被大市场压缩,小城镇经济功能被大都市经济功能替代,资本密集结构挤垮劳动密集结构。

"十五"计划的第一条大计,是要加快城镇化步伐,并且已经列为国家的重大战略,列为农村经济的重大结构调整。建国 50 年,农业产值从 85% 降到 17%,正在趋向 15%。第二、三产业的产值上升到 85%。但农业人口从 1949 年的 85% 降到现在的 70%,只减了 15%。过去 85% 的产值对 85% 的人口,这是基本吻合的。2030 年中国人口高峰期大约是 16 亿左右的人口,我们按比过去速度增加一倍的水平来匡算,到 2030 年达到 50% 的城镇化率,8 亿多人口变为城市人口,农村还有 8 亿多,人地关系紧张、土地承受人口过多的问题仍不能解决。而且每当我们加快城市化,都会造成土地大量减少。因此农村可能还是这样一个小农经济。

对"三农"问题，我们这样强调，中国的问题是农民的问题、农村的问题和农业的问题。21世纪是农民的问题，农民的问题主要表现为就业问题。按照国家统计公布的数据，现在农村劳动年龄人口是5个亿。在这个正式公布的劳动年龄人口基础之上，恐怕还得加个30%，因为还有半劳动力，这么算下来，农村的劳动力就有6个多亿。我们的农业按照现在的生产力条件大概需要1.5亿的劳动力，也就是说，还有将近5个亿的剩余劳动力。这怎么不是就业问题呢？以前我们主要靠乡镇企业，特别是80年代和90年代上半期。就算乡镇企业还有1.2亿的就业，农业有1.5亿的就业，一共才2.7亿。所以说21世纪中国的问题仍然是农民的问题，但农民的问题将主要表现为就业的问题。

一般讲农业经济科学，都是说在市场经济条件下，市场这只看不见的手对于农业的基本生产要素即土地、劳动力、资金的配置起调节作用。当某种要素投入的边际效益递减的时候，市场这只看不见的手会发挥作用。根据边际效益递减规律，假如土地要素的边际效益递减了，那么会有劳动力来替代它。假如劳动力的投入边际效益递减了，那么会有资金来替代它。市场这只看不见的手的作用就叫做"优化要素的配置"，或者叫"优化资源配置"。这是所有经济学理论的基础，当然农业经济科学也是这样认识的。但就我国农村经济来说，相对于劳动力的无限供给，任何其他要素都是价格昂贵的，因为劳动力可以不算钱。这个世界上没有任何地方可以让中国农村的劳动力被替代出去而到那里去。拿土地要素来说，我们的土地不可能增加，还在减少。每年非农占地几百万亩，再加上沙化、盐碱化的自然减损，比那个几百万亩还要多。人口增加，二元结构又不能打破，在这种情况下，农业生产连社会平均利润都产生不了，因为劳动力生产率是下降的，劳动力投入产出是负值，那就产生不出利润来。假如认定资金按一般的规律它至少要分享社会平均利润，那么，如果农业生产产生不了社会平均利润，资金就进不来。这三个要素怎么在现在这样一个农业经济科学理论框架之内来考虑它的市场配置？更何况我们相当多的资金并不仅仅只是要求一个社会平均利润，它大量进入资本市场是要拿超额利润的。在这样一种不规范的投资条件之下，怎么可能让农业增加投资？再加上如果投资增加了，而其他要素不能相应地去优化配置，那么会导致什么呢？只会导致成本上升。90年代以来,平均每年农业硬成本上涨10%。在这种情况下,怎么进行农产品贸易呢? 所以我们不能简单地照搬农业经济科学的一般原理来解释我们的农村经济现象。

对三农问题,我们所有的办法大概只能瞄准一个目标,就是如何缓解人地关系高度紧张这个"基本国情矛盾"。如果我们的政策能够有效地缓解人地关系高度紧张的状况,就有可能给我国农业的发展带来一线希望。我国最基本的国策除了计划生育之外,还应该再加上一个就是"就业最大化"。无论上什么项目,只要能够带动就业,那就是好的项目。另外,应该为农民安排必要的保障。因为人地关系高度紧张,土地承担了双重功能,既是生产资料,又是农民的社会保障依据,社会保障基础。如果不能把土地所承载的对农民的保障功能剥离掉,那么这个土地就永远得按人分配,因为城市不可能短期内解决那么多人的就业问题,每增加一个农民,他没有其他的生活来源,只能依存土地生存。

50年的中国经济的发展,部分农民生活已经得到了很好的改善,现在问题集中在那些贫困地区或者是资源相对短缺的地区,这需要采取不同的政策,如对那些资源已经短缺到不足以维持农民生存的地方,很难寄希望于推动当地经济发展来解决问题,需要异地扶贫,或者是国家有目的地上一些大型的工程项目,来带动这些资源短缺地区的农民就业,以提高他们的生活水平。而在中部那些传统农业地区,就是以粮食生产、粮棉油生产为主的传统农业地区,则要通过改变现在的农村经济的结构来解决问题。

【2002年第9期】

透视中国企业 500 强

——2002 年中国企业 500 强分析报告

中国企业联合会　中国企业家协会课题组

中国企业联合会、中国企业家协会日前向社会推出了 2002 年中国企业 500 强。国家电力公司以 4 003.95 亿元的营业收入位居第一位,第 2 至 10 位的企业依次是中国石油化工集团公司、中国石油天然气集团公司、中国工商银行、中国银行、中国移动通信集团公司、中国化工进出口总公司、中国电信集团公司、中国粮油食品进出口(集团)有限公司、中国建设银行。

2002 年中国企业 500 强整体分析

(一) 中国企业 500 强:中国经济的主体

2002 年中国企业 500 强比较全面、真实地反映了当前我国大企业的状况。中国企业 500 强就数目来说,即使只按全部国有及规模以上非国有工业企业单位数 162 033 家算只占 0.31%,按大型国有及规模以上非国有工业企业单位数 7 864 家来算也只占 6.36%,如果按中国企业总数来计算,其比例会低得更多。但它们都是举足轻重的企业,拥有较多资产和较大的经营规模,因此,其经济重要性远非其数目可以表达。

中国企业 500 强 2001 年营业收入 61 054.7 亿元, 占当年国内生产总值 95 933 亿元的 63.64%, 比 2000 年所占的比重 60.77% 提高了 2.87 个百分点; 中国进入世界 500 强的 11 个企业, 总营业收入 209 423 089 万元, 占全年国内生产总值的 21.83%。中国企业 500 强只有 5 家企业属于第一产业, 但其营业收入占第一产业增加值的 1.82%; 属于第二产业的有 364 家企业, 但其营业收入占第二产业增加值的 78.8%; 属于第三产业的有 125 家企业, 但其营业收入占第三产业增加值的 67.68%。

这充分反映了我国"九五"期间实行"抓大放小"方针政策所取得的成效, 也说明了中国企业 500 强已把握了中国经济的命脉, 左右着中国经济的发展, 成为了中国国民经济的主体。

(二) 中国企业 500 强的规模在扩大

首先, 中国企业 500 强整体规模和企业平均规模得到较大幅度扩大。

2002 年中国企业 500 强发展呈现良好势头, 总体规模迅速扩大, 其中: 2001 年年末资产总计达到 260 316.97 亿元, 比 2000 年的 236 956.55 亿元增加了 23 360.42 亿元, 增长了 9.86%; 营业收入为 61 054.7 亿元, 比 2000 年的 53 954.31 亿元, 增加了 7 100.39 亿元, 增长了 13.16%。

从营业收入增长率来看, 有 9 家企业营业收入增长超过了 100%, 其中增长速度最快的企业是中国普天信息产业集团公司, 2001 年比 2000 年增长 12.8 倍。

从资产增长率来看, 有 7 家企业增长速度超过 100%, 增长速度最快的企业是万科企业股份有限公司, 增长 1 053.03%。

从企业的平均规模来看, 中国企业 500 强的平均规模在 2001 年有较大幅度提高。年末资产总计由 2000 年平均每个企业的 473.91 亿元提高到 520.63 亿元, 提高幅度达到 9.86%; 企业平均营业收入则由 107.9 亿元, 提高到 122.1 亿元, 增长 13.16%。

其次, 中国企业 500 强之间的规模差距很大, 但差距呈缩小趋势。

2002 年中国企业 500 强排名第一位的国家电力公司拥有资产总计 13 463.32 亿元, 实现营业收入 4 003.95 亿元, 排名第 500 位的南昌钢铁有限公司资产和营业收入指标分别为 26.14 亿元、20.03 亿元, 第 1 名分别是第 500 名的 515.05 倍和 199.90 倍。

中国企业500强前十家企业的平均营业收入增长率为4.72%,比500强企业平均营业收入增长率13.16%低8.44个百分点;而后十家的平均营业收入增长率为17.8%,比500强平均营业收入增长率高4.54个百分点;前十家与后十家相差近13个百分点。500强前十家企业的平均资产增长率为5.50%,比500强平均资产增长率9.86%低4.36个百分点;而后十家企业的平均资产增长率为29.88%,比500强平均资产增长率高20.02个百分点,前十家企业与后十家企业相差24.38个百分点。

(三)企业经济效益大幅度改善,但企业之间效益差距很大

一方面,企业经济效益、效率大幅度改善。500强企业2001年实现利润总额为3 057.53亿元,比2000年的2 931.76亿元提高了4.29%,500强企业中盈利企业463家,占500强的92.6%;亏损企业31家,占500强的6.2%,还有6家企业未填报利润情况,占1.2%。500强企业实现利润排在首位的是中国石油天然气集团公司,2001年实现利润530亿元,占全部500强企业利润总额的17.33%。前5名企业实现利润占全部500强企业利润总额的43.31%,这说明我国企业的主要利润来自于少数大企业。

从人均实现利润看,中国企业500强2001年人均利润为1.57万元,比2000年增长6.8%。有12家企业人均利润超过50万元,人均利润最多的企业是北京诺基亚航星通讯系统有限公司,为260.96万元。

从资产利润率来看,中国企业500强2001年平均资产利润率为1.17%,500强排名242位的UT斯达康(中国)有限公司资产利润率最高,达到309.55%,是500强企业平均资产利润率的264.57倍。

从资产周转率看,500强企业保持了良好的资产周转率,2001年平均资产周转率为23.45%,一些规模相对较小的企业创造了较高的资产周转速度,为其利润的提高创造了条件。相反,500强排名靠前的一些企业,如中国银行、中国工商银行、中国建设银行的资产周转率都在5%以下。

从利润增长率看,500强企业2001年平均利润增长率为4.36%,大部分企业保持了较高的增长速度,利润增长率超过100%的有68家,保持增长的有334家,其中500强排名185位的平顶山煤业(集团)有限责任公司,2001年实现利润

9 432 万元,利润增长率排在第一位,达到 78 500%,是平均利润增长率的 311 倍。

另一方面,少数企业亏损严重,有约 1/3 的企业利润缩水,企业之间效益相差悬殊。

2002 年中国企业 500 强的入围,重视是企业的市场规模。这当然可以从一个方面反映企业在竞争激烈的市场经济中的现状和实力。但是收入和销售额的巨大并不意味着企业有较高的利润,所以中国企业 500 强并不都是效益好的企业。2002 年中国企业 500 强有 31 家亏损企业,合计亏损 739 086 万元;146 家企业利润缩水。

企业之间效益差距悬殊。实现利润最多的中国石油天然气集团与最少的哈尔滨铁路局之间相差 5 390 810 万元,利润增长率最快的平顶山煤业(集团)有限责任公司与最慢的中国化学工程总公司之间相差 79 541.41 个百分点,收入利润率最高的申能(集团)有限公司与最低的上海华虹(集团)有限公司之间相差 82.48 个百分点,资产利润率最高的 UT 斯达康(中国)有限公司与最低的飞利浦电子元件(上海)有限公司之间相差 324.15 个百分点,资金周转最快的 UT 斯达康(中国)有限公司与最低的华夏银行股份有限公司之间相差 2 037.37 个百分点。

(四)2002 年中国企业 500 强的行业结构

在中国企业 500 强中,第一产业有 5 家,第二产业有 364 家,第三产业有 125 家,综合类企业有 6 家。从第一、二、三产业的企业分布可以看出,第二产业仍是 500 强企业的主导力量,占 500 强企业总数的 72.8%,第三产业的比重也越来越大,已经达到了 25%,第一产业的企业比重为 1%。

从第一、二、三产业的经济指标看,第一产业 5 家企业年末资产总计为 4 744 943 万元,营业收入为 2 603 171 万元,利润总额为 65 141 万元,从业人员 599 478 人,分别占 500 强企业合计的 0.16%、0.43%、0.21%、3.03%。第二产业 364 家企业资产总计为 675 144 673 万元、营业收入 386 682 495 万元、利润总额 19 808 778 万元、从业人员 13 503 343 人,分别占 500 强企业合计的 25.98%、63.33%、64.79%、69.46%。第三产业 125 家企业资产总计 1 919 700 293 万元,营业收入 218 308 822 万元、利润总额 10 591 681 万元、从业人员 5 271 467 人,分别占 500 强企业合计的 73.74%、35.76%、34.64%、27.12%。

以上表明,第二产业仍是我国经济的主导力量,表明我国仍处于工业化主导时期。500 强企业 2001 年的 3 057 340 万元利润中,有 64.79% 来自第二产业,同时,第二产业仍然是解决就业的主渠道,从业人数占全部 500 强从业人数的 69.97%。第三产业由于金融类企业资产数额较大,其资产额已占 500 强资产总额的 73.74%,实现收入和利润也分别达到了 36.22% 和 34.64%,已成为我国国民经济的重要支柱。第三产业的快速发展既是近年来我国产业结构调整取得的必然结果,也反映了我国产业结构变动的总体趋势。

从各行业来看,2002 年中国企业 500 强分布在 36 个行业。按企业个数排行业分布前十名,电子及通信设备制造业排在前列,前 10 个行业依次是:电子及通信设备制造业、金属冶炼、加工业,土木工程建筑业,交通运输及设备制造业、一般批发和零售业、交通运输及辅助业、煤炭采选业、食品加工与制造业、医药制造业、电气机械及器材制造业。(详见表 1)

表 1　中国企业 500 强行业分布前十名

行　　　业	企业数(家)	在 500 强中所占比例(%)
电子及通信设备制造业	68	13.60
金属冶炼、加工业	58	11.60
土木工程建筑业	28	5.6
交通运输及设备制造业	27	5.40
一般批发和零售业	25	5
交通运输及辅助业	21	4.2
煤炭采选业	20	4
食品加工与制造业	18	3.6
医药制造业	18	3.6
电气机械及器材制造业	18	3.6

中国企业 500 强与世界企业 500 强的差距分析

从竞争力角度分析,中国 500 强企业同世界 500 强企业的差距主要表现在以下方面:

(一)中国企业 500 强规模普遍偏小

尽管我国 500 强企业的规模在不断扩大,但与世界企业 500 强相比,我国企业500强规模普遍偏小。

从资产角度分析,中国企业 500 强 2001 年的资产总额为 2 603 169 731 万元,折算成美元(按 1 美元 = 8.28 元人民币的汇率计算,以下相同)为 314 392 480万美元,世界企业 500 强 2001 年资产总额为 48 664 505.9 百万美元,居第一位是日本 MIZUHO HOLDING 公司,为 1 141 667.4 百万美元,相当于 2002 年中国企业 500 强资产总额的 36.31%。中国企业 500 强 2001 年的平均资产规模是5 206 339 万元,折算成美元为 628 785 万美元,相当于世界企业 500 强平均资产规模的 9 732 901 万美元的 6.46%。500 强中资产排名第一的中国工商银行拥有资产433 898 523 万元,折算成美元为 524 032 百万美元,相当于日本 MIZUHO HOLDING 公司资产总额的 45.9%。中国企业 500 强资产排名最后一位的 UT 斯达康(中国)有限公司拥有资产 23 151 万元,折算成美元为 28 百万美元,只相当于世界企业 500强资产排名最后一位的韩国现代公司资产(1 020.8 百万美元)的 2.74%。

从行业比较分析,在银行、石油等行业,我们一些企业的资产规模在行业中的地位得到了进一步提高,具备了同世界 500 强企业相竞争的规模基础。但同时,在绝大多数行业中,国内企业 500 强的规模与世界企业 500 强的规模不可同日而语。(详见表 2)

表 2　中国企业 500 强与世界企业 500 强十个行业首位企业资产比较

2002 年世界企业 500 强(1)				2002 年中国企业 500 强(2)			(2)/(1)
行业	公司	国家	营业收入(百万美元)	企业名称	营业收入万元人民币	百万美元	%
零售	沃尔玛	美国	83 375	华联集团	543 701	656.6	0.79
汽车	通用汽车	美国	323 969	中国一汽集团	5 468 564	6 604.5	2.04
石油石化	埃克森美孚	美国	143 174	中国石油化工	56 128 954	66 788.6	47.35
电子电器	西门子	德国	82 070.2	中国普天信息产业	3 849 710	4 649.4	5.67
电信	日本电报电话	日本	157 550.7	中国移动通信	32 740 136	39 546.2	25.1
贸易	三菱商事	日本	61 455.1	中国化工进出口	3 808 181	4 599.3	7.48
银行	花旗	美国	1 051 450	中国工商银行	433 898 523	524 032	49.84
食品	雀巢	瑞士	56 487.4	宜宾五粮液集团	1 300 025	1 570.1	2.78
电力	美国电力	美国	47 281	国家电力公司	134 633 209	162 600.5	343.9
钢铁	蒂森克虏伯	德国	31 554.7	宝钢集团	16 258 539	19 635.9	62.23

（二）劳动生产率的差距极为明显

反映劳动生产率的两个重要指标是人均营业收入和人均利润额。2002 年世界企业 500 强的人均营业收入为 29.3 万美元,折算成人民币为 242.6 万元,人均利润额为 0.64 万美元,折算成人民币为 5.3 万元。而 2002 年中国企业 500 强的人均营业收入为 31.41 万元,人均利润额为 1.57 万元,相当于世界 500 强企业人均营业收入和人均利润额的 12.95% 和 29.62%,二者的差距极为显著。另外,中国企业 500 强的人均资产为 133.91 万元,只有世界企业 500 强人均资产(1 017.74 万美元)的 1.57%。

从 2002 年世界企业 500 强与 2002 年中国企业 500 强十个行业首位企业的人均营业收入、人均利润比较来看,零售业排首位的华联集团公司的人均营业收入为 112.84 万元、人均利润为 1.09 万元,只相当于美国沃尔玛公司人均营业收入(15.89 万美元)的 85.76%、人均利润(0.48 万美元)的 27.36%;汽车业排首位的中国第一汽车集团公司的人均营业收入为 46.3 万元、人均利润为 2.23 万元,相当于通用汽车公司人均营业收入(48.56 万美元)的 11.52%、人均利润(0.16 万美元)的 168.75%;石油石化业排首位的中国石油化工集团公司的人均营业收入为 36.67 万元、人均利润为 1.82 万元,只相当于美国埃克森美孚公司人均营业收入(195.69 万美元)的 2.26%、人均利润(15.65 万美元)的 1.41%;银行业排首位的中国工商银行的人均营业收入为 38.19 万元、人均利润为 1.43 万元,只相当于美国花旗集团人均营业收入(41.8 万美元)的 11.03%、人均利润(5.27 万美元)的 3.27%;食品业排首位的宜宾五粮液集团公司的人均营业收入为 59.83 万元、人均利润为 12.66 万元,只相当于瑞士雀巢公司人均营业收入(21.85 万美元)的 33.07%,人均利润(1.72 万美元)的 88.59%;电力业排首位的国家电力公司的人均营业收入为 30.36 万元、人均利润为 0.62 万元,只相当于美国电力公司人均营业收入(220.94 万美元)的 1.67%、人均利润(3.5 万美元)的 2.13%;钢铁业排首位的上海宝钢集团公司的人均营业收入为 62.4 万元、人均利润为 3.73 万元,只相当于德国蒂森克虏伯公司人均营业收入(17.46 万美元)的 43.18%、人均利润(0.31 万美元)的 145.16%。只有中国化工进出口总公司的人均营业收入、人均利润与日本三菱商事相差无几,而中国移动通信集团、中国普天信息产业集团、中国一汽集团公司、宝钢集团公司的人均利润则大大超过世界企业 500 强的行业首位企业。

(三)赢利能力差距极为显著

2002 年世界企业 500 强共实现利润 306 092.3 百万美元,其中实现利润最多的是 500 强排名第二的埃克森美孚公司,实现利润 15 320 百万美元。世界企业 500 强平均利润为 612.18 百万美元。2002 年中国企业 500 强共实现利润 30 575 340 万元,折算成美元为 36 926.7 百万美元,平均利润为 61 273 万元,折算成美元为 74 百万美元,相当于世界企业 500 强的 12.09%。2002 年中国企业 500 强中实现利润最多的为中国石油天然气集团公司,共实现利润 5 300 000 万元,折算成美元为 6 400.97 百万美元,相当于埃克森美孚公司 41.78%;2002 年中国企业 500 强共实现利润 30 599 779 万元,折算成美元为 369.56 亿美元,而埃克森美孚公司一家企业的利润就相当于我们全部 500 强企业利润总额的 41.45%。(详见表 3)

表 3 　中国企业 500 强与世界企业 500 强赢利能力的国际比较

500 强 比较项	2002 年中国企业 500 强(1)		2002 年世界企业 500 强(2)	(1)/(2)
统计货币	人民币万元	百万美元	百万美元	%
500 家	30 599 780	36 956.3	306 092.3	12.06
最　大	5 300 000	6 400.97	5 320.0	41.78
平均规模	61 151	73.85	612.18	12.06

从 2002 年世界企业 500 强与 2002 年中国企业 500 强十个行业首位企业的利润比较来看,零售业排首位的中国华联集团公司实现利润 18 562 万元,只相当于美国沃尔玛公司利润(6 671 百万美元)的 0.34%;汽车业排首位的中国第一汽车集团公司实现利润为 249 620 万元,只相当于美国通用汽车公司利润(601 百万美元)的 50.16%;石油石化业排首位的中国石油化工集团公司实现利润为 1 708 623 万元,只相当于美国埃克森美孚公司利润(15 320 百万美元)的 13.47%;电子设备制造业排首位的中国普天信息产业集团公司实现利润 264 383 万元,只相当于德国西门子公司利润(1 856.6 百万美元)的 17.2%;贸

易业排首位的中国化工进出口总公司实现利润 68 057 万元,只相当于日本三菱商事利润(481.7 百万美元)的 17.06%;银行业排首位的中国工商银行实现利润为 612 521 万元,只相当于美国花旗集团利润(14 126 百万美元)的 5.24%;食品业排首位的宜宾五粮液集团公司实现利润为 173 363 万元,只相当于瑞士雀巢公司利润(3 959.2 百万美元)的 5.29%;钢铁业排首位的上海宝钢集团公司实现利润 424 308 万元,只相当于德国蒂森克虏伯公司利润(591.3 百万美元)的 86.66%。只有中国移动通信集团公司实现利润大大超过日本电报电话公司,国家电力公司与美国电力公司利润水平相当。

(四)创新能力差距极为悬殊

由于技术创新机制不健全等原因,导致我国企业技术开发投入低、创新动力不足,制约了产业升级和竞争能力的提高。根据对我国钢铁、煤炭、有色金属、石油化工等 16 个行业调查,多数大中型企业关键技术的开发和应用水平与国际先进水平有相当大的差距。我国能源利用率为 32% 左右,比国外先进水平低 10 多个百分点。

科研开发投入是反映企业创新程度的重要指标。目前的国际惯例是,企业要保持生存,其研究开发费用必须占到企业销售收入的 2% 左右;要保证领先优势,研究开发费用必须达到销售收入的 5% 以上。若从这方面的指标看,中国大企业与世界先进水平的差距更大。

由于研究开发投入少,我国企业与国外企业的发明专利相差悬殊。据国家知识产权局新公布的 2001 年年报,即使在中国,国外企业来华发明专利的申请量,已相当于我国企业发明专利申请量的 2.5 倍以上。从近年的发明专利数量看,国内外申请也差距悬殊;1997—2000 年,国内向国外申请从 299 件增至 1 027件,合计 1 949 件,而国外来华申请从 20 953 件增至 26 401 件,合计 90 686 件,是国内向国外申请的 46.5 倍。含专利权的使用和转让在内的"专有权使用费和特许费",收支差距也不容乐观;1997—2000 年,出口(收入)从 5 500 万美元增至 8 000 万美元,总计 2.73 亿美元;而进口(支出)从 5.43 亿美元增至 12.8亿美元,总计 30.36 亿美元,高于出口(收入)10 倍。由于中国企业 500 强是我国企业从事发明创造的主体,从中外企业发明专利的差距可以看出,我国企业

500强与世界企业500强在科技上的差距还很大。为此,如何使我国在某些传统优势产业上保持相对优势,在相对弱势产业上加强技术引进、消化、吸收、创新,在高技术领域努力赶超,形成更多的自主知识产权,改变我国在专利竞争上的劣势地位,已是我国企业应当认真思考的紧迫问题。

(五)中国企业500强的国际化水平还比较低

我国大企业及企业集团开始在国外进行直接投资始于20世纪80年代中后期,以中国化工进出口公司为代表的贸易公司,以及以首钢为代表的生产主导型企业开始进行跨国经营。90年代中期以来,在"利用两种资源、开发两个市场"的战略指导下,中国大企业的跨国经营迅速发展,出现了中集、万向、海尔等一大批走向国际化的大企业。但是,尽管如此,我国大企业的国际化程度仍比较低,还处于初级阶段,远远不能适应做大做强的要求。现在绝大部分大企业进入国际市场的形式是出口,能够做到到海外生产的极少,能够建立全球性销售网络的更少,能够实现融资国际化的也不多。这种情况在生产性大企业或企业集团中表现得更为明显。就绝大多数中国大企业而言,在组织结构上还没有哪一家具有"多国公司"或"跨国公司"的特点,在经营战略上也没有哪一家真正实现了全球性的资源配置和战略规划,在经营行为和经营机制上还没有哪一家真正达到世界顶级水平。

要进行跨国经营,全球化经理人才必不可少。跨国经营的实践证明,全球化经理人必须有在3—4个国家工作的经验,具备全球化意识。如美国花旗集团公司高层管理人员构成的全球化程度非常高,75%的人曾经在美国之外工作过,超过25%的人曾在3个或3个以上的国家工作过。据调查,在国外工作过的企业经理的比例,美国为32%、日本为19%、欧洲为47%,而我国则微乎其微。

(课题组长:张彦宁、孙树义

成　　员:胡新欣、于武、李建明、柏东海、张艳艳、康月强、张永伟)

资料来源:中国企业联合会《中国企业发展报告(2002)》

【2002年第12期】

经济卷

2003 年

中国农民负担有多重

——农民负担数量及减负办法研究

胡书东

　　我国是个农业大国,即使经过20余年改革开放的大发展时期,到2001年仍然有62.34%的人口居住在农村,36 513万劳动力从事农业生产,占全社会从业人员总数的50.0%,农业增加值占国内生产总值的15.23%。回顾20余年的改革和发展,农业和农村的发展既取得了惊人的成就,但是前进中时不时会遇到这样那样的问题和隐忧。90年代以后农民负担问题日渐突出,成为"三农"问题的一个焦点。农民负担重不仅仅是一个单纯的分配问题,它还直接关系到农村的可持续发展。这几年农业增长缓慢,农民收入增长目标落空,与此问题不无关系。实际上,中央非常重视农民负担问题,并且相继采取了一系列政策措施加以解决,只是因为种种原因一直没有取得显著成效。人们对农民负担问题的认识也在不断深化,1998年以来,已经不再简单地将农民负担重的原因归结为农村基层干部工作作风和方法不当,而是开始将眼光放大到农村的税费制度和政权建设上,解决农民负担问题的注意力转移到财政方面,在硬性规定农民负担不得超过农民家庭年人均纯收入的5%之后,中央出台的政策措施也开始将重点转向制度建设,这是很大的进步。费改税就是这种努力的代表。目前关于农村费改税的试点已经从县级试验扩大到整个安徽省的试验,无论是政府还是民间,都寄希望于通过费改税从根本上解决农民负担过重问题,理顺农村基层组织与农民的关系。经过近几年的试点,农村费改税改革取得了一些成绩,积累了一些有益的经验,但是也遇到了不少困难和问题,至今还不能在全国范围内推广。本文拟从财政的角度重新检讨农民负担问题,对包括农村费改税在内的解决方案做出评估,并给出相应的政策建议。

我国农民负担有多重

农民负担一般包括农业税、乡统筹与村提留、劳动积累工与义务工等合法和较为正规的负担,以及各种行政事业性收费、摊派、集资、罚没等向农民收取的款项,这些负担有的是合法的,有的是巧立名目的,有的则完全是非法的。无论合法还是非法,都是不正规的农民负担。这些还都是显性的农民负担,我国农民负担的另一种形式是工农业产品交换的"剪刀差","剪刀差"给农民带来的是隐性负担,这种负担在人民公社时期最为明显。国家法律、法规明确规定的农业税、乡统筹和村提留、劳动积累工与义务工负担在很大程度上具有类似税收的固定性特征,一般比较容易测度,但是,各种行政性收费、摊派、集资、罚没等向农民收取的款项则无论合法与否,都比较随意,伸缩性比较强,而且很不正规,收入记录也很不完整,所以很难测度。至于工农业产品价格"剪刀差",本来就是一种理论结论,到底造成了多少农民负担,更是莫衷一是,不同的参考指标和不同的测度标准都会产生出差别悬殊的结果。另外,统计资料的不完整和统计指标的变化也是造成农民负担度量困难的重要原因。

在本文,我们打算对农民负担进行重新测度,虽然不能从数量上准确、完整地计量出农民的全部负担水平,但是,我们希望在现在可以得到的数据资料基础上尽可能更加接近真实地度量和反映农民负担的实际状况。我们认为,农民创造的国内生产总值与农民家庭实际得到的可自己支配的国内生产总值之间的差额就是对农民负担绝对数的准确度量,这一差额与农民创造的国内生产总值之间的比率就反映了农民负担的实际水平。

本来,我们打算用农村地区国内生产总值(综合考虑农民进城收入)代表农民创造的国内生产总值，可是由于找不到农村地区国内生产总值数据，只好专门考察第一产业的农民负担情况。这样做虽然有诸多不便和不妥之处，比如农民家庭占有的国内生产总值既有来自第一产业的增加值，也有来自第二和第三产业的增加值，农民负担是一个整体，纳入农民家庭的统一预算之中。但是，因为第一产业是农民收入的主要来源，在农民负担问题比较突出的经济不发达地区更是如此，而且农业是我国国民经济的基础，研究农业中的农民负担问题具有特殊的意义，所以，这样处理还是比较合理的，能够在相当大程度上反映农民负担的整体情况。当然，非农业负担也很重要，特别是各种收费、摊派、集资、罚没等在农民负担总量中居于十分重要的地位。我们将在考察第一产业农民负担之后再进行探讨。

我们将自己的测度标准和对改革开放以来的农民负担进行测度的结果列在下表中。其中农民负担率理论值（第一产业），表示的是第一产业增加值与全国农民家庭纯收入中来自第一产业的部分之间的差额和第一产业增加值的百分比。从下表可以看出，改革开放以来第一产业的农民负担率即使是最低点的1985年仍然超过了5%，为5.22%，低于15%的年份只有1978年、1980年至1985年、1987年、1990年，低于10%（传统上认为比较合理的什一税）的年份只有1982年、1983年和1985年，1992年以来这一比率均在20%以上，并且只有1992年和1997年低于25%，1999年以来由于农产品价格下降幅度相对较大等因素的影响，这一指标更是增加到30%以上的高点，2001年达到36.55%的水平。第一产业农民负担绝对值2001年更是达到每人671.10元的高水平，比1997年净增250.54元，而这段时间恰恰是全国物价水平持续下降的时期。由于国民经济形势不利，这几年农村居民来自非农渠道的收入也大受影响，第一产业农民负担的大幅度增加基本反映了农民负担整体情况。所以，这几年农民负担问题日益突出也就不奇怪了。

我国农业和农村经济发展最快的1978—1984年恰恰是改革开放以来农民负担最低的时期，第一产业农民负担率只有1979年的19.40%，其他年份均低于15%。当时我国农村实行家庭联产承包责任制改革，人民公社组织生产经营的职能实际上基本取消，与之相对应的农民负担也跟着取消了，同时乡村机构和人员继续保持了人民公社时期的水平,加上国家采取了一系列促进农业发展的政策,如提高农产品收购价格,农民负担得以保持在比较低的水平上。农民负担轻,农村经济发展快,并因此为整个改革和发展事业创造了良好条件,这一经验非常值得我们重视。

以上讨论还仅限于改革开放时期的纵向比较,如果我们将1978年以来的国家财政收入水平作为参照则更有意义。

表面上,以农业各税占第一产业增加值百分比表示的农业税名义负担率始终保持在比较低的水平上,只有2000年和2001年突破了3%的水平,其他年份均低于3%,有相当一部分年份甚至不到2%。农业各税因为属于正式的税收,比较规范,而且长期以来国家对于农业税遵循的是轻税和稳定负担的原则,对农业实行"轻徭薄赋"和"增产不增税"政策,全国农业税收任务确定后,不随农业生产的发展而增加,而是在一定时期内稳定在一个水平上,从而把农业生产的增量部分全部留给农民。可以说,农业税是我国各项农民负担中执行得最好的一项,农民对以"皇粮"为载体的农业税负担一般也没有生出太多的怨言。

然而,从下表可知,第一产业的农民负担水平远远高于单纯的农业各税带来的名义负担。国家财政预算收入占GDP比重和国家财政预算内收入、预算外收入总计占GDP比重是衡量我国宏观税赋水平的两个重要指标。下表显示,1986年以后第一产业的农民负担水平与国家财政预算收入占GDP比重越来越接近,从1991年开始迅速超过国家财政预算收入占GDP比重,到差距最大的1994年、1995年前者已经相当于后者的2.6倍以上,2001年前者仍然相当于后者的2.14倍。1993年以来,第一产业农民负担水平甚至超过了国家财政预算内、预算外收入总计占GDP的比重,并且差距呈逐年扩大趋势。1994年、1995年前者几乎是后者的2倍,到2001年前者仍然比后者高出16个百分点以上。这说明90年代以来我国第一产业农民负担的实际水平已经赶上甚至大大超出了整个国民经济的宏观财政负担水平,国家当初确定农业税负担时的"轻徭薄赋"和"增产不增税"政策目标实际上是落空了,农业这一国民经济的基础产业和脆弱产业不但没有在税费负担方面享受到特殊的优待,相反却大大超出国民经济的宏观财政负担水平和其他产业部门的税费负担水平。农民负担不可谓不重!

农民负担实际水平测度

年	第一产业农民负担(元/人)	第一产业农民负担率(%)	农业税名义负担率(%)	国家财政预算收入占GDP%	国家财政预算内外收入占GDP%
1978	15.42	11.96	2.79	31.24	40.76
1979	30.89	19.40	2.34	28.39	39.62
1980	21.23	12.43	2.04	25.67	38.05
1981	22.86	11.82	1.83	24.18	36.57
1982	15.49	7.07	1.67	22.90	38.06
1983	21.10	8.69	1.68	23.03	39.28
1984	35.36	12.38	1.52	22.91	39.47
1985	16.44	5.22	1.65	22.36	39.50
1986	125.61	36.88	1.61	20.80	37.83
1987	48.37	12.32	1.59	18.39	35.37
1988	69.82	15.01	1.92	15.79	31.62
1989	80.16	15.77	2.01	15.76	31.56
1990	85.42	14.33	1.75	15.84	30.44
1991	108.08	17.29	1.71	14.57	29.57
1992	138.65	20.32	2.05	13.08	27.55
1993	216.83	26.89	1.83	12.56	16.69
1994	322.86	29.25	2.45	11.16	15.14
1995	398.88	28.59	2.32	10.67	14.79
1996	434.49	26.70	2.67	10.91	16.65
1997	420.56	24.91	2.80	11.62	15.41
1998	512.64	29.29	2.74	12.61	16.54
1999	582.24	33.04	2.93	13.94	18.07
2000	622.02	35.38	3.27	14.98	19.25
2001	671.10	36.55	3.30	17.08	

注:农民负担理论值(第一产业)=[第一产业增加值-(农民家庭人均纯收入×乡村总人口)÷乡村总人口],表中数据为当年价;农民负担率理论值(第一产业)=[第一产业增加值-(农民家庭人均纯收入×乡村总人口)]÷第一产业增加值×100%;农业税名义负担率=财政农业各税收入÷国内生产总值×100%。

资料来源:国家统计局:《中国农村统计年鉴(2000)》,第12、15、17页,中国统计出版社2000年版;国家统计局:《中国统计年鉴(2002)》,第52、93、265、266、272、343页,中国统计出版社2001年版。

实际上,这里所论的农民负担,还没有算上工农业产品价格剪刀差所造成的隐性农民负担,以及农业税征实或变相征实中国家收购价低于市场价给农民造成的经济损失,这两类损失数量是相当大的。单就国家粮、棉、油收购中的牌市差价,每年就使农民增加负担 200 亿元左右。最近几年农民负担问题引起社会各界重视,为了增加农民负担的隐蔽性,避免可能的矛盾和批评,一些地方乡村两级组织仅仅依靠擅自搭车增加农民交售任务,然后全数拿走农民销售款,就能完成国家规定的农民负担征缴任务还绰绰有余。虽然按照国家政策规定,农民按照合同规定交售,农民完成交售任务取得的销售款必须立即直接支付给农民个人,但是,这一政策并没有很好地加以贯彻,农民拿到的合同并非平等的市场主体之间平等协商达成的,而是被动接受的。具体到每个农户,合同规定交售多少农产品,由乡村两级掌握,并无定数,乡村两级也可方便地截留交售所得款项。粮、棉、油等农产品收购部门需要依靠乡村两级组织的力量督促农民即时完成国家收购任务,加上这样做对收购部门也有利可图,如可以分润一部分牌市差价款,当然不能有力地抵制乡村两级组织的要求。我国政府粮食部门自 1992 年、1993 年废除粮食统销制度以来出现几千亿元的亏损和财政挂账,乡村两级组织和粮、棉、油收购部门的这种不适当关系是其中的一个重要原因。

即使考虑了"剪刀差"和农副产品收购政策因素,也仍然存在对农民负担估计的遗漏问题。在农民可以支配的家庭纯收入中,支出项包括生产投入和生活消费,在实现生产投入和生活消费过程中,并不仅仅是市场公平交易在起作用,农民仍然要承受很多的不合理负担。乱罚款、乱收费、乱摊派的相当大一部分需要从农民家庭纯收入中支付,用农民的话说,"头税轻,二税重,三税是个无底洞",这里的"三税"即指"三乱"负担。这样,剩下真正归农民支配的家庭纯收入就很有限了,许多贫困地区的农民家庭实际处于负债边缘,生活十分困难。

农村税费征收的直接税性质与农民负担的形成

如果我们将农民负担与城镇居民负担相比较,就会对农民负担问题产生发人深省的认识。前面的分析表明,农民负担重并不是农业税负担太重造成的,农民负担重只能是农业税负担以外的因素所致,即乡统筹与村提留、劳动积累工与义务工等,特别是农村不合理收费、摊派、罚款、没收,以及工农业产品交换的"剪刀差"。城镇居民日常生活负担高度货币化,而且几乎所有生活支出都是通过公开的市场交易进行的,即使有的方面带有政府干预色彩,也往往是有利于城镇居民的非市场因素,比如优厚的住房制度和社会福利制度。如果对待城镇居民像对待农村居民一样征收税费,不但师出无名,而且容易通过劳动市场交易转嫁给雇主,造成城镇工资水平上升,劳动成本增加,从而影响城市社会经济发展。城镇居民直接向政府和街道、居委会组织单方面缴纳税费而没有相应的直接回报的情况并不多见,目前最为普遍的税费负担是个人所得税,个人所得税是国家正式税种,征管较为规范,而且规定有比较高的起征点(相对于农民收入),所以并没有成为城镇居民的沉重负担。

农村居民不同于城市居民的一大特点是农村居民家庭既是生活单位,又是生产单位。从理论上说,国家对城镇居民直接征收的税费主要限于调节个人收入目的的所得税,而国家既要调节农村居民的收入分配,又要对其生产经营活动加以规范,客观上两方面都存在收取税费的合理性。这正是各方面纷纷向农民伸手,以致农民负担沉重,而城镇居民负担相对较轻、较为稳定的原因所在。然而,农民家庭的生产经营活动具有很强的自给自足性质,商品率比较低,不加区分地全部列入税费课征范围是不合理的。从公平原则出发,合理的做法显然是只对农民家庭非自用部分的生产经营活动课以适当的税费。但是,实践中很难对这两类农民家庭生产经营活动严格加以区分,于是只好笼统地向农民所有的生产经营活动及其成果收取税费。在这种情况下,避免农民负担加重的措施就是实行农业税低税率政策,可是,只要税费征收权分散,税收机关以外的部门和组织就有积极性尽可能多地向农民收费,农民负担重就在所难免。

除了工农业产品价格"剪刀差"因素,农民负担项都是直接向农民收取的负担。农民家庭生产经营活动高度自给自足,这种税费负担的课征对象一般不参加市场交易,加上农民在市场交易中的弱势地位,不会发生税费负担的转嫁问题,只能由农民家庭负担。在税收理论中,课征这种税费一般不会产生对经济生活的扭曲,从而不用担心出现效率损失。就我国农民负担而言,虽然问题比较严重,但是在经济效率方面尚未直接损害农业的发展。相反,为了应付日益沉重的农民负担,农民家庭只能更加努力工作,增加产出和家庭收入。除此之外,对于征收机关来说,课征这种税费还有一大优点,税费基础广泛,税费收入有保障。那么多农民家庭,农村经济活动又无时无处不在,只要开了收费的口子,不愁收不到钱。农民天然的分散性和法律地位的脆弱性也使得这些收费项目能够顺利出台。正是因为农民负担具有这些特征,才使得农民负担名目繁多,屡禁不止。已经出台的大量减轻农民负担的政策措施仅限于从行政上加强对农民负担问题的管理和监督,并没有从根本上解决问题,一旦风声过去,农民负担很容易反弹。

从收集国家财政收入的角度考虑,既然农民负担具有强烈的直接税性质,优点很多,那么就应该将其纳入规范的税收之中,不应该再以不规范的各种收费、罚款和摊派为主,以免造成税收资源的流失。当前的实际情况恰恰是国家财政一方面没有从农民负担中得到多少好处,另一方面农民负担却十分沉重。所以,从政府治理的角度出发,一个有抱负、有作为的政府长期容忍混乱的农民负担问题的存在,实在是一件难以理喻的事情。如果从农村工作难做,县、乡、村干部难当的角度考虑问题,这样做也得不偿失,远非最佳选择。农村干部收入低,可以通过财政的手段增加公务员报酬加以解决,给财政增加的负担要远小于农民承受的各种不合理负担。当前农民负担问题的实质并不是乡村甚至县干部待遇低,而是一些农村干部工作作风差,甚至中饱私囊,鱼肉百姓。农村工作虽然难做,需要给予农村干部一定的自主权和支持,但是,靠乱收费、乱罚款、乱摊派等增加农民负担的办法是做不好农村工作的,实际效果只能是破坏农村生产力,增加农村不稳定,并形成恶性循环。

解决农民负担问题的财政思路

解决农民负担问题,采用间接税为主辅之以直接税的方案最为可取。从税收负担和税收征管的角度看,彻底解决农民负担问题,一是要避免对农民家庭生产经营活动中属于自我消费的部分课税,二是要避免税费征收过程中的过度追加和各种贪污行为。一般来说,进入流通领域的农产品属于农民家庭非自我消费的部分,对这部分农产品课税可以避免不适当课税。而且,由于农业的特殊性,农产品供给弹性比较小,对农产品加工和销售领域课税,税收的后向转嫁能力很强,有相当一部分税收负担最后转嫁给了农产品的生产经营者。现实情况也正是这样,粮、棉、油等大部分农产品加工品价格远远高于农民的出售价格,农业生产资料价格上涨,农民负担过重,但是并没有因此引起农产品价格上升或供给减少,成本上升的压力几乎全部由农民自己消化。另外,对农产品加工和经营单位征收间接税,并不需要面向众多的农民家庭,纳税人数量大大减少,从而有助于降低税收成本,提高税收行政效率。由于避免了直接与农民打交道,而且税收的实施掌握在税务部门手中,并不需要借助乡村基层组织的征收,所以从根本上杜绝了它们滥征滥收的漏洞。

其实,国家也已经开始意识到农民负担的直接税性质,并尝试运用费改税的办法彻底解决农民负担问题。从 2000 年 3 月开始的安徽全省农村税费改革试点情况看,改革实施一年取得了很大的成绩。但是,农村税费改革试点过程中仍然存在很多有待解决的问题,其中最重要的是农村税费征管规范化问题仍然没有根本解决,农村各级政权之间以及乡村之间的财政分配关系也没有理顺。

减轻农民负担必须改革现行的农村税费体制,农村税费制度改革必须与以建立公共财政为目标的财政体制改革衔接起来,同样需要遵循公共财政的一般原则,如实行国库集中收付制度、收支两条线制度等。世界上大多数国家并没有专门针对农村和农民另外设计一套独立的财税制度,在税费课征上农民和其他从业者一样,只是在统一税收体系下稍加优惠。我国也应该这样做,将农业和农村纳入全国统一的财税体系中,农民除了依法向财税部门缴纳税收之外,只交少量的规费,农村公共品供给也主要由财政承担。在目前各地进行的农村税费改革试点中,税费的征收方式虽然有所变化,但是从总体上仍然没有摆脱主要依靠乡村干部催粮催款的旧格局,农民缴款积极性虽然比过去有所提高,但主要是因为税费负担下降的缘故,并非因为征收方式进步的结果。另外,税费改革仍然给乡村干部保留了一些向农民额外收费的权力。如果村民民主自治流于形式,则村干部仍然可以打着“一事一议”的旗号向农民额外收费。

如果实行间接税为主、直接税为辅的农业税费体系,向农民征收直接税可以与农产品收购制度改革结合起来。中国农民有向国家交售粮食的传统,当前即使农村社会经济矛盾比较尖锐,农民一般也没有拖欠国家的粮食。实际上,许多地方的农村在税费征收困难的情况下,主要就是依靠扩大农民售粮任务实现税费征收的。既然农民向国家交售粮食在数量、钱款归属都由乡村两级决定,成了事实上的负担,不如将其作为直接税纳入国家正式的税收体系,这样既有利于规范农民售粮行为,防止其成为加重农民负担的"新增长点",同时又能够有效解决向农民征收税费的成本高、效率低问题,堵塞税费征收中的漏洞,从源头上避免税费征收过程中的过度追加和各种贪污行为。

至于农村公益事业费用来源,则可以根据地方公共品的不同性质分别加以解决。农业生产和农村生活的特点决定了农村公益事业大部分属于一个村的范围,即使超出了一个村的范围,往往也能够分解到各个村,分别实施,比如农村道路(不包括国家公路主干道,它们本来就不应该由农民承担修建和维护的责任)、水渠等基础设施,可以由各所在村分别负责修建和维护,县乡两级可以提供行政上的指导,必要时还可以提供部分财政支持。对于那些超出一个乡镇范围的农村公益事业,应该由县财政负责提供经费,不能像过去那样依靠向农民集资、摊派。少数农村公益事业虽然只属于一个乡甚至一个村的范围,但是资金规模特别大,建设难度也特别大,则可以纳入县乡两级财政预算,由财政拨款加上农民集资建设。

当然,农村税费改革还包括理顺县乡财政分配关系和农村地区的政府机构改革与农村基层民主建设。根据财权与事权相一致的原则,进一步调整和完善县乡分税制财政体制,建立"以收定支"的新机制,改变过去依靠农民负担"以支定收"陋规。

村级组织是农民负担的重要源头,堵住这个漏洞的关键是真正实行村民民主自治。乡村两级数量大,与上级单位之间存在较为严重的信息不对称问题,自上而下的监督很难奏效,因此特别需要自下而上的监督,这一点村级组织尤甚。乡村两级政权组织应该坚决实行民主,通过广大农民群众民主选举产生,直接对农民群众负责,这是彻底解决"三农"问题根本性的制度前提。应该废除村干部擅自向农民收费和摊派的权力,村级组织所有收费和摊派项目都应该经过村民大会批准。

另外,农村社会管理体制也要做到与时俱进,不断完善。目前农村子女教育收费,以及计划生育收费和罚款,有许多不合理之处,已经成为许多地方农民负担的最重要来源。实际上,农村教育基本属于义务教育的范畴,绝大部分费用都应该纳入国家财政供给,而不应该由农民承担。目前政府已经认识到现行农村教育收费的不合理性,开始着手改革和规范。但是农村计划生育工作体制和方法却鲜有改进。农村计划生育和教育事业关乎国家社会经济发展全局,责任重大,尤其要讲究政策和策略,否则实际效果就要打折扣,或者需要付出极高的代价。人口控制和生育观念转变的实现与经济发展和人民生活改善之间密切相关,必须将农村经济发展和农民增收列在农村一切事业的首位,实现农村其他事业与农村经济发展、农民生活水平提高之间的良性互动。

【2003年第5期】

中国的市场化进程

王小鲁

关于市场化进程的现状描述

目前市场竞争机制就行业部门分布来说,在制造业、建筑、公路交通、国内贸易、房地产业、生活服务业等领域已经取得了主导地位。在农业中还有部分农产品(主要是粮食)在价格和市场进入方面没有完全放开。在第三产业中还有一些部门处于国有企业垄断、半垄断状态,或受到较多的政府干预,例如铁路、电信、金融、保险、国际贸易的某些方面。

按市场说,产品市场的开放程度明显高于要素市场。金融市场竞争度较低,劳动力市场、资本市场规范程度较差,技术市场发展迅速,但地区差距悬殊。

在与市场相关的政府改革和职能转换以及法律制度环境建设方面,进展还不够理想。

本文以下部分按照非国有经济的发展、政府和市场的关系、产品市场的发育、要素市场的发育、市场中介组织的发育和法律制度环境这5个方面分别进行分析。然后讨论各地的市场化进程总体状况。

(一)非国有经济的发展

经济改革期间,非国有经济部门的迅速发展对中国的经济增长和市场化进程都作出了主要的贡献。由于其发展速度远远高于国有部门,因此在越来越多的行业中占了主要位置。非国有部门几乎完全是市场导向的,可以认为凡是非国有经济占主导地位的领域,市场化基本上已取得了决定性的进展(但农业在某种程度上是个例外)。在国有部门中,市场化也在进行,但企业经营和资源配置仍然受到较多的政府干预和非利润目标的驱使。在改革开始的 1978 年,国有企业在工业总产值中的比重为 77.6%。经过 20 年后,这个比重到 1998 年已经下降到 28.5%(包括国有控股企业)。但是非国有经济的发展在各行业部门的分布是很不平衡的。根据推算,1999 年非国有经济在工业增加值中的贡献份额约占 72%,在建筑业增加值中占 53%,在交通运输业中占 47%,在通讯邮电业中占 18%,在国内贸易业中占 59%,在银行和保险业中占 31%,在其他所余的国民经济部门占 28%。加总计算,约占 GDP 的 64%。

上述估算数据反映出,非国有经济在国民经济中已经占有接近 2/3 的比重,特别是在工业、建筑业、国内贸易、公路运输、餐饮服务业等部门发展迅速,已经占据主导地位,但在电信、金融、保险等服务业领域中发展还相当有限。

非国有经济的发展在各地方同样也很不平衡。就其占"规模以上"工业总产值的比重而言,2000 年东部占 56%,中部 30%,西部只有 24%,该指标的口径是"规模以上非国有工业企业总产值占全部国有及规模以上非国有工业企业总产值的比重"。"规模以上"是指单个企业的销售额在 500 万元以上。非国有经济部门在全社会固定资产投资中的比重,东部地区、中部地区和西部地区平均分别是 56%、45% 和 41%。

(二)政府和市场的关系

就资源分配的市场化程度而言,在改革前的计划经济时期,经济资源集中通过政府财政进行分配。1978 年财政收入占 GDP 的比重高达 31.2%。改革期间由于权力下放和引进市场机制,这个比重持续下降,到 1995 年已下降到 10.7%。财政收入和支出比重的下降过程近似地反映出市场分配经济资源的比重在总体上上升的趋势,但近几年由于加强了税收征管,以及出于拉动需求的考虑实行了积极的财政政策,政府收支比重有所回升。2001 年财政收入占 GDP 的比重达到了 17.1%(国家统计局,1999,2002)。积极的财政政策是一项短期政策,应当不会导致政府分配资源的持续上升,但也需要警惕政府投资对市场导向的民间投资的"挤出效应"。另外有两点值得注意:其一,财政收入和支出占 GDP 的比重在各地非常不均衡。以支出比重而言,1998—2000 年平均,东部和中部省份平均为 13.2% 和 13.9%,而西部省份则高达 19.2%。全国最低的省份是江苏,占 9.8%,最高是青海,达 25.2%。其二,90 年代以来各地方政府不通过财政预算的集资、摊派和非规范收费急剧增加,有人估计其总量在数量上已经和地方政府的预算收入相当。因此财政占 GDP 比重这个指标不能完全反映经济资源通过政府而不是通过市场分配的部分。

以下两个指标可以对上述指标有所补充:其一是农民的税费负担。根据全国 2 万家农户的抽样调查结果,全国各省市自治区农民 2000 年平均税费负担(纳税和税外的费用上缴)占农民收入的 5.7%,高于国家规定不得超过 5% 的上限。其中东、中、西部平均负担比重分别是 3.8%、7.5%、5.9%,以中部地区农民负担最重。其二是企业的非税负担(指上缴政府的各种税外收费、集资、摊派等占企业销售额的比重)。根据全国 4 000 家企业 2001 年的抽样调查,全国30 个省份平均负担是 2.64%,东、中、西部平均分别是 2.63%、3.07%,2.33%,也以中部企业负担最重。

在政府与市场的关系方面影响市场化进程的因素不仅限于经济资源的分配,其他有重要影响的因素还有政府对企业的过度行政干预以及政府规模过大对市场和社会造成的负担。关于政府干预,我们使用企业调查中关于企业负责人"是否把主要时间和精力用在与政府主管部门和其他政府部门打交道"这一信息作为衡量指标(共有 10 项选择,可选取 3 项),根据全国 4 000 家国有和非国有企业的抽样调查发现,仍然有大量企业负责人要花费主要的时间和精力与政府部门打交道,而不是用于企业经营管理。全国各省样本企业平均,有 44%的企业选择了这一项。东部略少,占 40%,中、西部分别占 46% 和 47%。这说明政府对企业干预过多(也包括政府工作人员的寻租行为对企业的干扰)仍然是一个影响市场化进程的严重问题。

政府规模过于庞大也是一个影响市场化进程的因素。这不但增加了企业和居民的负担,而且导致政府机构人浮于事,增加对企业不必要的经济干预和寻租行为,影响了经济效率。在改革开始的 1978 年,国家机关、政党、社会团体工作人员总数为 430 万人,占总人口的比重为 0.45%。到 1990 年,这个数字已经翻了一倍多,上升到 929 万人。到 2001 年进一步上升到 1 088 万人,占总人口的比重上升到 0.85%(见国家统计局,2002)。这说明在经济体制改革的同时,政府改革是滞后的。根据一些调查,某些地方由于政府规模过度膨胀,严重增加了社会负担。

(三)产品市场的发育

经过二十多年的经济改革,产品市场已经基本上取代了过去按计划生产和分配产品的体制。改革前绝大多数产品的价格都受到政府控制,到 2000 年全国平均按价值量计算只有约 10% 的产品价格受到政府控制或干预。东部较低,平均为 7%,中部平均接近 9%,西部平均为 14%,其余部分为市场调节。由于政府控制的价格偏离市场价格,偏低的情况较多,所以上述比例可能还需要各自上调几个百分点。如果将服务产品包括在内,那么价格控制的程度可能还会有一定程度的进一步上升。

产品市场的发育还表现在地方政府对本地市场的保护正在减少。根据一项覆盖全国 4 000 家企业的调查,企业在进入各省市地区市场时遇到行政性壁垒的件数,按各省市的经济规模(以 GDP 衡量)平均,在 2000 年为 0.08 件/亿元,比 1999 年下降了 0.01 件。个别省份较高,为 0.20 件,沿海省份较低(但不包括三个直辖市),如广东仅有 0.025 件。

农产品的市场化进程值得注意。我国经济改革期间曾几次尝试彻底放开农产品价格控制,但由于暂时的价格和市场波动,均未能坚持下去。关于目前实行的部分农产品按保护价格收购和不允许非国有粮商直接收购粮食的政策,也存在不少争论。主要意见是高出市场价格的保护价格和垄断性的收购一方面刺激农民多种粮食,造成供过于求,造成浪费并增加了财政负担,另一方面导致卖粮难,因而最终对农民的利益有所损害。近年来作为主要粮食销区的 8 个沿海省份在放开粮食市场后出现了市场稳定、农民增收、财政减负的好势头。

(四)要素市场的发育

迄今为止,要素市场的发育程度还远远低于产品市场的发育程度。在金融市场方面,银行间竞争已经展开。但利率还没有市场化,市场竞争的范围也还比较有限。4 家国有商业银行和几家国有政策性银行占了全国信贷业务的主要部分,它们在 2000 年在存款总额中占 70% 以上的比重。在贷款方面,2000 年全国各省市自治区平均,在短期信贷中贷给非国有企业的部分,只占短期贷款总额的 22%;这和非国有企业在国民经济中已经占有主要部分的状况不相协调,说明非国有企业在融资方面还面临很多困难。

在资本市场方面,股票、期货市场已具有一定规模。股票市场融资规模近年来每年一百多亿元(2000 年达 512 亿元),股票市场年成交金额 3 万多亿元(2000 年为 6 万亿元)。但是市场运作的透明度和规范化程度仍然较低,操纵股市、欺诈、提供虚假信息等行为频繁发生,亟待继续加强监管,规范市场。

在劳动力市场方面,劳动力的自由流动已经开放,特别是城乡间的劳动力转移,目前已经具有相当规模。根据调查推算,截止到 2000 年转移到城镇就业的农村劳动力累计达 7 500 万人,约占现有农村劳动力总量的 15%。但是农民工及其家庭在向城市迁移方面还面临不少障碍,农民工在社会福利方面也同城市居民面临不同等的待遇,为劳动力流动提供服务的系统也还相当缺乏。

在土地资源的利用方面,过去行政性划拨土地的资源利用方式已经改变,但还没有形成全国统一的土地市场。

我国科技市场发展迅速,全国技术市场成交额在 1995 年为 268 亿元,2001年已达到 783 亿元。但总体水平还不高,而且地区间差距非常悬殊。按科技人员数平均的技术市场成交额,中、西部各自只相当于东部的 28% 左右。

(五)市场中介组织的发育和法律制度环境

市场中介组织的发育在全国不同地区很不平衡。以律师人数和会计师人数占人口的比重为例,比例最高的北京分别为每万人 3.2 人和 1.8 人,其次上海为 2.8 人和 1.4 人。全国平均分别为 0.93 人和 0.48 人,远低于北京和上海的标准。最低的贵州只有 0.2 人和 0.1 人。因此在欠发达地区加速发展市场中介组织是非常必要的。此外,我国行业协会的发展还很不理想。一些政府办的行业协会还带有相当程度的行政色彩而且活力不足;民间协会组织发育滞后;使行业内的信息沟通、行为自律、技术传递等重要活动缺乏必要的途径。

法律制度环境的改善目前是市场化进程中的一个薄弱环节。司法的公正、透明和效率直接关系到能否保证一个良好的市场经济秩序。目前影响市场机制有效运行的一个重要因素是法律制度环境方面存在的问题。这方面的情况在各地也很不平衡。如果以每亿元 GDP 平均的经济案件发生率和消费者投诉率来近似衡量各地经济秩序的好坏，这两个指标最低的省份分别只有 5.2 件/亿元和 2.3 件/亿元，最高的省份则分别达到 31.4 件/亿元和 18.2 件/亿元。全国各省平均为 14.3 件/亿元和 8.3 件/亿元，远远高于发生率最低的省份。这说明多数省份相比较而言经济秩序不够理想。改善市场秩序的中心措施首先需要严格执法，打击腐败，实行公正执法并提高执法的效率和透明度。

市场化在各地区的进展状况

市场化在各地区的总体进展状况是很不平衡的，目前东部沿海地区市场发育程度远远高于中西部地区。特别是西部地区总的来说市场化程度相对比较落后。下图是国民经济研究所关于 1999—2000 年各地区市场化进展的评分和排序。

该图显示大多数西部省区的市场化程度排序比较低。这可能是制约西部发展的一个重要因素。不过近几年来，某些西部省区市场化有加快的趋势。

市场化进程的瓶颈

根据本文上面的分析，目前有如下几个领域市场化进展滞后，对国民经济形成了较大的制约。

(一)金融等领域市场化改革滞后

要素市场的发育落后于产品市场的发育，特别是金融部门市场化改革滞后。银行利率固定，不能随行就市，不利于银行信贷资金的有效利用。目前几家大型国有银行吸收了全部存款的 70% 以上，接近 80% 的银行贷款投向国有企业，明显地向国有企业倾斜，其中有较大的部分形成呆坏账，不利于有效利用资源，影响了我国经济的发展潜力。

目前在我国经济中，中小企业特别是非国有中小企业在产品、出口、就业等方面作出了主要的贡献，但是大型银行在向中小企业提供信贷方面受到成本和

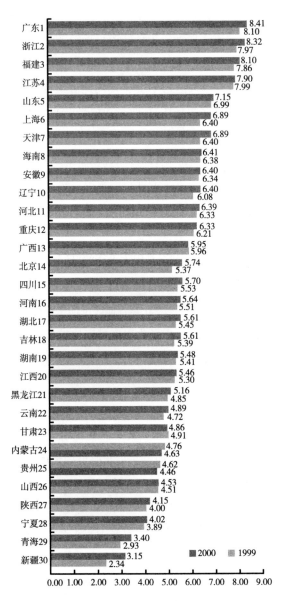

各地区市场化指数评分和排序(1999—2000 年)

风险过高的制约,能够发挥的作用有限,种种规避风险的贷款条件使小企业几乎得不到贷款。国有银行的某些特点又在一定程度上制约了其向非国有企业贷款。因此非国有中小企业特别是小企业的融资,需要在很大程度上依赖市场导向的非国有中小银行和地方性甚至社区性金融组织。经验证明,这些金融机构在进行地方性或社区性经营活动时能够有效地降低对小企业贷款的经营和信息成本,可以成为对中小企业特别是小企业进行融资的重要力量。但是由于历来出于规避风险的考虑而实行的一些限制,目前这些金融组织发展非常有限,这不利于中小企业的发展,因而对我国经济的继续发展构成了一定的制约。尤其是随着中国加入世界贸易组织,外国银行资本将大量进入金融领域与国有银行展开竞争。国有银行由于某些体制方面的问题,在提高效率、规避风险方面改善仍然不够理想,而国内非国有金融机构在这些领域仍然发展不足,这种状态将不利于中国在金融领域的国际竞争。

(二)政府机构改革需要推进

目前有不少地方政府机构臃肿,人浮于事,过度干预市场和企业经营;加上某些政府工作人员贪污腐败,滥用职权,对经济发展造成了不良影响。根据调查,许多县级政府下属二十多个局、委、办公室,党委下面有五六个部和办公室,通常还有各种临时性的政府和党的办事机构,加上人大、政协及其下属机构、武装部以及工会、青年团、妇联等半官方机构,通常有 50 多个部门和单位,人数可能超过千人。这些机构有的在当地没有必要的业务,但由于上级部门设有这些机构,必须上下保持一致。有的职能互相有重复、交叉甚至互相干扰。乡镇政府的膨胀也不容忽视。在一些欠发达的农村地区,由于经济规模相对有限,人均收入水平低,政府开支成为相当重的社会负担。

(三)与市场相配套的法律制度环境需要改善

随着市场化的推进,计划体制下形成的物资和资金分配等政府职能已逐渐走向消亡,减少了政府工作人员寻租的机会。但在那些无法市场化的公共职能部门,例如税收、司法、公安、土地管理、环保、技检等等,执法违法、滥用职权的现象大量发生。政策和法律环境不透明增加了企业的经营成本。有相当数目的企业负责人,主要工作时间不是用于企业经营管理,而是用于应酬各级政府官员和执法人员。司法机关效率低、执法不公正、监督机制不完善的问题更是经常导致经济纠纷频繁发生而不能公正地解决,影响了市场的健康运行。

(四)收入分配和社会保障

市场化提高了经济效率,优化了资源配置,促进了经济增长,但同时也带来了收入分配差距的扩大。自90年代以来,我国收入分配基尼系数持续上升,反映城乡间、地区间以及各社会阶层间的收入差距持续扩大。以城乡收入差距为例,1980年全国城乡人均收入之比为1∶0.44,到2000年扩大为1∶0.36。东西部之间的收入差距也在扩大。高低收入阶层之间的收入差距扩大更加显著。在市场化过程中,收入差距在一定程度上扩大是难以避免的。但是,如果听任收入差距长期持续扩大,将会损害社会公平,甚至导致社会冲突,从而阻碍市场化的继续进行和经济的持续增长。

【2003年第6期】

理解中国经济增长

易 纲 林 明

大约自20世纪90年代中期以来,开始有中国经济增长"宏观好,微观不好"这样看似矛盾的说法。在后凯恩斯时代,经济学家开始强调宏观经济理论应当有其坚实的微观基础。所以,这样看似矛盾的说法无疑是很有吸引力的经济学题目。

在分析这个说法之前,首先给出"微观不好"和"宏观好"的定义。所谓"微观不好",应当是指国内企业的盈利情况很差;所谓"宏观好",应当是指中国GDP增长率一直维持在很高的水平上。如果是这样定义,这个说法所隐含的质疑就是,一个经济的基础在于企业,如果企业盈利情况很差,就说明这个经济的投资效益很差,"微观"不好,则,"宏观"也应当不好,这个经济就不可能高速增长。从经验验证的角度说,中国国家统计局公布的有关GDP数据还是相当高的,所以人们就容易倾向于认为这些高增长的统计数据有很大的水分。但是,在我们看来,问题并非如此简单,需要仔细分析。

国有企业事后的费用最大化从而事前的投资
最大化是中国经济规模扩张(增长)的主要动力

从企业的契约理论理解,国有产权首先可以这样理解:在微薄的账面利润之外,其他国有产权收益已经被分解为某些个人的收益贴现值的加总。其中,费用最大化是分解国有产权收益的重要方式,也是国有企业费用率何以更高的解释。

但是,这只是对国有资本在投资形成资本并开始生产的分析,一个完整的分析还应当包括国有资本在投资形成资本并开始生产之前的投资决策过程。在中国改革开放初期的计划经济下,有资格考虑产权安排和收益的只有中央政府。随着财政分权结构的展开,就逐渐形成了这样的产权安排方式:上级政府控制金融资源总量,下级政府和企业竞争这些资源。一个异常重要的约束条件是,下级政府和企业从上级政府所获得的金融资源是无需偿还的。就是说,投资赢了算企业(地方政府)的,投资输了算国家财政的。在随后国有银行逐渐取代国家财政成为主要资金管理者的情况下,这个产权安排就变成了:下级政府和企业从上级政府处获得的银行贷款是无需偿还的,投资赢了仍然算企业(地方政府)的,投资输了就是国有银行的。考虑一下费用最大化的含义:事前的投资决策在事后无论盈亏,在该投资完成并开始生产、销售时,个人的收入分配总是会随之增长的。在事前做投资决策时,各级政府和企业最关心的不是投资的毛利润率,而是能够从上级政府处争取到多大的投资额度,也就是所谓的"跑部钱进",争取"盘子"。很显然,平均说来,这些投资在事后的毛利润率不可能达到非国有资本的水平。

所谓产权,首先应当是收益权。就此意义上说,一个完整的分析过程就是:在上述的产权安排下,首先,在投资完成、资本形成之前,国有资本(企业)就已经在毛利润率上比民间资本输了一筹。然后,在国有企业完成投资、开始生产的情况下,费用最大化的规律就开始显性地发挥作用:事前的投资决策在事后无论盈亏,个人的收入分配总是会随之增长的。

从可得的统计数据看,如果是以毛利润率相比较,由于垄断和政府财政转移支出等因素,国有工业企业要明显好于非国有工业企业,但是,如果是以剔除了相关费用的净利润率相比较,非国有工业企业就好于国有工业企业。再考虑到工业部门历年来对中国生产法 GDP50% 左右的贡献率,我们认为,统计数据支持我们上述"费用最大化"的假说。

在投资完成之后,只有进行生产和销售,才有可能费用最大化。这样,一个推论就是,由于费用最大化,国有企业绝不缺少存货最大化的激励。这是观察和理解中国经济在1998年以来"通货紧缩"现象的重要窗口。

1992—1997年期间的中国经济增长模式

(一)1992—1997年期间的中国经济增长模式

我们的兴趣不在于分析国有企业的产权安排,而是试图分析这样的产权安排的后果。由于这样的产权安排,若将整个经济中的全部国有企业加总起来考虑,大约从1992年到90年代中期,中国经济在宏观上形成了一种奇特的、自我加强的经济增长模式。分步解释如下:

1. 在这个过程中,个人收入所得是先于国家财政和国有产权分配的,在现实的金融市场条件下,这主要体现为居民银行储蓄存款的增长。

在金融市场发展初期,中国居民可选择的金融资产形式主要是银行储蓄存款。这样,在满足个人消费支出之外,这些个人收入主要是以银行储蓄存款的形式储蓄起来。也就是说,由于个人在金融资产选择上的限制,由于国有企业投资增长所带动的个人收入增长大都只能是转化为居民银行储蓄存款的增长,从实际数据看,居民储蓄无论是存量还是流量都远远高于经济增长率。

2. 在当时的情形下,银行贷款如何分配取决于政府财政如何安排投资计划,投资的利润率与贷款风险都与银行无关,银行只是分配资金的执行机构。在这种情形下,各银行有多少可用的负债(居民的储蓄存款和企业存款),就发放多少贷款。不仅如此,在1995年以前,我国一直是贷差,即贷款余额大于存款余额,中央银行为国有商业银行提供再贷款支持。

3. 在这样新的投资和新的生产、销售和分配下,个人收入继续增长,进而银行储蓄存款、国有企业贷款和投资继续增长,如此循环反复。

4. 个人同样有着实现个人产权收益最大化的动机。所以,随着政府对个人从事商业活动管制的放松,当有些个人认为其资本的产权收益率可以超过银行储蓄存款利率时,这些个人自然会萌发自己创业以获取更高的收益率的想法。

就是说,来自国有企业的个人收入不仅是国有商业银行贷款、进而国有企业投资的储蓄资金来源,还是个人创业的初始资本来源。这样,在国有投资增长的同时,非国有投资也开始增长起来了。

以上就是中国经济在大约从1992年到90年代中期的经济增长模式。由此出发,我们可以分析和理解中国在经济增长过程中所涌现出来的大量问题。

(二)由此经济增长模式引起的一些统计数据上的特征

从统计数据上说,这样一个经济增长模式会产生如下一些重要的统计特征:

其一,国有企业投资高速增长。在不能比较迅速地去掉那些没有市场价值的账面固定资产的情况下,既然名义折旧率是国家会计法规事先规定好的,账面上的固定资产余额(以及固定资产折旧)势必高速增长。其二,随着国有企业投资的高速增长,由于居民在金融资产选择上的限制,居民的收入从而居民的金融资产高速增长主要表现为居民储蓄的高速增长。根据央行公布的居民储蓄数据,1991—1996年、1991—1997年和1991—1998年的居民储蓄余额的年度平均增长率分别是32.5%、30.7%和28.6%,当年新增居民储蓄的年度平均增长率则分别是29.0%、22.0%和18.8%。其三,随着企业存款和个人储蓄存款的增长,银行的贷款资产余额高速增长。而国有企业在投资高速增长的同时,其银行负债也在高速增长。其四,在此过程中,非国有企业也将通过自身的资本积累以及其他的一些融资方式,譬如外资和地下融资的方式,高速成长起来。

但非国有工业企业在1998年也面临着各个指标的增长率下降的问题。据此推测,在整个经济增长下降的情况下,所有的非国有企业也同样会面临着需求不足、进而其既有的投资资产的生产能力利用率不足的问题。换句话说,由于事后的需求的不确定性,即使是非国有资本,也会出现投资预期错误,甚至引起宏观经济波动。

(三)由此经济增长模式所引起的收入法GDP及其构成在统计上的特征

按照国家统计局(1997)收入法GDP定义为:收入法GDP=劳动者报酬+生产税净额+固定资产折旧+营业盈余(*)。由于本文开篇提到的问题所包含的对国家统计局公布的GDP数据的怀疑,也由于另外的一些怀疑,我们根据别的数据来源,对中国的收入法 GDP 做了一个粗略的估计。从估计结果看,就绝对数说,国家统计局公布的收入法 GDP 的数据大致是真实的。之所以可以实现这么持续高速的 GDP 增长率,主要是因为,国有企业虽然利润情况不是很好,但是,与国有企业相关的个人收入的增长情况并不是很差;此外,非国有企业的增长总是真实的。

上述增长模式的统计特征也应当在收入法 GDP 的统计上表现出来,即劳动者报酬、生产税净额和固定资产折旧是高速增长的。但是,营业盈余由于国有企业的拖累增长速度要略低些。

以国家统计局公布的收入法 GDP 数据计算,劳动者报酬、生产税净额、固定资产折旧和营业盈余 1994—1997 年的年度平均增长率分别为 23.7%、21.0%、27.3% 和 17.7%,1994—1998 年的年度平均增长率分别为 20.5%、18.6%、24.6% 和 13.9%。可以看出,营业盈余的平均增长率明显低于其他三个指标的平均增长率。还可以看出,如果将 1998 年计算在内,各指标的年度平均增长率都有明显的下降。

总的来说,1992—1997 年期间,虽然国有企业利润增长情况比较差,但是,由于其他三个指标是高速增长的,也由于非国有企业相对好的利润增长率,所以,收入法 GDP 就仍然还是高速增长的。由此,我们就可以从理论和统计结果上来理解中国经济增长何以出现"微观不好,宏观好"的情况:仅仅注意到国有企业净利润率很差是不够的,还应当同时考虑到来自国有企业的个人收入的增长情况。惟其如此,我们才能比较全面地理解从 1992—1997 年乃至 1998 年以来的中国经济增长(模式)。

亚洲金融危机是 1992—1997 年期间
中国经济增长模式的转折点

(一)上述经济增长模式的潜在困难以及国家财政的一般应对措施

在上述经济增长模式下,既然从整体上说国有企业最终的净利润率很差,势必有一定比例的国有企业是严重亏损的,以致于无法支付银行的贷款本息。

这就是说,随着这样一个经济增长模式的反复实现,越来越多的国有企业就会亏损到无法支付银行本息的程度。

面对这样的情况,实际上,早自1995年中央政府就开始采取措施要求降低银行不良贷款了。从法律上看,大约从1993年到1995年前后,《商业银行法》、《贷款通则》和《中国人民银行法》相继颁布。这些法律要求商业银行考虑信贷风险,要求中央银行控制信贷总量。但是,为了继续实现来自国有企业的收益分配,有关利益各方显然有要求国有企业继续存在、进而要求国有银行继续贷款以维持国有企业既有运作的激励。这其中,地方政府可以从企业获得生产税和所得税,可以安置就业。

从分配的角度说,上述经济增长模式并不是一个多方皆赢的分配模式:在此经济增长模式下,由于投资效率和费用最大化问题,国有资本遭受重重的产权收益损失。从会计核算的角度说,可以认为,这些损失大致就是国有商业银行的不断上升的呆坏账以及国有企业的自有资本的损耗。而从风险分配的角度说,实际上是国家财政在以自身的财政信用支持着这个经济增长模式的反复实现,这被称之为"投资补贴"政策。对国家财政来说,风险分配是严重地超过了收益分配,在收益很少的情况下,风险却通过银行呆坏账的形式全部确认成是国家财政的。

(二)1997年亚洲金融危机推动了中国严格执行商业化信贷政策的决心,这引起了原有经济增长模式的转变

虽然中国政府做了很多金融立法的工作,但是,这些法律并没有得到严格执行。是1997年亚洲金融危机为中国敲响了警钟。为了克服潜在的金融危机,在进行其他各种改革措施的同时,1998年,中国政府又出台了很多金融改革措施,力度之大,数量之多,可谓前所未有。

从1992—1997年间经济增长模式的角度理解,既然国内银行开始严格执行《贷款通则》等相关法律,原来的经济增长模式就应当戛然而止了。这个信贷政策上的改变影响深远,其宏观表征之一就是中国经济的一般物价水平持续下降。那些利润情况一直很差的国有企业首当其冲地受到冲击。

1.随着银行贷款标准的提高,那些一直亏损、财务流动性很差的企业(主要是国有企业)的投资增长下降。

2.没有了银行信贷资金的支持,那些羸弱的国有企业再也无法维持其财务流动性。个人来自这些国有企业的收入净现金流就变得不知其可了。随着收入净现金流的下降,当前消费支出势必增长下降。从就业的统计数字看,1996—1998年,国有单位就业人口数占2亿,城镇就业人口数的比例分别为56%、53%和42%,就业比例之猛烈下降可见冲击之大。这就造成了宏观上个人消费增长突然猛烈下降的效果。以全社会消费品零售总额的同比增长率看,1997年底和1998年初,这个统计指标的同比增长率明显下降。

3.此外,在金融危机下的各亚洲国家对中国的出口需求也变差了。从支出法GDP来说,净出口一直没多大的贡献。

4.名义总需求就是投资、消费和净出口这些因素。所以,名义总需求的增长率因此下降了。

5.再从供给方面考虑,在费用最大化的规律下,国有企业决不缺乏存货最大化的激励。只要企业的财务流动性许可,企业的生产、从而存货数量将与市场销售情况无关,最终只取决于企业的物理库存容量的上限。但是,如果企业的财务流动性足够差,企业就不可能开工生产,也就不可能增加存货。此时,除非有外来的资金支持,否则,企业继续生产和制造存货(最大化)的过程就将难以反复实现。

对国有企业来说,既然是费用最大化、进而存货最大化,就是说,只有当达到仓库容量上限的时候,生产能力利用率的调整才会被迫开始。而对利润最大化的企业来说,生产能力利用率的调整则应当是随时进行的,与其仓库容量的使用程度无关。而事后的存货和生产能力利用率的调整又基本上取决于事前的投资预期效率如何。这样一来,我们的解释就可以封闭了:国有企业的存货和生产能力利用率的调整问题仍然是上述国有产权安排的结果。对非国有企业来说,也会犯投资预期上的错误,但是,非国有企业将首先通过生产能力利用率上的调整来避免过多的存货调整。中国经济所以在2001年底再次出现通货紧缩螺旋,来自国有企业的存货压力以及国有和非国有企业严重的生产能力利用率不足是供给上的重要促成原因。

从可得的统计指标考虑,支出法 GDP 中的存货变动指标反映了名义总供给和名义总需求之间的事后的相对情况,是国有企业和非国有企业各自决策的合成结果,应当是我们观察和推测中国宏观经济情况的重要窗口。

从历史情况看,在 20 世纪 90 年代早期,国有企业占据着多数市场份额,支出法 GDP 中的存货变动指标主要就是国有企业的存货变动情况。到 90 年代中期以后,非国有企业也开始占据着日益明显的市场份额,所以,此时存货变动的数据应当是国有企业和非国有企业存货变动情况合成的结果。就收入法 GDP 中的存货变动数据看,1997 年之前,库存最大化的问题还是很明显的。1998 年以后,存货变动指标相对下降。对此,我们的解释是:一是企业、特别是国有企业的财务流动性出现了问题,所以,即使此时还有库存空间,由于缺乏来自银行贷款以支持企业的财务流动性,很多企业因此无法进行新的原料采购和产品生产以增加存货;二是非国有企业市场份额的增加,使得这个存货增加的数据带有日益增加的利润最大化调整的微观基础。

6. 这样,在一个总供给总需求模型下,由于名义总需求增长下降的冲击,当总需求和总供给之间的增长率相差到一定程度的时候,就会出现均衡态的调整:总产量相对于原来的总产量增长、而一般物价水平相对于原来的一般物价水平下降。

7. 经济有其自稳定的机制。当经济运行出现了这样的一般物价水平下降,从总需求来说,就要刺激消费和投资、刺激名义需求增长,从总供给来说,就要减少供给,最终,一般物价水平通过供求的变化得以稳定下来。从实际情况看,这样的价格调整当然是有的。但是,收入上的反方向变动的影响效果却更厉害,这就使得这个价格自稳定机制不足以完成自稳定的功能。所谓收入上的调整,就是说,银行信贷政策的变化所带来的这个一般物价水平下降使得挣扎在财务流动性边缘上的国有企业的销售和利润情况进一步恶化,从而,这些国有企业更加难以从银行获得信贷支持以进行投资。对有关个人(未必只是企业工人)来说,在来自这些国有企业的个人收入现金流式微的情况下,个人对未来收支的现金流预期更差,个人的当前消费增长继续下降。如此一来,一个自我实现的通货紧缩螺旋就形成了。

　　总的来说,事情出现了戏剧性的变化:由于要防范金融风险,结果在更严格地掌握信贷标准的情况下,中国经济增长突然从一个自我实现的模式转入到了另一个自我实现的模式中,只是原来是一个自我实现的高速增长模式,现在则是一个自我实现的通货紧缩螺旋。

　　从理论上说,这个螺旋将一直持续,直到这些低效率的国有和非国有企业破产重组为止。问题是,国家财政不会袖手旁观。考虑到国家财政在整个经济中仍然举足轻重的地位,我们也有必要再从国家财政角度考虑当时的情形。

　　原来,在大约1993—1997年间,国家财政就一直在保证国有商业银行资产质量和保全国有企业之间左右为难。随着亚洲金融危机的爆发和警醒,国家财政终于下定决心在政策上向国有银行倾斜。在这种情况下,1992—1997年的经济增长模式被终止了。银行贷款或者说企业投资随之下降。这样,为了整个局面的稳定,国家财政必须取代国有企业,亲自出面增加投资。最终,在扩张性的财政支出政策下,在GDP的意义上说,中国经济仍然实现了相当高的增长率。与此同时,国家财政采取了一些转移支付上的措施,力求缓解上述通缩螺旋所带来的就业上的强烈冲击。事实上,这些措施发挥了明显的作用:由此带来的总需求增长在2000—2001年间一度掩盖了各类企业其实仍然需要继续进行的既有资产结构调整的情况。

　　从物价情况考虑,以消费价格指数(CPI)为衡量指标,中国经济首先在1998—1999年期间经历了首次一般物价水平下降。这主要是因为(内生的)信贷政策的变化通过国有企业传导实现的名义总需求的冲击引起的。从2001年下半年直到2002年10月,一般物价水平又开始了新的负增长螺旋。与1998—1999年间的通货紧缩不同,新的通货紧缩之所以形成,除了有国有企业投资不足和相应的个人收入不足的因素,非国有企业由于事前投资预期错误所形成事后的生产能力利用率不足,也是压迫目前一般价格水平下行的重要原因。

　　从名义总需求来看,从1998年到目前,名义总需求已经因为个人的优化行为(消费)以及政府的财政扩张政策(投资),调整得相对平滑了。新的通货紧缩还有着名义总供给上的原因。

　　从存货数据看,在过去二年里,支出法GDP的存货变动数都是负的。这就是说,由于我们在前文提到的原因,企业的存货变动现在已经对名义需求做出了明显的反应。所以,我们推测,国有和非国有企业都存在着相当严重的生产能力利用率不足的问题。就是说,无论是国有企业还是非国有企业,其投资预期都是建立在原来1992—1997年间的经济增长模式可以持续下去的基础上的,但是,1998年以来的新的情况说明,这是很大的投资预期错误:无论是国有企业还是非国有企业,都因为对名义总需求的过高增长预期而投资过大了。所以,国有和非国有企业现在都面临着投资资产调整的问题,在这个调整结束之前,价格战难以避免。从宏观上说,一般价格水平持续下降难以避免。

总的来说,从有关的工业统计数据看,非国有工业企业在增长率的恢复调整上速度明显快于国有工业企业,国有工业企业则调整缓慢。考虑到这个情况,我们认为,尽管国家财政已经在1998年以来进行了一定的国有资本调整,但是,从实际情况看,以国有企业的方式存在着的国有产权的改革并不彻底,对国有资本来说,新的产权调整还需继续。这个产权调整不应当仅仅局限于国有企业,还需要考虑到政府财政、国有银行,以及相关的法律制度上的改进。

(三)由经济增长模式转变所引起的一些统计数据上的特征

经济增长模式的转变以及国家财政支出上的变化会产生如下一些重要的统计特征:

其一,国有企业投资增长下降。在不能比较迅速地去掉那些没有市场价值的账面固定资产的情况下,既然名义折旧率是国家会计法规事先规定好的,账面上的固定资产余额也势必是增长下降的。当然,固定资产折旧也因此增长下降。与此同时,国有企业的利润大幅度增长。一方面,这反映了国家财政在国有产权改革上的努力,另一方面,这主要是近些年来的财政转移支付的结果。其二,随着国有企业投资增长下降,居民的金融资产增长下降。由于居民在金融资产选择上的限制,这可能会表现为居民储蓄增长下降。其三,单从银行严格信贷标准的角度说,银行贷款资产余额增长下降。从国有企业的角度说,就是,国有企业在投资增长的同时,其银行负债增长下降。其四,在此过程中,非国有企业也会因此出现增长下降的问题。就已经看过的统计指标来说,非国有企业1999—2001年的平均增长率之所以比较高,首先是因为1998年增长的下降,其次是到 2001 年,非国有企业已经恢复了高速增长;国有企业 1998 年也是增长下降的,但是,这些统计指标到 2001 年仍然增长缓慢,国有企业各指标1999—2001 年间的平均增长率就较低。

总的来说,无论是国有企业,还是非国有企业,在 1998 年前后,上述统计指标的增长下降问题大都是存在的。从趋势看,这些统计指标的增长率大致都表现为 V 型走势,而底部一般就是 1998 年。

(四)由经济增长模式转变所引起的收入法 GDP 在统计上的特征

同样道理,收入法 GDP 及其构成指标也应当表现为 V 型走势。从数据看,无论是我们估计出来的结果,还是国家统计局发布的结果,都是如此。

以国家统计局公布的收入法 GDP 数据计算,劳动者报酬、生产税净额、固定资产折旧和营业盈余 1996—2000 年的年度平均增长率分别为 10.8%、13.2%、16.1% 和 8.1%,1997—2000 年的年度平均增长率分别为 8.1%、12.4%、14.3% 和6.2%,1998—2000 年的年度平均增长率分别为 7.1%、10.8%、12.6% 和 5.6%。营业盈余的平均增长率还是明显低于其他三个指标的平均增长率。如果将1998 年计算在内,各指标的年度平均增长率都有明显的下降。

结合上面的统计讨论,在本文最初定义的宏观与微观的好坏的定义下,就收入法 GDP 来说,如果是中国经济自己与自己比,与 1993—1997 年期间相比,1998 年以来的宏观也不见得就好。就是说,随着对 1992—1997 年期间经济增长模式的逐步放弃,中国在 1992—1997 年间的实际上是不可持续的、过于高速的宏观经济增长逐渐停止了。就生产法 GDP 的真实增长率来说,1998 年以后GDP 的年度平均增长率大约要比 1992—1997 年期间的增长率低 4 个百分点。倒是在微观方面,虽然出现了 1998 年这样的意外的需求减速的冲击,但是,至少从上述的工业数据看,与国有工业企业不同的是,非国有工业企业目前正在恢复其原来的增长速度。就是说,随着非国有企业的更快发展,中国经济正在获得日益坚实的微观基础。中国经济增长"微观不好"和"宏观好"的情况都在发生改变。

总结性评论

至少对理论分析来说,中国经济在 1992—1997 年间的经济模式有着至关重要的意义,我们能够因此更好地理解目前中国经济增长的处境。不难明白,中国其实正在实现其经济增长模式的转变:在决策层谋求防范金融风险的情况下,国有商业银行必须严格执行商业化的信贷标准,这就使得那些利润率情况一直很差、只是长于实现规模增长和制造不良贷款的国有企业被国有银行冷落了,而国家财政也只能放弃其相应的名义上的产权收益了。如果说国家财政、国有银行、国有企业是一根管子连着的三个瓶子,那么当今如何在三个瓶子之间分配水量就必须重新调整了。但是,这个调整过程并不简单。在通货紧缩的过程中包含着来自国有企业的个人收入增长和投资增长下降的过程。在中国这样一个以农业为基础的经济向工商业转变的典型二元经济中,由农业转入工商业的就业变迁压力本来足够大,现在,工业部分本身又释放出如此巨大数量的劳动力,就业压力可想而知。所以,尽管从 1998 年开始中国已经进行了大量的改革和调整,包括国有企业、行政、司法、金融等等方面,从经济增长模式转变的角度说,这个过程也已经有五年之久,但是,这个过程仍然没有完成,可见其中的艰难。

不过,与从改革开放初期到 1992 年间的情形相比,经过了 1992—1998 年这一轮的高速经济增长,1998 年在总需求和总供给这两个方面都有了很大的不同。从总需求来说,银行信贷的闸门不再是完全畅通的,而是要装上过滤器。这个过滤器表面上看是人为安装的,但是,在本质上是内生的。当然,能够赶在泡沫破灭之前就开始采取行动,也是决策层与时俱进的决心的表现。从总供给来说,随着非国有企业日益发展,由于非国有企业并没有类似国有企业的投资效率损失和费用最大化的问题、进而既有利益的问题,其利润率的情况和调整适应能力都要好于国有企业,所以,国有企业对宏观经济的影响就只是相对意义上的,不再是原来近乎绝对意义上的了。也正是由于非国有企业的发展,国家财政才有了在 1998 年进行金融改革和调整总需求、并有可能最终取得改革和调整成功的现实经济基础。

从政策上考虑,上述分析所体现的政策含义主要有以下几点:

其一,最主要的就是推动政府权力的法规化和透明化以及司法系统的独立性和公正性。这实际上就是降低个人和企业维护产权的交易成本,从而从根本上提高投资的利润率水平。值得庆幸的是,在 WTO 背景下,这个事情应当是可以大大前进一步了。这肯定会提高中国经济的长期投资利润率。但是,这是国际压力引起的,不是国内非国有企业的力量引起的。因此又不能过于乐观。

其二,就现有国有企业的问题来说,要做好社会保障和国有银行产权改革,以为国有企业产权改革,包括冗员问题和银行呆坏账问题,创造必要的财务前提。这其中,主要是一个理性预期的问题。就是说,如果国家财政真下定决心这么做了,国家财政目前在财务流动性方面并没有多大的压力,只需滚动发债,保持一定的债务余额,并支付有关债务利息就可以了。以目前的财税收入和利率水平来说,国家财政完全可以承受这个债务利息负担。并且,随着这样的改革的展开,经济增长势必是建立在更坚实的微观基础上,从比例税考虑,国家财政的税收可以因此实现更坚实的增长,支付利息的能力就越来越强了。

其三,与第二点相配套,可以更多地放开非国有资本进入金融行业。这有两个好处。一是对非国有资本的发展提供了金融制度安排上的支持。二是金融业可以因此有可能仿效非金融业的渐进发展模式。这个事情现在已经有所动作了。似乎还可以再推进一步。

现在,我们对本文开篇的"微观不好,宏观好"的问题做一个总结式的回答:这个问题其实只是一个表面上的文字矛盾。实际情况是,考虑到收入法 GDP 的构成和增长率情况,这样的"微观不好,宏观好"的情形是确实存在过的,并且,从我们对统计数据的分析知道,虽然在一定意义上说,这个表面上的文字矛盾目前还继续存在着,但是,随着商业化的贷款标准被更严格地执行和随着非国有企业的日益发展,1992—1997 年间中国经济增长模式下的宏观过好和微观过差的情况都在逐步得到纠正,中国经济增长"微观不好"和"宏观好"的情况都在发生改变。从经济的持续增长来说,企业的投资利润率水平才是至关重要的,而缺少企业利润率基础的 GDP 高速增长其实是危险的经济泡沫。

【2003年第7期】

经济学为什么研究价值理论
——兼论马克思劳动价值论面临的历史性挑战

刘　伟

价值范畴首先并不是作为经济学范畴存在的,但它却在经济学中具有极为特殊的意义。任何一种经济理论或一位经济学家,都有自己独特的或恪守的价值论,并以此作为其全部学说的最坚固的基石。价值理论所透视的历史价值取向是经济学说历史观的最本质的展现,经济学中不同阵营的根本对立,重要的不仅在于其具体的经济分析工具和方法上的差异,更重要的在于其分析背后的价值观的不同,一定的经济学分析和证明不过是对一定历史价值观的经济学解释。正因为如此,才使得经济学真正具有历史的科学意义。

为什么劳动价值论曾在西方经济思想史上长期占据主流地位

之所以在资本主义第一次产业革命前后的一百多年时间里,以古典经济学为代表的劳动价值论能够成为主流价值理论,根本原因在于两个方面。

第一,第一次产业革命前后,资本主义生产方式作为历史上新兴的生产方式,资产阶级作为新兴生产方式的代表,其在历史上的统治地位尚未稳固,人类历史发展是否能够真正承认资本主义社会,资本主义生产方式能否占据统治地位,都还是有待证明的命题。资产阶级经济学者之所以关注价值问题,根本目的是要从经济理论上证明资本主义社会的历史必然性和合理性,因为那个时代资本主义生产方式并未稳固地取得统治地位,还需要为其存在、发展的历史必然性进行论证。在经济学家看来,资本主义社会是合理的,因为它公正;为什么说它公正? 因为它平等;为什么说它平等? 因为它贯彻等价交换的法权准则;为什么说它是等价交换的呢? 因为价格是由价值决定的,等量的价值决定着交换中的价格相等。所以,价值论的讨论便与证明资本主义生产方式的正义性紧密联系在一起,成为那个时代经济学的热点命题,证明资本主义生产方式合理性的历史迫切需要,使得价值论在经济学中具有特别重要的意义。

第二,第一次产业革命时代,是自由竞争的时代,总体上资产阶级是有其历史进步性的,资产阶级要使资本主义生产方式占据社会的统治地位,面临的最主要的敌对力量是封建地主阶级,而不是无产阶级,资产阶级反而要联合无产阶级共同对抗封建地主阶级,这种联合实际上是用资本雇佣劳动的生产方式去根本否定封建主义的生产方式。因而,在资产阶级经济学家的价值论中就不能不对无产者存在的合理性,不能不对无产阶级活动的合理性给以部分的承认,这种承认最为集中的体现便是承认劳动创造价值。正因为价值的源泉是劳动,所以一切劳动,包括无产者的雇佣劳动都是有价值的活动,因而是正义的。毕竟那个时代资产阶级的主要敌人是封建地主阶级,所以,资产阶级经济学家在承认地租的存在但又否定其正义性的同时(比如把地租视为地主对劳动者和资本的盘剥,视为是工资和平均利润之外的一项加价,是凭借对土地所有权的垄断获得的一部分超额利润等,都透现出资产阶级经济学家对地主的鄙视),不能不对无产者的劳动给以更多的肯定,不能不对劳动的正义性给以更多的承认,这种肯定和承认集中体现在他们所提出的劳动价值论中。可见,这一时代的资产阶级经济学家之所以提出劳动价值论,根本目的是为资本雇佣劳动制度的正义性、合理性证明。特别需要指出的是,古典经济学家提出劳动价值论的根本目的包括对劳动的合理性、正义性的考虑,但主要并不是证明这一点,而是要证明资本主义社会的等价交换的合理性、公正性,只是为了说明等价交换,为说明等价交换所依赖的根据,才进一步提出了劳动价值论。同样,也必须说明,劳动价值论在这一时期能够成为主流价值论,其中也的确包含了对劳动正义性的相当程度的肯定。这既是对资本主义生产方式的历史产生和发展的反映,也是对产业革命带来的社会化大生产的反映。

总之,西方古典经济学提出劳动价值论,并且劳动价值论之所以在资本主义第一次产业革命前后的长达一个世纪之久的时期里,成为主流的价值论,根本原因是出于证明资本主义生产方式的公正性、正义性的需要,因为那个时代的资本主义发展需要为其取得稳固统治地位而进行申辩。

为什么发生了效用价值论对劳动价值论主流
地位的替代,并进一步以价格论取代了价值论?

我们先来考察西方经济学主流价值论为何从劳动价值论转向客观效用价值论。生产费用价值论、生产要素价值论、生产成本价值论等都可以归结为客观效用价值论。应当说,这种客观效用价值论发端于古典经济学家斯密。从一定意义上可以说,斯密的价值论包括了社会生产成本价值论的基本思想,后来的资产阶级学者,正是循着这一思想逐渐发展出生产费用价值论。斯密提出了劳动价值论,同时又提出了三种收入决定价值论,这两种相互矛盾的价值论在斯密的学术体系中是如何统一的呢? 在斯密看来,资本发展到一定阶段,劳动价值论便要让位于收入决定价值论。斯密的这种成本价值论当然存在一系列理论上的深刻矛盾,尤其是难以解释收入决定论与劳动价值论之间的矛盾,混淆了价值创造和价值分配的关系。斯密的这种成本(收入)价值论之所以提出,根本目的是为资本的存在以及资本存在的合理性、正义性进行论证。

劳动价值论的主流地位让位于生产费用(成本)价值论的直接动因,是李嘉图学派的破产。李嘉图继斯密之后,将古典经济学提出的劳动价值论推到了资产阶级学者所能够达到的极致。李嘉图坚持一元的劳动价值论,论证了地租不过是对劳动创造的价值的剥削,进而指出了工业资本社会与封建社会的对立,为反封建提供了有力的经济学理论根据。但他的一元劳动价值论中同时也包含了资本与劳动的对立,因为如果价值的唯一源泉是劳动,那么,资本所获得的利润无疑也是对劳动创造的价值的剥削,显然,这不是作为资产阶级意识形态代表的李嘉图的本意。李嘉图不仅要反封建,更要为资本主义的历史合理性、必然性进行论证。这样,李嘉图学说便不能不面临一个根本矛盾:坚持劳动价值论固然有利于反封建,但同时意味着否定资本本身的合理性和资本获得利润的合理性,这意味着必须放弃或根本动摇劳动价值论。再加之,从理论本身来说,李嘉图把价值源泉归结为唯一的活劳动,但对资本主义经济现实中价格与价值背离的实际现象,特别是对一些耗费活劳动大体相当,但由于种种因素所导致的商品价格大相径庭的现象,李嘉图难以作出令人信服的解释。以至于李嘉图的追随者们,一方面出于为资本合理性论证的阶级本能,另一方面出于解释价格与价值背离的理论需要,不得不将死劳动,尤其是作为劳动创造的价值的积累——资本,也作为创造价值的源泉,甚至把自然力的作用也作为创造价值的源泉,从而导致李嘉图学派的破产。李嘉图学派的解体直接导致了主流价值论从劳动价值论向生产成本价值论的转变。

生产成本价值论自19世纪初由法国经济学家萨伊系统地提出,到19世纪40年代最终替代了劳动价值论的主流位置。萨伊的价值论是生产要素论、供求论、生产费用论和效用论的混合,但其基础是要素论和效用论。在萨伊看来,价值即效用,创造价值就是创造效用。而作为效用的价值是如何创造出来的呢?萨伊认为,价值(效用)是劳动、资本、自然(土地)三要素共同创造的,就价值创造而言,资本和土地与劳动一样,都具有生产性。后来约翰·穆勒对生产成本价值论又作出了完整表述。至此,在西方正统的经济学中便不再存在劳动价值论,而是由生产成本价值论取代了其主流地位。

可见,在西方经济思想史上,生产成本价值论对劳动价值论的替代,或者说,之所以发生主流价值论从劳动价值论向客观效用价值论的转变,最根本的原因在于,资产阶级经济学家为论证资本存在的合理性、必要性、正义性的需要。

在李嘉图劳动价值论解体之后,首先发展并且完善起来的是客观效用价值论,主观效用价值论尚处于提出阶段,1871年边际革命之后主观效用价值论上升为主流,替代了客观效用价值论的位置。提出主观效用价值论的学者很多,各自的论证方式也有所不同,但其核心思想在于,把价值归结为效用,但强调这种效用不是客观的物的效用,而是对人的欲望满足程度的效用,而且这种欲望及满足程度又被归结为人对物的效用的主观评价和感受,从而把商品价值的本质归结为人的主观评价,价值不再是一种客观存在,而是一种人的主观感受。这样,不仅形成与劳动价值论的对立,而且形成与客观效用价值论的对立。

主观效用价值论思想的最初提出,在理论背景上也是基于李嘉图劳动价值论的解体。

为什么会发生主观效用价值论对客观效用价值论主流地位的取代呢?最根本的原因是客观效用价值论难以解释并支持 19 世纪后期以来的资本主义发展。19 世纪后期,资本主义生产方式的统治地位已经比较稳固,资本主义生产方式本身固有的种种制度矛盾开始凸现并趋于尖锐化,特别是经历了几次大的经济危机之后,人们发现资本主义生产方式并非是和谐的,大量的生产过剩危机的反复出现,使人们不仅怀疑客观效用价值论所主张的生产自然创造需求,因而供求会自然均衡的主张,而且进一步怀疑资本主义制度是否是和谐的、合宜的制度。这就要求资产阶级经济学家必须从理论上论证资本主义制度的和谐、合宜性,因此,他们对需求问题,对需求与供给的均衡问题不能不给予特别的关注。相应地,在价值理论的研究上,自然便把人的欲望以及欲望的满足程度提到极为重要的位置,甚至归结为价值的本质,其目的就是要说明资本主义生产方式是有价值的,是正义的、合宜的,因为它能最大限度地满足人的欲望,并通过满足人的欲望使整个社会经济生活达到和谐均衡的状态。可见,边际革命以及由此而形成的主观效用价值论对客观效用价值论主流地位的替代,根本动因还是出于论证资本主义制度合理性的需要。

但是,边际效用价值论取得主流地位时间不长,很快便被马歇尔的英国新古典综合价值论所取代。可以说,自马歇尔之后,西方经济学的主流不再关注原来意义上的价值论,而是关注均衡价格论。马歇尔本人提出的是局部均衡价格,尔后的当代西方经济学者在此基础上进一步讨论了一般均衡价格问题,关注的热点是:什么是均衡价格,如何去发现均衡价格。

为什么会出现这种从价值论向价格论的转变呢?直接的理论原因当然源

于马歇尔的综合分析,但更深刻的历史原因则在于,19世纪末20世纪初的资本主义生产方式已经牢固地取得了统治地位,相比较而言,论证这种制度的合理性、正义性,进而为这种制度的确立并取得统治地位做理论上的争辩已无更大的意义,因为它的统治早已成为历史事实,更为重要的是论证如何运用资本主义生产方式,如何运用资本主义市场机制,才能够使经济资源配置更有效。因此,重要的问题不再是价值命题,不再是讨论资本主义有没有价值,不再是讨论资本主义社会哪些活动创造价值,重要的是怎样保证资本主义制度有效和谐地运行,实现资源有效配置,从而证明其制度的有效和优越。而这种有效和谐的运行状态,恰恰是被概括为均衡的状态,所以怎样去发现均衡的位置,怎样逼近均衡状态,便成为西方经济学的根本任务,由此,均衡价格的讨论替代了价值论的讨论。这种替代,实际上是从回答为什么要选择资本主义制度向回答怎样运用资本主义制度转换。

可见,在西方经济思想史上,从古典经济学的劳动价值论,到效用价值论,从客观效用价值论到主观效用价值论,从效用价值论到综合的价值论——价格论,其主流地位演变的根本逻辑线索,是遵从为资本主义制度的合理性、公正性、正义性、有效性、和谐性论证的需要,这便是西方经济学为什么研究价值论的根本使命所在。据此,我们可以说,一切经济学,一切经济学家研究价值理论,根本目的都在于为其所代表的阶级以及所要求的生产方式的历史必然性和正义性申辩,价值理论的深刻和对立之尖锐的根本原因就源于此,价值理论在经济学中的重要性也源于此。西方经济学价值论的使命如此,马克思劳动价值论的使命同样如此,我们创造和构建适应社会主义市场经济历史要求的价值论,同样应以承担这一使命为基本出发点。

马克思的劳动价值论要说明什么

马克思劳动价值论的实质在于把价值归结为人与人的社会关系,并将这种社会关系视为历史运动的结果。

马克思的劳动价值论是在对英国古典经济学的劳动价值论批判基础上继

承并发展起来的。马克思劳动价值论建立的时期,也正是英国古典经济学劳动价值论解体,进而西方经济学中占主流的价值论从劳动价值论向生产成本价值论转变的时期。马克思在批判地继承、发展古典经济学劳动价值论的同时,对生产成本价值论(客观效用价值论)进行了深刻的批判,马克思的价值论正是在这种继承、批判中形成的,而这种继承、批判的基本出发点,在于马克思坚持价值是人与人的社会历史关系,而不是人与物之间的效用关系。

马克思把价值归结为人们社会经济关系的历史运动,通过这种归结要告诉人们什么呢?最主要的,即在价值观上要告诉人们两方面的内容:一方面,价值是劳动创造的,劳动是价值的唯一源泉,因此一切不劳而获,无论是通过资本私有还是通过土地私有占有价值都是对劳动的剥削,尽管这一点的证明和科学分析是在马克思的剩余价值论中展开的,但在这里,劳动价值论已深刻地揭示了劳动与资本的对立,揭示了资本剥削的非正义性、非合理性。因为一切死劳动都不创造价值,也正因为如此,劳动价值论不仅成为剩余价值论的理论基础,而且成为剩余价值论的伦理价值观的基础。另一方面,马克思在价值观上告诉人们,人类劳动的社会性质是通过自发的、人本身不能控制的、异化的形式来实现的,本来是人类劳动生产的物,但却表现为人不能支配并反受其支配的物,人们劳动要通过交换来间接地证明其价值,这本身就是对人的经济活动的某种异化,是不合理的。之所以有这样的历史扭曲,是因为存在私有制。在社会分工条件下,私有制割断了人们生产的直接社会联系,人们生产的社会性迂回地表现为间接的外在过程,要克服这种异化,最根本的就是要消灭私有制。一切与私有制直接相联系的商品价值、货币、交换关系都是一种历史的扭曲,因而从发展趋势上看,从人类理想社会的价值取向上看,这些最终都是要取消的,所以,马克思的劳动价值论在价值观上所昭示的是对商品关系和市场交换的一种否定。上述两方面是马克思劳动价值论分析的根本目的所在,也是我们研究其价值论必须牢牢把握的。

马克思的劳动价值论遇到了怎样的历史性挑战

1.公有制与市场经济能否统一,或者说,以公有制为主体的社会,其主体经济本身可不可能成为市场经济？

我国社会主义市场经济的建设,困难的也是重要的不在于把社会主义社会存在的非公有制经济纳入市场经济,而在于把占主体地位的公有制经济纳入市场经济,否则,市场机制对于占主体的经济难以构成真正的约束作用,整个社会经济就不成其为市场经济。但是,如果严格按照马克思劳动价值论的逻辑,公有制的社会是不可能成为市场经济社会的。事实上,一定社会的所有制与资源配置方式之间的确存在深刻的内在联系,财产制度是资源配置方式选择的制度前提及根本动因,而资源配置方式则是一定的社会财产制度的运动形式和利益实现方式。

马克思的劳动价值论的逻辑线索是这样的:从商品这一最普遍的现象出发,分析什么是商品,商品是使用价值和价值的对立统一,没有这一矛盾,产品就不成其为商品。那么,为什么产品成为商品,成为使用价值与价值的对立统一体呢? 因为生产商品的劳动过程的性质有了历史性的变化,劳动过程成为具体劳动与抽象劳动的对立统一,具体劳动生产使用价值,抽象劳动形成价值。正是劳动过程的这种特殊矛盾性,使劳动的结果成为使用价值与价值的矛盾统一体。那么,为什么劳动过程会成为具体劳动与抽象劳动的对立统一的过程呢? 因为社会生产过程中的主要矛盾发生变化,生产的私人性和生产的社会性的对立统一,成为社会经济中的基本矛盾。生产的私人性使得生产的劳动过程总是具体的、个别的劳动过程,而生产的社会性又要求劳动具有一般的社会必要劳动的性质,要求个别劳动从一开始就必须是为社会的劳动并最终须经社会承认。那么,为什么社会生产的矛盾以及由此规定的生产的性质会发生这样的变化? 为什么生产具有私人性与社会性的矛盾? 因为人类社会经济发展中的基本制度条件伴随生产力的发展发生了变化,出现了社会分工制度和生产资料私有制,私有制使得人们的生产总是私有的并且是为私人利益进行的,但社会分工又要求人们必须相互交换产品,要求私人生产必须具有为他人提供产品的社会性,因而,社会生产成为私人性与社会性的对立统一矛盾运动的过程。马克思的劳动价值论正是通过这种矛盾的逻辑分析,揭示了商品价值作为人与人的社会关系是如何制度性地发生并运动的。价值范畴之所以产生,最为深刻的原因在于私有制的产生,在这里,思维的逻辑和历史的逻辑是一致的。如果我们把马克思劳动价值论分析的最为根本的历史逻辑基础——私有制抽去,代之以公有制,那么,构成商品关系的这一系列特殊矛盾是否还能成立呢?

对于社会主义经济改革的理论和实践探索来说,不能不同时面对两个传统教条。一个是来自西方经济学的教条。全部西方经济学,无论是自古典经济学以来的思想发展史,还是当代活跃着的各个学派,无论它们相互间存在多少分歧,但在把商品、货币、市场经济与私有制,特别是与资本主义私有制直接联系起来这一点上是一致的,即在它们看来,市场经济关系只能在资本主义私有制下才可能存在和发展,任何取消私有制的社会都不可能存在市场经济。另一个教条是来自社会主义经典理论的传统。在经典理论那里,商品、货币、市场等经济关系,不过是资本主义私有制采取的一定运动形式,是私有制的产物,取消私有制便意味着取消商品、货币、市场关系。因此,公有制与商品、货币、价值、市场等制度是根本对立的。

社会主义公有制社会的实践者最初也是遵循这一传统,将市场与社会主义公有制对立起来,在公有制下根本否定商品、货币关系,否定市场机制,但却为此付出了极其高昂的代价。实践使人们认识到,改革传统体制,在公有制基础上培育市场机制的探索是历史的选择。可以说,各国改革的实践,最初并在相当长的时期里,都是围绕如何统一公有制与市场机制这一历史命题展开的,但直至今天,这一命题并未真正得以解决。我国虽然明确提出并坚持以社会主义市场经济为改革目标,即在公有制为主体的制度前提下使市场机制成为配置资源的基础性力量,统一公有制与市场经济,但一方面,对于这一选择在经济理论上还需深入分析和探讨,另一方面,更重要的是还有待于实践探索和证明。我国社会主义经济建设的理论和实践,要处理的根本性历史难题,恰恰在于把以公有制为主体的财产制度与以市场机制为基础的资源配置方式统一起来,这是人类历史上从未真正解决的问题。

2.公有制为主体的社会应不应该以市场机制作为配置资源的基础,或者说应不应当肯定市场经济在社会主义社会的历史进步性和正义性?

价值论是一种经济学的分析,但更是一种历史价值取向,它要说明的根本问题,是从经济学的角度去论证一定的社会生产方式的历史公正性或非公正性。马克思提出的价值理论,广义地说,包括劳动价值论和剩余价值论两部分。马克思通过其劳动价值论学说,不仅揭示出资本与劳动的对立,而且否定了一切存在私有制和存在市场的社会的公正性。因为马克思的劳动价值论认为,一切商品、货币、价值、市场关系都是人类劳动的异化,人类劳动的社会性要通过市场交换范畴曲折地表现出来,这是对人类劳动的扭曲和颠倒,是不合理的,不符合人类社会发展的历史理想。所以,在未来公有制的理想社会,人与人之间的社会性不需要交换、商品、货币、价值、市场等插手其间。马克思通过其剩余价值论批判资本主义并否定资本主义社会的合理、公正性,认为在资本主义雇佣劳动条件下,劳动力成为商品,进而有了剩余价值以及资本对剩余价值的榨取,所以,资本社会在根本上是不正义的。这也就在价值观上否定了公有制社会存在市场关系的合理性和正义性。

改革开放的总体体制目标,是建立在公有制为主体、多种所有制经济长期共同发展基础上的市场经济。从理论上说,从开始将社会主义公有制与市场经济相对立的传统对立论到逐渐接受社会主义经济是计划经济为主、市场调节为辅的主辅论,再到社会主义有计划的商品经济中计划经济与市场调节相互作用的结合论,直到党的十四大明确提出改革的目标就是建立社会主义市场经济体制,我们对公有制社会的市场经济存在的历史必然性的认识是伴随改革实践越来越明确的。从实践上来说,改革开放20多年来,我国经济体制的市场化速度在所有的转轨国家中,是属于较快的,世界银行曾做过的一项测算表明,全部体制转轨国家在20世纪90年代中期市场化指数平均值为4.4,而中国为5.5,高出平均值1.1个百分点。可以说,到目前为止,市场机制已经替代计划机制,成为我国资源配置中起基础性作用的力量,尽管在市场秩序的完善方面我们还有相当艰巨的历史任务。

与这种市场化进程相适应,我国的所有制结构发生了深刻的变化,国有企业资产比重从改革初期的87%左右降至现阶段的40%以下,私有经济资产从开始不到1%,升至现阶段的7%左右。在国民生产总值中,国有经济由原来的70%左右下降至不足30%,私有经济则由微不足道上升为20%以上,其余为混合经济(占30%左右)和外资经济。与这种资源配置方式市场化、社会所有制结构多元化相适应,收入分配也发生了重大变化,一是伴随着市场竞争,地区间、企业间、城乡间、阶层间收入分配差距在扩大;二是资本所有权以及经营资本的能力本身成为收入的合法来源,从而使收入分配方式发生了深刻的变化;三是在利益关系越来越复杂的条件下,个人收入分配中的公平与效率的矛盾如何处理变得越来越复杂。

在公有制为主体的社会主义经济中,资源配置方式市场化,所有制结构多元化,分配方式多样化,这一系列的制度变迁是不是正义的? 是不是文明的进步? 这是包括经济学在内的各人文社会科学学科必须予以回答的问题。正因为如此,在经济学中价值论问题重新成为人们讨论的热点。因为价值论回答的正是一定的生产方式及其变迁的历史合理性及公正性问题。但是,如果我们机械地套用马克思的价值论,逻辑的结论便是否定引入市场机制改革的历史公正性及合理性。因此,我们必须从实践出发,在坚持马克思主义科学的分析方法的基础上,发展并探索新的价值论,以在理论上支持社会主义市场经济的实践。这既是马克思劳动价值论在价值观上面临的历史性挑战,更是需要我们处理和创造的崭新命题。

【2003年第9期】

金融腐败:非规范融资行为的交易特征和体制动因

谢 平 陆 磊

引 言

  本文研究的腐败是广义的,不是如 Banfield(1975)所论证的:"职务腐败"仅是"拥有行政权"的政府组织的必然特征,而是遵从 Jain 等人(1998)的特征罗列型定义:腐败是把资源投资于特定技术以获得垄断权的行为;腐败也可以是一种在游戏规则范围内的直接的非产出性寻利(unproductive profit-seeking)行为;腐败还可以是一种在游戏规则之外的寻租行为。

  金融腐败的概念极为广泛,涉及监管寻租与共谋、证券内幕交易、融资信息欺诈、信贷交易中索取额外收入等多层面。但我们把分析框架集中于信贷配置中的腐败行为。为了与通常所接受的"只有官员才会腐败"的基本观念不相冲突,我们把这一行为定义为非规范融资行为。

  在研究中我们发现,中外文献中几乎找不到关于金融腐败的研究资料,因而很难从前人的分析中寻找线索,但是也说明本研究是一项开创性工作。因此,我们只能从大量的"纯"腐败经济学文献中寻找方法论和技术支撑。

(一)市场均衡分析

关于腐败行为的经济学分析,开创性的理论分析来自 Becker(1968)的"局部均衡"理论。他证明,在存在大量分散化经济决策主体的经济中,政府及其惩罚机制选择决定了这些主体如何在合法与非法行为间的抉择,并最终造成了资源配置的差异。Becker 及其后继者对于合法与非法行为边界的硬性划分毫无兴趣,他认为针对非法行为的管制在一定程度上会加剧腐败,因为经济主体会把资源进一步转移到非法市场上去,或者行贿官员,导致社会成本进一步上升和效率损失(Malik 1990)。因此,Becker 理论不考虑合法与非法、正规市场与非正规市场的一般均衡,而把所有行为放在单一市场上统一考虑,因而是一种局部均衡分析。我们将沿用这一分析方法,因为与 Becker 一样,我们认为所有交易都是在交易双方的充分理性下进行的。因此,我们的研究试图论证在某一特定文化制度背景或转轨进程中某些不规范交易的必然性。

(二)寻租理论及其衍生研究

我们对不规范融资行为的研究也将紧紧围绕设租、寻租和机制设计展开。与此相关联的是资源配置中的腐败理论。Baumol(1990)就此发展出一种著名的分析框架,建立了一个"理性行为"模型,提出如果政府干预以质量要求或市场准入形式出现,经济主体就有积极性贿赂官员,并进行非法市场交易,把资源配置于非产出性领域。因此,在他的理论体系下,市场被划分为合法与非法市场两类,资源可以在两市场间流动,形成一般均衡。我们的方法也遵循这一逻辑:无论是金融机构还是借款人,他们在选择是否寻租和是否支付租金的行为必然遵照"理性行为"进行——即这是特定制度背景(预算约束)下的最优抉择,与伦理上是否合理无关。Rose-Akerman(1975,1985)对具有福利最大化特征的政府最优行为研究发现,政府倾向于禁止某些产品和服务的消费、生产和交易,最终导致黑市横行。Skaperdas(1992)进一步分析道,在一般均衡思想下,经济主体将通过竞争(对官员权力的竞价)获得排他性垄断权;因此,整个经济出现两套治理结构:一套是面向非法市场的,一套是面向合法市场的。即便在合法市场上,经济主体也会通过行贿官员获得对监管权力的控制。对于"白市"与"黑市"的区分,有一个发现令我们十分兴奋,那就是正规信贷市场与民间(高利贷)借贷市场的关联性,并按照他们的思想方法破解了借贷市场上的双重均衡价格之谜——民间借贷利率持续高于法定存贷款利率。

关于非规范融资行为的市场假设,我们借用了 Gambetta(1988)以及 Fiorentini 和 Peltzman(1995)的研究逻辑,他们认为有组织的犯罪往往试图自发设置市场进入障碍,以实现均衡利润。我们认为金融机构在信贷市场上的数量配置和定价行为具备双重垄断性质。

(三)国家控制与外部干预的作用

在关键性市场上,政府为了照顾特定利益集团的利益,在市场准入上作定性规定,一方面保证特定利益集团的垄断,另一方面也实现了官员的寻租。因此,准入监管、价格控制和合法市场的额度配给强化了官僚对资源配置的控制力。针对这一现象,Becker(1983)提出了一种"院外集团竞争解",即:如果免费搭车效应不很明显时,多利益集团的相互竞争会使具有自我效用最大化倾向的政府选择更有效率的公共政策。换句话说,尽管为既得利益集团服务的政府具有压制市场以寻租的积极性,但是政府权力的公开拍卖机制可以导致一定程度的市场效率。

这些研究给我们的启发是,我们的监管当局的政策设计往往在借贷双方之间寻求平衡:一方面要解决企业(特别是中小企业)和居民(特别是农户)的借款难问题,另一方面又必须照顾金融机构的利益,担心由于金融机构出现支付问题而影响国家金融稳定。这就决定了我们在模型约束条件上的设计——把外部(中央银行和财政)对金融机构坏账的转移支付纳入分析框架。

非规范交易的动态博弈模型

以博弈论方法研究腐败行为不是什么新手段,但是在研究非规范融资行为及其交易特征和经济后果上的文献还尚未被我们检索到。而且,我们以下的模型是连续时间版本的动态博弈,这与融资行为是比较接近的。因为融资期限的不确定性和银企借贷关系的长期性都决定了静态分析和离散分析手段的缺陷。

Tirole(1996)模型是我们至今发现最接近中国金融腐败实质的文献。他抓住了腐败的文化与伦理特征,论证了"大家习以为常的过去的腐败"对当前腐败的影响关系,注重研究一个部门的整体声誉。根据我们的调查,金融部门在实体经济中的声誉实在不佳,虽然比工商、税务略好,但是公众认为行业的整体腐败程度依然偏高。因此,这一思路启发我们从研究代表性金融机构融资行为入手。

(一)银行信贷行为:数量与定价

我们假定银行的效用取决于机构的现金流:R;并定义银行的主要现金流由三部分组成,一是银行规定的贷款营销收入,银行可以通过对企业配置信贷资金获得第一类寻租收入,这在金融监管当局的现场检查中体现为直接从信贷额度中扣除部分金额作为好处费,实际是企业申请贷款的一次性花费;二是信贷配置上的定价权收入,我们定义为第二类寻租收入,体现为金融机构在账外向借款人额外征收高利息。这实际是企业在获得贷款后为了维持长期信贷交易关系而支付的持续性成本。其中,r 是实际贷款利率,即企业获得贷款实际支付的单位成本,r 是法定贷款利率。$r - r$ 即租金;三是外部资金注入,或来自当局的转移支付,存款类金融机构一般体现为两种情况:对于国有商业银行而言,不良资产可以享受剥离和核销;对农村信用社和其他金融机构而言,对可能造成机构清盘的不良资产可以获得中央银行最后贷款人资金支持。

命题1.1:稳态贷款余额受第一类寻租收益、外部对坏账的转移支付力度和内控制度有效性的三重影响:当寻租与外部转移支付的边际收益与银行内部对坏账责任追究给银行带来的边际成本相等时,银行实现稳态信贷存量。

命题1.2:坏账背景下道德风险加剧的体制因素:若来自外部对坏账的转移支付力度与银行第一类寻租所得的边际收益增幅大于银行内部对坏账形成的约束或惩罚力度增幅,则银行在坏账增加的情况下依然有积极性提高稳态信贷余额,以获取更高的第一类租金;反之反是。

这说明:中央银行或财政对金融机构坏账采取的转移支付行为和内控制度建设是两种力量相反的制度安排;前者过高则可能进一步加剧银行的第一类寻租行为,因为银行有财政接烂摊子而显得"无所畏惧"。而内控制度建设则属于正向激励,它可以通过观察坏账这一信号而对责任人进行处罚;当这一机制足够强硬时,必然限制银行的信贷寻租。

推论1.3:融资腐败背景下正确的改革方向及其双刃剑效应

根据命题1.2,严格的内控制度和降低转移支付额度和频度是控制第一类寻租行为以及控制呆账无休止产生的正确政策方向,但是也会导致银行信贷不足问题。

为了控制银行过度攫取第一类租金,我们可以设计正确的激励政策:使外部转移支付力度至少必须小于对坏账的惩罚力度。但是这会导致社会信贷资金的不足。这一政策的正面影响是新增不良贷款可以得到相应控制。

这就是当前融资领域的一对基本矛盾:要么乱贷以浑水摸鱼,要么惜贷导致社会融资矛盾尖锐。因此,治理金融腐败的艰巨性就在于此:投鼠忌器的担心始终存在。

命题1.4:银行定价行为取决于对租金收益、转移支付和坏账惩罚力度的权衡取舍

最优稳态信贷配置余额取决于银行对第二类租金边际收益和两种外生政策的权衡比较:当定价行为与转移支付的边际收益与坏账惩罚的边际成本相等时,银行所定协议利率达到稳态均衡。

命题1.5:坏账背景下银行持续通过定价寻租的制度条件

若来自外部对坏账的转移支付力度与第二类寻租的总边际收益的增幅大于银行内部对坏账形成的约束或惩罚力度的边际增长,则银行在坏账增加的情况下依然有积极性提高信贷价格,以获取更高的第一类租金;反之反是。

推论1.6:融资腐败背景下正确的改革方向及其消费者剩余效应

根据命题1.5,严格的内控制度和降低转移支付额度和频度是控制第二类寻租行为以及控制呆账无休止产生的正确政策方向,同时可以通过遏制融资价格攀升,提高借款人的消费者剩余。

因此,就国家宏观管理和金融监管当局而言,上述以加强内控制度和规范化中央银行专项再贷款改革方向尽管在遏制第一类寻租时会在一定程度上导致均衡信贷存量不足的问题,但同时可以在遏制第二类寻租时有利于降低借款人的融资成本,提高贷款偿还的可能性,总体而言是利大于弊的。因此可以预

见,今后正确的改革方向依然要坚持对坏账的责任追究,无论这一举措可能受到的来自各地经济主管部门和金融机构的压力有多大。因为这是塑造健康的金融行为的基础。

(二)企业动态反应函数:市场准入与偿还动机

企业融资反应行为分以下两种可能性:

第一,向正规金融机构融资。在每一阶段,企业在得到贷款时要支付以下三种融资成本:一是在申请或得到信贷时必须向银行或信贷经理直接支付的第一类租金成本,即在获得信贷时直接切除的部分,体现为银行与企业的账外交易;二是企业在获得信贷时必须向银行支付的第二类租金,以上两项对企业而言是进入信贷市场的门槛成本,具有硬约束特征。以上都是由银行决定的数量和价格,企业作为借款人能做什么呢? 三是企业贷款的周期性支付(利息和到期本金)。

根据银企关系的动态博弈,银行控制信贷额度和实际价格,所以企业能够决定的是实际偿还的概率。换句话说,如果企业期望得到贷款,它必须向银行预先支付第一类和第二类租金。同时,由于是账外经营,企业不能按照实际获得的本金偿还本息,而按照明示合同金额偿还。

第二,企业同时也可以选择进入民间(非正规)借贷市场融资。民间借贷是一种相对单纯的市场,协议与实际信贷额度一致。

合并以上两种情形,我们可以把企业在正规信贷市场上的融资额、第一类租金函数和第二类租金额度作为外生变量,把企业进入民间借贷市场融资额作为状态变量。

命题2.1:正规信贷市场与非正规信贷市场的一般均衡条件

由于企业存在同时在正规市场和非正规市场融资的可能性,那么企业愿意通过支付银行给定的寻租条件并确定偿还银行贷款的概率由两市场融资给企业带来的相对动态边际收益决定。

推论2.2:比较静态分析:市场的二重性与企业信用状况的二重性

民间借贷市场越发达,民间借贷利率越低或交易成本越低,则企业逃废银行债务的动机越强;但是在民间借贷市场上,企业信用状况良好。其原因在于:

如果民间借贷利率越高,则企业越倾向于从正规金融获得信贷融资,这是符合成本最小化原则的;如果民间借贷的交易成本的增长高于企业边际产出的增长,则企业会提高对正规信贷的偿还水平,以期继续获得银行支持。同时,由于是企业在民间借贷市场上必须支付的利率,具有硬约束特征,因此在此市场上不涉及逃废债务问题。

命题2.3:企业与银行分割外部转移支付

在给定银行均衡寻租行为和企业均衡还款倾向的情况下,实际交易行为就演化为如下过程:企业根据两市场相对融资成本比较决定在正规市场上支付的租金和贷款偿还倾向;银行收取租金;产生的呆账由转移支付部分吸收。

经验证据

我们为了验证以上结论,选取了全国29个市(地、盟)的人民银行、国有商业银行、政策性银行、股份制商业银行、城乡信用社、企业(含上市公司)、农户和个体工商户进行了问卷调查。问卷涉及金融监管、证券交易、信贷申请和股票发行等多方面,以下是与非规范金融交易有关的实证结果。

(一)对非规范融资行为存在性的基本判断

在所有有效问卷中,81.5%的回答认为金融机构利用资金配置权进行腐败交易在经济生活中属于"非常普遍"和"比较常见"的现象,只有不到20%的人认为这种情况"很罕见"或根本"没有发现"。这证明了我们关于广义腐败立论的正确性。

在"各相关主体对信贷寻租的判断"问卷中,我们把融资涉及的条件直接简化为:无条件、存款条件和个人好处条件。结果很明显,45.5的人认为获得贷款需要给银行人员以好处;这一点在农户和个体工商户群体中体现得更为强烈,73.7%的人认为需要给好处——证明了农户与小经济实体在金融领域的弱势地位。

(二)对坏账惩罚和软性转移支付的基本判断

从有关数据中可以观察到,最大部分的人群(46.2%)认为我国在不良贷款转移支付中的成本约束是软性的,因为不管是什么原因,在不良资产存量中发生的问题是采取"不去发现,因而无从追究责任人"的方式的。我们在典型调查中也发现中国的不良贷款问题存在两个几乎遍及全国的"标准化事实":第一,不良贷款存量总被归结为过去的行政干预,但是隐藏的内在动机是:政府官员显然不受金融监管制约,因而尽可以把责任往他们身上推,所有的调查也就到此为止了;同时金融机构往往刻意隐瞒一个大家都能观察到的现实,即当初这些企业寻求信贷时,往往与金融机构往来甚密,机构负责人和信贷人员并没有少拿好处。第二,金融机构负责人调换时也是不良资产暴露的时候。其中固然有后任不愿为前任承担责任的"政治动机",但是也揭示了"当前"又有多少隐性非规范金融交易正在进行中呢?

只有13.7%的人回答是坚决追究责任的,也就是说超过80%的可能性是软约束,低惩罚。这就支持了我们在模型中提出的三个命题:第一类寻租和第二类寻租得以大行其道,以及企业和银行参与对转移支付的分割。

(三)对金融机构人员实际收入与消费的判断

由于两类寻租行为往往直接体现为金融机构人员的收入与消费状况,但是某个人员是否腐败对公众来说往往是不可观测的,这是因为金融交易就公众而言存在信息和技术的不对称,公众无从寻找金融机构人员的腐败直接证据。但是,他们的消费情况是直接暴露在社会的视野中的。因此,针对这一"信号",我们设计了以上问题。结果很能说明问题。只有不到1/3(31.1%)的人认为金融机构负责人和信贷人员的消费基本符合收入水平;40.5%的回答认为确实有少数人消费高于收入;16.8%的人认为多数人消费高于收入;11.6%的人认为普遍存在消费高于收入的状况。金融机构的正常收入是存贷利差和中间业务收费。而存贷利差不过2—3个百分点,就算所有的贷款都正常,其收入也是可以计算的。这里只能做一种推测,即其收入来源中必定部分包含了两类租金。

当然,这种回答的分布情况也反映了金融从业人员在公众中存在"高消费群体"的印象。因此,更深层次的问题是:这种印象从何而来?

我们发现,多数人对金融机构内部岗位的收入排序是:行社领导、信贷人员、会计人员和其他人员。同时，多数人认为影响收入差距的原因排序是：信贷权限（也就是资金配置权）、存款资源和效益。值得注意的是，岗位对机构效益的贡献竟然排在影响收入差距因素的最后一位。这是令人悲哀的，因为这说明我们的内控制度建设和激励机制确立工作的失败，也对未来进一步的改革方向提出了严峻挑战。

（四）对两类租金规模的估计与正规—非正规金融市场的一般均衡判断

如何估算我们在模型中提出的第一类和第二类租金规模是一项挑战。我们把贷款申请中发生的费用近似作为第一类租金；把维持信贷关系所花费的费用作为第二类租金，并请参与问卷的企业和农户独立进行估计。

问卷调查的结果显示，就全国而言，平均每 100 万元正规金融机构贷款的申请费用接近 4 万元，各地存在一些差异，有的差异还很大。农户和个体工商户被寻租的境遇更加糟糕，其平均每 1 万元贷款的申请费用接近 600 元。这意味着，企业一次性直接支付的费用大约占本金的 4%，而农户与个体工商户支付的费用约占 6%。同时值得关注的是，当前银行和信用社对企业、农户的贷款多以一年以内的短期贷款为主，这表明几乎每年企业和农户都必须多支出 4%—6% 的利息。

以上分析可以引申出的结论是正规金融与民间借贷市场的一般均衡。如果我们把两类租金结合起来，可以发现企业贷款和农户贷款所有成本折合为追加利率大约都是 9%（分别是 4% + 5% 和 6% + 3%）。根据我们对全国若干省商业银行和农村信用社的调研，由于中央银行允许农村信用社贷款利率上浮50%，银行对中小企业贷款利率可以上浮 30%，这样，一年期企业贷款和农户贷款利率基本在 6% 和 7% 的水平，加上两类租金，企业和农户实际承受的利率大约在 15%—16% 之间，这才是正规金融市场信贷的真实价格。

对于民间借贷，我们缺乏正式的统计数据。但是参考人民银行广州分行课题组对广东、广西两省的调研、张震宇和陈明衡（2002）对温州的调研、张友俊和文良旭（2002）对甘肃省合水县的调研、张胜林等（2002）对山东聊城的调研，以及张玉民（2002）对新疆喀什的调研，我们大致形成对非正规信贷市场价格的判断（见下表）。

非正规金融市场信贷价格的典型调查

地　区	民间借贷利率
广东、广西9地市	企业间借贷是法定利率2—3倍
浙江温州	12%—18%（视风险信誉而定）
甘肃合水	农业生产月利率为3%—5%，期限3—6个月；各种摊派月利率2%，期限1年以上；贷新还旧月利率5%，期限1年以上。综合看，平均年利率在20%—60%。
山东聊城	出现信贷捐客，从正规金融机构贷款，转贷给农户和个体工商户，转贷利差约为8%。
新疆喀什	视资金用途和风险月息在10‰—50‰。

上表大致说明民间借贷价格与正规金融价格接近，这可以基本推翻一个判断：民间借贷是恶性高利贷；也可以证明一个判断：正规金融市场价格与民间借贷价格没有本质区别，原因是金融机构隐性寻租。特别值得关注的是张胜林等（2002）的发现：有一些金融捐客在正规与非正规市场间的转贷，其利率加成正好是8%，约等于我们得出的租金大约为9%的水平。种种经验证据表明了两个市场的均衡，而这种均衡恰恰是融资者的悲哀、金融深化的悲哀和经济健康成长的悲哀。

结　论

综上，本文的基本结论如下。第一，在改革进程中，金融机构的腐败是广义的，体现为利用资金配置权进行的两类寻租行为；第二，银行的寻租程度取决于改革进程中中央银行和财政对银行的转移支付和内控制度建设的相对力度比较，因而遏制融资腐败的方法是严格转移支付纪律，加强内控制度，尽管有可能造成融资供给的不足；第三，企业借款行为是在自筹资金和银行借款间进行的相对成本比较，企业被动选择行贿（交租），因而其真实融资成本远远高于名义法定金融机构贷款利率；第四，由于存在转移支付机制，企业与银行的非规范金融交易的实质是对中央银行和财政转移支付的分割；第五，根据以上结论，民间借贷与正规金融价格实际是均衡的，不能简单定义民间借贷是高利贷，如果如此定义，则正规金融也同样具备高利贷特征。

论新公有制企业

厉以宁

新公有制企业的四种形式

现阶段,在企业改制和发展过程中,理论界有必要加强对社会主义公有制及其新形式的研究,因为这个问题关系到我国下一阶段经济体制改革的进展和所有制结构的调整,关系到我国社会发展的前景。

首先要研究的是,社会主义公有制企业的新形式究竟新在何处?它们同社会主义计划经济体制下企业的传统公有制的主要区别何在?由于多年来人们受到计划经济体制下传统观念的束缚,往往不承认新公有制的存在,甚至认为新公有制无非是私有化的变种。这种看法亟待转变。

毫无疑问,政企合一的国家所有制是企业传统公有制的主要形式。其实,在这种国家所有制之下,投资主体是不明确的,产权也是不清晰的。没有具体的投资者对国有资产负责。至于计划经济体制下的集体所有制单位,包括人民公社、供销社、信用社以及所谓的大集体企业等,名义上财产归全体成员集体所有,实际上这个集体由哪些成员构成,哪些成员对归属于自己名下的财产拥有处置权、转让权等都是不明确的,也无法使之明确。因此,人们不能不提出:为什么在计划经济体制下几乎只存在政企合一的国家所有制,而不存在名副其实的集体所有制？主要原因在于：一方面，按照当时领导人的设想，国家所有制优于集体所有制，集体所有制只是一种过渡形式，若干年之后将转变为全民所有，所以不宜把"集体"落实到一个个具体成员身上。另一方面，所有制中最核心的是所有者能处分、转让自己的财产，而在计划经济体制下，根本实现不了这一点，所以这种集体所有制只是徒有"集体"之名而已。

从计划经济体制转入市场经济体制后，随着集体财产的股份化、证券化，这才有了真正的集体所有制，但人们已经不把它称做集体所有制，而称之为公众持股的股份制，股份合作制、合作制。公众持股是一个关键问题。

在社会主义市场经济条件下，完全国家所有的企业今后仍然存在，但主要存在于少数特殊行业中。即使如此，企业的形式也会改变，最重要的变化就是：政府是政府，企业是企业，政企分开了；在经营形式上，采取国家独资股份公司形式，或几个国家投资机构持股的股份公司形式。因此，新公有制企业的第一种形式就是经过改制的新的国家所有制。

社会主义市场经济中，今后大量存在的是公众持股的股份制企业。其中，可能有国家参股，也可能没有国家的投资，而是纯粹由公众参股建立的。如果是由国家控股或国家参股的股份制企业，那么可以称为新公有制企业的第二种形式。现在通常把这一类企业称为混合所有制企业。

大量存在的没有国家投资的公众持股企业，是新公有制企业的第三种形式。在这种新公有制形式之下，还包括了像工会、商会这样的社会团体，或像街道、居民区这样的社区，用公众集资的钱所举办的企业。再如，合作是一种投资方式，它以一人一票制为原则而不像股份制那样以一股一票为原则，如果以这种投资方式集资办起了企业或经营单位而形成公众的财产，那么它们也是公共持股的企业，而不问这些企业或经营单位的名称上是否冠以"合作"二字。

公众持股可以分为公众直接持股或公众间接持股两类。公众直接持股是指：个人直接投资于股份制企业，持有股份。公众间接持股是指：公众投资于各种公共投资基金或加入社会保障基金，而由公共投资基金和社会保障基金再投资于股份制企业。

N

可以采用董辅礽教授的说法,把公众持股的企业称为公众所有制企业。这种企业之所以是公有制企业,因为公众持股不仅具有集体所有的性质,而且是真正意义上的集体所有、新的集体所有,因为过去的集体所有徒有虚名。换一种说法,也可以把新的集体所有制称做共有制。

在这里,需要指出的是:公众持股的企业是不是真正成为公众所有,还取决于公众持股的股份公司是不是建立了完善的法人治理结构。只要公众持股的企业建立了完善的股东会、董事会、监事会,董事会能反映股东们的意愿和维护股东们的利益,监事会起着监督董事会和总经理的作用,那么这种形式的公众持股企业就属于公众所有制企业。已经由公众持股但公司的法人治理结构还不完善的企业,必须朝完善公司的法人治理结构的方向努力,这才符合要求。

在社会主义市场经济条件下,新公有制企业中,除了新的国家所有制企业、混合所有制企业和公众所有制企业这三种形式以外,还有第四种形式,即公益性基金所有制所办的企业。这种公益性基金的资金来源既不是各级政府,也不是一般的投资人,而是来自私人的捐赠。比如说,某某人或某些人生前捐赠或死后其家属根据遗嘱捐赠出一笔资金作为公益性的基金,除了用来办学校、医院、图书馆、博物馆、体育馆、孤儿院、老人院或其他公益事业而外,也可能用来办企业,如用来建立吸纳残疾人就业的企业,或对家乡建设投资而举办企业等等。由此形成的财产,不是政府投资形成的,也不吸收国家的投资,所以不属于国家所有制和混合所有制。由于它们不是一般的投资人集资、参股而形成的,不存在公众持股的状况,不归众多投资者选出的代表管理,所以不属于公众所有制。这笔公益性基金是某某人或某些人捐赠出来的,一旦被捐赠出来成为"公益性基金"并形成财产之后,就具有公有的性质,不再属于任何私人了。既然它不是国家所有制、混合所有制和公众所有制,当然属于新公有制的另一种形式。

在我国,公益性基金所有制企业作为社会主义新公有制企业的第四种形式,尽管目前为数很少,但从发展趋势来看,将来肯定会增多,即今后会有越来越多的公益性基金所有制形式的公有财产以及由此建立的公有制企业。

民营经济和新公有制的关系

民营经济是一个模糊的概念,各种不同所有制的企业都包括在内。根据现有的资料,可以看到民营经济中至少包括了以下六类企业:1. 个体工商户;2. 个人、家庭或家族所有的企业;3. 个人、家庭或家族所有制的企业通过改制而形成的股份制企业;4. 通过国有资产重组而形成的,既有国家投资,又有个人、家庭或家族投资的企业;5. 合伙制企业;6. 由公众集资而建立的企业。

理论界在讨论民营经济时,有人主张不用民营经济或民营企业这个概念,而要"正名"为私营经济或私营企业。这是不妥的。这是因为:如果把民营经济或民营企业改称私营经济或私营企业,上述第一类(个体工商户)、第四类(通过国有资产重组而形成的,既有国家投资,又有个人、家庭或家族投资的混合所有制企业)怎能包括进去?

也有人主张一律称为非公有经济或非公有企业。这同样不妥。如果那样改,上述第四类企业(通过国家资产重组而形成的,既有国家投资,又有个人、家庭或家族投资的混合所有制企业)显然不能包括在内。此外,上述第六类企业(由公众集资而建立的企业)也不能定性为非公有企业。

所以我的看法是,目前可以保留民营经济或民营企业的概念,不要急于改动。对于民营经济和民营企业,要从动态的角度来观察,从发展的角度来观察。

个人、家庭或家族所有的企业(即上述第二类企业),在规模扩大以后,面临着改制的必要。封闭式的产权是阻碍企业进一步发展的。这些企业,如果希望继续发展,迟早会走上产权开放的道路,即走向股份制,吸收外界的投资者参股,包括改制为上市公司,从而成为公众持股的企业。

合伙制企业(即上述第五类企业)规模扩大以后,同样有改制的必要,即从无限责任制的合伙企业改制为有限责任的股份制企业,从而也成为公众持股的企业。或者,它们会从无限责任制的合伙企业改为一部分股东负无限责任和一部分股东负有限责任的两合公司,这同样是一种公众持股的企业形式。

根据前面已经分析过的,公众持股的企业在社会主义市场经济条件下是一种新的公有制企业,即公众所有制企业。

这表明:民营经济本身正处于不断演变、不断发展之中。从动态的、发展的角度来观察,社会主义市场经济条件下的民营企业,只要规模扩大了,向公众持股的企业形式的演变将是不可阻挡的趋势。

严格地说,真正属于私有经济的,只是那些还不准备进行股份制改革,仍然保留个人、家庭或家族所有的企业和合伙制企业。真正属于非公有经济的,除了还不准备进行股份制改革、保留个人、家庭或家族所有的企业和合伙制企业而外,还包括个体工商户。但所有这些企业和个体工商户,都是规模小和资金有限的。一旦规模大了,迟早会改为股份制企业,否则不仅难以继续发展,甚至不易在市场竞争的环境中生存下去。

既然从动态上看,改为股份制和演变为公众所有制是一种趋势,那就不宜把民营经济一概称为私营经济或非公有经济。民营经济这个概念,尽管有些模糊,但模糊有模糊的好处,太精确反而不精确。

现在让我们再回到前面讨论过的第四种形式的新公有制——公益性基金所有制——上来。

投资于民营企业的个人、家庭或家族,或者民营企业本身,为了公益事业,是有可能捐赠一笔财富成立公益性基金的。创业,积累财富,捐赠一部分财富发展公益事业,继续创业和积累财富……这是社会进步的趋势。第四种形式的新公有制的形成和发展,同社会进步的这一趋势相适应。这也从另一个角度说明了民营经济同新公有制之间的关系。也就是说,新公有制企业的四种形式中,除了第一种形式(完全由国家投资的企业)以外,其余三种形式(通过国有资产重组而形成的混合所有制企业,公众持股的公众所有制企业,由个人捐赠而形成的公益性基金所建立的企业),全都和民营经济的发展有关。

新公有化

1986 年 4 月 25 日,在北京大学"五四"科学讨论会上,我做了一场题为《经济改革的基本思路》的报告,一开始我就说:"经济改革的失败可能是由于价格改革的失败,但经济改革的成功并不取决于价格改革,而取决于所有制的改革。"

在1987年1月出版的《经济体制改革的探索》一书中,我对所有制改革作了更为明确的表述:"公有制的完善是经济体制改革的关键。公有制的完善是指突破传统的全民所有制形式,把传统公有制改为新型公有制。"我还强调说:"经济学界有自己的社会责任,要为履行自己的社会责任而贡献力量。因此,经济学界要广泛宣传公有制改善的意义,转变人们对公有制的模糊看法,使人们逐步建立新型公有制的观念。这是无可推卸的义务。"这些年来,我一直坚持上述观点,因为我相信中国的经济改革必然走向新公有制的建立。

在国外讲学时,经常听到某些学者在议论,说中国现在正在进行的国有资产重组就是私有化。我对他们讲:你们太不了解中国的情况了。要知道,在中国,在由计划经济体制转轨到市场经济体制的过程中,国有资产重组是必不可少的一个环节,它的含义是把传统的公有制改造为新公有制。

我说,中国的国有企业通过资产重组,大体上有以下五种结果:1.国有企业经过改制,成为政企分开的国有独资公司;2.国有企业经过改制并出让一部分股权给民营企业或外资企业,成为混合所有制企业;3.国有企业经过改制,成为上市公司,吸收民间资本加入,这仍然是混合所有制企业;4.国有企业转让给职工,成为职工持股的公众所有制企业;5.国有企业转让给已改制为公众持股的股份公司的民营企业。

可见,这五种结果中的任何一种,都意味着新公有制的建立。

最后,我对那些国外学者说:中国并非实行私有化,中国正在新公有化。这就是结论。

【2003年第12期】

经济卷

2004 年

我国市场取向改革的实践与理论创新

桂世镛　张卓元

二十多年来,我国经济体制改革的理论与实践在探索中不断前进,取得举世瞩目的伟大成就。改革的基本取向是逐步增强市场在调节经济和配置资源中的作用,提高国民经济的市场化程度。回顾过去,展望未来,改革历程大体可以分为三大阶段。

第一阶段:市场机制逐渐增强改革目标不够明确

第一阶段(1978 年至 1991 年)是探索发展阶段。改革的主线是探索社会主义经济体制改革的目标模式,其核心是在社会经济活动中引入市场机制,正确认识和处理计划与市场的关系。

十一届三中全会明确提出,要多方面改变同生产力发展不适应的生产关系和上层建筑,提出按经济规律办事,重视价值规律的作用,决定首先启动农村改革。从此,中国经济进入改革开放时代。十二大在传统的计划经济理论上打开了一个缺口,提出要以计划经济为主,市场调节为辅,正确划分指令性计划、指导性计划和市场调节各自的范围和界限,把实行对外开放作为我国坚定不移的战略方针。十二届三中全会《关于经济体制改革的决定》,突破了把计划经济同商品经济对立起来的传统观念,第一次提出社会主义经济是公有制基础上有计划的商品经济,并进一步提出要缩小指令性计划的范围,扩大指导性计划和市场调节的范围,开始启动以城市为重点的整个经济体制改革。十三大使市场取向的改革向前迈出了重要一步,提出社会主义有计划商品经济的体制应该是计划与市场内在统一的体制,计划和市场的作用范围都是覆盖全社会的,要实行"国家调节市场、市场引导企业"的经济运行机制,使计划与市场的关系更加明晰。

伴随着理论的深化和思想的解放,改革实践也日趋深入。改革首先从农村开始,废除人民公社制度,实行家庭联产承包责任制,迅速搞活了农村经济,乡镇企业异军突起。在城市进行了包括企业体制、计划、物资、劳动工资、金融、商贸、物价、财税等多方面的改革,其重点是国有企业从扩权让利到两权分离和承包经营的机制转变,其关键是价格体制从调放结合、双轨制到市场定价的过渡。与之相应,计划体制方面指令性计划大幅度缩小,指导性计划成为主要形式,市场机制的作用逐步增强;财税体制进行了财政包干、利改税和健全税制的改革;金融体制方面建立了中央银行体制,发展了专业银行等多种金融机构,积极培育金融市场,配合股份制试点开始向社会公开发行股票,成立沪、深两个证券交易所。对外开放方面,从设置经济特区、开放沿海城市到开放沿海经济带,并积极吸引外资,发展外向型经济,开放格局不断扩大。总的看,这一阶段的改革在许多方面取得了重大成果,但经济体制改革的目标模式还不够明确,市场在资源配置中的基础性作用尚未正式确立。

第二阶段:市场经济体制初步建立体制性障碍尚未突破

第二阶段(1992年至2000年)是初步建立社会主义市场经济体制阶段。改革的主线就是探索如何建立社会主义市场经济体制的基本框架,其核心是如何发挥市场在资源配置中的基础性作用。

以1992年邓小平南方谈话和党的十四大为契机,在计划与市场关系问题上的认识上有了新的重大突破。党的十四大明确提出我国经济体制改革的目标是建立社会主义市场经济体制,要使市场在社会主义国家宏观调控下,对资源配置起基础性作用,这从根本上解除了把计划经济和市场经济看作不同社会制度基本特征的思想束缚,标志着我国改革开放和现代化建设进入一个新阶段。1993 年十四届三中全会《关于建立社会主义市场经济体制若干问题的决定》,勾画了社会主义市场经济体制的基本框架,提出了"五大支柱",即建立适应市场经济要求的产权清晰、权责明确、政企分开、管理科学的现代企业制度;统一开放、竞争有序的市场体系;以间接手段为主的完善的宏观调控体系;效率优先,兼顾公平,以按劳分配为主体多种分配方式并存的收入分配制度;适应国情的多层次社会保障制度。党的十五大对丰富和发展社会主义市场经济理论作出了重大贡献,明确提出公有制为主体、多种所有制经济共同发展是我国社会主义初级阶段的一项基本经济制度,要全面认识公有经济的含义,从战略上调整国有经济布局,增强国有经济的控制力,提出公有制实现形式可以而且应当多样化;明确提出对国有大中型企业实行规范的公司制改革;分配制度上提出要把按劳分配和按要素分配结合起来。十五届四中全会是对十五大关于国有企业改革和发展原则规定的具体化,进一步明确了推进国有企业改革和发展的主要目标和指导方针,提出从战略上调整国有经济布局和结构的具体方针,首次提出放开搞活国有中小企业,把建立公司法人治理结构作为国有大中型企业进行规范的公司制改革的核心,要求积极探索国有资产管理的有效形式等。

由于目标明确,这一阶段改革实践的重要特点是整体推进、重点突破,注重制度建设和体制创新。从 1994 年开始,财政、税收、金融、外贸、外汇、计划、投资、价格等方面的配套改革相继取得重大突破。如财税体制改革包干制,实行分税制;金融体制初步实现政策性金融与商业性金融的分离,实施人民币汇率并轨。从 1998 年开始,不失时机地推进了国有企业的改革与脱困工作,进行国有经济布局和结构的战略性调整,大力支持非公有制经济的发展;市场体系包括商品市场和各类生产要素市场的建设均取得重大进展,整顿和规范市场经济秩序工作取得阶段性成果;积极推进社会保障制度改革,基本确立起社会保障体系的框架;适应市场经济的要求,转变政府职能,对政府机构进行重大改革。

对外开放从沿海、沿边、沿江扩展到内陆,基本形成全方位、宽领域、多层次的对外开放格局,以加入世贸组织为标志,对外开放进入新阶段。总体看,经过这一阶段的改革实践,国民经济的市场化程度进一步提高,市场在资源配置中的基础性作用日益明显,社会主义市场经济体制初步建立。但仍然是初步的、不完善的,特别是加入世界贸易组织后,许多深层次的矛盾和问题开始凸现,一些体制性的障碍尚未突破。

第三阶段:建立现代企业制度完善市场经济体制

第三阶段(2001年至2020年)是逐步完善社会主义市场经济体制阶段。党的十六大提出新世纪头二十年全面建设小康社会的宏伟目标,提出基本实现工业化,建成完善的社会主义市场经济体制和更具活力、更加开放的经济体系的任务。这次三中全会的《决定》,就是落实十六大的任务,就是完善社会主义市场经济体制作出的明确部署。

这次《决定》在重大理论观点、方针政策和体制架构方面有许多创新。其中,在改革理论上有两个突出的亮点。一个是关于股份制成为公有制的主要实现形式的论断,另一个是提出建立健全现代产权制度。《决定》提出,要适应经济市场化不断发展的趋势,进一步增强公有制经济的活力,大力发展国有资本、集体资本和非公有资本等参股的混合所有制经济,实现投资主体多元化,使股份制成为公有制的主要实现形式。我国从上一世纪九十年代开始,公司制发展迅速。有关资料显示,到2001年底,除个体户外,90%以上的新建企业为股份制企业,70%以上的老企业改为股份制企业。改革实践表明,从放权让利的国有企业改革——推进股份制和发展非公经济——发展混合所有制经济——股份制或混合所有制成为国有制的主要实现形式,表明我国公有制特别是国有制找到了一个与市场经济相结合的形式和途径。建立归属清晰、权责明确、保护严格、流转顺畅的现代产权制度,首先是国有企业建设现代企业制度的需要,因为产权清晰是现代企业制度的首要特征。改革国有资产管理体制,也是要解决产权清晰问题,使国有企业出资人到位。集体企业改革,也要以明晰产权为重点。

建立现代产权制度,更是大力发展非公有制经济和混合所有制经济的根本前提。因此,建立现代产权制度是完善基本经济制度的内在要求,是构建现代企业制度的重要基础。

当前改革进入攻坚阶段,要触及一些深层次体制性障碍,利益关系也面临重大调整,只有坚持解放思想、实事求是,与时俱进,把《决定》的各项重大部署落到实处,才能实现十六大提出的建成完善的社会主义市场经济体制和更具活力、更加开放的经济体系的重大任务,更大程度地发挥市场在资源配置中的基础作用,为全面建设小康社会提供强有力的体制保障。

【2004年第1期】

对中国经济发展战略问题的再认识

韩　康

　　中国改革开放 20 年之后,无论是社会经济发展的过程还是经济体制改革的实践以及国际政治、经济环境,都出现了大量新的问题和矛盾,许多问题和矛盾还表现出相当程度的复杂性和深刻性。面对这些大量新的问题和矛盾,原先所设计、预想的社会经济发展战略,已经在内涵范围和概念表述等许多方面出现了不相适应的情况,迫切需要进一步进行深入、系统的研究。

一

　　建国以后,中国主导性经济发展战略的实施,经历了三个主要阶段:(1)建国后到 70 年代末期——工业化赶超战略;(2)80 年代初期到 90 年代中期——国民经济高速增长战略;(3)在 90 年代中后期,又提出了实施可持续发展战略。每个主导性经济发展战略的实施,都是为了完成特定的主导战略目标,而这个主导战略目标的确定,既有国内外政治、经济环境的特定背景,又有决策层主观性战略判断的因素。中国经济发展战略的复杂性在于,我们常常不是在完成了已定的战略任务之后再进入新的发展战略阶段的,而是在原有的战略目标尚未实现甚至远未实现的时候,由于种种原因而必须面对新的发展任务从而同时实施新的发展战略。这样,目标与战略就常常是复合性和多重性的。由此,设计和实施中国经济发展战略的一切问题、矛盾、难题,都在这里表现出来。在经过改革开放 20 年和进入 21 世纪的重要发展时期,这种情况表现得更加明显。在这里,有两个最重要的问题必须认真研究清楚。第一,合理的发展战略应当包括哪些复合性和多重性的内容,特别是不能忽略和放弃那些尚未完成的必要战略目标。第二,这种具有复合性和多重性特征的发展战略,其内部又存在着不同的战略与目标之间的矛盾,怎样才能做到相互兼容与合理协调。

(一)为什么不能轻易放弃"发展赶超战略"?

进入改革开放以后,很少会有人认为"发展赶超"应当继续成为中国经济发展战略的一项重要内容。然而,随着改革开放与经济发展的深入进行,特别是世纪之交极具竞争性的国际政治、经济环境对中国发展多方面的影响和冲击,人们又开始认识到,"发展赶超战略"是不能轻易放弃的。因为在这里,有一个基本的历史发展逻辑并没有改变,即后进的工业化发展国家如果不愿意永远停留在既定历史发展序列的位置上,如果不愿意在这个激烈竞争的世界上因落后而常常在多方面处于被动挨打的地位,它就必须千方百计地设法赶超,实施赶超战略。问题仅仅在于,如何进行有效的和持续的赶超。对此,首先需要对以下两个有关世界经济竞争格局及其对中国发展的可能性影响进行深入的研究。

第一个问题,真的存在一个世界多极化格局吗?

仅从国际经济的角度看,人们会发现,所谓多极化格局并不是唯一的发展趋势,另一种趋势也是确实存在着的,就是发展强、弱极之间的力量对比极不平衡,经济强势国家与国家集团正在积极抢占国际市场的垄断地位,甚至试图以实力为基础谋取世界政治、经济的霸权控制。

当前国际经济西强东弱的趋势正在进一步扩展。以美国为代表的经济强势国家以实力为基础,已经表现出积极抢占国际市场垄断地位的许多明显迹象。其一,强化政府对市场管理的双重标准,鼓励大公司的跨国垄断战略。其二,牢牢地掌握着许多高科技产业群的主导、控制地位。下一个世纪最有希望成为新兴战略产业的四个部门——信息电子、航天、生物工程和新能源新材料,其研制和商业性开发,在很大程度上是由美国和其他经济强势国家执其牛耳的。其三,经济强势国家和国家集团依恃自己的实力地位,在国际经济活动中制定最有利于自己的游戏规则。在由经济强势国家主持的国际经贸活动中,其游戏规则实际上都暗含着三个基本原则:(1)尖端技术高度垄断;(2)高新产业有限开放;(3)优势产业充分竞争。这些貌似公允其实并不公平的国际经贸活动规则,意在最大可能性地保持发达国家的经济优势地位并抑制弱势国家的发展。

在上述情况存在之下,当然不否定弱势一极的国家有可能出现突破性的发展,从而对经济强势国家的国际垄断战略产生强大的制衡力量,甚至从根本上改变西强东弱的国际经济格局。但也确确实实地存在着另一种可能性,就是上述趋势继续强化,经济强、弱极之间的差距越拉越大。经济强势国家及其国家集团的国际垄断地位全面确立,新的世界市场瓜分基本完成,东弱一极的国家出现越来越多的经济依附性特征。

第二个随之而来的问题就是,怎样看待经济全球化及其产生的影响?

从 20 世纪 80 年代中后期开始,经济全球化进程大大地加快了步伐。然而问题还在于,全球化进程又是由两种不同机制推进的。一方面,现代国际经贸关系的扩展,确有李嘉图所阐述的关于比较利益机制的推动,肯定会有越来越多的国家愿意在越来越宽广的领域里以商人的平等身份进入世界市场。但是另一方面,20 世纪 90 年代中期后出现的西方大公司兼并、联合浪潮有两个突出特点,一个是构建超强规模的巨型跨国公司,一个是实施中长期的市场控制战略。在许多重要的产业领域,由少数国际性大公司、大集团进行战略筹划,一个产业发展全球化序列的国际分工构架正在静悄悄地形成:(1)新技术、新产品研制国;(2)最重要的主机生产国;(3)附件生产和加工装配国;(4)物与人的原材料供给国;(5)市场销售国。最终,哪一个国家都难以在这种产业发展全球化序列的国际分工构架之外寻求自己的发展利益。

在这种双重特征的经济全球化条件下,一方面,一切经济开放国家仍然有机会通过比较利益机制追求最有利于自己的发展实惠。但同时,落后的和弱势的经济开放国家也面临这样一种可能性:如果没有重要的创新突破和发展突破,就很难在高层次的产业序列中同强势国家分享高额利润,而只能在产业发展全球化序列的较低层次中寻找自己的位置,并且不得不长时间地忍耐这种国际分工的安排。

改革开放 20 多年来,中国社会经济实力的增长成绩斐然。这种历史的进步大大地改变了中国的国际经济地位,以至于连一些西方发达国家都不再愿意把中国放到发展中国家的名单上了。但与此同时,这种情况也常常容易让人产生错觉,甚至会出现某种过分乐观的感觉。似乎中国已经跻身于经济强国之列了,已经在世界多极化格局中成为足以同经济强势国家相抗衡的一极了。其最有代表性的观点就是"21 世纪将成为中国世纪"。然而大量事实表明,在西强东弱的世界格局中,中国仍是处于经济弱势一方的国家,并在较长时间内难以从根本上改变这种地位。如果我们轻易放弃发展赶超战略,就势必在上述极具竞争性的国际政治经济环境中长期处于变动地位。

(二)怎样把"发展赶超、高速增长和可持续发展"三个不同的发展战略,兼容于一个统一的经济发展战略构架之中?

中国改革开放 20 年和进入新世纪之后,中国面临的发展问题非常复杂,必须同时解决多重性的发展任务,迫切需要建立一个包涵和兼容三重内容的经济发展战略构架。(1)在剔除计划经济的不合理因素后,为了最终完成工业化和国家战略安全的目标,不能轻易放弃发展赶超战略;(2)为了保持国民经济的高速增长特别是社会充分就业的目标,仍然需要坚持 GDP 全面高速增长的发展战略;(3)为了适应国际经济发展趋势的要求,同时也为了我国的中长期发展利益,可持续发展战略也必须全面展开。

然而,这三种发展战略之间是存在许多重大矛盾的。最突出的问题之一是,西方发达国家都是在全部完成工业化任务和进入后工业化阶段后才提出可持续发展课题的,中国则是在工业化高成长时期就面对可持续发展问题,由此迫使我们面临一系列非常困难的选择。现实生活表明,不实行可持续发展战略肯定会损害中国自身的发展利益,特别是国土资源和生态环境的破坏已经出现了大范围的红灯预警信号,如继续照此下去必将付出惨重的生态环境代价。与此同时,世界发达国家的绿色经济规则和绿色贸易壁垒,又给中国的开放经济提出了越来越严厉的外部约束条件。另一方面,中国正处在工业化高成长时期,实行高增长战略是题中应有之义。世界经济发展史还没有提供出这样的先例——工业化的高成长可以脱离经济高增长过程,而持续高速增长就不可能完全避免付出一部分可持续发展的代价。怎么办？完全引入西方发达国家的可持续发展模式及其运作规则显然是不现实、不明智的，搞得不好可能付出巨大的发展成本和增长成本代价，迟滞中国工业化的完成过程。那么我们是否能实行一种具有充分兼容性的"适度可持续发展的战略"呢？进一步的研究还会发现，西方发达国家实施可持续发展战略，一个重要战略措施就是把大量不可持续的发展活动向境外转移，特别是向包括中国在内的不发达国家转移，从而以其他国家的不可持续发展为代价来维持自己国家的可持续发展。中国经济的可持续发展能够采取相类似的做法吗？这些问题，现在还缺乏深入系统的研究。

把"发展赶超、高速增长和可持续发展"三个不同的发展战略兼容于一个统一的经济发展战略构架之中，还涉及到体制改革战略方面的问题。体制改革战略不能离开发展战略问题。从根本上说，体制改革战略是应该服务于发展战略问题的。中国社会主义市场经济的体制构架究竟应该怎么搞？在政府决策层和理论界内部一直存在两种主要的不同思路，即政府主导型市场经济体制和充分竞争型市场经济体制。亚洲金融危机出现之后，政府主导型市场经济体制模式受到了来自多方面的严厉批判。在此情况下，是否意味着中国就只能选择充分竞争型市场经济体制了呢？在充分考虑发展战略方面的问题后就可以知道，答案决不这样简单。在 21 世纪 50 年代以前，中国仍将是一个带有自己国情特色的发展中国家，上述三重性的发展任务和发展战略将长期存在。由此，如果仅仅把中国社会主义市场经济的构架模式定位为充分竞争型市场经济体制，可能还是不完全、不准确的。例如，为了实现可持续发展战略，中央政府对西部环境改造的宏伟工程将逐步形成一个规模巨大的国家产业。很显然，对这个特殊产业的资源配置方式，也不能通行完全竞争或充分竞争的办法。这样，我们所实行的就可能是一个能够包容充分竞争、政府主导和适度垄断相结合的经济体制改革战略。到目前为止，在这方面的深入、系统研究也没有真正展开。

二

研究中国经济的发展战略问题，不能离开研究中国经济发展的战略难题以及应对的战略思路。所谓战略难题，主要是指影响中国经济发展全局性、长期性的困难和矛盾。对此，深入、系统的研究才刚刚开始。

（一）中国经济发展的两个战略性难题

第一，人均资源要素占有率低和人口、就业巨大压力之间的矛盾。无论是耕地、淡水、森林、矿产等自然资源，还是钢、煤、原油等加工性资源，中国的人均占有率都处于世界最低水平之列。与此同时，人口、就业的压力之大，又堪称当今世界之最。这种情况给中国经济的长期增长和发展带来一系列难题。例如使我们在如何赶超世界发达国家方面处于两难困境。为了进一步增强国力，在日趋激烈的国际经济竞争中获得最大可能的发展利益，同时也为了防范某些经济强势国家和国家集团，我们需要对一些事关战略全局的重要新技术、新产业和某些重要的军事战略部门进行大规模的集约性投入，需要积极地构造一批资本有机构成水平很高的现代产业。但是，这种资源倾斜度和资源集中度很高的经济活动，又很可能同缓解我国日益增大的人口、就业压力发生矛盾。在不久的将来中国可能接近 15 亿人口的状况下，为了保持社会政治、经济的稳定，关系民生问题的国民经济部门也极需要有一个全面、积极的发展，包括发展一大批能够大量容纳劳动力和资本有机构成处于中等层次的产业。这种情况，又势必对前者产生很大的资源制约作用，迫使中国只好调整自己的发展预期，包括被迫放弃一些高水准、高投入的战略发展项目，在长时间内实际上只能以中等水平的国家竞争力为追求目标。

第二，人均资源要素占有率低的先天不足和现有经济增长方式的矛盾。在人均资源要素占有率如此低水平的国力条件下，我们却长期维持着一个"两高、两低"的增长—发展模式，即高投入、高增长、低产出、低效益。中国每单位 GDP 产出的耗能率，常常要超过发达国家的若干倍。中国经济的高增长是在低效率下依赖大量耗费资源得以维持的。如果加上现在许多重要资源遭受深度破坏的情况，问题就更加严重。应当实事求是地看到，这种"两高、两低"的增长—发展模式的惯性是相当强大的，在短期内采取任何改革措施都只能产生局部效应，不能企望出现根本性的改观。但是另一方面，如果这种增长—发展模式任其维持下去，就有可能在不远的将来出现资源支持力度明显递减的情况，甚至可能发生某些重要资源逐步趋向枯竭的风险。

(二)关于解决发展战略难题的选择思路

解决中国经济发展的战略难题,实际上就是要解决中国社会经济在未来30年到50年甚至更长时间里的稳定、协调发展。

现在的对策研究思路可以分为两种类型。第一种是注重发挥短期性效果的研究,主要是立足于科技创新和制度改进。为此,可以进一步称为科技创新战略和制度创新战略。在这里,又有偏好优先方面的明显差别。

力主科技创新战略的基本点是,大力提高国民经济和生产方式的高科技含量,通过新经济的积极引入和对传统产业的深入改造,全面提高资源配置效率,达到缓解人均资源配置占有水平低的发展矛盾。这种对策思路最有说服力的历史实证材料,就是日本、新加坡等资源严重匮乏的国家曾经成功地实现了科技创新战略的案例。现在,科技创新战略已经成为政府发展战略的首选内容。对此进行的理论研究和政策论证也已有了相当的基础。

提出"制度创新优先"的思路认为,为了解决中国经济发展的战略性难题,保持长期稳定的发展,第一位重要的不是科技创新,而是市场体制的深化改革和创新。因为科技创新的持续性和普遍应用性,首先取决于其活动和运作的制度构架。非市场经济的体制也可以大量容纳科技创新活动,但却无法创造出科技创新的持续性和普遍应用性。日本等国家成功实现科技创新战略的充分必要条件之一,就是有一个充分竞争的市场经济体制。只要中国市场化程度仍然较低和体制改革方面存在许多重要缺陷的状况没有得到根本性改变,资源约束型增长方式仍然存在着很大的惯性和运作空间,现在依靠大量耗费资源要素维持高速增长的状况就很难得到有效抑制和制约。因此,只有坚持市场体制的深化改革和创新,尽快完成资源约束型增长向需求约束型增长的转变,才能最终有效地解决中国经济发展的战略性难题。

除上述对策思路的研究之外,现在还有另一种完全不同的研究方式,我们姑且称其为战略大思路的研究。这种研究方式认为,首先必须把战略大思路搞清楚和确定下来,之后研究科技创新战略和制度创新战略才是有意义的。因为任何现代国家的发展都不可能离开科技创新战略和制度创新战略的内容,因此仅仅把其纳入中国经济的发展战略是毫无特点的。现在中国经济发展的突出问题是大战略不清楚,至少是大战略思路比较含混,以及对发展大战略缺乏深入研究。这是中国经济发展至今仍然常常出现短期行为的重要原因。

以下三种战略大思路的研究是具有代表意义的。

战略大思路之一:采取重大战略措施改造内部生存、发展环境。

这种战略大思路研究的一个基本认识前提是,无论是实行科技创新战略,还是制度创新战略,对解决中国经济发展的战略难题——人均资源要素占有率低和人口、就业压力之间的矛盾,都只能起到缓解和局部有效的作用。从长期发展的情况看,都无法从根本上解决问题。

由此可知,为了民族、社会、国家的长期发展利益和生存利益,必须从现在就着手考虑采取重大战略措施改造内部生存、发展环境。在这里,核心的问题是考虑解决中国经济发展"水资源和土地资源的发展短缺",而且应当同解决国土生态环境问题进行统筹谋划。进一步提出的问题则是:如何长远性地解决中国北方水资源的发展短缺和南方土地资源的发展短缺。这种战略大思路所涉及的并不是政府已经考虑到的和正在实施中的有关举措,而是具有更长远意义、更大动作规模和更深层次社会经济变革的战略举措。

战略大思路之二:中国经济发展结构的外向型战略调整和战略转移。

该战略思路的基本认识依据是,经过改革开放20多年,中国已经发展积累起了巨大的制造业生产能力。这种巨大的生产能力和产品供给能力,是国内市场无论如何消化不了的。生产能力的增长和国内市场消费能力的增长仍将长期存在巨大落差。在这种态势下,多方面的发展矛盾一定会逐步尖锐起来。这就使人均资源要素占有率低和人口就业之间的矛盾更趋严重。因此,必须对现在的发展思路进行大改变,实行中国经济发展结构的外向型战略调整和战略转移。其主要思路框架是:除关系国防安全的最重要资源型产业外,把大量资源型、耗能型产业逐步向境外转移;把以产品出口为主导的外向型经济逐步改造为以资本输出为主导的外向型经济,把具有竞争优势的产品生产逐步推向销售国;国家积极支持组织跨国企业,甚至可以投入必要的强化政策,政府的产业政策主要是扶持那些最有希望在国际市场占据战略地位的产业发展……。

战略思路之三:主要依靠扩展国内市场的发展,将对外开放作为补充。

这种战略思路同上述思路的分析结论正好相反。认为在改革开放之后,中国的经济发展实力已经发生了重大变化。从购买力角度讲,中国已发展成为世界第二大国,在国际贸易中占有非常重要的地位。中国的对外开放经济在20多年的时间里,利用出口贸易的持续高速增长为国民经济积累了大量财富,成为最有增长带动力的发动机。但是现在情况正在发生变化。中国出口经济巨大的规模扩张力量——以及它的更具威力的未来潜在能力,开始引起国际贸易范围内日益增长的抵制性反应,至少可以说已经出现了这种抵制性反应的若干重要征兆。不管中国是否加入WTO,其如此大规模的出口增长都将或迟或早成为特别引人关注的国际贸易现象,导致相关国家为避免本国出现严重的贸易赤字,做出类似条件反射的"保护主义对策"。进一步分析发现,发生这种问题固然有我国法律体制疏漏和法律手段应对短缺方面的原因,但更深刻的原因还在于中国出口经济"以附加值率较低的加工贸易为主体"的基本结构特征,而这种特征在短期内是无法根本改变的。

最后,对于如何解决中国经济长期发展的问题,还有一种认识方法也颇具代表意义。

这种看法认为,可能更重要的问题是国民如何保持一种良好的发展心态。首先是力免浮躁和急于求成的心态。中国要从根本上改变历史遗留的贫困落后面貌进入世界强国之列,形成同经济强势国家相互制衡的格局,绝不是多增长几个百分点和多搞几十个大型项目就能奏效的,而是非要痛下决心、扎扎实实经过几代人甚至十几代人的苦斗才行。此外,我们还应有经历艰难曲折甚至在必要时经受苦难的心理准备。现实生活表明,中国完成体制改革和经济走向全面繁荣昌盛的过程,可能比我们的预想要困难得多,不可预测的因素正在不断出现,成功和风险都在向我们招手。为了对一切可能出现的挫折、风险、恶境、灾难早有防范,除了需要有对策方面的准备之外,还应当有必要的国民心理准备和心理承受能力。

【2004年第4期】

如何界定和防止国企改制中的"国有资产流失"？

和世界上许多国家一样,国有资产流失问题在我国国企改制过程中也是一个受到广泛关注的敏感问题。这种敏感性从一个方面反映了问题的重要性。国企改制是整个经济体制转轨的一个组成部分,涉及多方面的利益调整,因而必须同时追求效率和公平两大目标,才能保证不给整个转轨过程带来破坏性的负面影响。从长期来看,现存的国有资产是我们应对未来社会保障挑战的主要财力基础,为国家的长期稳定,也必须切实防止出现"利益私人化、债务社会化"的局面。当然,"国有资产流失"问题也确实经常被渲染和夸大,甚至被不赞成改革的人们当做一个说词,但改革者不能以此为借口而忽视或低估其重要性。从推进改革的需要来看,当前尤其值得深入探讨的问题是,如何科学准确地判断是否发生了"国有资产流失"？如何从制度上防止国有资产流失？应该说,尽管国有资产流失问题不断受到广泛关注,也引起了媒体不少的讨论,但对这两个问题的冷静、严谨的经济学分析仍然是十分必要的。

出售价格的形成和底价的意义

出售一个国有企业中的国有资产(即国家在该企业中的所有权)可以有多

种方法,其价格形成原理各不相同。在我国,比较适用的是公开招标的办法,即若干个竞标人同时竞争购买一个国有企业。在这样一个过程中,成交价格形成的基础是卖主和各个潜在买主的底价。卖主的底价是其愿意接受的最低出售价,或所谓"保留价格";买主的底价是其愿意支付的最高购买价。如果买主和卖主都是正常的经济人,他们一般都会根据两个因素来估算出一个企业对自己的价值作为底价。这两个因素一是对该企业未来现金流量的预期,二是折现率。现金流量是企业在不同的时期内可以带给投资者的收入流,一般表现为息前税前收入(EBIT)或净收入(NI)。折现率的含义是投资者认为自己必须获得的回报率。之所以必须,或者是因为这是他的融资成本(包括风险因素),或者因为他投资于其他项目可以获得这么高的回报(机会成本)。基本的关系是,一个企业的净现值(NPV) = (预期现金流量/折现率) - 购买价格。这里的净现值是决策所依据的基本变量:只有当净现值大于零时投资者才会考虑购买,也就是说,他的底价大致等于预期现金流量除以折现率。比如说,投资者预期某企业在今后某一时期的现金流量是 50 万,他给自己确定的折现率是 5%,那么他对这个企业的出价一般说来不会高于 1 000 万。道理很简单,如果他出价高于 1 000万但也只能赚到 50 万,就或者不能覆盖他的融资成本(还不如不融资),或者不如投资于其他项目(因为那样只要投 1 000 万就可以赚 50 万)。

这个道理对卖主也是适用的,因为当卖主决定保留而不是出售自己的企业时,实际上也是在作一笔投资。比如上面说的那个企业,假设卖主的预期是,如果自己经营,某一个时期能得到的现金流量是 10 万,而拿钱买国债可以赚 5% 的利息。如果他以国债利息率作为他的折现率,他的底价就可能是 200 万。也就是说,只要卖到 200 万以上,卖出就优于自己经营;但如果低于 200 万,就不如自己继续经营。一般来说,对同一个企业,其卖主和每一个潜在买主都会有不相同的底价。这种不同正是企业改制的意义所在。如果一个企业在卖主手里值 200 万,到一个买主手里值 1 000 万,那正说明这个企业转到买主手里后会比过去创造更多的价值,因而应当改制。

当然,无论是卖主还是买主,其底价都是典型的"私人信息",是不会让外人知道的。但正是他们的这些秘密的底价决定着成交价的区间。卖主的底价决定了可能出现的最低成交价,买主底价中的最高者限定了可能出现的最高成交价。最后达成的成交价在两者之间的什么位置,基本上取决于双方的讨价还价。

在明确了出售价格形成的原理之后,就可以比较容易地探讨我们关心的问题:成交价低到什么程度就应该说是发生了国有资产流失？一个显然的答案是,当成交价低于卖方底价的时候,就应该说发生了国有资产流失。比如,如果国家的折现率定在5%(这可以是因为发行国债支付5%的利息,也可以是由于其他什么原因),国家继续经营一个企业预期可以赚到的收入是10万,而出售这个企业的成交价格是100万,那么可以肯定地说,发生了国有资产流失。因为出售相对于继续经营,国家损失了100万,与其这样还不如不出售。如何防止这样的国有资产流失？基本的对策是要通过评估尽可能准确地确定国家的底价。在这里,底价的意义在于确立一个门槛,一个令决策者和一切理性地关心国有资产流失的人们都能接受的门槛:只要成交价不低于这个价格,对国家来说卖就比不卖要好。

国家利益最大化和竞争的意义

进一步的问题是,成交价如果高于底价,还会不会有国有资产流失？比如,在上面的例子中,如果底价是200万,成交价格是500万,而那个买主转手又卖了800万,能不能说也发生了国有资产流失？

应该说,既然成交价已经高于底价,那就说明国家通过出售企业获得的利益已经大于它继续经营可以获得的利益。那么,在这样的情况下探讨有没有"国有资产流失",是什么意思呢？唯一合理的意思只能是说国家利益是不是实现了最大化。之所以提出这个问题,是因为同一企业的再出售价格高于成交价,达到了800万。不过,这时候事情就要复杂多了。一个企业的成交价高于国家的底价,但却低于后来的再出售价格,可以有多种原因:

第一个可能的原因是买主成功地重组了这个企业然后转手出售,那个300万的差价是市场对他重组该企业所给予的回报。

第二种可能的原因是,这个买主虽然没有重组这个企业,但他比国家更善于推销这个企业。这或者是因为他在市场上的信誉,或者是因为他在市场上已经建立的网络,或者是因为他在投资银行业务方面的能力(比如对市场走势的预测,对买主实际利益的把握等)。由于这些原因,同一个企业国家只能卖500万,到他手里就可以卖800万。

第三个可能的原因是,国家自己卖其实本来也可以卖800万,但由于代表国家出售该企业的那些工作人员能力不够,结果只卖了500万。

第四个可能的原因是,国家的工作人员也有能力把这个企业卖到800万,但却被某一个私人买主所收买,结果只按500万的价格卖出。

这种复杂性提醒我们,如果成交价高于国家确定的底价,最好不要再轻言"国有资产流失"。一个具体的成交价,比如这个例子中的500万,是不是一个可以接受的价格?是不是使国家利益达到了最大化?这些问题的答案并不是显而易见的。如果这个企业被转手出售,还有一个再出售价格可以作为参照系,如果这个企业没有被再出售,就更难以下结论。实际上,当人们怀疑某一个企业的出售中有国有资产流失时,很少是以再出售价格为参照系的,更多的情况下,人们只是把出售价格和账面价值或评估价值作对比,有的甚至完全是根据自己的推断或估计。人们当然都有怀疑和质询的权利,因为所涉及的是全体公民的资产。但客观存在的挑战是,对任何一个成交价,都可以有人提出质疑说还可以卖得更高。那么究竟卖到多高才算没有"国有资产流失"?才算实现了国家利益的最大化?这是需要探讨的核心问题。

首先可以肯定的是,对这个问题没有人能给出确切的答案。这是因为,市场上那个底价最高的买主究竟是谁,他的底价是多少,除了他自己谁也不知道。即使知道,卖主也不能保证这个买主一定会按他的底价来收购这个企业。凡是已经做成的市场交易,卖主的底价和买主的底价之间一定有一个差额,或者一个"蛋糕"。这个蛋糕就是经济学所说的"得自交易的利益(gain from trade)"。实际的成交价代表着对这个蛋糕的一种分割比例。决定这个分割比例的主要因素是讨价还价。显然,作为卖方,我们必须准备接受某一个分割比例,而不可能要求国家工作人员每出售一个国有企业,都必须把整个蛋糕都抱在自己手里。而且,究竟一个什么样的分割比例是可以接受的,实际上也是无法规定的,因为我们只知道市场上存在一个买主底价,但我们并不知道这个底价是多少。就算是知道了,是应该对半开? 四六开? 还是三七开? 也是不可能有统一界定的。

那么,这是不是说,只要成交价高于底价,国家作为卖主就只能接受,再没有其他办法来实现自己利益的最大化呢? 答案是否定的。以上分析说明的是,对于那些负责出售国有企业的工作人员,国家不能着眼于"结果监督"。但国家完全可以通过有效的"过程监督"来最大化自己的利益。所谓过程监督,就是通过制度和机制来确保出售过程的竞争性和透明度。通过提高出售过程的竞争性和透明度,国家可以使买主之间的竞争尽可能激烈、尽可能公平,从而使国家在讨价还价过程中处于尽可能有利的地位。与此同时,只要过程是充分竞争的和高度透明的,没有发生渎职和腐败行为,就应该接受其结果,而不要轻易怀疑发生了"国有资产流失"。尤其值得指出的是,不能把买主赚的钱都看作是来自国有资产的流失。企业之所以要出售,就是因为买主比卖主更善于经营这个企业,可以赚更多的钱。买主之间的竞争可以使这些多赚的钱当中的一部分变成国家的出售收入,但这个部分有多大,取决于买主之间竞争的激烈程度和买卖双方的讨价还价,不可能都落到国家手中。

这些分析提醒我们,在改制实践中必须严格区分国家的底价和目标成交价。底价是国家可以通过资产评估确定的,因为确定底价所需要的两个信息都可以从国家自己那里得到。而成交价严格来说是评估不出来的,因为要评估成交价至少也必须了解各个潜在买主的底价,而这通常是不可能的。因此"评估"成交价其实只能是一种猜测。从有关资料看,目前我国国企改制过程中好像对这两者没有什么区分。政府说的"底价"往往是指一个可以接受的或打算尽力争取的目标成交价,而不是真正的底价。例如国务院国资委最近的文件就要求"底价的确定主要依据资产评估的结果,同时要考虑产权交易市场的供求状况、同类资产的市场价格、职工安置、引进先进技术等因素"。这样的"底价"其实并不是真正的底价,而是一个目标成交价。在实践中,混淆底价和成交价的后果是无法准确判断国有资产是否真的发生了流失。因为目标成交价经常高于真正的底价,等于人为地提高了底价。

所以,负责出售国企的政府机关有必要考虑确定两个价格。一个是按预期现金流量和合适的折现率确定的真正的底价:只要低于这个价格就不卖,只要高于这个价格就可以放心没有发生国有资产流失。第二个是作为努力目标的成交价,这应该是一个非常有弹性的目标。如果实际的成交价低于原来设定的目标但高于底价,同时既没有发生营私舞弊和腐败行为,出售过程的竞争性和透明度也达到了足够的水平,就应该看做是可以接受的结果。即使由于国家工作人员能力和经验不足,没有给国家赚到更多的钱,也只能总结经验教训,而不应该笼统地看做是国有资产流失。在认真防止国有资产流失的同时,也必须看到,没有科学依据的"底价"会导致过高的预期,使本该出售的企业卖不出去,出现所谓的"冰棍效应",给国家带来更大的损失。

竞争程序与非价格因素

以上的分析说明,在确立正确的底价之后,保证出售过程有充分的竞争性和透明度,是使国家利益最大化的关键所在。从过去的经验来看,由于国家工作人员渎职或腐败所发生的国有资产流失或国家利益损失,有的是在根本不存在竞争、出售过程完全属于暗箱操作的情况下发生的,但也有一些是在走了一些程序、有了一些透明度之后发生的。2003年底国务院国资委出台的新规则如果能得到贯彻落实,可以基本防止没有竞争的暗箱操作。但如何使招标竞争程序不走过场,仍然有很多问题需要解决,其中包括如下三个问题:

1)如何保证所有可能对某个企业感兴趣的投资者都知道该企业在出售?

2)如何保证潜在的买主都能获得充分的信息来评估该企业对他的实际价值?

3)如何在若干个相互竞争的买主中做出最佳选择?

第一个问题相对来说比较容易解决,但也不是像看上去那么容易。信息的扩散当然主要靠广告。但如果广告登在哪里都行,可能发生的情况就是潜在的买主根本看不到那些广告。所以，技术上的一个关键问题是，出售国有企业的广告必须登在少数几个固定的、广为人知的地方，同时要保证广告登出后有比较充裕的时间让投资者考虑是否表示意向。

第二个问题要更复杂一些。在一些地方曾经发生过的事情是，卖方以保护商业秘密为理由，不允许前来竞标的投资者实地考察企业，甚至拒绝提供详细财务资料。这种做法即使不是故意为难外来投资者，至少客观上起到了阻碍竞争的作用。如何既能对确属商业秘密的信息提供必要的保护，又能给前来竞标的投资者提供足够充分的信息？一个办法是区分公开信息和秘密信息。公开信息可以在竞标初期就提供给大量竞标者，但秘密信息只提供给经过初步筛选而确定的"短名单"上的竞标者。初选过程的一个内容是对竞标者进行资质审查，淘汰那些明显不合格者和"炒家"。进入短名单的竞标者要获得秘密信息，必须首先和卖方签订保密协议。

第三个问题最为复杂。问题的复杂性主要来自非价格因素。如果没有非价格因素，事情会非常简单：谁出价高就卖给谁，没有别的规则。但在实践中，很少有哪个政府可以完全忽视非价格因素。其中最常见的非价格因素有三个，一是买主重组该企业的计划和实际能力，二是买主打算增加的新投资，三是买主可以保留的工作岗位。前面提到的文件中说的"职工安置、引进先进技术"也属于非价格因素。

假设有两个买主竞买一个企业，第一个出价1 000万，第二个出价500万，而政府考虑非价格因素后决定卖给第二个，国有资产是不是发生了流失？这是值得认真讨论的一个关键问题，它所涉及的实质性问题是如何科学地综合考虑价格和非价格因素。

很多国家的政府都曾经遇到这样的问题。一些国家采取的办法是，要求投标者投两份标书："技术标书"和"财务标书"，并组织公正独立的专家组给标书打分。技术标书集中于非价格因素，比如其重组计划、投资计划、用工计划等；财务标书就是报价。专家组评估标书时，首先开启和评估技术标书。技术标书达不到最低要求的就直接淘汰，不再开启他们的财务标书。技术标书达到最低要求的，专家组给他们打分，然后再开启他们的财务标书，把他们的报价也换算成分数。最后根据一个事先确定的权数,把两个分数加总成一个最后分数,再取最高分作为谈判签约的首选对象。

这样一个过程可以比较合理地把价格和非价格因素综合起来考虑,既可以防止为非价格因素而在价格上损失太多,也可以防止过度关注价格。但这种方法的弊端是,非价格因素都表现为买主的一些承诺,这些承诺一般都需要在以后若干年间才能兑现。如果政府考虑非价格因素而接受低价格,而买主后来不愿意或不能兑现其承诺,最后吃亏的经常还是政府。比如承诺的投资计划,可能因为市场环境的变化而失去其合理性,政府很难再强迫买主履行其承诺。由于非价格因素本来就都是一些以后才能兑现的承诺,只要政府考虑非价格因素,这样的风险很难完全避免。政府可以做的事情是,第一,尽可能少地考虑不必要或不重要的非价格因素;第二,尽可能在资格审查阶段就淘汰那些不可靠或明显不合格的竞争者。如果这两个方面的工作能做得很好,以至于可以取消技术标书,完全按出价来选择买主,那是最理想的结果。

在我国的情况下,有很多非价格因素其重要性和必要性是值得考虑的。比如,是不是有必要要求买主的经营计划符合本地的建设几大基地之类的产业政策?是不是有必要要求买主一定要"引进先进技术"?是不是有必要把每一个企业的职工安置和本企业的出售价格挂钩?为非价格因素而在价格上做出让步,等于花国家的钱购买买主的承诺,所以所买的东西值不值,需要仔细推敲。比如职工安置固然重要,但政府完全可以先把企业卖掉,把收入集中到一个基金或专用账户中,再按统一的政策用这些钱去安置所有国有企业下岗的职工,而不必以安置职工为由向买主做出让步。

"底价加竞争"防止"国有资产流失"

如何界定和防止国企改制中的"国有资产流失"?简单的答案是"底价加竞争":

1)清楚界定国企改制中的国有资产流失,关键是要严格区分底价和目标成交价。底价应通过资产评估,根据该企业在不出售的情况下可能产生的现金流量和对国家有意义的折现率来确定,不能以目标成交价代替底价。只有当成交价低于底价时,才可以说出现了国有资产流失问题;如果成交价高于底价,所谓"国有资产流失"问题实际上是如何使国家利益达到最大化的问题。

2)在确保成交价高于底价的前提下,使国家利益最大化的基本途径是提高出售过程的竞争性和透明度。其关键是要设计和实施一套公平透明的竞争招标程序,尤其是要保证所有潜在的买主都能得到充分的信息,包括保密信息,并能科学地权衡价格和非价格因素,力求在相互竞争的投标者之间做出对国家最有利的选择。

【2004年第12期】

正式契约的第三方实施与权力最优化

——对农民工工资纠纷的契约论解释

杨瑞龙　　卢周来

引　言

　　农民工工资被严重拖欠已成为社会不稳定的重要因素,为了保护农民工的利益,从2003年底,中央政府发动了一场全国范围的清理拖欠农民工工资的"运动"。本文将运用契约理论分析农民工工资纠纷背后的深层次问题,因为从经济学以及法学的角度看,农民工与用人单位之间,无论是否签订了正式用工合同,都构成了事实上的契约关系。

　　工资纠纷与其他合同纠纷一样,都涉及到契约履行。而制度的实施特征就是解决契约的实施问题。一个契约被有效地实施无非有三种方式,即自我实施、相互实施以及第三方实施。其中,第三方实施又主要是国家(政府)作为强制实施者,即国家"作为契约的第三方和最终强制根源"(诺斯,1995)。不同的契约类型对应于不同的契约环境,但在发达市场经济体中占统治地位的是国家作为强制实施者的第三方实施契约。如果国家作为强制实施者出现的第三方实施契约未得到履行,其原因则在于国家强制实施能力不足。而一旦国家作为第三方失败后,将出现其他可替代的第三方,或者导致由第三方实施退回到某种私人方式实施。此时,对那些因采取私人方式实施所导致行为非法的主体追究责任时,应该区分开是适应"产权法则"还是"责任法则"。而要彻底解决问题,则要努力寻找实现国家作为第三方权力的最优化途径。

本文依据上述分析框架,首先试图回答农民工工资纠纷的根源何在;然后分析是什么原因导致应该由国家作为强制执行第三方的正式合同得不到履行,进而分析正式合同得不到履行可能导致的后果,最后给出若干简短的结论。

"自我实施"还是"第三方实施":
农民工工资纠纷的根源

目前,对农民工工资纠纷的解释之一是农民工与用人单位之间并没有签订正式用工合同,大多是口头协议,导致法律介入困难。在进一步分析为何农民工不与用工单位之间签订正式用工合同时,目前流行的解释有两条:一是农民工维权意识淡漠;二是由于农民工供大于求,使得在谈判能力上处于弱势的农民工无法提出要求与用人单位签订正式契约。

上述解释从现象看似乎有道理,尤其是关于谈判地位与谈判能力之间的不对等的解释。但透过现象我们发现,我国农民工工资纠纷绝大部分发生在建筑行业,而此行业农民工供大于求的矛盾并不突出。相反,随着房地产热以及国家基本建设不断升温,对农民工的需求非常旺盛。

重要的是上述解释与主流契约理论之间存在矛盾。不同的契约性质取决于不同的签约环境。"自我实施契约"是交易成本最低的一种契约。然而,随着社会交易范围扩大,"自我实施所需要的前提条件,即共同知识、博弈的稳定性和无限重复这些假定不仅很强,而且根本不可能在现实世界中观察到"(诺斯,1995),正因为"自我实施"的交易成本随着社会交易面的扩大越来越高,因此,这种方式逐渐减少,目前仅存在于核心家庭内部、很亲密的邻里或朋友之间。

相比较而言,在现代社会交易面非常大、人员流动性极强的情况下,国家作为"第三方实施契约"能降低交易成本。一个法治国家,首先对于交易者的"准入"有严格的规范,大大降低了"逆向选择"成本;其次,对于交易过程也有严格的规范,对契约履行情况有足够能力进行监督,因为它拥有工商行政管理部门、劳动执法部门、劳动保护部门、财务审计部门等等,从而大大降低了"道德风险"成本;最后,国家还拥有军队、警察、法庭等暴力机器,与任何其他性质的交易主体相比,都处于强势地位,有足够的能力对毁约者进行事后的惩罚。正是不断降低交易成本的制度变迁方式使得现代社会更多地选择国家作为第三方实施的契约。

从以上理论框架,很容易得出结论:在任何一个劳动力流动性很大的市场经济体中,劳动合同应该是国家需要规范与管理的合同。再具体到我国农民工用工契约,农民工更不可能选择与用人单位之间口头非正式自我实施契约。这是因为,与一般已经有集体合约的城市企业雇工面临的签约环境不同,农民工进城后,面对的签约环境不确定性因素更大:流动性强、"共同知识"缺少、反复交易不可能,使得农民工更需要国家来保护其权益。也就是说,进城务工的农民作为谈判过程中弱势的一方,面对完全陌生、可能存心想通过不签订正式合同规避约束的一次性交易的雇主,农民工更愿意也更应该选择由国家作为第三方强制实施的正式合同。

但现实中情况相反,即农民工用工契约更多的是"自我实施契约"。因而也就需要有更深入的观察以及更合理的解释来说明。为此我们对北京6个工地320位农民工进行了一项随机调查。在320位农民工中,通过亲戚、老乡与朋友介绍进入工地的为273名,占被调查对象的85.3%。其中236名农民工并不知道工程的建设方与发包方是谁,他们仅与工程的某个环节的最后分承包方认识,而这个最后分承包商正是带这些农民工进城的老乡、亲戚或朋友。

由此,我们发现,农民工用工契约其实并不仅仅涉及两方即农民工与用工单位,而且还涉及另外一个经济主体即农民工的直接雇主。农民工更多的是与他们的直接雇主签约,而直接雇主才与更上层承包商发生关系。

农民工与其直接雇主一般具有"关系人"性质。诺斯曾将这种关系构成的世界称之为一个"人际交换"的世界。在这个世界中,由于有一个紧密的社会相互作用系统,交易的衡量成本非常低,所有这些组织中的机会主义问题很有限或根本不存在。更具体地说,"人际交换的世界"中之所以具备自我实施契约的基本前提是:首先,老乡、亲戚与朋友,相互比较熟悉,拥有"共同知识";其次,这种地缘或血缘关系使得直接雇主不仅仅追求利润最大化动机,同时还有追求声誉最大化。这种动机增加了直接雇主自我实施契约的刺激;再次,地缘与血缘关系,使得农民工与直接雇主之间博弈的稳定性与可重复性有保障;最后,并非不重要的一点,尽管存在农民工在总量上的供过于求,但正是因为不确定性与不信任程度很高的农民工用工市场的整体环境,使得由"关系人"交易的相互依赖程度很高,这也提高了契约自我实施的可能性。以上原因使农民工用工契约更多地是一种"关系人契约",在不确定性的环境中,它具备了某种自我实施的性质,因而不需要国家作为第三方介入。

因此,农民工工资被拖欠,原因就不能归咎于农民工与其直接雇主之间自我实施的契约未被履行,而是其直接雇主与承包商或建设方之间的正式契约没有被实施,所以就有必要分析作为农民工直接雇主的分包商与总承包商的关系,以及总承包商与建设方(发包方)的关系。这些契约关系发生在一个典型的"非人际交换世界"。在这样的世界中,交换是在两个毫无人际关系的经济人之间进行,没有重复交易关系。

我们将从建设方到农民工之间的各层次契约关系以下图表示:

建设方 —正式契约→ 总承包商 —正式契约→ 分包商(包工头,

农民工直接雇主) —自我实施契约→ 农民工

农民工与其直接雇主之间的自我实施契约未被执行的重要根源可追溯到建设方(发包方)以及总承包商与农民工的直接雇主的契约未被有效实施。在当前建筑市场竞争异常激烈的情况下,工程的承包商往往不惜采用先期垫付建设资金的手段以期在竞标中胜出,这就为建设方或总承包商拖欠工程款留下了余地。但即便如此,因为建设方与总承包商的契约,以及总承包商与大的分承包商之间的契约是通过国家作为第三方强制实施的正式契约,分包商(农民工的直接雇主)仍然预期建设方或总承包商不敢不履行契约。而现实往往与他们预期的相反。正是这种本来通过国家作为第三方实施的契约没有被有效地执行,最后的分包商往往无法及时拿到工程款,因而也就无法及时给农民工发放工钱,导致了后继的自我实施契约没有办法执行。

综上所述,一旦契约具备了自我实施的基础,应该可以被自我实施。而最后没有被自我实施,就应该寻找其他原因。农民工工资纠纷不在于其与直接雇主的自我实施合约失效,而在于其上层正式契约没有被执行。而由国家作为第三方实施的正式契约都无法执行,体现的是政府作为强制实施者的失败。因此,追根溯源,农民工工资被拖欠现象的发生,其实是国家(政府)作为强制实施者的第三方的失败导致的。

绝对权力与相对权力:国家(政府)作为第三方失败的原因

为什么国家(政府)作为正式契约实施的第三方会出现失败?我们可以运用诺斯的国家悖论来解释。诺斯认为,为了促使一个社会走上经济增长路径,国家的功能远不是仅仅推行自由放任的原则,它还应该减少市场运作中的交易费用并使得个人企业家从交易中受益成为可能。为此,一个国家必须演化为一个有效、公正的契约第三方执行者。第三方强制实施意味着国家应该强大到能有效监督产权、强制实施契约。但他紧接着却悲叹道,在现阶段,以我们现有的知识,还无人知晓如何创建这样一个实体。其原因是,如果一个国家一旦具有了这样强制的力量,那么,那些管理该国家的人便会利用这种力量来谋取自身的收益最大化,而以牺牲社会其他人的利益为代价。

巴泽尔也认为,国家作为第三方强制,也不得不同时考虑强制实施行动的现值最大化。而同时,"国家作为强制实施者(与一般的第三方实施者的区别在于)并不因长期关系而受其个人客户的约束。如果没有限制,他可能从没收其强制实施所带来的收益中获益"。巴泽尔还认为,任何一级政府作为第三方,"为了使强制实施行动的现值最大化,强制实施者必须考虑他们目前的行为会怎样影响其从随后行为中所得的净收益","而由于罚金是在长时期内产生的,它也就依赖于强制方与被强制方的持续关系"。

我们知道,农民工流动性很强,所在地政府从某一个(群)农民工那里只能收取有限次数的租金;而农民工所服务的单位或企业则将与所在地政府长期打交道,并能长期与反复抽取租金。因此,在处理农民工与用工单位的契约纠纷时,政府作为第三方,一旦将租金最大化作为自身的目标,将不可避免导致产权界定中"歧视"问题的出现,从而有可能不去强制实施不利于自身租金最大化的契约。

尤其值得注意的是,在中国特定的税收体系下,面临竞争压力的地方政府为了通过追求本地经济的更快增长来获取更多的财政分成及更好的政绩,会争相出台吸引投资的超国民待遇政策。而一旦这些投资者与农民工发生经济纠纷时,为了能留住投资者,即使投资者不履行正式契约,政府作为第三方,其行为选择也可能会偏向投资者一边。

政府作为强制实施的第三方,之所以无法有效实施正式契约,一方面在于追求租金最大化使其滥用了权力,另一方面在于追求租金最大化使其相对权力受到各种利益关系约束,使得租金提供者对其相对权力的评价很低,进而导致不执行契约或者不执行第三方的裁决。例如,当某企业认识到它是政府的纳税大户,政府不敢轻易得罪,它就可能选择违约。当然,现实中还有更深层次原因导致第三方相对权力被削弱,即当前中国司法独立性不够。司法机构作为第三方强制实施的力量,受到行政部门的干预。因而当正式契约的执行与裁决涉及行政部门的利益时,司法机构往往显得无能为力,甚至与行政部门成为"利益相关者"。

除了政府作为第三方未能正确使用权力,导致强制实施失败之外,农民工借助国家(政府)作为强制实施契约的第三方的成本过高,也是第三方失败的一个重要原因。这种过高的成本来源于三方面的原因:一是农民工现有的素质无法适应繁琐、细密的司法程序要求。从信息经济学角度看,农民工一旦与用人单位或"城里人"通过司法程序解决工资拖欠,农民工首先因为不拥有"相应知识"而处于信息劣势的一方。而现行司法要求农民工负有举证的责任则更是抬高了农民的司法求助门槛。二是农民工现有的收入无力支付司法程序中的各种费用,甚至有一些农民工为了追讨几百元,花费了更多的用于司法过程的费用,最后还讨不回一分钱。三是由于司法歧视或腐败,加之司法系统本身的低效率,进一步抬高了农民工试图通过国家作为第三方讨回公道的成本。这种成本甚至是无形的,无法用货币计算的。

综上所述,在追求租金最大化的动机下,国家(政府)有可能滥用绝对权力,偏向更强大的租金直接提供者;而租金直接提供者也因此倾向于低估国家(政府)作为第三方的强制实施能力,加之作为第三方强制实施的直接力量的司法机构的独立性差,导致第三方相对权力更被低估。同时,农民工借助于国家作为第三方强制实施的交易成本过高。这些都构成国家作为第三方失败的深层次原因。

可替代的实施方式与权力最优化:国家作为第三方失败的后果及解决之道

在管理与规范农民工用工契约方面,国家作为强制实施的第三方的失败,其后果必然是正式契约的履行从公共性强制退回到私人秩序,即"国家作为第三方弱执行将导致私人执行方式的出现",这种现象叫做"公法的私人实施"。其原因在于,"第三方实施"与"相互实施"同作为强制实施方式,本身存在可替代性,同时,在"第三方实施"中,还存在国家之外的其他形式的第三方,而且多种形式的第三方之间存在相互竞争。"当人们意识到国家强制实施者从事敲诈勒索时,他们将减少使用他的服务并可能完全不使用他的服务。个人成为第三方竞争性服务的提供者的机会越多,他们通过用脚投票方式降低敲诈勒索损失的速度就越快"(Barzel,1998a)。

反观当下中国农民工在处理工资纠纷中的行为选择,正是在国家作为强制实施的第三方失败情况下,大多数农民工对求助于司法体系讨回公道失去了信心,被迫更多地使用了私人性质的手段。那么,应如何对待农民工选择"非法"的私人手段索要工钱的行为? 拉斯·沃因(Lars Werin,2001)区分了法律实施的两种法则。其中,产权法则指的是,如果在达成自愿协议的交易成本很低的情况下,A 不是购买而是侵犯了 B 的产权,那么 A 应受到惩罚。责任法则是指,如果达成自愿协议的交易成本太高,A 不得已侵犯了 B 的产权,那么 A 应该对 B 进行赔偿,赔偿的额度由法官决定,但 A 不应该受到惩罚。而区分应该适用哪种法则,关键在于交易成本高低。如果以此分析农民工在索要欠薪过程中"非法"的私人手段,我们完全可以说,正是达到自愿协议(国家作为第三方,能使雇工还工钱)的交易成本太高,农民工才被迫选择了侵犯雇主甚至国家的权利。因而,对农民工这样的"非法手段",应该适用责任法则而非产权法则。当然,如果以私人手段索要工钱的行为导致法律后果,则当事人需承担法律责任。

理论上讲,我国已经有完备的《劳动法》,其中对于拖欠工资有明确的规定;同时,有劳动执法部门,有完备的司法系统,这足以对雇主形成威慑,从而达到第三方"通过改变交易双方的预期而最终不需要实际使用权力"的目的,但正是由于各级政府作为强制实施者的权力被各种利益关系以及体制的弊端而受到削弱,使雇主对《劳动法》以及执法部门的权威置若罔闻,导致劳资矛盾越积越深,最终达到影响社会稳定的程度,国家只能被迫通过实际使用中央的权力,通过中央政府的推动,在《劳动法》之外又由劳动和社会保障部、建设部联合下发行政性文件,要求切实解决建筑企业存在的拖欠和克扣农民工工资问题,保护农民工合法权益,维护社会稳定。也就是说,是在法治系统作为国家第三方强制的直接工具无法解决后,中央政府被迫以行政性"运动"的方式解决这一问题,这就是2003年年底"清欠运动"的真正背景。

但巴泽尔(Barzel,2000)指出,当强制实施者频繁地实际使用权力时,权力的边际效用将逐渐下降。这意味着,通过中央政府用"运动"的方式来解决问题,不能一而再、再而三,否则只会进一步降低中央政府的相对权力。因而,在通过清欠运动部分解决了农民工工资问题的基础上,重新树立国家作为第三方强制实施者的权威,通过法律程序正常解决问题就成为下一步所要考虑的要务。

为了避免国家作为强制实施的第三方的失败,针对绝对权力过大而相对权力过弱的事实,巴泽尔又提出"使第三方权力最优化"的命题。所谓"第三方权力最优化",是指国家作为第三方,其相对权力要强大到能保证第三方实施契约的确被有效履行,但另一方面其绝对权力又被限制在无法被滥用的范围之内。在巴泽尔看来,国家作为强制实施的第三方,与个人作为第三方的不同之处在于,"客户不能避免国家权力的事后的滥用,但他们可以防止事前的滥用。因而他们可以与他人合作,形成一个能够控制第三方的集体行动机制"。而这个"第三方的集体行动机制",使得作为第三方的国家既是强有力的、同时权力又是被有效地限定了的。

结　论

本文运用契约理论框架分析当下中国农民工经济纠纷涉及的深层次问题,得出了以下主要结论:

1. 农民工工资被拖欠,其主要原因并非农民工与直接"关系"雇主之间的非正式口头契约无法有效实施,而恰是受国家明文保护的应该由国家作为第三方强制实施的正式契约无法有效实施。相反,农民工与直接雇主之间的非正式契约的确带有自我实施契约的性质。

2. 农民工的合法权益得不到国家的保护,其原因在于一方面国家存在部分的绝对权力,而这种绝对权力在追求租金最大化的动机下被滥用;而另一方面,作为国家强制实施的直接工具的司法体系的相对权力又被强势利益群体所削弱,因而无法有效进行强制。

3. 国家作为第三方在保护农民工合法权益方面的失败,必然导致农民工选择契约的其他执行方法,使得契约的实施由"公共强制"倒退回"私人秩序",进而可能导致暴力的无序使用,危及社会稳定,反过来又迫使政府选择更大力度地实际使用权力,这是中央政府 2003 年年底以行政力量发起全国范围的"清欠运动"的真正原因。

4. 国家要重新建立国家作为强制实施第三方在保护农民工权益中的权威,就必须考虑"第三方权力的最优化"问题。而要做到使"第三方权力最优化",就必须在事前建立起能有效制衡第三方的集体选择机制。

【2004 年第 14 期】

中国产业发展的道路和战略选择

金 碚

从人类工业化的整个历史过程看,中国工业化是一个非常独特的过程,正在和将要发生许多其他国家没有发生过的现象,面临许多其他国家未曾遇见的独特问题。在这一过程中,中国企业的战略选择以及国家的产业发展战略都会面临许多重大理论和实践问题,深刻认识这些问题的意义,并从根本上树立起正确认识和处理有关战略问题的基本观念和原则,对于中国未来工业化的道路具有非常重要的意义。本文主要讨论同产业发展直接相关的若干问题,而把更广泛的问题留待今后做进一步的研究和讨论。

中国产业发展一般走势和阶段特征

中国作为一个发展中国家,在经济发展的一定时期,其工业化的过程必然表现为发达工业化国家的产业转移,即承接世界产业的渐次转移构成相当长的一个时期内中国工业化进程的主要内容。因此,中国大多数产业的发展将经历三个阶段。

第一阶段是产业"幼稚期",其一般特征是产品"低质低价"(而垄断性产业则表现为低质高价)。这一时期的产业生产技术处于很低的水平,产品档次低,附加值也低(而垄断性产业则表现为很高的垄断利润)。这一时期的企业竞争特点是模仿性竞争,产品基本上是仿制国外的过时品种,而且往往具有"偷工减料"、"因陋就简"的缺陷。但由于这一时期的市场通常比较稀薄,相互竞争的生产者均很弱小,所以,生产企业的竞争压力不是很大,发展空间比较宽阔,日子似乎还比较好过。

第二阶段是产业"成熟期",其一般特征是产品"物美价廉"。这一时期产业的技术特征是,生产技术已经比较成熟,生产设备的技术水平已经相当高,甚至规模不很大的民营企业都可以拥有很先进的生产设备;强大的生产能力进行着大批量的生产。产品质量可以达到消费者认可的水平,而低廉的价格使得产品具有很高的性能—价格比,但是,产品的附加值很低,生产企业真正的获益并不高。这一时期的产业竞争特点是激烈的成本—价格竞争和质量—规模竞争。一旦进入这一发展阶段,所有企业都很快面对饱和的市场,利润摊薄成为企业经营严酷的现实压力。当进入这一阶段后,原先的垄断产业也逐渐转向市场开放,更多进入者的竞争,使这些产业必然发生大幅度的价格滑坡,并向均衡价格水平移动。

第三阶段是产业"强壮期",其一般特征是"优质名品"。这一时期的技术特征是中国企业获得了技术控制力,特别是具有了核心技术创新的能力。产品具有很高的品牌声誉和附加值。产业竞争性质突出表现为差异化竞争和"后制造"竞争。进入这一时期后的一个最显著特点是,不仅产品的实际质量和实际技术水平显著提高,而且社会公众深深地相信中国产品的质量和技术水平很高。也就是说,此时,中国产品具有了"深入人心的声誉"。

根据以上分析,再观察中国各个产业发展的现状,可以看到:我们已经有越来越多的产业进入了第二阶段,但进入第三阶段则比较困难,即使是我国竞争力最强的纺织服装产业离第三阶段还有很长的距离。而一些产业特别是长期处于垄断状态的产业虽然发展迅速,实际上还处于第一阶段。

可以看到,中国承接世界制造业的转移所要经历的三个阶段的主要内容:一是产能的转移,二是技术的转移,三是声誉的转移。在产业转移的整个过程中,声誉即"名"的形成和转移是最困难的,它涉及营销、传播、品牌等各个"后制造"产业环节,而且受到公众心理的强烈影响,因为品牌声誉具有"客观见之于主观"的性质。"名"的形成,不仅是企业努力的结果,而且是地区(集群区)经济、全行业发展和整个国家经济发展状况的结果。所以,"名"的竞争比"实"的竞争,即"声誉"的竞争比"价格竞争"、"质量竞争"更艰难。声誉竞争是真正"综合实力"(包括现实实力、历史积淀和人心向背)的竞争,不仅是竞争力的比较,而且是"公众认同的品牌竞争力"的比较;不仅是实力战,而且是心理战。以纺织服装业为例,世界纺织服装产业向中国转移的路径是:先转移"大"(产能),再转移"优"(技术),最后才是"名"。现在,尽管中国已经是纺织服装业的第一生产大国,拥有了世界最大的生产能力,也具有了生产同国际名牌产品相当的产品的技术能力,而且实际上许多世界名牌产品也是在中国生产的,但是,在公众的心目中最好的纺织服装产品仍然是法国、意大利等国的产品和品牌,一些关键性的生产技术条件同发达国家还有差距。

值得注意的是,目前,我国的公众心理正在开始发生着有利的变化,有显著的迹象表明越来越多的公众正在改变着"国产 = 低质"的成见。它表明,中国产业发展取得了很大成就,中国消费者开始树立起对民族品牌的社会认同和对中国优势企业的较高信心。这不仅反映中国企业的国际竞争力有了显著的提高,而且表明,中国企业实施品牌战略的经济和社会环境(包括公众心理氛围)有了显著改善,有利于中国企业实施品牌战略取得良好效果。实际上,这样的积极迹象在外国市场也有程度不同的类似表现。这表明,中国一些产业的产品声誉正在形成,开始具备了向第三阶段推进的条件。

开放条件下的竞争态势和战略选择

中国工业化的一个显著特点是,以非常宽容的政策允许和鼓励外国资本以直接投资的方式进入中国,实现世界产业向中国的更快转移。同其他工业化国家处于中国目前的发展水平时的政策相比,作为一个大国,中国在外商直接投资上的开放态度是罕见的。也就是说,世界上很少有大国在相当于中国目前的发展时期实行像中国这样的对外商直接投资的极大宽容政策。

由于中国实行了独特的以大规模吸引外商直接投资为特征的对外开放模式,所以,中国产业国际竞争的态势也具有十分显著的特点。当我们观察中国产业国际竞争的市场主体关系时须考虑两个基本因素:一是制造人,即是由中国人(中国企业,下同)制造,收入归中国人,还是由外国人(外商投资企业,下同)制造,收入归外国人。二是制造地,即在中国制造还是在外国制造。前者在统计上遵循国民原则,即体现为中国或者外国的国民生产总值(GNP),在这一意义上说,产业或企业的国际竞争就是 GNP 的竞争,哪个国家创造并获得的GNP 多就表明其产业竞争力强。后者在统计上遵循国土原则,即体现为中国或者外国的国内生产总值(GDP),在这一意义上说,产业或企业的国际竞争就是GDP 的竞争,哪个国家创造的 GDP 多就表明其产业竞争力强。

按照这样的框架进行分类,产业国际竞争的市场主体可以分为六种类型,包括四种基本类型和两种混合类型。第一类,中国国土上的中资企业(简称"国内中资"),即严格意义的"民族工业";第二类,中国国土上的中国和外商的合资企业(简称"中外合资");第三类,中国国土上的外商独资企业(简称"国内外资");第四类,外国国土上的中国资本企业(简称"国外中资"),即中国企业"走出去"在国外建立的独资企业;第五类,外国国土上的中国与外国资本的合资企业(简称"外中合资"),即中国企业"走出去"在国外建立的合资企业;第六类,外国国土上的外国企业(简称"国外外资"),其对中国产业的影响主要表现为中国市场的进口产品(在中国市场上的竞争),也表现为对中国出口产品以及"国外中资"、"外中合资"产品(在外国市场上)的竞争。在这六种类型中,第一、二、四、五类为基本类型,第三、六类为混合类型。

我们主要研究中国市场上的产业竞争。面对国际竞争,中国企业可以采取同外国企业(包括国外外资企业和国内外资企业)直面竞争的战略,也可以采取同外国企业合资合作的战略。中外企业竞争表现为 GNP 和 GDP 双重意义上的结果,而这两重结果可能有相当大的差别。一般的判断是:由于国际生产能力的转移,使得承接转移的企业生产技术档次不断上升。而且,有一些原先融入跨国公司国际生产体系的企业开始摆脱依赖的角色,在国际市场上树立自己的形象。这表明,通过示范和学习效应,一些国内企业不仅仅满足于做生产能力转移的接受者,也在向自主性的国际生产努力。但是,我国承接国际生产能力的转移基本上都是劳动密集型的生产或装配活动,即使是技术或资本密集型的产品,我国从事的也是劳动密集型的工序。跨国企业凭借着造型新颖、技术先进的产品赚取高额利润;而依靠贴牌定制的"中国制造"往往只有1%—2%的利润(宋泓,2004)。

面对这样的国际产业竞争态势,中国产业在本文第一节所描述的第一和第二个发展阶段,将表现出比较明显的优势,可以在相对较短的时期内达到第二阶段的中、后期。正因为这样,从 20 世纪 90 年代开始,成本—价格竞争和质量—规模竞争推动着越来越多中国产业的总产量居世界前列,现在,我国许多产业都进入了世界生产大国的行列。同时,中国产业的技术控制(自主知识产权)、核心技术创新以及品牌和附加值问题也越来越突出起来。也就是说,中国产业如何向第三个发展阶段推进,已经成为必须现实地考虑的战略问题。

为了向产业发展的第三阶段拓展,企业战略大致可有三种选择:一是自主品牌导向战略,即从现在就投入更大的资源来开发具有自主知识产权的技术,并大力树立自己的自主品牌,特别是在高端市场和高端产品上实现品牌战略。这样的战略也可以称为"冲击制高点战略"。二是产能导向战略,即把更多的资源投入扩大生产能力,以质量、成本和规模获得市场占有优势,以期成为世界最大的制造商,从而在未来获得"水到渠成"的品牌优势。这样的战略也可以称为"步步为营战略"。三是因势借势战略,即在自己弱小的时候同外商合资合作,忍受一定时期内的技术依附地位,而在同合作者共同发展的过程中寻找和积累未来发展自主技术和自主品牌的机会和能力。这样的战略也可以称为"曲线迂回战略"。

从理论上说,这三种战略都有一定的合理性和可行性,同时,也都有一定的风险性。这三种战略的差别实质上是在长期目标和短期目标上所做的权衡,或者是在"短期易行但长期艰难"和"短期艰难但长期合意"之间进行战略抉择。自主品牌战略具有最合意的长期目标方向,但短期运作可能十分艰难,风险比较大,资源投入的效果可能缺乏可观回报,当然,如果能够经过努力而达到预期的战略目标,则是一条非常合意的战略路径。产能导向战略,具有比较合理的近期经济合理性,技术开发和品牌战略的资源投入和风险性都比较小,而且,如果运作成功,则可能会有"水到渠成"的未来品牌前景;但在相当长的时期内,由于自主品牌和核心技术创新上的投入力度不强,大批量生产的规模经济效应未必能够保证生产者理想的经济收益,产品较高的性能—价格比也未必能使生产者获得较高的附加值,换句话说,由于"给他人做嫁衣裳"而导致的"利益外流"现象往往成为这种战略路径的明显缺陷。因势借势战略,由于与外国公司特别是大型跨国公司合资合作,享有"同在一条船上"的裨益,可以比较快地获得技术模仿和生产能力提高的效果,近期收益尽管不很高但通常比较有保障,而且,借助外商力量往往可以缓解某些迫在眉睫的经营困难和瓶颈,渡过企业发展的生存危机。这一战略路径显著的缺陷和风险是,由于在关键和核心技术上以及市场控制上处于劣势,技术发展和品牌建设的自主性可能受到不利影响,而如果技术依赖成为惯性,就可能导致长期的边缘化,失去"自我"长期发展的机会,这样,就可能使得中国产业发展进入第三阶段变得遥不可及。

总之,三种战略各有利弊,其实际效果取决于不同产业的具体条件和战略实施者的执行能力。在企业的经营实践中,所实行的战略可能并不是绝对地属于上述三种战略中的某一种类型,也可能兼有两种战略类型的特征。但是,从其基本的战略思路和路径来看,一个企业总是倾向于其中的某一种战略类型。选择哪一类型的战略取决于多种因素,产业类别、企业实力、现有技术条件等都会影响战略选择的取舍,而且,正如本文下节所要讨论的,不同企业的利益关切性和价值观也会深刻地影响其战略选择。

企业战略选择的经济学根据

战略的实质在于,在许多可能都有价值的目标中舍弃许多,而选择一个或一组目标;或者在有可能达到目标的许多条道路中舍弃多数,而选择一条可行的道路。所以,正确的战略就是"正确的放弃",可行的战略就是"适当的放弃",错误的战略就是"错误的放弃";而且,备选的可能方案越多,放弃的也就越多,错误放弃的可能性也就越大。在中国工业化这样一个充满着无限发展机会的巨大空间中,进行战略抉择,是需要承受巨大痛苦的。所以,局外人议论战略是一回事,真正要做出战略决策是另一回事。

其实,问题的关键可能并不是什么样的战略更正确和更可取,而在于谁有动机实施某种战略。而所谓战略选择动机的实质意义在于:谁会基于充分的理由和真实的动机而真正关切企业战略选择的内容和结果?如果选择错误,谁会有切肤之痛?

按照经济学的原理,当然是企业所有者。如果所有者同时也是战略制定者和执行者,那么,以上假定是成立的,因而关切企业基本战略的选择就不会成为制度性问题。但是,在现实经济中,企业所有者往往不是企业经营管理的实际决策人,也不是完全信息的拥有者,而真正的信息拥有者和实际决策人是企业管理者(非所有者),所以,就有了委托—代理关系的制度安排以及让管理者分享股权的激励设计,试图通过一定的制度安排来使得实际的战略决策人和执行者具有利益关切性。这样,谁是企业战略的真正关切者就取决于企业产权(包括知识产权)结构和治理结构的性质了。于是,在不同的企业产权结构和治理结构中,由于实际的战略决策人及执行者的利益关切性不同,所以,企业战略选择的决策方向也就很不相同了。因此,企业战略问题的实质,或者战略选择的首要问题并不是什么战略更正确,而是谁有动机确定和实施什么样的战略,即谁是企业战略选择的利益关切者。因为,对于战略正确与否的判断和评价是以判断者或评价者同企业的关系为转移的,也就是说,利益关切性决定着对战略的价值判断。不同地位或者利益关切性不同的人,对战略判断和选择的标准是不同的。在这一意义上完全可以说,是企业的利益结构(或利益关切性结构)决定了企业的战略选择。这种利益结构不单单是一般意义上的产权结构,而且包括各种相关利益者之间的关系。

任何人对战略的选择和判断都是以一定的理性思维为基础的。经济学的基本特点是以纯粹的理性主义为基础。这种纯理性的性质是:不以任何非理性因素(例如,民族、宗教、文化、观念等)为转移,通过以合乎逻辑的利弊得失权衡为基础的可行方式,实现自身利益最大化的目标。也就是说,纯理性的核心是

(基于个人主义的)"趋利避害"的算计。按照这样的逻辑,各个企业所进行的战略选择在目标和判断准则上是没有差别的,所以,经济学可以运用博弈论对企业战略行为进行逻辑严密的分析,这实际上就是对(假定)观念和行为特征完全相同而且"聪明"程度也都一样的企业之间的战略决策行为的描述。而在现实中,企业的理性行为是不同的,因为,任何人任何企业进行战略决策总是要以一定的价值观为前提的,而且也总是会受到各种非理性因素的影响的。换句话说,企业战略决策并不仅仅基于纯理性的考虑,而是必然受到越理性的深刻影响。所谓越理性,其基本性质是:基于一定的价值观和意识理念,通过合乎逻辑的可行方式,努力实现合乎理想的(通常也是社会认同的)目标。对于企业而言,越理性的实质就是以核心价值观为基础的核心理念。所以,核心理念是企业差异的根本原因,也是企业进行不同的战略选择的最深刻原因。从一定意义上可以说,纯理性是世俗的理性和无差异的理性,越理性是信仰的理性和有差异的理性。因此,企业战略选择决不仅仅是纯理性的逻辑推演结果,而是以一定的价值观为基础的"理想"追求和"使命"驱动。

因此,企业竞争力不仅含有客观因素,而且含有复杂的纯理性和越理性因素。只有在纯粹的理论经济学中,企业战略才是一个纯理性过程,而现实中的企业战略则是一个纯理性与越理性的混合过程。也就是说,企业战略的实质是越理性基础之上的理性行为。在学理上可以说,纯理性是人人相同的,而越理性则是人各有别的。由于企业竞争力和竞争战略是以纯理性和越理性的结合所形成的选择性行为的产物,所以,各企业之间竞争力和竞争战略差异的最终根源是越理性的不同,特别是核心理念的差别。在中国,无论是对国有企业还是民营企业,这个问题都是一个巨大的挑战。

国家产业发展战略的基本立足点

国家的产业发展战略总是基于对国际竞争的考虑。国际经济关系最基本的内容之一是国家之间贸易壁垒的存在,也就是说,国家之间的贸易关系是同国内贸易的完全通畅性不同的,而国际贸易的非通畅性首先表现为以贸易壁垒为重要表现的"国家界限"。贸易壁垒是影响不同国家产业和企业国际竞争力的重要因素,使得本国产业或企业在本国市场上具有相对较高的价格竞争力,而在外国市场上的竞争力则受到贸易壁垒的不利影响。反之,贸易壁垒削弱了进口产品的竞争力,即降低了外国产品进入本国市场后的价格竞争力。因此,国家的贸易政策可以对产业和企业国际竞争力产生重大影响。一般来说,一国的贸易保护政策可以增强本国产业或企业(在本国市场上)的国际竞争力。但长期实行贸易保护政策却可能导致本国产业或企业国际竞争力的长久低下,因为处于长期保护之下的企业难以承受真正的竞争压力。

除了贸易政策之外,实行产业政策也是国家促进本国产业发展和提高本国产业竞争力的一种积极手段。如果说贸易政策是着眼于国际经济关系的国家干预方式,那么,产业政策则主要是着眼于本国经济关系的国家干预方式。在以贸易自由化为原则的国际经济秩序中,贸易保护主义政策被认为是不正当的政策干预行为,除非基于特殊的原因,例如,对于特殊产业或者幼稚产业,可以在一定时期内实行一定限度的保护政策。而作为国内经济政策,一国所实施的产业政策只要不直接破坏国际贸易关系的公平性,则是可以被允许的国家干预。

当一国通过实行一定的贸易政策和产业政策来实施国家产业发展战略时,必须考虑政策措施的实际作用。如前所述,由于各类企业的交叉竞争关系构成了中中、中外、外外企业之间在中国市场上的立体竞争态势,使得中国企业的发展战略和中国政府的产业发展战略面临非常复杂的关系,具有非常独特的特点。国家如果实行保护性的贸易政策,其保护对象不仅仅是国内中资企业,而且也保护了中外合资企业和国内外资企业。在这样的情况下,"保护幼稚产业"显然已难以作为实行贸易保护政策的合理理由。那么,为什么要保护在中国投资的外商以保证他们的更大利益,以及这样的贸易保护措施是否能成为实施国家产业发展战略的有效工具就成为需要认真研究的问题了。同样,实行产业政策虽然是着眼于国内经济关系,但进入中国的外商投资企业是否也应被视为"国内企业",是否也有权享受同国内中资企业相同的产业政策待遇,也成为需要认真研究的问题。贸易保护政策和产业扶持政策从本质上说都是具有差别调节性质的国家经济干预行为,但在以自由贸易为原则的世界贸易组织的规则下,又是反对歧视性的国家干预措施的。所以,当我们以贸易保护政策或产业政策来进行对竞争行为的干预时,必须考虑贸易保护政策和产业政策对各类企业的实际影响及其对实现政策目标的实际作用。由于政策调节的对象发生了变化,政策调节本身的意义和作用也会发生很大的变化。

中国产业发展战略的根本理念究竟是什么? 这不仅仅是一个纯理性问题,也含有十分强烈的越理性因素。这同企业战略选择具有某种相似之处。国家产业发展战略最基本的越理性价值观首先体现为:物质主义还是人本主义? 也就是说,产业发展的最终价值是物质财富的最大化,还是人的福利(包括物质福利和精神福利)的最大化? 如果是前者,那么,是哪些人所拥有的物质财富的最大化? 如果是后者,那么,是哪些人的福利最大化? 与这一问题直接相关的战略问题就是:中国产业发展战略的理性基础是只要创造出物质财富就是价值所在,还是还要创造具有"民族性"、"人文性"的越理性价值。简单通俗的检测性问题是:"国家是否认为无论是中资企业还是外资企业只要是在中国国土上生产出汽车(或其他任何产品),其对于中国产业发展的价值都是一样? 或者,国家是否认为无论是中国品牌还是外国品牌,只要能给中国带来 GDP 和财政收入,其价值都是一样的?"显然,基于不同的观念,对于这类问题的回答是不同的,因而必然表现出不同的战略抉择、政策意向和政策措施。

迄今为止,人类的工业化是通过市场经济机制来实现的。市场经济最强大的推动力是竞争。竞争产生效率,促进增长,创造财富。但是,市场机制却没有实现平衡、安全、自主发展的内在功能,也没有将工业化的成果惠及全体人民的自发机制。相反,不受控制的市场竞争总是导致不平衡性的加剧,甚至出现动荡、危机和分化。所以,我们可以看到,在当今世界上,工业化过程所产生的辉煌成就和积极现象,也伴随着许多不合意状况,这些不合意状况或者不符合人类普遍的价值观,或者违背民族国家的长远利益和基本价值准则,而且常常成为产生矛盾、冲突甚至动荡的根源。特别是在关系国家和民族的长远发展意愿时,国家战略利益将成为产业发展战略的重要考虑因素。所以,在工业化过程中,国家产业发展战略不仅要促进产业增长目标的实现,而且,必须体现平衡和统筹的合意性目标。

　　总之,国家的产业发展战略总是基于一定的理性基础,而这种理性不仅仅是以纯理性判断为准则,而且必然含有强烈的越理性因素,包括民族的、伦理的以及各种人文的价值观准则。因此,可行的产业发展战略必须以科学的发展观为基础,其价值体现不仅是顺应客观规律,而且要满足于实现一定的社会合意性目标。

【2004年第19期】

经济卷

2005 年

中国经济发展进入新阶段：挑战与战略

江小涓

中国经济进入能否持续保持较快增长的关键时期

（一）国际经验表明，高速增长 20 年后继续保持较高速度的难度加大

中国共产党第十六次代表大会提出了到 2020 年使 GDP 比 2000 年再翻两番的目标。实现这个目标，是要在过去 20 多年高速度的基础上，再保持 20 年的高速增长，40 年平均增长速度要达 7% 以上。从全球经济发展的经验看，仅有极少数经济体有过这种实绩。在 20 世纪 60 年代之前，没有一个国家取得过连续 40 年平均 7% 以上的增长速度。20 世纪最后 40 年，是工业革命以来全球经济增长最快的 40 年，在这段时间内，有近 50 个发展中国家（地区）的经济明显加速，增长成就显著，但其中也仅有三个经济体取得了年均 7% 以上的增长速度：韩国、中国香港和新加坡。

即使那些增长较快的国家（地区），在 40 年高速增长中也表现出前高后低的共性：持续高速增长二三十年之后，经济往往会出现较大波动，多数前期高速增长的经济体，在第三个 10 年增长速度开始明显下降，到第四个 10 年，大多数进入低于 4% 的增长时期。

（二）增长减速的主要因素

1. 结构调整中的困难

在高速增长二三十年后，随着收入水平的提高、劳动力成本的上升和本币升值等因素的出现，原先支撑高速增长的传统支柱产业的国内需求和出口竞争力都开始下降，难以继续支撑高速增长，需要进行结构调整升级。然而在国内产业结构升级需要的基础条件中，有两个重要因素在短期内很难满足，即国内资金和技术的供给能力不足。此时结构转换出现时滞，出口增长和整个经济增长速度都会放慢。

2. 抑制增长的体制因素

下面是一组比较有共性的体制因素，其中全部或几个因素的出现，导致了增长速度的回落。

1）社会化的产权保护制度不完善

社会化的产权保护制度不完善，使结构升级中需要大规模社会化融资的产业和企业发展缓慢。在经济加速的较早时期，多数经济体都缺乏严格的社会化产权保护制度，但这个时期经济活动通常是小规模的。资产结构有两个特点，一是以个人、家族投资为主，即自我融资；二是所有者经营者一体化。由于是"自己出钱办自己的事"，即使社会化的产权保护制度不健全，投资者也有足够的动力，发展出一套非正式的办法，尽量保护自己的产权不受侵犯。随着产业结构的升级，新的产业和企业往往需要大规模融资，需要社会化融资体系和资本组织方式，股份制是其典型方式。此时，多数投资者需要将自己的资产交给其他人经营，而且融资组合的链条可能很长，通常存在多层代理关系，投资者对资金运用状况的直接监督几乎不可能。此时，只有当社会化的产权保护制度发展良好，投资者相信自己的资产不会被其他人违法侵占时，社会化大规模融资体系才能迅速发展起来。在不少发展中经济体，由于缺乏委托代理关系充分发展所需要的产权保护制度和信用体系，现代企业制度发展缓慢，成为产业结构升级的主要制度障碍。

2）金融体系的不稳定性

经济增长高速时期对资金的需求旺盛，资金价格（例如利率）较高，银行等金融机构大量放贷。当增长速度有所回落、企业的还款能力下降时,银行贷款开始收紧,导致更多的企业资金链断裂,银企之间的恶性循环开始出现。许多经济体在经济加速二三十年后,都会有程度不同的金融波动出现,如果实体经济健康,经过一段时间的调整有可能稳定下来,否则有可能发展成为全面金融危机。

3)大范围的企业重组

高速增长时期的企业习惯于不断扩张的市场条件。当增长速度放缓、市场扩张速度放慢后,企业之间开始激烈竞争。与此同时,这个阶段还伴随着主导产业的更替、生产方式的调整、不同地区间区位优势改变、对外开放程度扩大、各种要素比价重新定位等重要的新变化。面对多种因素发生变化的新环境,相当一部分企业短期内不能适应,经营状况恶化,企业亏损面加大,破产、重组等行为大量发生,整个企业层面处于重构之中。

4)收入差距拉大,社会稳定压力大

经济加速依靠现代生产部门的成长,这个过程必然是渐进式的。在相当一段时间内,仅有一部分人能够进入收入较高的现代生产部门,另一部分人还会留在传统部门中,这个阶段中收入差距会明显扩大,社会稳定的压力加大。从其他国家的经验看,收入差距程度、社会文化对收入差距的容忍程度、低收入者提高收入的前景、政府对社会稳定的管理能力这几项因素,决定着社会稳定所面临压力的大小,有一些经济体在这时出现了比较严重的社会不稳定问题,经济发展因此停滞不前。

5)外资大规模流进流出

由于国内资金短缺,一些发展中国家在增长加速阶段大量举借外债,其中问题比较突出的是拉美一些国家。外债使这些国家有能力进口大量的投资品和中间产品,经济增长由此加速,但由于资金使用效率低和出口能力成长不足,还债期到后,这些国家往往不能及时偿还债务,出现债务危机。如果此时伴随着短期资金的大量流出,会导致经济的剧烈波动。

中国增长新阶段中面临问题的共性与特性

与其他发展中经济休相比,中国经济继续保持较快增长,有利因素与不利因素并存。

(一)有利因素

1. 国内有利条件

1)产业基础和基础设施条件较好。中国是最大的发展中国家,国内多种产业并行发展,已经形成了庞大的产业规模,高、中、低技术基础上的产业、产品体系比较齐全。最近几年,中国的基础设施条件迅速改善,有可能支持现代产业的快速增长。

2)国内市场规模大。中国的国内市场规模居发展中国家之首,在全球各国中也名列前位,而且继续保持较快扩张,这使得立足于大规模生产方式之上的先进制造技术和大型企业不会碰到市场容量不足的难题,也不易出现一个产业中仅能容纳一、两家企业而带来的垄断问题。

3)科研水平和各个层次的工业技术水平较强。从航天技术、核工业技术、微电子技术等高科技领域到各类消费品工业技术等各个层次,中国都有相对较高水平的产业技术、工业基础和科研教学基础;中国的教育普及率及科技人员占总人口的比重,在中低收入国家中名列前茅。具有这种能力,有利于国内产业技术创新和对引进技术的消化吸收和创新提高。

4)具有低成本制造能力。在劳动密集型产业中,由于我国劳动力资源丰富,比较优势不至于像其他国家那样迅速丧失,有可能在较长时期中保持这个优势。我国的劳动力优势不仅限于中低技术制造业,由于国内高等教育规模的扩大和大量海外留学生回国服务,我们在各个技术水平层面的人力资源供给都比较丰富,而且具有成本竞争力。

5)保持社会稳定的条件较好。和一些多年来社会冲突不断、国内政治状况不稳定、政府管理能力弱的发展中国家和转轨国家相比,我国保持政治社会稳定的条件较好,能力较强,有利于吸引国内外投资者在我国进行中长期投资。

2. 外部有利条件

与其他先行的发展中国家相比,我们具有一些有利的外部环境,其中一个重要方面,是我们处于全球化进程不断加快的大环境中,有可能比先行者更多、更广泛和更深入地利用国内国外两种资源和两个市场,集成全球优势要素,增强我国产业的竞争力。

在这里,我们特别强调科技全球化趋势的出现及其积极作用。科技全球化的一个重要方面是先进技术大量跨国转移,以往多年,虽然有大量的技术跨国转移,但先进技术的转移很有限。20世纪90年代中期以来,发达国家跨国公司向海外转移先进技术的速度加快,技术研发出来后很快在其全球生产体系内使用,产品同步推向全球市场,有些技术还很快向海外企业转让。这使我们引进先进技术的可能性增加。我们对美国、欧洲和日本著名跨国公司在华投资企业的调研表明,2002年这些企业在华生产的主导产品和使用的主导技术中,有一半以上在其母国投产时间不足三年,是先进和比较先进的技术和产品。跨国直接投资的迅速发展,还带来一个有利因素:直接投资是长期性的能力投资,与利用外债特别是短期外债相比,投资者进行投机、在短期内大量撤资的风险要小,使我们可以较低风险利用外部资源和技术。

3. 有效组合国内外优势资源的能力较强

抓住机遇,充分发挥自己的优势,并在全球范围内组合资源为我所用,使我国克服了多数发展中国家在这个阶段面临的结构调整难题,短短几年内制造业结构迅速升级,与收入上升和需求转变相适应的一批产业成为支撑经济高速增长的支柱产业,调整的速度和规模超过其他先行发展中国家,产业结构迅速提升,使下一步的增长建立在新的产业与技术平台上。这一批新的主导产业的迅速形成,部分得益于利用国外资金和技术。

国内创新能力的提升和外部技术资源的引进这两种趋势并行和互动,对国内技术创新能力的成长有明显的促进作用,加快推动了我国产业和企业技术创新能力的提升。随着国内大规模先进制造能力的形成、国内企业集成能力的增强、国内企业技术能力的积累以及配套产业和相关产业集群的形成,我国在相应产业中从事核心技术研发的比较优势正在形成,并使核心技术突破后获得商业成功的可能性加大。

(二)具有共性的约束因素

从约束下一步发展的条件看,发展中国家在这个阶段碰到的体制问题在我国几乎都存在,其中一些方面的问题更为突出。

1. 产权制度不适应新的发展要求

缺乏有效的现代产权制度,导致符合现阶段以及以后一段时期经济发展所需要的融资结构和企业组织形式不能顺利地发展,是我国经济中的一个基础性制度缺失。这方面问题的一个重要的表现是直接融资比重过低。由于对投资者的有效保护不足,直接投资的意愿较弱,更倾向于通过银行这种有国家信用作支撑的金融媒介进行间接投资。我国金融体系市场化改革以来,直接融资的比重始终较低,近几年更是较大幅度地下降。直接融资占融资总量的比重从2000 年的12.17%下降到2003 年的4.27%。

2. 企业不适应新的竞争格局

20 世纪90 年代中期以后,国内大部分产业供给能力大于市场需求,竞争加剧,无论是国有企业还是非国有企业,都面临更激烈的市场竞争格局。在这个过程中,出现较多企业盈利下降、亏损、破产、重组的现象,特别是在经济中相对份额下降的产业,这种现象更加明显。

3. 金融体系的效率和风险问题

银行贷款中的不良比例较高,是我国金融领域中长期存在的严重问题。近两年新增贷款较快,使不良贷款比例有所下降,但仍处在较高水平。到2003 年底,我国 M_2 与 GDP 的比重高达1.98:1,在全球范围内都是罕见的。这一方面表明我国融资过多依靠银行体系,同时也表明资金的产出效率偏低。另一个潜在风险,是我国金融体系的开放性在增加,特别是资本项目的逐渐放开,使我们在一些特殊的情况下,有可能受到国际资本大进大出的冲击。

4. 收入差距拉大和社会稳定性的压力

我国国民收入差距在前些年有所扩大,特别是城市居民与农村居民的收入差距在全球范围内都处于高位。20 世纪90 年代初中期,非农产业居民收入/农业居民收入的比率,高收入国家为1.38,上中等收入国家为1.49,下中等收入国家为1.51,低收入国家为2.43,全球平均为1.58,而在2003 年,中国的这一比率高达3.12。这种差距在较短时间内将会自动收敛的趋势尚不明显。

(三)中国面临的特殊问题

1. 改革进入攻坚阶段

表现在两个方面。第一,需要解决深层次的矛盾和问题,利益冲突增加,难点和风险加大。第二,改革的实质从以资源配置规则变化为主转为以企业行为变化为主的时期。实践表明,规则标准,是市场机制还是政府计划在资源配置中发挥基础性的作用,可以通过改革措施在短时间内发生显著变化,而企业行为的变化要难得多。既需要与新规则相匹配的法律、人才、社会保障制度、行政能力等等,也需要重建与之相适应的政治与社会价值标准,而这些都需要时间和诸多条件的配合,不可能突然改变。

2.就业压力大

我们在尚有大量农业人口需要向非农产业转移的时候,非农产业特别是制造业开始了产业升级过程。与前一轮主导产业相比,新的产业资金更密集,单位产出使用的劳动力更少,就业的压力加大。第二产业的就业弹性持续下降,到2002年已经是较大数值的负增长。"高增长低就业"已成为我国经济增长面临的一个重大问题。

3.重要资源国内供给缺口加大

从资源角度看,中国前20多年的增长是一个特殊时期,即重要的自然资源基本上可以自给的时期,这种状况今后不会再现。中国是一个13亿人口的大国,所面临的国土、资源、生态、环境等问题的压力,不仅高于全球平均水平,也高于与我们水平相同的发展中国家。一些最重要的自然资源如油气、铁矿、铜矿等资源,今后要持续且不断增加依靠海外资源,成为国际市场上的大买家。

4.开放带来的增长动力减弱

1980—2003年期间中国出口持续高速增长,在全球主要出口国中的排序迅速上移。2004年,中国进出口贸易有可能过万亿美元,成为全球第三大出口国和进口国。随着部分产品比较优势的变化、贸易摩擦高发期的到来和基数较大后增长减速等因素的出现,前20多年出口对增长所起到的显著带动作用今后有可能减弱。目前在一些高增长的行业中,外资的比重已经较高,同一行业中有多家跨国公司在中国市场上激烈竞争,与此同时,国内也有一批优势企业迅速成长,成为跨国公司的有力竞争对手。这种状况使外商投资企业近两年在中国市场上的盈利水平持续下降,而且这种趋势还在继续。竞争加剧和盈利空间缩小,会减弱外资进入的动力。目前来看,未来几年外商在华投资仍然会保持较大规模,但增长速度会降低,对中国经济增长的带动力会下降。

5.重要改革开放举措达成共识的难度增加

对重要改革开放措施达成共识形成合力,是我们前20多年持续增长的重要政治保障。经过20多年的发展,社会不同群体的收入差距拉大,机遇各不相同,利益诉求差别很大,达成共识的难度加大,使我们这个突出优势面临着某些新的不确定性。

保持快速增长的战略选择

1.坚持继续深化改革

前面的分析表明,影响下一阶段持续增长的主要障碍是体制障碍。深化改革才能保障持续增长和促进经济社会全面发展。未来几年,国有企业改革、金融改革、就业制度改革、福利制度改革、城乡劳动力市场一体化改革等改革进入攻坚阶段,改革的难度明显加大。但我们必须坚持深化改革,否则困扰其他国家的体制问题也必然成为我们继续快速前进的障碍。推进改革不可避免地会产生或激化某些经济和社会矛盾,除了长期积累的深层次矛盾会显现之外,还会出现新的矛盾和不稳定因素。必须充分考虑社会各方面的承受能力,有重点有步骤地推进改革,对这一点大家都很认同。需要强调的一点是,改革肯定会触及利益,改革中的矛盾不可避免,有些代价是改革必须付出的,要为改革者创造一个良好的舆论环境和政治环境。

2.更加注重就业问题

鼓励各类产业增加吸纳就业的能力是今后发展战略的重中之重,不仅要支持劳动密集型产业的发展,还要鼓励各类产业包括技术密集的产业尽量多用劳动力,使经济增长对就业产生更加明显的带动作用。实现上述导向,基础性的条件是使生产要素价格体系能够反映各种生产要素的相对稀缺性,使劳动和资本这两种要素的比价符合我国的要素禀赋,改变资金成本不正常偏低、导致企业以资金替代劳动的行为。同时要深化国有企业改革,使企业在选择要素投入组合时对不同要素的相对价格保持敏感,在可能的领域中更多地使用劳动力。

3.促进形成资源节约型增长方式

我国一些重要资源短缺,其中有些资源如土地资源、水资源等基本上是不可贸易的产品,因此其市场价格本应较高,产生节约使用资源的效果。但是,由于这些资源的使用成本严重偏低,导致了资源的粗放使用。同时,一些对环境资源有严重影响的企业,可以不支付它们所造成的社会成本,对环境和生态造成了严重破坏。因此,形成资源节约型增长方式,首先要合理确定资源价格,使资源使用者付出合理的社会成本,使节约使用资源成为企业的内在要求。在这个基础上,政府要制定鼓励节约使用资源的相应政策和措施。

4.更加注重扩大内需,提高消费在总需求中的比例

按照国际口径,总需求分为家庭最终消费支出、政府最终消费支出、资本形成和净出口。2001年中国的家庭最终消费支出仅占GDP的48%,同年全球平均为61%,低收入国家为70%,中等收入国家为59%,高收入国家为61%。这种结构如果不能改变,依靠内需在很大程度上要依靠投资需求,会造成严重的经济失衡问题。我国消费率偏低是多种原因共同造成的,单一的突破点难以奏效,需要多方面的改革和政策配套推进。要从体制和政策环境上启动和促进热点消费,其中住房、汽车、教育、医疗保健等领域,在体制和政策调整上都有较大的空间。

5.将加快发展服务业作为产业结构调整的重点

与工业相比,服务业能源原材料消耗低,占用土地少,环境污染少,有利于增强可持续发展能力;服务业能够促进消费,提高国民支出中消费的比例,有利于改善投资和消费比例;服务业中的科技、教育、文化、休闲健身等产业加快发展,有利于促进经济社会和人的全面发展。特别重要的是,服务业已经是而且将继续是吸纳就业的主要产业,没有服务业加快发展,就业问题没有出路。要将加快服务业发展作为结构调整的重中之重。如果抑制服务业发展的各种不利因素能够消除,服务业发展的市场化、社会化、产业化和国际化程度能明显提高,服务业的发展速度将会大大加快,在"十一五"期间,力争使服务业增加值的增长速度高出GDP增长速度一个百分点左右,使服务业吸收的就业人数有较大幅度的增长。

6.加大对重大战略问题的科技投入

产业技术领域从来不是完全市场化的领域,因为产业技术发展中"市场失效"的领域较多,例如基础科学研究领域,被独家或少数企业垄断的重大产业技术领域,与国家安全相关的产业技术领域以及具有公共品性质的产业技术领域,都需要政府发挥重要作用。这里需要着重指出的是,有一些对我们的发展约束很大、国外科技界不可能替我们提供的技术能力,只能由我们自己通过加大投入来提供。当前特别要关注的是能够密集吸纳就业的技术、资源节约和环境保护技术以及低成本公共服务这三类技术能力。

7.更多关注公平和稳定问题

由于我国目前已经存在较大的收入差距,政府需要加大对维护公平和稳定的投入,以缩短调整时间,保持变化过程中的社会稳定。调整时间拉长和社会不稳定因素的增加都具有显著的经济成本,因此,减少阻碍变化和导致不稳定的因素就具有显著的经济收益,这是加大公共支出的充足理由。对农村地区、经济落后地区也应给予更多的投入,包括政府较多公共资源投入以改变基础设施条件,制定投资优惠政策和促进就业政策,增加社会保障资金的投入等。

8.努力维护并积极推动全球资源、技术与产品的自由贸易体制

作为一个国内要素结构比例严重失衡的国家,中国将长期需要两种资源两个市场。一个开放性的全球资源、资金、技术和产品的体系,符合中国的长期和全局利益。经过20多年的发展,我国在国际经贸中的地位已经发生了明显变化:我们已经成为出口大国,而且地位还在进一步加强;在产业结构升级中,我们需要较多地利用全球资金和技术资源;我们需要"走出去"在全球范围内寻求各种资源供给能力和其他机会。可以说,与以往相比,我们今后更加需要其他国家对我们进一步开放产品市场和要素市场,需要约束其他国家对我们采取的贸易和投资限制措施。因此,我们的国际经贸战略需要适当调整,在继续利用好已有规则保护和支持国内产业发展的同时,着眼于长远,以更积极的姿态参与多边谈判,借助多边规则,平衡各方利益,宣传中国的发展有利于世界的发展,维护和推动全球自由贸易体制,并推动形成更有利于我国和其他发展中国家的多边规则,为我国中长期经济发展争取较好的外部环境,从根本上维护我

国的长期利益。与此同时,要高度关注开放过程中的经济稳定与安全问题,封闭经济和开放经济都有可能出现不稳定不安全的问题,但影响因素各不相同。需要面对新的开放格局,健全和完善保障公平贸易的管理制度,建立应对贸易和投资争端的快速反应机制,进一步提高对国际经贸形势的观察、分析能力,加快反应速度,建立健全外贸运行监控体系和国际收支的预警机制等,在对外开放中确保经济稳定和国家安全。目前我们仍处于一个较好的发展环境之中,国内仍然保持着较快增长的能力和环境,国际环境总体上有利于我们加快发展。对于处于"千美元"关口的我们来说,这是难得而重要的战略机遇期。如果各项改革和其他重要战略措施得当到位,我们有可能再维持一个20年左右的较快增长。果真如此,中国将会渡过发展中国家成长过程中比较困难的一段时期,成为一个人均收入超过3000美元、重要资源全球供给体系稳定形成、产业和技术竞争力跃升、城镇居民成为社会主体阶层,社会利益导向趋于收敛、在全球经济中举足轻重的经济体,进入一个比较稳定的发展通道之中。

【2005年第1期】

中国民营企业的成长特点与二次创业

黄俊立

　　作为 27 年来改革开放的一个缩影,民营经济可以说是汇聚了中国社会制度变迁中的各种矛盾,各种新旧思想、新旧规则、新旧利益在此发生着最为直接、也是最为激烈的碰撞与交锋。通过对民营经济发展历程的解读,有助于我们认识中国社会的过去、现在和未来。

　　民营企业是民营经济的基本单位,是民营经济中以企业这种组织形式存在的经济实体。本文从民营企业的角度来对民营经济的发展在成长中所呈现出的特点进行概括和总结,并对当前广为讨论的、针对民营企业的二次创业问题作出分析。

民营企业的内涵

　　总结改革开放的经验,我们发现,不管在实践中遇到什么样的困难,中国人民总能找到自己的解决方案。比如,"民营经济"或"民营企业"这种提法是民间在描述具有某种特征的经济形式时所使用的一个最为频繁的词语。因此,为了准确把握什么是"民营经济"或"民营企业",需要把我们的思考放到改革开放的大背景之中。

1978 年之前,由于受到极左思潮的影响,公有制之外的经济形式被当做异己力量、被称做"资本主义尾巴",在历经多次政治运动之后,几乎全被"割掉"。与此同时,由于我国在人口政策上的失误,很多新增就业人口无法在体制内找到工作机会,就业问题变得越来越严重。在城乡分割的情况下,由于农村的就业问题被掩盖着,所以"文革"10 年中下乡的大约 2 400 万名知识青年,还是被土地"吸纳"了。但"文革"过后,这些知识青年陆续返城,城镇的就业压力再次凸显。迫于生计,城镇的一些待业青年开始自发地采取个体经营的方式来进行自救。在这种背景下,党和政府采取了与时俱进的态度,默许了城镇待业人员这种自发的经商行为,并在此基础之上逐步放宽对个体经济和私营经济的管制。1980 年 8 月,中央在北京召开的全国劳动工作会议上,率先提出通过发展个体、私营经济来解决就业压力的政策主张。尽管当时只把范围限制在商业和服务业之内,但这却是一个具有历史意义的开端。随后,中央又明确把这种公有制之外的经济成分界定为"非公有制经济",对其存在和发展采取了更为宽松的政策。在中国政府的官方文本中,这种"非公有制经济"成分包括如下几种形式:个体经济、私营经济和混合经济中的非公成分。显然,这是从所有制形式上来进行的归类。由于具有机制上的灵活性,非公有制经济一出现便显示出其强劲的发展态势,不仅迅速占领了计划外的一块市场,而且还不断对当时处于正统地位的计划经济体制进行着冲击。

然而,社会上对"非公经济"的称呼并不是很统一,例如,相近的说法就包括"私有经济"、"私人经济"、"私营经济"、"民营经济"等等。由于受当时意识形态的影响,人们对"私"字比较敏感,而"民营"这一概念比"私营"或者"私有"温和,所以,绝大多数人倾向于使用"民营经济"或"民营企业"这种提法(据考证,"民营"一词最早出现于国民政府时期所颁布的一系列法律法规中)。从这个意义上讲,"民营经济"以及"民营企业"概念是一种折衷或妥协的产物。这种折衷也在一定程度上保护了这一新兴的经济形式在当时的生存和发展。除此之外,民营经济作为一个经济现象或者经济学概念,还有其深刻的历史和政治内涵:

第一,民营企业是相对于官营企业而言。国有企业和集体企业是建国后公有制经济的两种基本实现形式。1993年3月之前,国有企业被称为"国营企业",它是一种行政权力介入企业内部经营管理的企业形式。而集体所有制企业则既非一种"共有的、合作的私有产权"(周其仁,1994),也不是一种纯粹的国家所有权企业,而是有着一个"婆婆"(即隶属于某一行政或企事业单位,比如国有企业、乡村集体)、并由该"婆婆"对其实施控制的企业形式。集体企业的经营决策和管理层的任命,在很大程度上是由以"集体"的名义行使权力的上级行政主管做出。所以,可以把这种国营企业和集体企业称为"官营企业"。与此相对应,人们就很自然地把那种经营权由私人控制的企业称为"民营企业"。

第二,民营企业是指以企业形式存在的民营经济。个体工商户和私营企业是民营经济中从事工商业经营的两种基本形式。1988年6月,国务院颁布了《中华人民共和国私营企业暂行条例》,从雇工人数上对个体工商户和私营企业进行了区分。该条例规定,私营企业是指企业资产属于私人所有、雇工8人以上的盈利性的经济组织。而个体工商户则指雇工人数不超过8人、资产属于私人所有的盈利性经济组织。这样,私营企业和个体工商户在法规上就具有了特定的含义。显然,民营企业包括着私营企业,而不包括个体工商户。

第三,民营企业中还包括一部分公有制企业。1984年,国有企业的改革被正式提上日程。在将近二十年的国有企业改革中,贯穿其中的主旋律是推行所谓的"两权分离"。通过承包制、租赁制和股份制等形式,国有企业在一定程度上实现了所有权与经营权的分离,这样便出现了一种新型的非官营企业——国有民营企业。例如,联想公司就一直被人们看做是国有民营企业的代表。除此之外,还有一种事实上的国有民营企业,即在一些国有企业里,由于企业核心人物的企业家才能和个人人格魅力等方面的原因,使得她(他)的地位在一定时间内难以被替代,从而使得企业更多地按照这个核心人物的个人意志运转,在经营上具有"民营"的特点。

总之,民营企业是一种从经营权而非所有权的角度来定义的经济形式。从内容上讲,民营企业是指一切以盈利为目的、且经营权不直接受行政权力干预的经济实体,它包括个体工商户、私营企业、国有民营企业、私人控股的混合所有制企业。其中,私营企业是它的代表形式。

改革开放以来中国民营企业成长的特点

对改革开放后中国民营企业的发展历程,可以从不同的角度来进行归纳和概括,例如产权的角度、管理的角度、技术的角度等等。在本文中,笔者则从企业老板的角度来对民营企业在成长中的特点进行总结。之所以选择这个角度,主要考虑的是民营企业所普遍存在的"老板对企业发展进程具有独特的影响"这一事实。通过观察,我们发现,中国现阶段的民营企业的总体特征基本上可以用下面这句话来进行概括:老板等于企业,企业等于老板。这句话的意思是说,企业的兴衰是紧密地维系在老板个人身上,即当老板精明能干的时候,企业往往发展得比较顺利,而当老板犯错误时,整个企业就跟着犯错误。换一句话说,在一个成功的企业背后,我们总能发现一个成功的企业老板;而在一个失败的企业背后,也必然会有一个失败的企业老板。

从对企业老板特征的分析中,我们可以把改革开放后中国民营经济的发展历程大致总结为混沌、激情与理性三个阶段:

1. 民营企业的混沌年代(1978—1992 年):在争论中发展

1978 年底召开的中共十一届三中全会标志着民营企业春天的来临。但由于受到计划经济思维和"左"的错误思想的影响,民营企业还是一个充满着争议的经济形式。从 1978 年到 1992 年,以民营企业为主要内容的非公有制经济在政策上是以对公有制经济的"有益的、必要的补充"的形式出现。而作为公有制主要实现形式的国有企业则继续在国民经济中处于统治和领导地位,继续控制和使用着社会绝大多数的稀缺资源。而所谓"补充",就是指次要的或不重要的,是一种拾遗补缺。这在具体政策上体现为"两个限制":一是,限制民营企业使用包括银行贷款、石油、矿藏、钢材、煤炭等重要物资在内的体制内资源;二是,限制民营企业进入一些被认为重要的行业。但是,这"两个限制"也并非无懈可击。由于地方财政的紧张(尤其是在"分灶吃饭"政策实施之后)和体制转型所形成的利益驱动,一些民营企业成功地利用价格上的"双轨制"和体制上的"挂靠"这两种具有渐进性质的措施,来绕开这两大限制。对民营企业发展的推动,也是我们在今天重新评价"双轨制"和"挂靠"做法的作用时所必须考虑的。

"挂靠"是指民营企业以某一公有制单位的名义注册登记、定期向公有制单位交纳一定的管理费用,而成为一个形式上的集体企业的做法。这种民营企业也因此被形象地称为"戴红帽子"企业,它也算得上是改革开放后我国企业一种最早的"借壳"。尽管"挂靠"为民营企业进入一些受限制的行业或利用体制内资源、政府优惠政策提供了机会,但是由于法律形式和实际内容上的不一致,这种做法也因此存在着很多隐患。例如,当挂靠单位决定"接管"被挂靠企业的时候,被挂靠企业的实际所有者在现行法律框架内就得不到任何保护。同时,企业由于挂靠而享受优惠政策所形成的资产以及这部分资产的增殖,在最终归属上也是很难界定的。

尽管民营企业存在上述种种约束,在理论上也有关于它是"姓资"还是"姓社"的诸多争论,以及由此所导致的政策上的反复,但由于其自身机制的优势和社会上所存在的"两大空白"(市场空白和法律空白),使得它在这种充满争论、又充满机遇的混沌的环境中,一直快速地向前发展着,并成为一个越来越受关注的社会现象。

下面我们来看这一时期民营企业的特点。我们可以用下面这样两个关键词来进行概括,这两个关键词也是当时的流行语。

(1)农民企业家

仔细分析,"农民企业家"这个名词其实是不科学的。因为农民和企业家是两种不同的职业,农民从事农业生产,企业家从事工商业经营。把这两个词放到一起,多少有些不伦不类。但这个概念之所以出现并成为社会的流行语,主要由于这样两个方面的原因:第一,当时民营企业老板主要来自于农民。据估计,这一数字大概占了70%,而剩下的30%则主要来自于城市的待业青年、曾经犯过错误的一批人。为什么这部分人成为当时中国经商的主流?一是因为我国的改革首先从农村开始,联产承包责任制极大地解放了农村的生产力,农民率先有了自己的积累,部分农民把这部分积累或者剩余投向工商业领域是一个很自然的过程。二是因为,选择经商就意味着放弃,即需要放弃以前的生活和生产方式,而放弃是有代价的,这在经济学上被称作为"机会成本"。稍一分析就可以看出,当时社会上的这部分人,基本上被置于社会的最底层,处于社会上的"少数派"地位,处境较差,所以,"放弃"对他们来说成本是极其低的,因而显得"胆量"较大,有的经商根本就是出于"被迫"、"无奈"。而对当时那些有着稳定收入、背景"较好"的人来说,除非自己受到非常不公正的待遇,否则放弃的机会成本就相对较高了。所以,这一时期知识分子经商办企业的并不占主流。正是由于在这一时期的企业家里,出身于农民的占据多数,社会上就用"农民企业家"来概括他们的特点。

第二,民营企业老板相对较低的文化素质和社会地位。统计表明,这一时期成长起来的民营企业老板,在文化素质和社会地位上是相对较低的,例如,人们经常用两个70%来刻画这一时期民营企业老板的状况,除了上面所说的70%出身于农民外,70%的老板还只有小学文化程度。由于"出身"、"文化程度"和"所从事工作"本身就是影响一个人社会地位的因素,因此,民营企业老板社会地位之低、被人们用"农民"来刻画就不难理解(由于受传统等级观念的影响,至今在很多城市中,农民还被当做是"土气"和"保守"的代名词)。

总之,由于处于社会的底层和不掌握话语的主动权,所以当时的企业老板就被冠上了"农民企业家"这一称呼。从这一称呼中,我们既看到了中国第一代民营企业成长的动力,又看到了这一时期的很多企业在发展过程中所存在的局限。

(2)暴发户

长期的计划经济实践,严重地束缚了我国社会生产力的发展,即便在改革开放之后相当长的一段时间里(1978—1997年),我国经济仍然没有从根本上摆脱掉短缺的局面,这种短缺的经济格局所形成的巨大市场潜力,为我国民营经济的发展提供了前所未有的历史机遇。同时,由于存在着很多法律上、政策上的空白与漏洞,就为这一时期的中国民营企业老板提供了一个巨大的"用武"之地,使得很多民营企业老板在极短的时间里迅速地敛聚起巨大的财富,成为"先富"起来的那部分人,从而避免了西方社会在资本原始积累时期所经历的那种血与火的惨痛过程(但也产生了我们今天所说的"原罪"问题)。对最近几年《福布斯》杂志上榜的我国亿万富翁的发家史的分析中,我们发现,这些亿万富翁用了平均不到 10 年左右时间就完成其财富的这种积累！而在新加坡、日本等经济发展较快的国家，积聚起百万美元的家产，平均需要几十年时间，而西方和海外的华人社会，这一过程更长，多数都经历了三代人以上。这些经营者的致富速度，社会不能不惊奇，很多人便不自觉地在这些企业家的头上冠上一顶"暴发户"的帽子。

2.民营企业的激情年代(1992—1997 年):在肯定中发展

1992 年邓小平同志南巡讲话发表之后，中国共产党迅速确立了以社会主义市场经济体制为目标的改革战略。与此同时，党对民营经济的地位和作用也有了新的认识。例如，中共十四大明确提出，非公有制经济要与公有制经济"共同发展"，而不再是过去的"补充"。这一思想隐含着给予民营企业"国民待遇"的政策取向。民营经济的发展前景开始变得明朗起来，政治风险大大地降低，打消了很多人对私人从事工商经营的顾虑。民营企业的又一个春天来了！神州大地到处都掀起一股股经商的热潮，到处都飞扬着人们创业的激情。当时对这股经商的热潮，有一种夸张的说法，即"十亿人民九亿商，还有一亿在观望"，这既在一定程度上反映了当时的社会状况和一些有识之士的忧虑，也在一定程度上反映出社会在经商态度上的转变。

由于这一时期市场从总体上来说仍处于供不应求的状态，所以伴随着创业激情而来的是财富的迅速涌现。但另一方面，我们也要看到，这既是一个激情的年代，也是一个浮躁的年代。正是这种浮躁，才导致很多企业的先天不足。

这一时期的民营企业家的特点可以用下面两个关键词来概括：

(1)知识分子

从统计数字中可以看出，这一时期经商人员的素质发生了显著的变化，主要来自于有一定社会关系或学历较高的那部分人群。由于这批人中知识分子占了较大部分，所以笔者就笼统地用"知识分子"来概括他们。

为什么这一时期知识分子经商人数会急剧增加？我们仍然可以从机会成本理论中找到解释。正如前面所说，过去知识分子不愿意经商是因为放弃的成本对他们来说太高，而随着社会上其他群体收入的不断增加，收入增长缓慢的知识分子感觉到继续留在现有工作单位的机会成本在迅速上升，于是心理上就越来越不平衡起来。这种不平衡性在上个世纪80年代末期就达到了顶峰,例如,当时社会上流行着诸如"脑体倒挂"、"搞导弹的不如卖茶叶蛋的,拿手术刀的不如拿剃头刀的"之类的说辞,就是知识分子对其处境不满的一种表达。由于缺乏"用手投票"的机制,知识分子后来在小平南巡讲话的激励之下选择了"用脚投票",即离开原来的工作岗位、转向通过办企业来表达自己的人生追求。例如,北京的中关村地区虽然在上个世纪80年代就已经享誉海内外,但是其具有历史意义的发展却是在1992年以后,一大批高科技民营企业就是从那个时候起陆续创办起来的。

(2)下海

笔者注意到,当知识分子弃文从商时,社会将之称作为"下海";而农民、待业青年的经商,仿佛天经地义,从来没有人用"下海"来描述他们的这种选择,所以我们需要分析这个词。"下海"里的"海"指的是商场、商海,"下"表示从地位高到地位低的一种转变。显然,问题的关键就在于这个"下"字上,它折射了前面我们所讨论的那种传统价值观(对经商的轻视)。"万般皆下品,惟有读书高",知识分子经常被归于"君子"的范畴,所以他们去经商被认为是"委屈"了,是"降低"了身份,所以才谓之为"下"。

下海的知识分子除了具有自己的知识优势之外,他们还更熟悉如何去利用体制内的"资源"。这种"熟悉"对企业发展来说是非常重要的,因为,在法律法规不完善和传统文化的影响下,包括关系在内的社会资本对企业的发展起着至关重要的作用。知识分子在下海后能很快地从自己过去所储备的社会关系中获得有关帮助和支持,从而把关系变成了现实的"生产力",为体制内和体制外的沟通架起一座"桥梁"。这座"桥梁"除了可以使他们能够很好地利用计划和市场这两种资源来增加自己的收益之外,还使得市场因素渗透到了传统的计划体制之中,从而加快了传统计划经济体制的瓦解。总之,知识分子的下海除了提高民营企业家队伍的整体实力之外,也用自己的方式对传统体制进行着冲击。

3. 民营企业的理性年代(1997年至今):在竞争中发展

1997年是中国宏观经济从总体上的"短缺"到"有效需求不足"的一个分水

岭。有效需求不足或总供给过剩意味着市场竞争比以往任何时候都激烈、都残酷。企业经营者越来越感觉到,现在的市场越来越难做了。同时,以债务纠纷为主要内容的经济纠纷明显增加,企业之间的"三角债"已经成为制约经济发展的一种力量,经济交往中的诚信问题越来越成为社会关注和研究的对象。与此同时,1997年7月泰国爆发了金融危机,并迅速波及到我国周边国家和地区,使我国产品的对外出口受到严重的影响,加速了一批出口导向型民营经济、乡镇企业的破产。

总之,在宏观经济退潮的背景下,中国民营企业遇到了前所未有的挑战。一些民营企业失败了,更多的民营企业提出"二次创业"的口号,并对自身的经营方式和体制开始进行深入的反思。同时,针对民营企业管理者的各种培训班也开始在全国各地如雨后春笋般地出现。民营企业进入了一个理性、反思、学习的年代!

我们可以用下面这两个关键词来分析这一时期的民营企业的特点:

(1)失败

我们知道,企业在成长过程中总是要面临着被市场所淘汰的危险,企业出问题是再平常不过的事情,并不值得我们这样关注。但是,这一时期我国民营企业的失败不是以分散的形式出现,而呈现出一种"集中"的特点:一是时间上的集中,即民营企业失败数量在1997—1998年这两年时间突然飙升,以致有人把这两年称作为中国民营企业的"破产年"。二是出现问题的形式也比较集中,有相当大一部分民营企业是在其快速发展的过程中而急转直下的。

这种集中失败也是改革开放后我国民营企业进入市场经济之后所出现的第一次大滑坡,它带给了民营企业家许多的惊恐与困惑。一些有识之士开始认真分析和研究这种现象。

为什么会集中失败?显然,对这一问题的认识离不开对改革开放后中国这段历史的分析。其实,民营经济的问题并不是1997年后才开始出现,而是很早就已经存在,只不过这些问题被短缺所推动的经济繁荣所掩盖。当经济发展速度慢下来之后,这些被掩盖着的问题都暴露出来了。因而,大面积的民营企业在这一时期被市场所淘汰就不难理解了。随着中国政府加入世贸组织时所作承诺的日趋兑现,跨国公司逐渐成为中国市场的一支重要力量,民营企业的竞争对手也发生着质的变化。可以预计,民营企业如果不注意提高自己素质的话,失败的数量将会越来越多。

大浪淘沙,民营企业的失败也有它的积极作用,它有利于提高民营企业的整体素质。同时,失败也将有利于民营企业从浮躁中走向成熟。

(2)企业家

由于治理结构的不健全,我国绝大多数民营企业还基本上是一种人治型企业,所以正如前面我们所讨论的那样,老板在企业发展过程中起着决定性的作用。通过对1997年之后大量民营企业失败案例的分析,我们可以看出,这些企业的失败也确实与老板有着密切的关系。这样,人们就自然而然地把目光转移到企业老板的素质上来。企业老板应该具有什么样的素质?一个非常有影响的研究结果是,企业要想保持持续稳定的发展,必须由具备企业家素质的人才来经营。于是,自上个世纪90年代后期以来,"企业家"这个曾被人们不屑一顾的概念开始在我国变得炙手可热起来,国内一批优秀的企业家也开始受到媒体的热捧。

然而,"企业家"其实是非常难以定义的。现代管理学也只是从领导和管理的角度上来分析经营者的素质,而回避了"企业家"这一说法。因此,对企业家的研究也具有一定的挑战性。现在,人们至少都已经认识到,企业家是一种素质,是企业家才能和企业家精神的统一体,而不是一种位置。尽管我们对企业家的这些认识还有待深化,但上述这些讨论至少反映了社会对这种素质的人才的重视和呼唤。这种重视和呼唤必将会对民营企业的发展起到积极的推动作用。

民营企业二次创业的大思路

针对民营企业在实践中所出现的问题,社会上开始有了"二次创业"的提法。一般地,把民营企业从创办到实现了正的净现金流的过程称作为一次创业,其核心是为了实现企业的自我循环、解决企业的生存问题。相应地,二次创业是为了实现企业的自我积累、解决企业的发展问题。显然,一次创业和二次创业中的"次"指的不是具体的某次创业。

企业的一次创业和二次创业类似于"打江山"与"坐江山"的关系。"打江山"依靠的是胆量、是冒险精神,"坐江山"则依靠的是管理。从实践中看,管理水平的高低取决于企业的制度和人才,而制度和人才则来自于企业的"放权让利"。或者说,"放权让利"是民营企业进行二次创业的大思路。

第一,"放权"可以给企业带来制度。

在很多民营企业中,并不缺乏纸上的制度,但是很难落到实处,成为废纸一张。为什么会出现这种情形呢?这除了企业老板带头破坏制度之外,还在很大程度上来自于权力的过度集中。

在企业创业的过程中,老板依靠自己的能力或者个人魅力取得了创业的成功,因而大都具有绝对的权力。设想一下,当一个企业老板集人事权、财权、决策权于一身的时候,那么他所制定的关于防止权力滥用的制度,能在多大程度上起作用呢?但是,如果老板开始分权,即把自己掌握的部分权力让给别人来行使,他就会这样考虑:我把这项权力给了张三,张三会不会滥用?他会在什么情况下滥用?如果滥用,他应该受到什么样的惩罚?这样,在下放权力的时候,他就会与对方约法三章,规定什么事可以做,什么事情不可以做,如果做了不该做的事情之后,会有什么样的后果,等等。显然,这种"约法三章"的过程也就是制度的制定过程,而且更为重要的是,老板也有积极性来执行和监督它。

第二,"让利"可以为企业赢得人才。

企业之间的竞争归根结底是人才之间的竞争。能不能吸引人才是一个企业在市场竞争中能否取得胜利的关键。而人才的去留又在很大程度上取决于老板对利益的态度。中国古代就总结出了"财聚则人散,财散则人聚"的经营智慧。这就是说,当企业的老板把盈利全部装入自己口袋的时候,就没有人愿意给他干活;而当老板同员工一起分享利益的时候,则人才就会从四面八方而来。这并不是说人才都是见钱眼开的,而是人才可以从老板对金钱的态度当中,发现企业的经营哲学、老板的胸怀以及企业的发展前景,从而决定自己的去留。

　　当前,我国很多民营企业已经开始重视通过管理层持股或员工持股的方式来实现利益的共享,从而实现多赢的目标。"下放了权力,带来了制度;让出了利益,赢得了人才",这是每个民营企业老板所应该牢记的。因为,制度和人才是把一个民营企业打造成百年老店的基石,理所当然地也应该成为民营企业二次创业的重点内容。同时,放权让利也使得老板得到了"解放",从而有更多的时间去思考自己企业的发展战略,把握企业的前进方向。

【2005 年第 10 期】

现代经济学的基本分析框架与研究方法

田国强

笔者以为,现代经济学的分析框架和研究方法具有非常的普遍性、高度的规范性和逻辑的一致性。并且,由于相对其他学科,经济学与经济社会更休戚相关,甚至会影响到经济政策的制定,因而非常有必要正本清源,讨论清楚。

现代经济学的基本分析框架和研究方法是无地域和国家界限的,并不存在独立于他国的经济分析框架和研究方法,现代经济学的某些基本原理、研究方法和分析框架可以用来研究任何经济环境和经济制度安排下的各种经济问题,研究特定地区在特定时间内的经济行为和现象。几乎所有的经济现象和问题都可以通过下面要介绍的基本分析框架和研究方法来进行研究和比较,从而中国实际经济环境下的各种经济问题也可通过现代经济学的分析框架来研究。事实上,这正是现代经济学分析框架的威力和魅力所在:它的精髓是要人们在做研究时必须考虑到,并界定清楚某时某地具体的经济、政治和社会环境条件。现代经济学不仅可以用来研究不同国家和地区、不同风俗和文化的人类行为(无论自私自利与否)下的经济问题和现象,它的基本分析框架和研究方法甚至也可用于研究其他社会现象和人类行为决策。事实证明:由于现代经济学分析框架和研究方法的一般性和规范性,在过去 20

年,现代经济学的许多分析方法和理论已被延伸到政治学、社会学、人文学科等学科。

现代经济学的基本分析框架

现代经济学的基本分析框架和研究方法具有高度的规范性和一致性。它首先给出想要研究的问题,或想要解释的某种经济现象,即经济学家首先需要确定研究目标,然后试图回答所要研究或所要解释的问题。比如,下列问题是现代经济学直到现在仍在试图研究或回答的一些问题:为什么会出现经济周期和经济衰退? 面对经济周期和经济衰退,政府应采用什么样的宏观经济政策? 为什么一些国家非常富裕,同时另外一些国家却非常贫穷,而不是整个世界同时富裕起来? 人们生活在其中的市场制度安排是如何运作的,它有什么样的优越性? 市场在什么时候会失灵,如何解决? 如何解决经济外部性问题,是通过政府干预,通过明晰产权的办法来解决,还是通过其他办法来解决? 如何在信息不对称的情况下解决经济人的激励问题? 中国经济学家所面临的问题是,如何解决经济制度转型过程中所面临的各种问题,比如:如何改革金融体系和国有企业,如何解决经济效率与公平的两难以及国有资产流失等问题。

以上这些问题看起来非常不一样,但研究这些问题的基本分析框架却可以是一样的。一个规范经济理论的分析框架基本上由以下五个部分或步骤组成:(1)界定经济环境;(2)设定行为假设;(3)给出制度安排;(4)选择均衡结果;(5)进行评估比较。可以这样认为,任何一篇逻辑清楚、层次分明、论证合理的经济学论文,无论结论如何或是否作者意识到,都基本上由这五部分组成,特别是前四部分。

1. 界定经济环境

现代经济学分析框架中的首要组成部分,就是对所要研究的问题或对象所处的经济环境做出界定。经济环境通常由经济人、经济人的特征、经济社会制度环境以及信息结构等组成。对经济环境的界定可分为两个层次:(1)客观描述经济环境和(2)精炼刻画经济环境特征。要做好这两点,前者是科学,后者是艺术。对经济环境描述得越清楚、准确,理论结论就会越正确;对经济环境刻画得越精炼和深刻,论证起来就越简单,理论结论也越能让人理解和接受。界定好一个经济环境,就是要将这两个层次有机地结合起来。在现代经济学大多数问题的研究中,经济环境都假定为外生给定的,而不是由理论模型延伸出来的,否则就无法讨论问题,因为总需要将一些经济因素或变量当作参数给定。

为了避开细枝末节,把注意力引向最关键、核心的问题,我们需要根据所考虑的问题,对经济环境进行特征化的刻画。例如,在现代微观经济理论中,为了研究经济人的选择问题,一个消费者的经济特征就简单地假定由经济人的消费集、偏好关系(或效用函数)、初始禀赋和信息结构(如考虑不确定性)来描述;一个厂商的经济特征则由它的生产可能性集合或生产函数来表示;所有经济人的经济特征便组成了经济环境。同样,在研究转型国家,如中国经济转型问题时,人们也需要刻画不规范经济制度环境下的经济环境特征。这样,对经济制度环境不规范的转型国家,我们就不能简单地照搬在规范经济环境下所得出的理论结果,而是需要刻画出转型经济的具体特征,并且仍然是采用现代经济学的基本分析框架和研究方法来研究转型经济问题。

人们也许比较容易理解,不同的经济环境可能导致不同的经济理论。但不少人难以理解的是,为什么即使现实经济环境相同,所要研究的问题相同,还会得出不同的经济理论呢?有些人因此导致了对现代经济学及其研究方法持怀疑,甚至否定的态度。其实,许多经济理论间的结论差异往往是经济学家对经济环境界定的差异所造成的。这种差异不仅可能是客观经济环境上的差异所造成的,而且还可能是由经济学家如何对经济环境进行界定所造成的。如上所述,由于经济环境十分复杂,在许多情况下,经济学不能像自然科学那样只进行描述性分析,还需要对经济环境行为方式进行抽象式的精炼,找出最主要的特征,这往往会让经济学家带有一定程度上的主观判断。不同的主观判断,就会导致对经济环境的不同界定,从而导致了不同的经济理论、经济学派或理论结果。

2. 设定行为假设

现代经济学分析框架中的第二个基本组成部分是对经济人的行为方式做出假设。这个假设至关重要,是经济学的根基。一个经济理论有没有说服力和实用价值,一个经济制度安排或经济政策能不能让经济持续快速地发展,关键看所假定的个人行为是不是真实地反映了大多数人的行为方式。

一般来说,在给定现实环境和游戏规则下,人们将会根据自己的行为方式作出权衡取舍的选择。这样,在决定游戏规则、政策、规章或制度安排时,要考虑到参与者的行为方式并给出正确的判断。面对不同行为方式的参与者,所采用的游戏规则往往不同。如果你所面对的人是一个老实,做事讲诚信的人,你和他处事的方式或者说你针对他的游戏规则将多半会相对简单,不需费什么精力(设计游戏规则)和他处事,游戏规则也许显得不是那么重要。但如果要打交道的人是一个难缠、狡猾、无诚信可言的人,你和他打交道的方式可能会非常的不同,与他相处的游戏规则可能会复杂得多,需要小心对付,并需要花费很大的精力。这样,为了研究人们是如何作出激励反应和权衡取舍的选择,对所涉及人的行为作出正确判断和界定是非常重要的一环。在研究经济问题时,如研究经济选择,经济变量间的相互作用和它们的变化规律时,确定经济人的行为方式也非常重要。

一个比较合理和现实而又通常被经济学家所采用的人类行为假设是,人是自利的,即人主要追求自己的利益。"人是自利的"这一人类行为假设是现代经济学中的一个基本假设。利己性假设即使对一个国家、一个民族、一个集体、一个家庭或者一个政治家也是适应的。人们通常所说的,国家有国家的利益,民族有民族的利益,集体有集体的利益,家庭有家庭的利益,讲的就是这个道理。

对人类的利己行为假设不仅必要,符合基本现实,并且更重要的是:即使这一自利行为假设有误,也不会造成严重后果;而相反,如果采用利他性假设,一旦假设有误,所造成的后果要比前者大得多,甚至可能是灾难性的。

其实,对人的行为作出正确判断在日常生活中也是非常重要的。只要想一想在现实中将一个行事自私、狡猾的人看作是一个行事简单、一心为公的"老实人"来和他行事处世,将会对你造成什么样的后果就会明白这种假设错误的严重性。这就是为什么人们往往说,把丑话说在前面,先制定好游戏规则,为什么在现实中我们需要"党纪"、"国法",需要各种法律和规章制度,比如严格的财务制度,实质上是为了预防个人私欲膨胀!由于不知道什么样的人有私欲,没有严格的财务制度,有些人就会任意拿走公家的财产。

在经济学中,比利己更强的行为假设是人的理性假设,也就是最优化假设:每个人、每个企业都会在给定的约束条件下争取自身的最大利益。尽管理性假设不完全真实,但与现实基本接近,至少从长远来看是如此。比如,作为一个竞争性企业,如果总是不追求利润最大化,终究它就会被淘汰。需要指出的是,由1980年诺贝尔经济学奖获得者西蒙所提出的有限理性假设并不是对理性假设作完全否定,而只是说明人们有时是健忘的、冲动的、混乱的、有感情的和目光短浅的,不能真正地总是追求其最优目标。尽管如此,有限理性假设仍然是指人的行为接近理性,是较弱的一种利己性假设,在面对这样的主观局限性约束时,人们仍然是权衡取舍,选择尽可能好的结果。

当然,由于有限理性假设与理性假设的差异,经济学家会得出一些不同的理论结果。以前看到国内一些学者,用有限理性这个假设来否定现代经济学,将有限理性假设与理性假设对立起来,认为有限理性假设对现代经济学造成了冲击。其实这是误解。科学总是不断地进步和发展,和理性行为假设一样,有限理性假设也是自利行为假设的一种,只是后者是前者的推广和延宕,后者比前者更一般化。它包括了前者作为一个特殊情况,根本谈不上有限理性否定或者推翻了现代经济学。这就如同爱因斯坦的相对论是牛顿力学的推广和延宕一样,前者比后者更一般化,但不能说爱因斯坦的相对论否定或推翻了牛顿力学。

3. 给出制度安排

现代经济学分析框架中的第三个基本组成部分是给出制度安排,也即游戏规则。对不同的情况,不同的环境,面对不同行为方式的人们,往往需要采取不同的因应对策或游戏规则。不同的游戏规则将导致人们不同的激励反应,不同的权衡取舍结果,从而可能导致非常不同的结果。这对经济学的研究也同样成立,当经济环境确定后,人们需要决定经济上的游戏规则,在经济学中称之为经济制度安排。现代经济学的任何一个理论都要涉及到经济制度安排。现代经济学,特别是最近 30 年来发展起来的经济机制设计理论、信息经济学、最优合同理论和拍卖理论等,根据不同的经济环境和行为假设,研究并给出大到整个国家、小到二人经济世界的各式各样的经济制度安排,也即经济机制。依赖于所讨论的问题,一个经济的制度安排可以是外生给定,也可以是内生决定的。

标准的现代经济学主要是研究市场制度安排的。研究在市场制度下人们的权衡取舍选择问题(如消费者理论、厂商理论及一般均衡理论)以及研究在什么样的经济环境下市场均衡存在,并对各种市场结构下的配置结果作出价值判断(判断的标准基于资源配置是否最优、公平等等)。在这些研究中,市场制度安排通常假定是外生给定的。将制度安排作为外生给定的好处是将问题单一化,以便将注意力集中于研究人们的经济行为及人们是如何作出权衡取舍选择的。

当研究一个具体经济组织或单位的经济行为和选择问题时,经济制度安排更应是内生决定的。新制度经济学、经济机制设计理论、转轨经济学、最优合同理论、信息经济学、现代企业理论、委托代理理论等就是研究经济组织及经济制度的设计问题。将经济制度安排作为未定,研究在给定的经济环境下的经济制度安排的最优选择。将经济机制看作内生的好处是,由于经济环境往往在一定时间内是给定的,人们需要给出相应的经济机制,也即制定出相应的游戏规则。那么,在给定经济环境下,人们应该选择什么样的经济机制使之达到所想要达到的目标呢? 这正是经济机制设计理论及其分支——最优合同理论和委托代理理论等所想要解决的问题。

4. 选择均衡结果

现代经济学分析框架中的第四个基本组成部分是作出权衡取舍的选择,找出尽可能佳的结果。由于做任何一件事往往存在着多种可行方案,这样人们需要作出选择。那么人们是如何作出选择,特别是经济上的选择呢? 一旦给定经济环境和经济制度安排(游戏规则)及其他必须遵守的约束条件之后,人们将会根据自己的行为方式作出激励反应,在众多的可行结果中通过权衡取舍来选定结果,称之为均衡结果。有人认为经济学中均衡的概念不好理解,甚至反对采用均衡的概念。其实均衡概念不难理解,它表示在有多种可供选择的情况下,人们需要选定一个结果,这个最终选定的结果就是均衡结果。对利己的人来说,他将选择一个自认为是最有利的结果;对利他的人来说,他可能选定一个有利于他人的结果。

以上所定义的均衡应是经济学中最一般化的均衡定义。它包括了教科书中在自利动机的驱动以及各种技术或预算约束条件下所达到的最优消费、最大利润生产计划,或最小成本结果均衡,它也包括了从总供给等于总需求条件下所导出市场竞争均衡。它还包括了人们在给定的市场机制下互相作用(如不完全竞争和寡头竞争市场结构下),达到某种均衡状态。以上所给出均衡概念也包括了在有限理性假设下所导出的均衡以及任何给定行为(无论是自利与否)假设条件下所导致的均衡。这样,根据以上对均衡概念的理解,可知有限理性假设根本没有冲击或推翻现代经济学的分析框架和研究方法。

5.进行评估比较

现代经济学分析框架中的第五个基本组成部分,是对经济制度安排和权衡取舍后所导致的均衡结果进行价值判断和作出评估比较。这有点像在中国,一个人从学校到单位,经常需要对过去一段时间的学习或工作作出总结,与过去进行比较。当经济人作出选择后,人们希望对所导致的均衡结果进行评价,与某种给定的标准(如资源有效配置、资源平等配置、激励相容、信息有效等)进行比较,从而进一步对经济制度安排给出评价和作出优劣的价值判断——判断所采用的经济制度安排是否导致了某些"最优"结果;还要检验理论结果是否与经验现实一致,能否给出正确预测,或具有现实指导意义;最后,对所采用的经济制度和规则作出优劣的结论,从而判断是否能给出改进办法。

在评估一个经济机制或制度安排时,现代经济学通常所采用的一个最重要的评估标志是看这个制度安排是否导致了效率。所谓"效率",就是用最少的成本,达到最佳效果。

帕累托最优这个概念对任何经济制度都是适用的。尽管帕累托最优标准没有考虑到社会公平问题,但它却从社会效益的角度对一个经济制度给出了资源是否被浪费的一个基本判断标准,从可行性的角度评价了社会经济效果。它意味着如果一个社会资源配置不是有效的,则存在着改进效益的余地。帕累托最优给出了一种判断标准。只要想提高经济效率,人们就应不断地追求,尽量地接近这一目标。因而它是一把标尺。用这个标尺,人们可以比较、衡量和评价现实世界中各式各样经济制度安排的好坏,看它们离这一标准还差多远,从而得知改进经济效益的余地,使资源的配置尽可能接近帕累托最优标准。

当然,帕累托有效是一种理想境界,对一个低效率的经济制度安排,如转型经济过程中的各种临时制度安排,帕累托有效也许是一个太高的标准。于是,退而求其次,在讨论制度的演进时,经济学家往往用帕累托改进这一标准来衡量制度转型的好坏。所谓帕累托改进意味着经济社会中所有人的福利或多或少有所改进。帕累托改进较弱的要求是社会整体福利得到改进。

尽管现代经济学对平等结果注意较少,但并不意味着现代经济学的基本分析框架不能用来研究如何导致资源平等配置。资源的有效配置与平等配置是两个非常不同的概念,它们代表了不同的价值取向。一般来说,资源的有效配置和平等配置呈现权衡取舍的反向关系。人们通常所指的平等配置是一种绝对平均的概念,没有考虑到个人偏好。由于各人的偏好不一样,把所有的商品平等地分给每一个人虽然看起来公平,但不见得大家都满意。在经济问题的讨论中,人们还用到其他意义下的结果平等概念。例如,每个人都满意自己所得的一份,即不认为别人的比自己的好。以上平等配置的概念也许更合理,因为它们考虑到了个人偏好:人们愿意得到他喜爱的商品组合,而不愿意平等地得到他不喜欢的商品组合。并且,现代微观经济理论告诉我们,只要每人的初始禀赋的价值相同,在通常市场均衡存在假设条件下,市场竞争机制将可同时导致帕累托有效和以上所定义的平等配置。这就是说,在理论上,只要有一个公平的竞争起点(政府可以通过税收和给每个国民同等基础教育达到这种起点平等),然后通过市场运作就可以达到既有效率而又公平的社会结果。笔者认为,这个结果对解决当今社会的越来越大的贫富差别和社会不公,也许有一点现实的指导意义。

评估一个经济制度安排好坏的另外一个重要标准就是看它是否激励相容（incentive compatibility）。所谓激励相容就是将自利的个人利益和他人的利益统一起来，使得每人在追求其个人利益时，同时也达到了其制度安排设计者所想要达到的目标。由于每个人从所要做的事中获得利益与付出代价，通过对利益和代价的比较，将会对游戏规则作出合理的激励反应。一个好的经济制度安排就是要看它是否给主观为自己的个人以激励，使他们客观为社会而工作。激励相容是一个非常重要的经济概念，在最近30年已成为现代经济学中一个核心概念，是任何经济体制都需要具有的性质。除激励相容之外，还要看运行经济机制的代价，看信息是否有效，有没有较小的制度成本和经济交易成本等。

以上所讨论的五个组成部分可以说基本上是所有规范经济理论一致使用的分析框架，无论其中使用多少数学，无论制度安排是外生给定的还是内生决定的。

现代经济学的基本研究方法和注意要点

本节要讨论的是现代经济学中通常所采用的一些基本研究方法和注意要点。它包括提供研究平台，建立参照系，给出度量标尺，提供分析工具，注意经济理论的适应范围，区分充分条件和必要条件的重要性，以及弄清数学与现代经济学的关系等。

1. 研究平台、参照系和度量标尺

现代经济学的研究方法是，首先提供各种层次和方面的基本研究平台、建立"参照系"，从而给出度量均衡结果和决定制度安排优劣的度量标尺。提供研究平台和建立参照系对任何学科的建立和发展都极为重要，经济学也不例外。提供研究平台和建立参照系有利于：（1）简化问题，抓住问题特征；（2）建立评估理论模型和理解现实的标尺，以及（3）理论创新。

研究平台：现代经济学中的研究平台是由一些基本的经济理论或原理组

成,它们为更深入的分析打下了基础。现代经济学的理论基础是现代微观经济学,而微观经济学中最基础的理论是个人选择理论——消费者理论和厂商理论。它们是现代经济学中最基本的研究平台或奠基石。这就是为什么所有的现代经济学教科书基本上都是从讨论消费者理论和厂商理论着手的。它们为个人作为消费者和厂商如何作出选择给出了基本的理论,并且为更深入地研究个人选择问题提供了最基本的研究平台。

一般来说,个人的均衡选择不仅依赖于自己的选择,而且也依赖于其他人的选择。为了研究个人的选择问题,首先要弄清楚个人选择在不受他人影响时是如何作出决策的。现代微观经济学中标准的消费者理论与厂商理论就是按照这样的研究方法得到的。在这些理论模型中,经济人被假定处于完全竞争的市场制度安排中。这样,每人都把价格作为参数给定,个人选择不受他人选择影响,并且每个人的效用或收益只依赖于自己的选择,而不依赖于他人的选择。

刚开始学现代经济学的人往往会对这种研究方法感到不解,认为这种简单情况离现实太远,理论中的假设和现实太不相吻合,从而认为现代经济学理论没有什么用。其实,这种将问题简化或理想化的研究方法为更深入的研究建立了一个最基本的研究平台。这就像物理学科一样,为了研究一个问题,先抓住最本质的东西,从最简单的情况研究着手,然后再逐步深入,考虑更一般和更复杂的情况。微观经济学中关于垄断、寡头、垄断竞争等市场结构的理论就是在更一般情况下——厂商间相互影响下——所给出的理论。为了研究经济人相互影响决策这更一般情况下的选择问题,经济学家同时也发展出博弈论这一有力的分析工具。

一般均衡理论是基于消费者理论和厂商理论之上,属于更高一层次的研究平台。消费者理论和厂商理论为研究在各种情况下的个人选择问题提供了基本的研究平台,一般均衡理论则为研究在各种情况下所有商品的市场互动,如何达到市场均衡提供了一个基本的研究平台。而最近 30 年发展起来的机制设计理论又是更高一层次的研究平台,它为研究、设计和比较各种经济制度安排或经济机制(无论是公有制,私有制,还是混合所有制)提供了一个研究平台,它可以用来研究和证明完全竞争市场机制在配置资源和利用信息方面的最优性及唯一性。

参照系或基准点:参照系或基准点指的是理想状态下的标准经济学模型,它导致了理想的结果,如资源有效配置等。参照系是一面镜子,让你看到各种理论模型或现实经济制度与理想状态之间的距离。一般均衡理论就提供了这样一种参照系。将完全竞争市场作为参照系,人们可以研究一般均衡理论中假设不成立(信息不完全,不完全竞争,具有外部性,非凸的生产集、不规范经济环境等),但也许更合乎实际的经济制度安排(比如具有垄断性质或转型过程中的经济制度安排),然后将所得的结果与导致了资源有效配置的竞争市场均衡进行比较。

通过与完全竞争市场这一参照系相比较,人们就可以知道一个(无论是理论或现实采用的)经济制度安排在资源配置和信息利用的效率方面的好坏,以及现实当中所采用的经济制度安排与理想的竞争市场机制相差多远,并且提供相应的经济政策。

度量标尺:尽管作为参照系的经济理论可能有许多假定与现实不符,但是它们却非常有用,是用来作进一步分析的参照系。建立经济学中的参照系就像生活中树立榜样一样的重要,它们是建立评估理论模型和理解现实的标尺。这些参照系本身的重要性并不在于它们是否准确无误地描述了现实,而在于建立了一些让人们更好地理解现实的标尺,为进一步解释现实的理论提供基准点或参照系。

2.分析工具

对经济现象和经济行为的研究,光有分析框架、研究平台、参照系和度量标尺还不够,还需要有分析工具。现代经济学不仅需要定性分析,也需要定量分析,需要界定每个理论成立的边界条件,使得理论不会被滥用。这样,需要提供一系列强有力的"分析工具",它们多是数学模型,但也有的是由图解给出。这种工具的力量在于用较为简明的图像和数学结构帮助我们深入分析纷繁错综的经济行为和现象。比如,需求供给图像模型,博弈论,研究信息不对称的委托—代理理论,动态最优理论等。

3. 经济理论的作用、一般性与相对性

经济理论的作用:经济理论至少有三个作用。第一个作用是,它能够用来解释现实中的经济现象和经济行为,这是现代经济学主要讨论的内容。第二个作用是,它能够对给定的现实经济环境、经济人行为方式及经济制度安排下所可能导致的结果作出科学的预测和推断,并指导解决现实经济问题,这个作用也许更重要。只要理论模型中的前提假设条件大致满足,它就能得出科学的逻辑结论并据此作出科学、正确的预测和推断,而不一定需要实验就能知道最终结果。

一个好的理论不用实验也能推断出最终结果。这在很大程度上解决了经济学不能拿社会做实验的问题。人们需要做的只是检验经济环境和行为方式等方面的假设是否合理(近些年来非常热门的实验经济学主要就是从事检验经济人的行为方式假设等理论基础性方面的研究)。第三个作用是,许多理论上的不可能性结果可以用来避免实施许多现实中不可行的目标和项目。这是因为如果一个结论在理论上不能成立,只要理论的前提假设条件符合现实,这个结果在现实中也一定不可能成立。

经济理论的一般性:从以上对现代经济学的基本框架的讨论可以看出,经济学中每一个理论或一个模型都是由一组关于经济环境、行为方式,制度安排的前提假设以及由此导出的结论所组成的。一个理论的前提假设条件越一般化,理论的作用和指导意义就会越大。如果一个理论的前提假设条件太强,它就没有一般性,这样的理论也就没有什么用处。这样,成为一个好的理论的必要条件就是它要有一般性,越具有一般性,解释能力就会越强,就越有用。一般均衡理论就具有这样的特点,它在非常一般的偏好关系及生产技术条件下,证明了竞争均衡存在并且导致了资源的最优配置。

经济理论的相对性:在希望一个理论具有更大一般性的同时,也必须要注意到它的适应范围、边界以及局限性。这样在应用一个经济理论时便可避免犯两种错误。第一种错误是高估理论的作用。在讨论问题和运用某些经济学原理时,要注意这些原理后面的前提假设条件和它的适应范围,不能泛用,否则就会得出错误的结论。记住了定理的边界条件,你就不会轻易地下结论,否则就会误用某个定理,像误用科斯定理,弄不好会带来重大政策失误,如俄罗斯激进的私有化产权改革。

在海外学习,从事研究与教学二十多年,给我印象最深的一点是,许多大师级的学者们在论述他们的学术观点时(即使是口头发言),往往会非常注重于强调结论成立的前提假设及具体约束条件。这样,在讨论经济问题和给出经济结论时,非常重要的是注意理论的边界、局限性,及这个理论的应用范围。

另外一个错误是低估理论的作用。不少人经常以现代经济学中某些假设或原理不太适合中国国情为理由而否定现代经济学。事实上,世界上没有一门学科的所有假设或原理完全地合乎现实(如没有空气阻力的自由落体等物理概念)。我们不应根据这一点来否定一门学科的有用性。对现代经济学也是如此。我们学习现代经济学,不仅仅是了解它的基本原理、它的有用性,更重要的是学习它思考问题、提出问题和解决问题的方法。有些经济理论本身的价值并非直接解释现实,而是为解释现实发展更新的理论提供研究平台和参照系。借鉴这些方法,人们可以对如何解决现实中的问题得到启发。此外,如上节所述,由于环境的不同,一个理论对一个国家或地区适合,不见得对另外一个国家或地区适合,不能机械地生搬硬套,而需要修改或创新原有理论,根据当地的经济环境和人们的行为方式发展新的理论。

4. 区分充分条件与必要条件的重要性

在经济问题的讨论中,区分充分条件与必要条件也是非常重要的,它能帮助人们很清楚地思考问题和避免不必要的争论。必要条件是一个命题成立所必不可缺少的条件,充分条件是能保证命题一定成立的条件。例如,市场经济是导致一个国家富强的必要条件而不是充分条件。这就是说,要想国家富强,一定要走市场经济的道路。这是由于在世界上找不到任何富裕但不是市场经济的国家。但走市场经济之路,只是必要条件,不是充分条件,我们也必须承认市场机制不一定导致繁荣昌盛。其原因是,尽管(根据目前观察到的事实)市场机制是使一个国家繁荣昌盛必不可少的,但还有许多因素也能影响一个国家的繁荣富强。

5. 数学在现代经济学中的作用

数学现在已经成为现代经济学研究中最重要的工具。由于提供研究平台,建立参照系和给出分析工具都需要数学,这就不难理解为什么数理分析的方法在现代经济学中成为主要的研究方法。如果经济学没有采用数学,经济学就不可能成为现代经济学。可以说,学好数学几乎是学好现代经济学的必要条件。数学在现代经济学的作用是:(1)使得所用语言更加准确和精炼,假设前提条件的陈述更加清楚,这样可以减少许多由于定义不清所造成的争议。(2)分析的逻辑更加严谨,并且清楚地阐明了一个经济结论成立的边界和适应范围,给出了一个理论结论成立的确切条件。否则的话,往往导致一个理论的滥用。例如,在谈到产权问题时,许多人都喜欢引用科斯定理,认为只要交易费用为零,就可导致资源的有效配置。直到现在,仍有许多人不知道(包括科斯本人在给出他的论断时也不知道),这个结论一般不成立。如上所述,还要加上效用(支付)函数是准线性这一条件。(3)利用数学便于得到难以直观得到的结果。比如,从直观上来看,根据供给和需求法则,只要供给和需求量不相等,竞争的市场就会由看不见的手,通过市场价格的调整,达到市场均衡。但这个结论并不总是成立。Scarf(1960)给出了具体的反例,证明这个结果在某些情况下并不成立。(4)它可改进或推广已有的经济理论。这方面的例子在经济理论的研究中太多了。比如,经济机制设计理论是一般均衡理论的改进和推广。

然而,光懂数学还不能成为一个很好的经济学家,还要深刻理解现代经济学的分析框架和研究方法,对现实经济环境、经济问题有很好的直觉和洞察力,学经济学时不仅要从数学(包括几何)的角度去了解一些术语、概念和结果,更重要的是,即使它们是用数学的语言或几何的图形给出的,也要尽可能弄清它们的经济学含义。因而在学习经济学时不要被文中的数学公式、数学符号等迷惑住。

6.经济学语言和数学语言的相互间转换

经济学研究的产品是经济论断和结论。一篇规范的经济学论文的写作一般由下面三个部分组成:(1)提出问题,给出重要性,确定研究目标;(2)建立经济模型,严格表达并验证论断;(3)通俗表达论断并给出政策含义。这就是说,一个经济结论的产生一般需要经过三个阶段:非数学语言阶段——数学语言阶段——非数学语言阶段。第一阶段提出经济观念、想法或猜想,这些观念、想法或猜想可能由经济直觉产生或根据历史经验或外在经验而来。由于还没有经过理论论证,人们可将它们类比为一般生产中的初等品。这一阶段是非常重要的,它是理论研究和创新的来源。

第二阶段需要验证所提出来的经济想法或论断是否成立。这种验证需要经济学家通过经济模型和分析工具给出严格的证明,只要可能,还需要得到实际经验数据的检验。所得出的结论和论断往往都是由数学语言或专业术语来表达的,非专业的人士不见得能理解,从而不能为社会大众、政府官员、政策制定者所采用。所以将这些由技术性较强的语言所表达的结论和论断类比为一般生产中的中间产品。

第三阶段就是将由技术语言所表达的结论和论断用通俗的语言来表达,使得一般的人也能够理解,用通俗语言的形式给出这些结论的政策含义、深远意义及具有洞察力的论断,这些才是经济学的最终产品。注意第一和第三阶段都是用通俗、非技术、非数学的语言来给出经济想法和结论,但第三阶段是第一阶段的一种飞跃、升华。这种三阶段式,由通俗语言阶段到技术语言阶段,然后再回到通俗语言阶段其实也是大多数学科所采用的研究方式。

结 束 语

总之,要理解和正确应用现代经济学,就需要了解现代经济学基本分析框架和研究方法。本文讨论了一个规范经济理论的分析框架的五个基本组成部分:(1)界定经济环境;(2)设定行为假设;(3)给出制度安排;(4)选择均衡结果;及(5)进行评估比较。基本的研究方法包括提供研究平台、建立参照系、给出度量标尺,及提供分析工具。这种规范性的分析框架和研究方法使得现代经济学在过去六十年来发展迅速,应用广泛,影响巨大,已成为一门规模庞大、分支众多、体系严谨的社会科学领域。即使专门研究经济学的学者,也只能了解为数有限的分支中的很少一部分内容。不花一番工夫,很难真正地理解其中一些经济理论的精髓。

　　在经济问题的讨论中,要区分充分条件与必要条件的差别,理解经济理论的作用,一般性与相对性,数学在经济学中的作用。学习经济学,不仅仅是了解它的基本原理,更重要的是学习它提出问题、思考问题和解决问题的方法。掌握了现代经济学的基本方法和分析框架,有利于从事经济学的学习与研究,甚至帮助人们更好地处理日常事务。现代经济学基本分析框架其实也就是人们处理日常事务所用的基本方法。从这个意义上来说,现代经济学是"庸俗"的、"下里巴人"式的经济学。

【2005年第11期】

解决股权分置的三大歧义和三大难点

华　生

　　股权分裂,即同股异价异权的股权分置,是中国股市区别于其他任何市场的最具特色的国情,也是中国证券市场的主要制度缺陷。经过这几年来的理论和实践的探索,积极稳妥地解决股权分置问题,不仅在业界和学术界形成了广泛的共识,而且也已经列入了政府的工作议程。因此,现在需要的已经不是在这个问题重要程度的差异上再做无谓的争论,而是要集中力量和智慧,突破在解决问题的道路上还存在的若干疑点和障碍。

解决股权分置问题的三大歧义

　　全面解决股权分置或全可流通问题,2001 年就正式提出来了,当时还征集了几千种方案,为什么迟迟不能起步? 这主要是因为在解决这个问题的基本原则和路径选择上,一直存在着以下几个重大歧义。

(一)解决股权分置,要不要有历史补偿?

　　讲到补偿,首先就要解决为什么补偿和谁来补偿的问题。主张历史补偿的依据,主要是说发起人股东以每股一元多的账面资产,溢价募集了社会公众股东好几元的资金,是一种不公正或不平等,应予纠正和追溯。这种观点虽然流传很广,对股权分置概念的大众化和通俗化起了很大作用,但正如我们反复指出的,这是一种误解和错误的理论解释。因为只要有人愿意认购,以高于自己账面净资产价格溢价上市,发起人与公众认购人就都成为相同的普通股股东,享受同等的投票、分红等财产权利,这是全世界公司上市的普遍和正常现象。这里并没有任何错误,也没有任何不公平。中外招股说明书的唯一差别在于境外发起人股的暂不流通即锁定期按监管当局要求通常是一个明确的固定期限(如一年或两年),而境内 A 股发起人股的锁定期即暂不流通期限没有明确。但这个差别也不是境内发起人的责任或过错,更不是他们的心愿,而是遵守了我国监管部门的统一规定。因此,只要发起人股东并没有违法欺诈上市,即使由于当时的市场或政策因素,发行价可能不尽合理,他也没有补偿任何人的责任和义务。同时应当指出,由于我国公司上市一般都不是卖老股而是发新股,发行募集的资金不是用于老股东变现而是为上市公司筹资,因此退一步说,即使有任何补偿(如我们在西方看到公众股东发起的诉讼),被追溯的主体也是发行人即上市公司,而不是原始股东。

历史补偿的另一个问题是补偿对象即补偿谁的问题。主张补偿的人往往不假思索地假定是补给二级市场的投资者。有人已经指出这个做法并不合理。因为二级市场的投资者是经常变动的,过去损失惨重的人可能已经离场,现在抄底的人往往并无损失,因此补偿今天在场内的人可能补错了对象。有人说,股票有承续性,因此补给目前的持股者也不算错。这个意见显然不妥。买股票从来就是买未来,而不是买过去,过去的盈亏传递不到今天的持股人身上。其实,历史补偿论的真正错误还不是会补错多少人,而是按照他们发行价过高的理论,应当补偿的对象是当初的一级市场认购者,根本不是现在的二级市场的持股人。只是我国的股票发行,除了 2001 年前后市场化发行的一段短时期以外,都是按监管部门指定的统一计划价格上市。在大多数情况下,发行价格大大低于当时的二级市场价格。这其中成倍的暴利,都是被认购者其中包括所谓战略投资者卷走了,并没有落到发行人即上市公司手上来发展生产经营。按 IPO 搞错了的逻辑,要补的正好是那些本来因为中签或配售赚了钱的认购者,而与在二级市场上买卖股票的人无关。由此可见,历史补偿论不仅搞错了补偿的原因,也搞错了补偿的主体和对象。

(二)A 股是否含权?

股市创立之初把股权分别设置即分置为流通股、暂不流通股,除了影响流通量和上市供应量的大小,本身并不构成制度歧视。所以最初市场担心的只是国有股、法人股一旦流通的大扩容,并没有流通股含权的认知和诉求。A 股含权的认知是在 1996 年前后非流通股开始按净资产值协议转让,市场同时发生了重新估值的大幅上涨之后出现的。同一公司的普通股具有相同的投票权和分红权,但一个是低价从而高收益低风险,一个是高价从而低收益高风险。对于价格悬殊成倍的两种股,市场不可能把它们认知为同一种商品和同一种财产权利。同股异权即股权分裂就这样产生了。尽管在法律上流通股与非流通股同股同权,但经济现实中它们具有完全不同的价格和权利。一分价钱一分货是市场经济的公理。贵了几倍的流通股必然不等同于只有几分之一价格的非流通股,必然包含额外的价值和权利。这种股权分裂状况的持续、反复和被市场参加者与规则制定者的不断确认,就造成了 A 股含权的普遍市场认知。后来,流通 A 股与非流通股价格的极度背离被有意识地用来为国企脱困、民企重组、市场融资再融资服务,则进一步强化了市场对同股(同一公司普通股)异价异权的认知。这里的制度歧视表现在:用低价购买高收益的非流通股是法人的特权,广大社会公众股东是被规则明确排除在外的:他们只能高价购买低收益的流通股入市。当非流通股的流通权被严格限制,A 股市场又与境外同股同权市场完全隔绝的时候,这种产权定义混乱的矛盾还是隐性的。但是,当流通股也开始可以按市场价流通,而这个市价又是被引进的所谓市场化发行和增发吹大到近百倍市盈率的时候,突然宣布流通股股东用高价购买的股票只与别人低价购买的权益完全相同,流通股股东的强烈不满和抵制就是很自然的事情了。当国家宣布国有股市价减持停止的时候,实际上就已经默认了 A 股含权的诉求。

但是,流通股股东也许可以使身兼国有股股东和市场乃至社会秩序稳定者双重身份的政府退让,但他们很难意识到也无力阻止在国际化大潮中境内外市场的贯通和融合。被引进的市场化增发以提高非流通股股东价值的方式不断摊薄流通股股东的含权权益,超常规组建的机构投资者和 QFII 的进入同时也带来新的同股同权的估值标准,使原有的流通股含权市值不断缩水。当然,更有杀伤力的还是境内外市场加速并轨的 A＋H 模式,能够用境外市场的同样价格参加认购新股,对准备入市的保险资金或基金来说自然是美事,但对市场现有已经用境外市场成倍的价格认购或购买了股票的流通股股东来说,只能是一种苦涩和悲凉。

因此,现在 A 股市场面临的主要问题并不是有人所说的上市公司质量不高。在竞争激烈的市场经济中,公司质量的高低永远都是相对的、可变的,好公司往往只是少数。只要黄金卖黄金的高价,黄铜定黄铜的低价,市场就是有效率的。现在 A 股市场的问题是人们已经在国企改制、民企重组和圈钱炒作的热潮中用黄金的价格购买了绝大多数貌似黄金的黄铜,乃至一大堆废铜烂铁,他们已经为自己的轻信和鲁莽以及他们自己无法抵御的系统性生态环境变化付出了惨重代价。

由此可见,A 股含权是中国股市历史演变过程中的经济现实,也是市场各方基于同股异价异权的真实认知。因为 A 股含权,非流通股才不能直接按市价流通;因为 A 股含权,股权分置才成为政府高度重视和谨慎处理的问题;因为 A 股含权,解决股权分置才要特别保护流通股股东的利益。A 股含权的政策含义是:尽管我们不能也无法对流通股股东进行历史补偿,但应尽快解决股权分置问题,避免 A 股含权的进一步缩水。在监管部门、上市公司改变暂不流通约定时,要确保流通股股东不受新的伤害,即补偿流通股股东在并轨时可能遭受的损失。并轨补偿是市场各方都能也都应接受的原则和底线。

(三)路径选择:行政性集中决策还是市场化分散决策

在一定意义上说,解决股权分置都是要政府拍板决策。路径选择的意义在于,是政府自己协调各方利益,定出行政性的统一方案,还是政府只制订规则,利用市场机制和工具去解决问题。行政性集中决策的方案依赖于每个人的主观判断和偏好,千人千策,再加上利益冲突,从而不可能形成共识,这样当然就很难定夺。正是在这种情况下,走市场化分散决策的道路,发挥市场和各个利益相关方本身的作用,逐步成为另一个共识。应当说,这是在解决股权分置问题上又一个巨大的进展和飞跃。市场经济的解决办法其实并不在于它总是最公平或最有效率,而是在于它能够提供最无争议的结果。由于结果的无可争议性,使它最终成为最有效率和相对公平的途径。分散谈判、分类表决的思路促进股权分置的解决沿着市场化分散决策方向推进,发挥了重要作用,同时也可以说是目前多数人赞同的主流思路,我们的讨论就从这个方案开始。

分散决策、分类表决方案的三大难点

分散决策、分类表决,跳出了集中决策、统一指标的框框,免去或回避了如何定价这个最有争议和最头痛的问题,也回避了是历史补偿还是并轨补偿的认识问题,把全部难题都留给了当事人自己,使改革或试点能够立即以最小风险平稳起步,这是其他任何方案都不能与之相比的最大优点。不过,用分类表决的方式来分散决策,还只是分散到企业层面,没有到市场的每个参与者个体,还只能算是个准市场化方案。

概括起来说,分散决策、分类表决、试点推进的方案由于规则和交易费用变化在实践中大体面临以下三个难点:

一是由于个体的交易费用而导致通过率问题。分类表决的核心是让广大社会公众股即流通股股东能表达自己的意愿。由于每个公司的流通股一般都数以万计。全体意见一致只能是极为罕见的例外。因此,少数服从多数的原则是不可缺少的。那么,这里的多数是指什么?是全体流通股的多数,还是到会包括网上投票权的多数,就是我们遇到的第一个难题。

在有限责任公司中,少数服从多数的多数,包括重大事项需要三分之二的多数,《公司法》中规定的都是全体股东的多数。但在股份公司,更不用说股份上市公司中,由于股东众多,小股东一般不参会,如果要求全体的多数,往往连一个决议也通不过。因此,公司法要求的仅是到会者表决的多数。我国启用的流通股股东分类表决,目前也是沿用这个到会投票权的多数,从而出现了到会表决的极少数人决定大多数人命运的情况。如果我们放弃这个到会多数的规则,改用有限责任公司全体股东多数的规则,那么,我们就会经常出现全部到会(包括参加网上投票)的股东,更不用说其中投赞成票的人,远远不足全体股权的一半,更遑论三分之二。这样,我们就可能根本通不过任何提案(而这正是上市公司决议为什么采用到会多数通过的原因)。实现分类表决制以来的几个公司,多数的投票率只有百分之几。即使在基金集中的个别绩优股中,投票率也只有百分之十几,这绝不是偶然的。因此,怎样算是"通过"的规则,绝不是"分散决策"就可以忽略的细节,而是决定方案可行性和成败的关键。

二是整体谈判成本过高的时间成本。分散决策、分类表决的思路是想通过每个上市公司非流通股与流通股股东的讨价还价来各个击破地解决股权分置问题。由于流通股股东高度分散,实际上他们是无法参与谈判的。个别流通股的较大股东或其他中介机构显然都不是广大流通股股东的授权代表,无法代表流通股股东决策,所以我们才有分类表决的设计。因此所谓两类股东的讨价还价实际上表现为非流通股股东出价,流通股股东表示接受或拒绝。这种出价——接受或拒绝的形式在商业上是成立的,只是有个交易成本问题。我们可以合理的推断,谈判中的出价方总是会先讨尽可能对自己有利的"价",在对方回绝的还价中,逐步降低自己的价码,以为自己争取最大利益。这就意味着流通股股东的分类表决大会绝不是开一次就可以了事,而是可能经常需要多次,在旷日持久中反复召集。这样,每一次公告和征集投票的新"讨价"即新方案,都不可避免地会引起股票定位的波动和人们赌方案被接受或拒绝的炒作。显然,分类表决大会的多次重复召集和投票,会进一步降低流通股股东的参与率,从而使低投票率的问题更加严重。

三是双方没有彼此都同意的方案。谈判可能达不成协议是因为双方均处于垄断地位,不像真正的市场交易,有竞争性替代(你嫌贵了别人买,或你出价高了我买别人的),双方会迫于市场压力而成交。谈判达不成协议首先可能因为双方对股权全可流通后的市场价定位认识不同,在不确定性很大时,各方都倾向高估自己的损失,因而双方的可接受区间不相交。谈判不成也可能因为攀比效应:国企不敢比民企有更大的让步,民企不愿作出比国企更大的让步;有的企业向流通股股东配售一股只是九牛一毛,但不少企业非流通股全部售完了也不够流通股股东配一股。当觉得别人可能通过的方案比自家的好时,自然会否决自己公司的提案。谈判破裂还可能因为一方要价太高、另一方利益有限而不愿让步。比如,希望能得到历史补偿的流通股股东可能要对方作出极大让步,但对一个不准备出让股份的优秀企业或只是相对控股的企业股东来说,全可流通对他们并没有很大的直接利益,甚至控股地位会变得不牢靠了,他们不会或不敢因为可流通而去减持股票,这样所谓全流通释放出来的"流通权溢价"对他们来说比表面上看到的要小得多,但股权缩小减少他们现有的投票权和分红权则是直接的。就如只有一套住房的人并不会因为房价大幅上涨而直接增加货币收入,但因此要他减少一大块住房面积他会觉得是不能接受的真实损失一样。

有人说,我们可以用再融资等方面的倾斜政策,诱导和迫使企业达成协议。股东之间达不成协议,就惩罚上市公司,是否在法理上成立,还需推敲。但更现实的问题恐怕是法不责众。如果因为预期相差太远达不成协议是普遍现象时,这一招就很难奏效了。

这样看来,尽管分散决策、分类表决是一个很有创意的思路,但正如不可能用一个行政性集中决策方案解决全部问题一样,市场化的分散决策方案恐怕也不是唯一的。

【2005年第14期】

论宏观体系的马克思经济学

杨文进

传统上,马克思的经济理论之所以被公认是宏观的,主要是因为马克思在经济学史上发展了由威廉·配第创立而由魁奈发展起来的宏观经济理论,建立了到他为止最为系统和完善的宏观经济理论体系,即再生产理论;同时在此基础上,通过资本积累理论,建立起了宏观动态的经济增长或发展理论。但如果仅仅将马克思理论的宏观内容局限在这些方面,那就明显地犯了一叶障目的错误。因为马克思宏观理论的内容贯穿于他的整个理论体系。马克思要建立的就是能够揭示资本主义经济规律的整体和系统的理论体系。显然,要使这种宏观理论体系能够成立,就必须有自己牢固的微观基础,并且还必须将两者有机地沟通。帮助马克思实现这一目标的,是他的价值理论。

劳动价值论是马克思经济理论体系的基础,但该理论长期以来却主要被作为一种(解释)相对价格的理论来对待和理解的,这无论是他的价值理论还是生产价格理论都是如此。这种理解,显然是与它们的实际内容及其在马克思经济理论中的基础地位不相称的。因为作为相对价格理论的价值理论,其作用主要是解释资源的配置,这与宏观经济理论的总量性明显不符。总量性的理论体系,要求有总量性的价值理论来为其提供理论基础。这种理论的主要内容,就是价值由劳动创造,价值量由生产它的劳动时间来衡量;价值之所以要被抽象出来,是因为它身上体现了人们之间的物质利益关系,即生产关系,因此价值的生产和价值量,与生产它的各种技术性因素无关(技术性因素只与微观性质的相对价格有关),仅仅由体现人们之间利益关系的劳动时间决定,这才使得不同质的劳动之间能够比较;价值性质的总量,只有在资本主义社会才有实际的意义和需要。这是因为资本主义的生产关系,如不同阶级之间的价值分配等,在宏观上是由一套价值形式表示的总量关系决定的,所以它需要这样一套总量关系,否则有相对价格就够了。使这种异质品加总变得有意义并能够说明资本主义生产关系,进而成为沟通资本主义微观经济与宏观经济桥梁的,是马克思的生产价格理论和再生产理论。在资本主义条件下,异质品的加总之所以有意义,是因为资本主义的社会总产品都是在资本控制下生产的,资本主义的竞争关系使它们都要求得到平均利润,正是这种所有产品都包含了资本平均利润的加总而变得有意义——它反映了资本主义条件下工人阶级与资本家阶级以及资本家阶级内部的宏观分配关系。这种总量关系,另一方面也反映了资本主义条件下的异质品联合生产的特点。这种特点将资本主义的价值生产与简单商品条件下的单一商品生产区别开来。因为协作性的联合生产,使得资本主义生产成为一个整体,不仅单独计量每个劳动者和各工序间的价值量成为不可能,而且要计量各企业生产的价值量也成为不可能,所以只能计算所有资本和劳动共同生产的价值总量,然后各资本从中取得与自身量大小相一致的一个份额。

如果说生产价格使得异质品的价值加总成为可能并有意义,那么马克思再生产理论中结构与总量的关系,尤其是相对价格与价值总量的关系,则是决定不同部门或产品的相对价格的重要关系,是将微观与宏观沟通起来的又一重要桥梁。在这里,如果说生产价格理论是一种反映资本主义生产过程中的均衡关系的话,那么由再生产理论所反映的相对价格则反映了资本主义经济的实际配置状况和它的不稳定性。这种情况说明,长期以来被人们理解为相对价格理论的生产价格,实际上反映的却是资本主义总量关系,而被人们视为总量关系的再生产理论,却是说明相对价格的,并且只是马克思价值理论中的一个组成部分,即解释价值规律中等价交换的要求与实现形式,因此从某种程度上说,马克思的价值理论就是他的整个理论体系。这也正说明了马克思价值理论的博大精深,它不仅具有微观方面的功能,即解释相对价格或指导资源配置,而且能够解释经济总量运动和指导经济调控,同时两者间还能够有机地统一起来。在已有的价值理论中,只有马克思的价值理论具有这样的功能与特点。

作为马克思价值理论组成部分但又具有一定独立性的货币理论,是马克思宏观经济理论体系中一个非常重要的组成部分。以劳动时间决定价值量及其与其他商品间相对价值的货币具有天然的内生性,这种内生性保证了长期间货币量与商品总价值间的相对稳定比例。但货币具有的贮藏和信用功能,会时常扰乱这种比例,使资本主义经济出现不稳定。在信用货币占主导地位后,以资产抵押为基础的内生性货币供给,更是会加剧这种不稳定性。货币的内生性及其具有的贮藏与信用功能,在马克思的宏观体系中占有十分重要的地位。它不仅是说明资本主义的经济总量关系与技术性因素无关的一个重要条件,而且是说明资本主义经济的长期增长是相对稳定的、而短期是极不稳定的重要因素。马克思对资本主义经济波动的解释,就是与这种不稳定的内生性货币供给的变化联系在一起的。正是在这个意义上,我们说马克思基本上建立起了实体经济与货币经济相统一的宏观理论体系。这不仅在当时是一项了不起的伟大成就,即使在今天也是辉煌无比的。

货币一旦被用来获得剩余价值,它就被转化成了资本。因此,资本只是以货币表示的在一定社会生产关系下的控制权,而绝不是生产要素,生产要素只是资本凭借货币的所有权对一定量生产资料控制的对象。这种控制权,使得资本"支配的劳动"能够创造出一个比资本价值更大的价值量来。在资本主义竞争规律下,所有的资本都要求获得同等的收益,则不仅使异质品的生产能够被加总成总量,而且该总量对资本主义生产具有决定性的意义。因为该总量的大小,不仅决定着资本主义内部的分配关系,而且决定了资本积累的速度;资本积累不仅反过来影响着利润量和利润率的大小,而且决定着资本主义各种经济关系的变迁。由资本主义生产关系内生决定的资本积累,虽然目标是为了获得更多的剩余价值,但资本主义内部具有的异化功能,却会使资本家阶级在追逐剩余价值的过程中被剩余价值抛弃。但这不仅不会阻碍资本家阶级的资本积累,而且由此产生的市场实现压力会迫使资本家阶级加强积累。马克思关于资本积累来自资本家阶级储蓄的内容,隐含着社会的绝大部分产品是归工人阶级所享有的结论,由此说明资本家阶级只是得到支配劳动的权力,但资本积累的成果却是归普通民众所享有,从而资本积累包含着对资本的异化过程。尽管如此,该过程却并不产生利润率从而形成经济增长下降的趋势。这是因为本质只是资本主义生产关系的资本,它的量值会随着这种关系变化而变化,这种变化会使它与利润的比例始终保持相对的稳定。如利润率的下降会引起资本存量的贬值,或者利润率的上升会推动它升值,在这种调节机制下,两者的比例会保持相对的稳定。此过程存量资本的不断贬值,正是社会产品不断向普通民众转移和资本对自身异化的有力证明。

虽然在抽象分析中,马克思将剩余价值率的确定作为分析的前提(同时确定的还有以资本预付为特点的货币工资),但在实际中,在资本家阶级的有效需求决定前,剩余价值率是不能被确定的。因为工人阶级与资本家阶级之间的实际分配比例,取决于资本家阶级实际发生的有效需求的大小,两者的比例就是工人阶级得到的工资预付与资本家阶级为满足自身需要和新增净投资间的比例。这说明,绝不能把马克思那里抽象意义上的逻辑分析与其实际意义上的现实分析相混淆,认为抽象状态下的分配关系就是被马克思认定的实际分配关系。不过,虽然在资本家阶级的有效需求发生前,剩余价值率和剩余价值量都不能确定,但有一点是能够确定的,即不管资本家阶级得到的利润是多少,它一定等于工人创造的价值总量扣除工资后的余额,该量一定等于工人的剩余劳动量。因为一个社会的新增价值全部是同期工人的劳动生产出来的,所以扣除工人工资后的利润必然等于剩余价值。所以说,在劳动时间一定时,这个剩余价值的大小和剩余价值率的高低,是由资本家阶级的有效需求决定的。由于决定资本主义有效需求的因素是极不稳定的,因此决定了资本主义经济运行的极不稳定。

在马克思那里,受资本主义竞争规律和资本积累规律的作用,资本主义的供给是不成问题的,因此决定资本主义总供求状况从而决定经济运动好坏和方向的主要矛盾,必然是在需求这一方,这种情况决定了有效需求一定要在马克思的宏观理论体系的供求关系中占有核心地位。只不过马克思对有效需求的描述不如后来的经院学派那样精致,但其内容的丰富和思想的深刻却是经院学派所不能比拟的。在马克思那里,有效需求问题的发生,不仅来自于因固定资产更新与补偿间的不一致和货币贮藏与信用功能作用的发挥而产生的直接的总量不平衡,而且来自于资本主义对抗性分配关系所引起的生产结构与由分配结构决定的需求结构之间不一致这种比例失调所引起的总量失衡,两者的结合更是加强了有效需求在宏观经济中的重要性。将同样以有效需求作为宏观理论核心的凯恩斯理论和卡莱斯基的宏观理论中的有效需求内容做一比较,就会发现马克思的有效需求理论要明显优越得多。马克思不仅分析了有效需求对资本主义实际经济的影响,而且分析了引起有效需求变化的作用机制,同时这种总量性的有效需求理论是与结构性的分析方法相结合的。离开了结构性分析,是难以解释有效需求的波动的。

有效需求之所以在马克思的宏观经济理论中占有如此重要的地位,是因为它是由资本主义的分配关系决定的,而分配关系则是马克思经济学的核心。建立在对抗性生产关系基础上的资本主义分配的静态内容与动态内容是截然不同的。从静态看,资本积累不仅可以导致资本对劳动的排斥,而且会提高资本家阶级在分配中的份额,出现无产阶级的贫困化现象;但从动态看,则会出现劳动的短缺和工人阶级在分配中实际份额的提高。因此从长期看,确实可能会出现利润率下降的趋势,但导致这种趋势出现的真正原因却不是资本排斥劳动的结果,而是劳动供给不能满足资本需要的结果。因为劳动是剩余价值的唯一源泉,以剩余价值为唯一目的的资本是绝对不可能出现趋势性的排斥劳动这一自掘坟墓的行动,而应是在资本主义竞争压力下进行的资本积累所产生的日益强烈的资本追逐劳动,导致劳动短缺,从而使分配比例不断向劳动倾斜的结果。这个过程正是资本不断对自身异化的结果,同时也证明了马克思所说的"资本主义的限制是资本自身"的论断。

社会总产品的实现是通过再生产公式中的交换关系完成的。产品的实现程度,或者说产品的价格是否等于价值或生产价格,取决于再生产的实际比例状况,或者说再生产的比例是否符合由技术决定的各部门间的比例关系和由资本主义一般生产关系决定的分配关系,这种关系决定了各部门或各产品间的相对价格,而这种相对价格则使不同产品联系起来构成一种总量关系。所以,再生产理论的核心是比例结构与总量间的相互关系,这种关系反映到价值形态上,也就是相对价格与价值总量的关系。值得注意的是,虽然从形式上看,价值总量是不受相对价格变化的影响的,但在实际上,由于市场调节的作用总是矫枉过正的,因此当比例结构的失衡超过一定程度而引起相对价格的较大变化时,市场上实际实现的价格总量大小是受相对价格的影响甚至决定的。这说明,比例结构或相对价格决定了经济总量。正是在这种意义上,我们说再生产理论只是马克思宏观价值理论体系中的一个有机组成部分,是沟通微观经济与宏观经济的桥梁,但就性质看,它是属于相对价格即微观性质的。

虽然从形式上看,马克思的再生产理论极像一般均衡理论,从纯理论上看也确实如此,但马克思这种意义上的再生产理论,只是为现实的再生产提供一种理想的衡量标准,这如同西方主流经济学中的自由竞争市场的作用一样,其实际作用是要证明资本主义的再生产是不可能符合这种条件的,所以经济危机是不可避免的。虽然扩大再生产一定要建立在比例结构的非完全均衡上,但并不是所有性质的比例结构都是有利于扩大再生产或经济增长实现的,只有特定性质的比例非均衡,也就是短缺部门扩张所需的产品是过剩部门能够生产的产品时,这种性质的比例失调才有利于扩大再生产的进行;如果短缺部门扩张所需产品的供给对象,不是过剩部门而是自己时,这种性质比例失调的结果就一定是经济危机或衰退。所以说,尽管再生产正常进行的比例要求没有再生产公式中要求得那样严格,但马克思关于结构与总量关系的论述却永远都不过时。

在市场经济基本矛盾和资本主义基本矛盾的共同作用下,资本主义经济要保持再生产正常进行的比例要求和总量关系要求都是不可能的。这种状况,决定了资本主义经济只能在周期中运动。资本主义竞争规律和剩余价值规律决定的资本主义生产方式或实现剩余价值的手段与目标之间不一致的矛盾,必然会造成需求结构与供给结构之间严重的矛盾。这种矛盾的严重程度,会使相对价格的变动程度远远超过再生产正常进行所允许的范围,结果会使局部过剩转变为全面性的过剩。该过程中长期投资所形成的价值生产与价值实现之间在时间上的不一致、投机活动的不稳定等,更是加强了这种矫枉过正的调节作用,加深了危机的程度。

经济危机发生的原因,从经济关系看,也就是在资本主义内部对抗性生产关系基础上,各宏观经济变量,如利润率、剩余价值率(也就是工资与利润的分配比例)、总需求与投资规模、资本存量、货币供给、经济总量等之间存在着既依存又斗争的矛盾关系,这种关系必然会使资本主义经济出现周期性的危机。在经济繁荣程度较低时,有效需求的扩大会提高利润率;利润率的提高则会使存量资本的市场价值大幅度提高,同时会推动以投资为主的有效需求的扩大;后者与前者一样也是增加存量资本价值的,而存量资本价值的增加则是降低利润率的——有效需求的扩大同时又是提高利润率的;在以资产抵押为基础的信用制度下,存量资本价值的增长会推动货币供给的大量增加。货币供给的增加,虽然满足了以投资为主的有效需求的扩张,同时也在一定程度上满足了资本对利润的要求(在货币经济中,利润的增加一定得建立在货币供给量增加的基础上,没有货币供给量的增加,利润的增加是不可能的),并使经济总量的增加得以实现。但经济总量增加所产生的要素供给短缺,却会改变以劳动工资为主的要素价格与利润的分配比例,即会降低剩余价值率。剩余价值率的降低与存量资本大量增加的结合,也就是利润率的下降。利润率一旦下降,不仅会引起以投资为主的有效需求的减少,而且会引起存量资本的大量贬值。存量资本贬值引起的信用风险,会导致货币供给的剧烈萎缩,这不仅会反过来加强存量资本的贬值,而且会减少消费和投资,使社会生产出现严重的过剩,并进一步降低利润率。自然,经济衰退到一定程度,经济系统内部的扩张机制会重新战胜衰退力量而推动经济扩张。例如,随着生产的萎缩,供给是不断减少的,而需求却会在消费倾向提高、出口增加、财政的自动调节器等因素作用下相对增加,因此会使产品市场的价格水平由降转升;与此同时,要素市场的价格水平却会因要素的严重供过于求而不断下降。在这种产品价格与要素价格或成本之间的非均衡性变化中,利润会不断增加。利润增加与在危机或衰退中不断减少的存量资本的结合,也就是利润率的提高。利润率一旦提高,经济也就回到了重新扩张的起点。所以在这里,资本主义内生性矛盾决定的各宏观总量因素之间的矛盾关系,决定了资本主义的经济运动一定是周期性的。

在实际过程中,这种使经济周期运动的原因,是与技术因素尤其是结构关系结合在一起而发生作用的。马克思宏观经济理论的重要特点之一,就是总量与结构的结合,正是这种结合,使他建立起了微观经济分析与宏观经济分析相统一的理论体系,而这却是西方主流经济学至今没有做到的。从结构和技术关系看,资本主义经济危机发生的原因,一方面是再生产过程由技术关系决定的比例结构具有内生性的失调性质,这种内生性失调在于存在密切的投入产出联系的部门之间在经济中的比重、产品性质、投资时间等方面的不同,会出现产品周期的差异,纵向与横向的联系又使各部门或各产品间周期的同步性大于差异性,它们之间的叠加会产生客观上的宏观周期运动。另一方面是资本主义对抗性分配关系决定的需求结构会与生产结构之间出现严重的不一致,同时市场经济的基本矛盾,即国民经济的联系性使各部门之间存在着共荣共衰的依存关系,这种关系要求它们协调行动,以取得最大的社会整体利益和个人利益,但市场经济的组织联系方式,即商品交换却将这种依存关系转化为供求双方的利益对抗关系,一方的所得也就是另一方的损失,这必然使相互协调行动的要求不可能实现。这种技术性关系和社会性关系(尤其是资本主义基本矛盾)决定的结构失调的结合,无疑会强化结构失调的程度而引起经济危机。因此,经济周期性波动的主要原因,在于非均衡结构产生的非均衡利润率结构,会引起与生产结构性质相反的投资结构,这种非均衡的投资结构是调节非均衡生产结构的必要手段,是价值规律的客观要求,但在资本主义基本矛盾的作用下,这种调节总是矫枉过正的,会产生新的与原来性质相反的结构非均衡。由于国民经济中各产品周期间的同步性程度大于非同步性,因此会使投资规模在不同部门的转换过程中不断扩大,这种扩大即使使经济不断地由萧条走向繁荣,但由它引起的新的结构失调的程度也不断加强,当投资规模扩大到引起基础性产品和投资品短缺时,经济的扩张就走到了尽头。因为这时短缺部门扩张所需的投入品是自身的产品,这些产品已经是严重短缺的,这些生产部门的投资会极大地加强它们的短缺程度,这种短缺产生的巨大外部负效应,不仅会引起其他部门的衰退,而且会引起自身的衰退。虽然短缺与过剩总是并存的,在这些产品出现严重短缺时,一定存在着日益严重的过剩,这也就是随着以前投资的不断实现,大量的因投资过度而产生的过剩产品会日益严重并会不断地涌入市场,由于这些产品中的绝大部分是不能用于投资的中下游产品,所以这种过剩并不能用来弥补短缺。这也正如上面讲到的,虽然经济增长需要建立在比例结构的非均衡上面,但并不是所有性质的结构非均衡都有利于经济增长。这种结构关系引起的比例失调,与总量性因素非均衡性变化,如收入分配比例的变化、消费倾向下降、利润率下降引起的投资和货币供给减少等因素的结合,必然会使宏观经济在短缺部门的扩张无法实现、过剩部门的不断衰退中下降或发生危机。

马克思的周期理论说明,他的价值理论、货币理论、资本理论、有效需求理论、就业与分配理论、再生产理论等,不仅是一个有机的整体,而且都服从于他的揭示资本主义经济规律的需要,从而构成了一个完整的宏观理论体系。

对资本主义发展规律或运动趋势的分析,是马克思经济学的最主要目的,这种趋势显然体现在资本主义的长期经济增长中。因此从某种程度上说,马克思的整个经济分析都是服务于经济增长分析的,经济增长理论是他整个宏观经济理论的集中体现。

在马克思这里,经济增长是由资本主义一般生产关系决定的,它与各种技术性因素无关。与其他经济学家的认识相反,经济增长不仅不能通过技术进步得到说明,技术进步反而要通过经济增长来得到说明。之所以如此,是因为由资本主义一般生产关系决定的经济增长,决定了市场的有效需求,它等于资本预付加平均利润,并不因技术进步而改变。在这种一定的有效需求中,要在其中争得一个更大的份额和避免竞争失败,就必须使自己的劳动生产率更高,产品质量更好,并不断地推出新产品,所以就得不断地进行资本积累和技术创新。然而,资本积累和技术创新的速度越快,由它们决定的供给与有效需求之间的矛盾就越尖锐,就越会加强资本家阶级之间的竞争,为此资本家就越要通过技术创新来应付竞争。这说明,这种对整个社会有利的行为后果,对资本家阶级本身却是极为不利甚至是灾难性的,这也正是资本自我异化过程的证明。所以说,是技术进步内生于经济增长,而不是技术进步推动经济增长。技术进步对经济增长的作用,只有在开放系统中才有效。遗憾的是,马克思关于资本主义资本积累和经济增长的分析,大多是在脱离这种内生性的机制来分析的,这是他的理论不完善的原因之一。不过,与西方主流经济学脱离竞争来分析资本主义经济的做法相比,马克思这方面理论的优越性就显得非常突出了。

虽然上面只是简单地介绍了马克思宏观理论体系的主要内容,但已足以看到该理论的完整程度和深刻程度。该理论体系的宏观性,不仅在于其理论各部分的内容是浑然一体并与宏观性的价值理论完全一致,而且它是一元性的,即是一种单纯的价值性或货币性质的分析,这就保证了逻辑上的一致性。这一点,在已有的宏观经济模型中是极为独特的。

【2005年第16期】

医疗服务的经济学分析

汪丁丁

医疗服务,市场失灵。这是最基本的问题。优秀的医生受到道德力量的驱使,比糟糕的医生更经常地遇到高风险患者,从而更可能被市场淘汰。风险较低的患者,因为威胁不足,比高风险患者更可能遇到糟糕的医生,从而更可能被市场淘汰。每减少一名优秀医生,患者对医生平均服务质量的预期就会降低一些。类似地,每减少一名低风险患者,医生对患者的风险预期的平均值就会增加一些。如果医疗服务的价格维持不变,那么,仍留在医疗服务市场里的优秀医生就会感到报酬与风险更加不对称,于是更多的优秀医生将退出这一市场。类似地,风险较低的患者会感到他们为变得更加糟糕的医疗服务所支付的价格太高,于是更多的低风险患者将退出这一市场。在这一情境中我们说,市场"失灵"了。因为,如果市场价格向上浮动,优秀医生的流失将减少一些,但低风险患者的流失将增加一些。如果市场价格向下浮动,则低风险患者的流失将减少一些,但优秀医生的流失将增加一些。

我们普通大众,普通患者,对于医院的焦虑,来自这样一种状况:当他的病治不好的时候,或者越治越坏的时候,他不知道应当归咎于谁。是医术不行?还是医德不行?还是医院有猫腻?还是这病真的治不好了?

我们关注如何缓解这两个大问题——一个是败德风险,一个是逆向选择。

医院管理者的基本职能——社会职能

从经济学角度看,医患关系可以视为一组合约。监督合约的一般方式,第一方监督是道德自律,靠的是医德。第二方监督是利益双方互有所求。第三类监督方式是独立于利益各方的。人类社会只有这三种监督方式。但是实行起来,不同的社会各不一样。当道德普遍败坏的时候,第一方监督根本靠不住,后两类监督方式就变得非常重要,但是它们又不能完全取代第一类监督方式。三类方式,不可能把任何一类压缩到零。

现实中的社会都是这三种监督方式的某种混合物。但是怎么混合,很有讲究。企业家,或者说医院管理者的作用就是在不同的场合,找到这三类监督的总费用最低的那种混合。作为一个医院管理者,你对你的医院的平均道德水准有一个基本判断。比如,当平均的德性很低的时候(不排除有某个医生的医德特别高尚),那就物质奖励更重要。这就是第二类的监督方式,管理者与医生之间有互相威胁的关系。第三类监督方式是求助于法院或者地方社会,如社区,新闻媒体的监督,等等。任何一套制度,医院也是一套制度,制度的费用我们叫做监督费用,监督费用只分这三类。所以从经济学、从制度经济学的角度看,医院管理者是至关重要的。如果没有才能,监督费用就可能会高到使整个医院失灵,或者说崩溃,维持不下去了。

我们今天所谓医疗供给不足,根本就是假象。有一部分医疗供给不足,确实是由于中国是一个发展中社会,每 10 万人口拥有医疗资源等指标确实低于西方发达国家,例如医生人数,例如病床数,例如医学院在校生数。但是,制度原因更重要。我们的医疗供给不足,就是因为三种监督方式没有混合到适合中国本土医院的情况。有很多问题,尤其是在医疗这个领域,不是市场就能够解决的。一方面市场失灵了,另一方面,面对三种监督方式,政府也失灵了,这就表现为监督费用太高。医院很贵,这么贵的费用谁来支付? 当然是患者。患者和医生,供求双方来摊这个监督费用,即医院的制度费用,这在经济上完全等价于收税。税高了,当然成交额就少。医生的收入并没有增长,同时患者支付的价格比医生的收入高出太多,中间高出的那块,可能高出50%,甚至百分之几百,就是税收,就是制度费用。这样供给和需求都会下降。国家统计局的统计资料里显示的那个量,只不过是供求相等时的量,当然显得少。有很多潜在的交易,没有办法成交,交易费用太贵,制度费用太贵,所以成交不了。医疗供给不足,是因为交易费用太高。交易费用被分解为三种监督方式的费用。

长期而言,医疗服务的质和量,取决于三类因素。(1)价格。工资、奖金、红包,这些都是价格,还有隐形的,比如关系,很多医生的关系网很发达,虽然他表面上看起来收入并不高。这是很重要的。(2)技术。也很重要。比如中日友好医院,可能最先使用 CT 的是这家医院。设备当然很重要,由于医学的性质。(3)医院管理的水平。在价格这类因素中,医护人员是最重要的。医院的核心是医护人员。医护人员提供的服务,价格是第一类刺激因素,只要把价格定对了,其他都是次要的。

什么是医护人员提供的服务所能够得到的最合适的价格?这涉及机会成本的概念。经济学的成本是机会的概念,你放弃的机会,那个宝贵的机会,对你而言它的重要性,这是成本。医护人员要获得对于这种机会成本足够的补偿,他才愿意提供服务。否则坐在这儿看病,还不如去看一场电影。如果看病的收入都不如看场电影带来的回报(比如,亲情),那么他就不在这儿看病了,就下班走了。

一方面,每一个进入医院的患者,我们叫他第 k 个患者,他的需求曲线,是一条向右下方倾斜的曲线 D^k(图1)。需求曲线就是从成本概念发挥出来的。就是说,对这个编号为 k 的患者,你告诉他,要做这项手术,手术费是 50 000 元人民币,那他说"我不做了",这就是需求曲线的一个点。如果你告诉他价格是 35 000,他就做了,这样就可以在这条曲线上描出一个点来。标在横轴上,是 Q(即数量)。这个数量,就是他愿意让你提供的医疗服务的数量,取决于你给他的价格。这就是需求函数,数量是价格的函数。价格越高,编号为 k 的这个患者,他所愿意接受的医疗服务就越少。当然,最后如果价格太高,他就走了。这条需求曲线是经济学分析的一个出发点。供给曲线,就是医护人员给患者提供的医疗服务。例如做阑尾摘除手术,需要麻醉师,需要外科医师,需要围着手

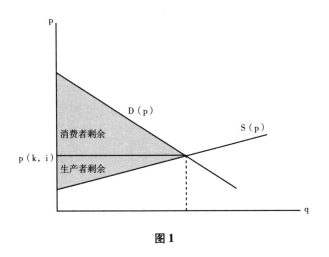

图1

台的一班护士,还有医院管理人员,因为他得入账,再加上药房等等,所有这些
勤杂人员,加上主要人员,全部的劳务供给的机会成本,就决定了向右上方倾斜
的供给曲线 S^i。这是机会成本。这个医院提供服务的所有医护人员的学历、岁
数、家庭成员的状况、社会地位……他们的各种特征,决定了一个独特的、为这
个患者所需要的服务。比如这个阑尾炎患者,有一个需求曲线,有一个供给曲
线,它也是价格的函数,这个价格是什么呢? 就是患者愿意支付的价格,这个价
格又能够补偿这部分医护人员的培训成本。如果你学了很多年的医科,做一个
手术,只有20%是你的,80%都给卖药的了,那你就不干了。所以价格要理顺,
才有足够的供给。供给曲线是非常重要的。

　　医院管理者就是要找到这第 k 个患者所需要的服务,找到最适合他的那群
供给者 S^i。第 k 个患者群(可能有很多个阑尾炎患者一起来了,他们可能属于
同一类型)和第 i 个医护人员群体,能够在一个合适的价格恰好配合起来,就是
供给曲线和需求曲线相交的那一点在纵轴上可以读出来一个价格 $P(k,i)$;刚好
在那一点上,能够达到供求的平衡:医护人员愿意提供那么多的服务,那群患者
也愿意以那个价格来购买那些服务。这里必须注意,所谓需求曲线未必是"曲
线",甚至通常不是连续的,所以需要医院管理者来为供求双方"配对",即推测
出大致恰当的需求价格和供给价格,然后配在一起。价格的含义非常非常复
杂,不是说一个挂号费就是价格。全部的成本,从患者进入这家医院开始,为了

治好他的病(或者治不好他的病),所付出的全部代价,包括患者自己损失的时间,他的工资越高,他的时间就越宝贵。总之对不同的患者,不同的需求,要配合以不同的供给曲线,让它们达成的价格,刚好使双方能够满意。在纵轴上读出来的价格是均衡价格,横轴上读出来的是同一种质的医疗服务的量,就是交点投影到横轴上的 Q 读出来的数量。这个量如果不足,那就治不好患者的病了。这个患者本来需要两个小时的手术,而付出的价格只够医护人员一个半小时的服务,这个手术怎么办啊。均衡价格的含义,就是在这个价格上,双方都满意,服务的质和量,刚好能够把这个病人治好,同时补偿了这套医护人员班子所付出的成本。怎么补偿? 就看医院管理者创造价值的能力。为什么呢? 因为有的患者不需要名医,他可能也不愿意支付那么高的价格,只要给他找个医术中等程度的医师就够了。要是真的能把患者和医师之间配得恰到好处,每一对都配好之后,到年终,节约下来的费用非常可观。节约下来的费用,在图 1 里可以表示为最大化这两个三角形的面积。从 D^k 和 S^i 的交点,划一条横线,这是价格,价格上面的那个三角形,叫做消费者剩余,患者都愿意交给医院。这在理论上是可以证明的。这个三角形的价值,这么多的价值,他都愿意交给你或者跟你分享。另外一个部分,你作为医院管理者可以"榨取"的剩余价值,是下面供给方的这个价值三角形,是供给者愿意送给你的那部分剩余价值——医生也愿意让你给他找到这样的病人,在这个价格上成交,然后下面那个三角形归你。医院管理者要创造价值,创造的是哪部分? 就是要把这两个人群配对合适。这两个人群,他们之间是互相不认识的,你是所谓"市场创造者",你使他们互相配对。你告诉他们:你这种病,我这儿专门有医生治,而且价格不贵。这样,就配成了,配套的班子也提供了服务,你就成功了,病治好了,两个三角形归你了。当然,这是说如果你成功地节约了监督成本的话。如果你节约不了监督费用,又出医疗事故,要打官司,这两个三角形就全耗尽了,没准还要往里贴钱,这就是不好的管理者。好的管理者,能从这两个三角形里面往外掏价值。这就是价值创造过程。

这是经济学最基本的 ABC,但也很难。因为本质上医疗服务是个性化的服务,每一个患者以及每一个提供医疗服务的医护人员,都是个性化的。有些医生可能就是不喜欢某些患者,同样,有些患者可能就是不喜欢某些医生。它是一对一的服务。所以医院管理者得知道,最适合这个患者的那套医疗服务是什么,什么价格患者能付得起,同时那两个三角形归他。

一个社会中,没有其他角色能够把这两个三角形的价值创造得最丰富、回报最高,只有医院管理者这个角色能够,这是由管理者或企业家职能所决定的,根据这一职能,我们定义了这一社会角色。社会需要这种角色。社会应该为医院管理者这种角色提供什么样的回报呢?回报必须足够高,不然没有人愿意承担这个角色。那么他的回报从哪里来呢?这是经济学关注的问题。长期而言,医院管理者的回报取决于他自身积累的关于医院管理的人力资本含量。

就长期而言,医护人员的服务的回报,是从哪里来的?是由什么决定的呢?我们的医院出了什么问题?为什么医生嫌收入低的时候,普通农民已经嫌价格高了?就是因为中间的制度费用太高,制度太昂贵,什么都消耗掉了,所以表现为医疗供给不足。进一步分析,对于每一个给定的价格,作为院长,能够找到什么样的服务,这又依赖于提供这项服务的医生和护士。医生和护士必须积累这么多的知识,才能够提供这样质和量的服务。他们为了达到服务的质和量,在过去的人生里,付出很多成本。编号为 i 的那组医生、护士,为了积累能够应付手术或者提供这个患者所需要的医疗服务的人力资本即知识存量 K,所付出的成本是 C,这是人力资本投资的累积量,是他在医学院受训练一直到毕业、以后他还要再接受培训花费的时间和金钱。总之,大致上,到提供服务之前,他身上所积累的全部人力资本或知识存量是 K。对此,市场或社会有一个平均的价格,就是要补偿他这些人力资本的投资社会要付出的费用。他应当预期收到这些回报,如果这么多的回报他收不到,他就不愿意了,就要走了。每个人都有一个主观评论:收益与成本相比,当医生到底合算不合算?当护士也一样。这是正常的情况。这个主观评价是对他未来从事这个行业的全部收入的一个评价。必须大于等于他过去为了现在能提供这个服务所付出的全部生命的价值,包括时间、金钱,还有放弃的机会。

从单个的 K^i,放大到本土社会的医护人群,然后设门诊部或者网罗医师、护士,使医患双方的匹配达到最优,达到价值的最大,这就是医院管理者的核心职能。

公民的基本需求与医疗服务

从理论出发,可以想象中国社会的医疗服务应该不仅要照顾到效率原则,还要照顾到社会公平。刚才讲的只是如何定价,只不过想把价格理顺。价格理顺了,然后有政府干预,而政府干预的理由是市场失灵、信息高度不对称。政府干预的结果,扭曲了价格,但是,它提高了公平,穷人可以看得上病了,它提高了教育和医疗这两个领域的社会公正。这是成熟社会的特征,它有价格扭曲,这是代价,但是这个代价是有回报的:社会得到了公正。我们的情况是,一方面价格极度扭曲,不合理;另一方面,极度不平等、不公正。那么多农民看不上病。直观而言,任何一个社会,都不可能同时满足以下这三个条件:充分的自由、充分的有效率和充分的民主。这三个条件是不可能同时存在的,必须有所让步。逻辑上,数理表达上,公共选择理论告诉我们的是,三者皆得不可能。

有了这个"不可能性"定理,我们来看怎么解决中国社会医疗服务的基本问题。我们通过一个比较良好的公共选择过程——这在数学上肯定是存在的——能够确定一个医疗服务的基本水平,比如,每一个中国公民,每年 10 块钱人民币的基本医疗服务费,这应该可以保证。我们一共 13 亿人口,每个人 10 块钱,一百多个亿就够了。这是可积累的,今年不用,明年就有 20 块;几年不用,就有几十块钱积累起来。这是最基本的。现在很多西方人,例如,在联合国经济开发组织(UNDP)的倡导下,到非洲和拉丁美洲去建立一个比这更切实可行的社会保障计划,叫做 basic needs。它是把这 10 块钱的基本货币需求,经测算,折算成一篮子的食物量,比如多少卡路里热量、多少蛋白质、多少单位的各种维生素,等等。以前,中国社会科学院和农业科学研究院也有这方面的研究项目,借鉴 UNDP 提给发展中国家的这些建议,测算基于中国人的人类学特征的基本食物结构,其中有多少蛋白质、多少热量、多少维生素是必须保障的,这样身体和智力才能有一个基本的发展,然后我们的政府,拨出一部分专款,来满足这个基本的需求。关键不在于计算出这个基本的营养水平,关键在于以什么样的方式落实这一预算才不至于把它耗费在中间环节上。我们的"耗费"极大,以致不如不用政府机制或市场机制。

如果全体社会成员的集合为 N,一切逻辑可能的生活方式的集合为 L,可供选择的基本医疗服务的集合为 B,则在任何社会里,总存在公共选择算子 $F:L^N \to B$,决定每一个患者有权接受的基本医疗服务。这在理论上是可以做出来的,当然不是说我可以算出来,在实践上,必须由政治活动家去寻找这样一套公共选择算子。理论上存在的这一算子,只提供一个定义,它界定了任何一个人类社会必须有这样一个社会角色,叫做"政治家"。什么叫"代表人民利益"?就是他必须寻找这样一套公共选择算子,把人民的意志给体现出来。然后按这套选择算子来筹划我们中国人最喜欢的医疗服务制度,这套筹划一旦找到了,国家就要加以落实。事实上,这种方案比比皆是,只不过我是从理论上论证,别人是在实践。

另外,我们要尽可能提供多样化的医疗服务方案。除了基本的之外,要鼓励多样化。下面几点是非常重要的。(1)要保证每个公民的基本需求,不光是医疗,还包括教育,得有制度保证。得把制度设计成让三种监督费用总和在中国社会里足够低、可行,这些基本需求保障的制度才算落实。(2)鼓励民办医院的管理者,或者其他有这方面企业家能力的专业管理者进入医疗服务领域,去获得那两个三角形的价值,这样有足够高的回报激励他,他才有动力进行前面界定过的医院管理活动。这就是多样化的医疗服务。(3)要有社会公正。要有行业协会和新闻监督。

【2005年第24期】

经济卷

2006年

中国国情分析框架：
五大资本及动态变化(1980—2003)

胡鞍钢　　王亚华

从历史经验看,对国情基本特征的较为全面、系统、历史的认识,是正确制定发展战略和发展政策的客观基础。这也促使我们进一步研究和思考,改革开放之后,特别是90年代以来,中国国情发生了哪些新的重大变化? 那些决定中国长期发展的重要因素是如何演变的? 推动中国经济成功发展的关键因素是什么? 本文旨在提出新的国情分析框架,定性与定量相结合地综合评价国情基本要素的动态变化及其作用。

新的国情综合分析框架

所谓"国情"是指一国相对稳定的总体的客观实际情况,它是指那些对经济发展起决定性作用的、最基本的、最主要的推动因素和限制因素,它常常决定着一国长远发展的基本特点和大致轮廓。中国是一个发展中的社会主义大国,她不同于世界上其他任何国家,而是具有十分特殊的国情。认识中国这样一个世界现代化进程中后进国的基本国情,核心是深入认识和分析那些支撑经济长期发展的要素。从现代经济增长理论角度来看,就是识别和分析那些导致经济增长的诸要素。

由现代经济增长理论的演变可知,对于经济增长源泉的理解,经历了由自然资源到资本,再到技术,进而到人力资本和知识资本的发展过程,并越来越强调开放条件和制度的作用。如果将经济增长理解为是由各种资本投入带来的,随着现代经济增长理论的研究视野扩大,资本的含义变得越来越丰富。传统上的资本指物质资本,现代意义上的资本已经泛指在长期能够产生收入流的一切东西。本文根据与增长相联系的各种投入要素的特征,将其划分为 3 类:(1)有形要素,包括物质资本,指设备、厂房、存货等,还包括表征自然资源和环境容量的自然资本;(2)无形要素,主要是人力资本和知识资本;(3)环境要素,包括国际资本和制度资本,新近学者们关注的"社会资本"和"文化资本"也可以归入此类。

尽管经济学已经从理论上揭示了经济增长由多种资本的共同积累产生,在实践中,发展中国家长期以来关注的主要是有形资本的积累,特别是将物质资本的积累作为实现经济增长的主要途径,认为扩大投资就等于促进增长,这是一种片面的经济发展观。针对发展中国家存在的这一现实,2000 年世界银行发表了《增长的质量》一书,提出了在物质资本、人力资本和自然资本这三大资本基础上提高增长质量的分析框架。在世界银行的这一框架中,物质资本通过增长影响福利,人力资本和自然资本不仅可以通过增长影响福利,其自身就是福利的主要组成部分。无扭曲的政策能够促进各类资本的积累,推动 TFP(全要素生产率)的增长,从而有利于更稳定、持续的经济增长,导致福利水平在更广泛基础上的提高。

世界银行提出的增长质量的分析框架,从发展的终极目的角度重新审视经济增长,提出增长的方式非常重要,影响发展结局的是增长进程的质量而不仅仅是增长速度。这代表了一种新的经济发展观,对于发展中国家颇有指导意义。中国的经济增长主要是由物质资本驱动的,转变经济增长方式的任务十分迫切,关注经济增长质量有更重要的现实意义。正如世界银行指出的,不扭曲和平衡地积累 3 种资本优于简单地关注物质资本,将国民储蓄的较大部分投资于人力资本,同时可持续地使用自然资本,有助于改善收入分配和降低经济增长的不稳定性,可以使经济增长更快、更好、更持久。世界银行提出的平衡积累各类资本的思想十分重要,但是从现代增长理论角度来看,上述基于 3 类资本的分析是不全面的,它忽视了导致增长的其他要素,进而隐去了投资于其他重要资本的必要性和可能性。更为完整的分析框架,除了世界银行关注的物质资本、自然资本和人力资本,至少还应增加知识资本、国际资本和制度资本,这3类资本的作用类似于人力资本,主要通过 TFP 影响增长和福利。

在与增长相联系的各种投入要素中,各种有形要素和无形要素大体是相互独立的,而环境要素与其他要素密切关联,是同时作用于所有要素的调控性因素。在中国过去 20 多年的经济转型过程中,市场经济体制的建立主要通过强制性的制度变迁,环境要素中的制度资本相对于国际资本有更大的外生性。在世界银行的框架中,强调通过恰当的政策和治理,减少有利于物质资本的扭曲,矫正损害人力资本和自然资本的市场失灵,实际上就是将制度资本作为一种外生的调控性因素来考虑。本项研究中也做类似处理,不再单独列出制度资本,而是将其作为政府的治理工具,通过作用于其他资本间接影响增长和福利。基于上述考虑,本文在世界银行分析框架的基础上,主要是增加了知识资本和国际资本,提出了基于五大资本的分析框架,作为研究国情的新的综合分析框架(如图1所示)。在这一框架中,物质资本、自然资本、人力资本、知识资本和国际资本,是支撑一国长期发展的 5 类关键性资源。发展的核心是制定适当正确的发展战略,通过制度激励和政策引导,促进对所有形式的资本进行适当的投资,从而推动 TFP 的增长,进而促进更快更好的经济增长以及福利的改善。

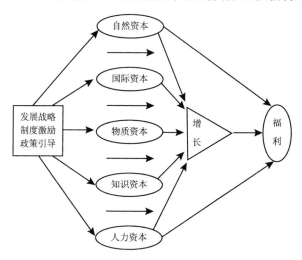

图1 新的国情综合分析框架

如何界定和定量测度五大资本呢？在已有的研究中,围绕每一类资本都有多种定义和计算方法,其中大多数文献是关于资本存量的研究,只有少部分的研究从流量角度度量某些资本。关于中国五大资本中的每一类,过去也都不乏定量的测度工作。但是纵观已有研究,几乎都是关于某类资本的孤立研究,缺少同一框架下几类资本的综合定量研究,即使是世界银行也没有对提出的3类资本进行综合定量分析。本文认为,为了使各类资本能够纳入同一个框架定量分析,应该考察各类资本的流量,即各类资本的投资率或储蓄率。虽然资本就其本意来说,是能够为未来生产有用商品和服务流的存量,但是资本存量在计量上有很大的困难,且各类资本存量之间不具有可比性。此外,对增长和国民福利更具决定意义的,应该是资本的流量而不是存量,这是因为所有的资本都是由投资而来,流量可以更好地反映资本未来的生产潜力。本文从资本流量角度统一界定五大资本,基于国内外学者已有关于各类资本的研究经验,选择了度量各类资本的指标,并将所有资本的计算量纲统一为价值量相当于 GDP 比例,使得各类资本在同一框架下的综合定量比较和分析成为可能。本文还将五大资本值的累加定义为"总资本",即一个国家广义的储蓄率或投资率,它可以反映持续增长和发展的潜力以及国民福利的整体改善状况。总资本并不是五大资本的简单累加,因为五类资本之间有较强的互补性,计算过程中有一定的交叉,在累加的过程中需要扣除相应的重复计算量(见表1)。

表1 五大资本及总资本的含义和计算方法

	含 义	计算方法
物质资本	固定资本形成总额与存货增加	当年资本形成率
国际资本	国外商品、技术、资金等要素流入量	当年进口额和外商直接投资之和相当于 GDP 比例
自然资本	环境和自然资源的数量和质量	当年自然资产损失加上环保投入、初级产品净进口额之和相当于 GDP 比例
人力资本	通过教育、培训和卫生保健形成的人的学习能力、就业能力和生产能力	当年教育总经费和卫生总费用之和相当于 GDP 比例
知识资本	指技术资本,来源于自身创新和外部引进	高技术进口额、外商直接投资、科技经费数与技术市场成交额之和相当于 GDP 比例
总资本	一国的广义储蓄率或投资率,为五类资本累加并扣除重复计算量	五大资本之和减去外商直接投资、外商直接投资形成的固定资产投资、高技术产品进口额、初级产品净进口额和环保投资五项之和相当于 GDP 比例

五大资本和总资本的动态变化

利用本文提出的国情分析框架和计算方法,我们计算了1980—2003年期间中国的五大资本和总资本的动态变化(见表2)。以下是简要介绍和分析。

表2 中国五大资本及总资本的动态变化(1980—2003)

单位:%

年份	物质资本	国际资本	人力资本	自然资本	知识资本	总资本
1980	34.9	6.6	6.42	−26.30	2.41	23.3
1985	38.5	14.5	6.50	−19.70	3.70	42.9
1990	35.2	14.8	7.36	−16.80	4.59	42.5
1991	35.3	16.8	7.49	−14.50	5.61	46.3
1992	37.3	19.0	7.35	−12.50	6.94	51.7
1993	43.5	21.9	7.02	−10.70	9.48	60.8
1994	41.3	27.5	6.97	−8.36	12.00	65.5
1995	40.8	24.3	7.07	−7.05	11.90	62.3
1996	39.3	22.1	7.54	−6.65	9.84	59.3
1997	38.0	20.9	7.95	−5.10	9.76	59.0
1998	37.4	19.6	8.58	−2.99	10.10	60.3
1999	37.1	20.8	9.17	−3.39	10.30	62.0
2000	36.4	25.4	9.63	−2.79	12.10	67.0
2001	38.0	25.5	10.10	−3.51	12.70	69.0
2002	39.2	27.5	10.60	−4.07	14.10	72.1
2003	42.3	33.0	11.00	−3.43	15.00	80.5

中国属于资本高投入类型的国家,物质资本长期维持在高水平。1980年资本形成率为34.9%,1993年一度达到43.5%,而后逐年回落,2000年降至36.4%,"十五"期间又迅速攀升,2003年为42.3%,是世界大国之中国内投资率最高的国家。高投资率已经使中国成为世界最大的国内投资国。按实际购买力平价计算,2003年中国国内投资额占世界总量比重为24.8%,已经高于美国(为17.3%);中国每年新增的住宅面积相当于美国的4—5倍,水泥产量相当于美国的8—9倍,已经成为世界最大的建筑建造国和建材消耗国。

国际资本在五大资本之中增幅最大。1980 年相当于 GDP 的 6.6%,1990 年上升至 14.8%,1999 年以来加速增长,2003 年达到 33.0%。中国的对外开放已经实现了令人瞩目的跨越式发展,目前的市场开放程度远比一般认为的程度要高得多。根据尼古拉斯·拉迪的计算,中国进口依存度在 2002 年差不多达到近 25%,如果将在华外资企业国内销售额视为进口产品,那么加上进口额,两者合计占 GDP 比重已由 1994 年不足 30%,到 2002 年超过 40%。作者估计 2004 年这一比重在 75%,其中进口额占 GDP 比重达 34%,这一数字是美国的 2 倍,印度的 2.5 倍,日本的 4 倍。中国的实际开放度在中、印、俄等 10 个新兴市场经济国家中是最高的,可能也是世界各国中市场开放度最高的国家之一。

改革开放以来人力资本呈现上升趋势,在 90 年代初期一度下降,而后持续上升,从 1994 年的最低点 6.97% 上升到 2003 年的 11.0%,反映了我国用于教育和卫生的支出水平不断提高。值得注意的是,教育和卫生支出的增长,主要来源于社会和居民个人支出的大幅增长,而政府支出则相对缓慢。2003 年全国城市居民的人力资本总支出相当于当年 GDP 的 6.3%,如果加上农村居民的人力资本支出,则为当年 GDP 的 8.6%。而 1992 年城市居民用于卫生和教育的总支出只相当于当年 GDP 的 2.3%,即使加上农村居民,也只有 3% 左右,而在 1980 年这一数字大约只有 1%。可见私人用于卫生和教育支出的增长相当之快,私人消费已经成为人力资本投资的主体。

自然资本在五大资本中是唯一数值为负的资本,但是其绝对量呈迅速缩小趋势。改革开放初期,自然资本基本相当于自然资产损失,处于剧烈折损状态,几乎没有人为补偿。20 世纪 80 年代中期,由于我国大量出口初级产品,自然资本一度还低于自然资产损失,一直到 90 年代初级这一局面才得以扭转。1998 年以后,自然资本值大幅度提高,主要得益于环保投资的大幅度增加,同时初级产品 1995 年开始从净出口转变为净进口,且净进口额迅速增长。这一演变过程,显示出利用全球化和环保投资对自然资产的补偿效应。目前自然资本仍为负值,说明自然资本存量还在持续减小,只是折损的强度有所减缓。

知识资本也呈现大幅度增长,特别是 20 世纪 90 年代以来加速增长。1990 年知识资本相当于 GDP 的 4.6%,2003 年提高到 15.0%,期间有两个高增长期:

一是从1991—1994年,这一数字翻了一番,主要是由于外商直接投资和高技术产品进口大幅度增长;二是1999年以来,增长了近50%,主要是由于高技术产品的大幅度增长,以及科技经费投入的较大增长。中国的知识资本存量较小,但是由于知识资本的储蓄水平提高较快,知识技术资源的弱势地位趋向不断改善。中国目前的主要知识来源是从外部吸收和引进技术,而不是本国的技术创新,2003年中国FDI和高技术产品进口额相当于GDP比例为11.1%,而科技经费支出相当于GDP比例为2.95%,其中R&D支出为1.31%。

改革开放以来,中国的五大资本均呈现上升趋势,表明经济快速发展背后存在多重的驱动力。为了比较各类资本的增长速度,我们按照可比价格计算了各类资本的每年储蓄的总量价值指数及增长率,并将其与GDP增长率进行对比(如表3)。结果表明,从1980年到2003年,知识资本和国际资本高速增长,其增长率大大高于同期GDP增长率(接近2倍);人力资本和物质资本快速增长,并高于GDP增长率。这一时期的GDP总量增长了7倍,知识资本和国际资本总量分别增长50倍和40倍,人力资本和物质资本总量分别增长13倍和9倍。在五大资本中,自然资本是唯一增长率为负的资本,2003年相对于1980年的价值损失量略有上升。这意味着在GDP翻两番的情况下,目前自然资本折损的价值量,与改革开放初期基本持平,这一成绩的取得是很不容易的。

各类资本的快速增长,直接推动了总资本的快速增长。从1980—2003年,总资本的价值量年均增长率达到了15.6%,大大高出同期9.5%的GDP增长率,导致总资本数值的大幅度跃升。1980年总资本仅相当于GDP的23.3%,由于自然资本损失过高,国际资本、人力资本和知识资本数值较小,总资本甚至还要低于物质资本。1990年总资本提高到42.5%,80年代年均提高2个百分点,之后增速进一步加快,90年代以来年均提高3个百分点,2003年达到80.5%,其中1998年之后提升速度最快,年均提高4.6个百分点。从1980年到2003年,总资本数值累计提高了57个百分点,价值量增长了27倍,远远高于同期GDP的增幅。总资本的持续大幅度提升,说明中国改革开放以来国民福利状况趋向于迅速改善,经济发展背后的内在驱动力趋向于不断增强,也暗示了支撑经济发展的长期潜力持续提高。

中国改革开放以来的总资本之所以有如此大的增幅,主要是因为自然资本损失大幅度下降,其他四类资本迅速上升,五大资本均对总资本的增长做出了正的贡献。从总资本增长来源的构成来看,国际资本的贡献最大,相对贡献率达到35.7%,其中20世纪80年代为38.8%,90年代以来为34.5%;自然资本的贡献其次,为31.0%,其中80年代曾高达45.1%,90年代以来下降至25.4%;再次是知识资本和物质资本,分别为17.1%和10.0%,两者90年代以来的贡献率相对于80年代均有大幅度提高(见表3)。上述结果表明,大范围的对外开放和吸引国际要素的流入,对中国总资本的提升做出了最大贡献,而通过引入市场机制减少资源价格扭曲、投资于环境保护和充分利用全球资源,也产生了相当高的收益,大幅度降低了国民福利损失。国际资本、自然资本和知识资本,解释了总资本增长的大部分,三者合计贡献率达83.8%。物质资本的贡献相对较小,主要是由于起点较高,提升空间相对有限。人力资本的相对贡献率最小,主要是因为其投资率不足,增长速度相对缓慢。

表3 总资本的增长及其来源

单位:%

年 份	物质资本	国际资本	人力资本	自然资本	知识资本	总资本
增长幅度						
1980—2003	7.4	26.4	4.6	22.9	12.6	57.2
1980—1990	0.3	8.2	0.9	9.5	2.2	19.2
1990—2003	7.1	18.2	3.7	13.4	10.4	38.0
相对贡献率						
1980—2003	10.0	35.7	6.2	31.0	17.1	100.0
1980—1990	1.4	38.8	4.4	45.1	10.3	100.0
1990—2003	13.5	34.5	6.9	25.4	19.7	100.0

尽管长期以来中国经济增长主要是由物质资本驱动的,但是由于其他资本储蓄水平的提高,特别是国际资本和知识资本的大幅度增加,客观上使改革开放以来的TFP相对于计划经济时期显著上升,对经济增长的贡献率大幅度提高。未来中国长期增长中物质资本的收益趋于递减,经济高增长不可能一直依靠目前这样高的物质资本投资率维系,而需要依靠其他各类资本储蓄水平的继

续提升，支持较高的 TFP 增长率，补偿物质资本的投资收益递减，进而支撑中国经济的持续快速增长，以及国民福利水平的不断提高。

结论与含义

本文基于现代经济增长理论和世界银行的增长质量分析框架，提出了新的基于物质资本、国际资本、人力资本、自然资本和知识资本的国情综合分析框架，以此分析了改革开放以来中国五大资本的动态变化，从历史变化趋势方面整体和定量重新认识了国情基本特征的变化。改革开放以来，五大资本数值均有程度不等的提升，除自然资本之外的其他四类资本的年储蓄价值量高速增长，增速大大高于同期经济增长率。这表明，改革开放以来中国经济快速发展背后存在多重驱动力，中国的经济起飞是全方位的也是高质量的。通过对五大资本合成的总资本的分析，还揭示了改革开放之后，特别是90年代以来中国经济发展中不断增强的内在驱动力，这不仅诠释了中国90年代以来出人意料的大发展态势，也显示了中国未来的发展仍然有很强的支撑动力。本文将中国改革开放以来发展的成功，归结为总资本的持续、大幅度和加速上升，五大资本均对总资本的上升做出了正的贡献，其中国际资本的贡献最大，自然资本和知识资本的贡献较大，上述三类资本的变动解释了总资本上升的大部分，而物质资本和人力资本的贡献相对较小。

本文将国际资本变动视为总资本上升的最重要解释因素，意味着对外开放对于中国的成功发展十分重要。开放不仅促进大量外国资本和商品的流入，直接推动国际资本的提高，而且对其他资本产生了广泛的积极影响。例如，通过大规模利用全球资源，一定程度上弥补了中国自然资源的不足，这是自然资本大幅度上升的重要原因之一。大量进口高新技术产品和引进外国直接投资，是中国知识技术的重要来源，也是推动知识资本上升的最重要原因。由于本文在分析框架中将制度作为一种外生调控因素，没有统一纳入几类资本的计算（事实上也难以折算为价值量计算），因而不能直接定量分析改革的作用。但是制度因素的重要作用，可以从其他各类资本的变动中间接反映。以改革为核心内容建立市场经济体制为例,这一制度因素矫正了能源、矿产等自然资源的价格扭曲,是导致自然资产损失大幅度下降的最重要原因;市场机制的引入,更是导致技术市场从无到有发生和发展的直接原因。更为重要的是,市场机制与对外开放相互作用,对中国对外贸易的快速发展和外资的大规模流入,具有根本性的作用,进而对五大资本的提升产生重要影响。由此可见,制度作为经济增长的一种环境要素,与国际资本的作用是类似的,对总资本的贡献也是同等重要的。这也再次印证了人们的一个直观判断,即改革和开放是中国过去 20 多年发生巨变的根本动因。

中国改革开放以来发展的成功经验,在于实施了正确的改革战略并推动了大规模的制度变迁,大幅度提升和有效利用了五大资本。这一经验对于中国长远的持续发展有重要的含义:中国需要继续坚持深化改革,完善市场经济体制,继续推进开放促进国际资本的增长,利用全球化和科技革命的机遇加快知识资本的积累,优化配置物质资本特别是提高其利用效率,大幅度增加对人力资本的投资,同时进一步强化保护和增值自然资本。中国未来的成功发展,需要继续实施加速积累和有效利用五大资本的综合战略,同时还要重视积累那些难以量化的重要资本,包括制度资本、社会资本和文化资本。

【2006 年 第 2 期】

实现经济周期波动在适度高位的平滑化

刘树成　张晓晶　张　平

十个经济周期概述

所谓"经济周期波动在适度高位的平滑化",是指经济在适度增长区间内保持较长时间的平稳增长和轻微波动,使经济周期由过去那种起伏剧烈、峰谷落差极大的波动轨迹,转变为起伏平缓、峰谷落差较小的波动轨迹。

新中国成立以来,从 1953 年起开始大规模的工业化建设,到现在,经济增长率(GDP 增长率)的波动共经历了 10 个周期。从 1953 年到 1976 年"文化大革命"结束,经历了 5 个周期。其中,曾有三次大起大落,每次"大起",经济增长率的峰位都在 20% 左右(1958 年为 21.3%,1964 年为 18.3%,1970 年为 19.4%)。每个周期内,经济增长率的最高点与最低点的峰谷落差,在第 2 个周期内最大,达 48.6 个百分点。1976 年粉碎"四人帮"之后和 1978 年改革开放以来,又经历了 5 个周期。其中,在前面的 4 个周期内,经济增长率的峰位降到 11%—15%(1978 年为 11.7%,1984 年为 15.2%,1987 年为 11.6%,1992 年为 14.2%),峰谷落差在 6—7 个百分点左右。如果我们以 1978 年为界,1953—1977 年与 1978—2004 年相比,即改革开放前后相比,经济增长率的平均值(简单算术平均)由 6.5% 上升到 9.5%,上升了 3 个百分点;最大值即最高峰位由 21.3% 下

降到 15.2%,下降了 6.1 个百分点;最小值即最低谷位由 - 27.3% 上升到
3.8%,上升了 31.1 个百分点;反映波动幅度的标准差由 10.5 个百分点下降
到 2.9 个百分点,下降了 7.6 个百分点。可见,中国经济周期波动在改革开放
前后呈现出不同的特点。改革开放前,其突出特点是大起大落,且表现为古典
型周期(即在经济周期的下降阶段,GDP 绝对下降,出现负增长)。改革开放
后,中国经济周期波动的主要特点为波幅减缓,并由古典型转变为增长型(即
在经济周期的下降阶段,GDP 并不绝对下降,而是增长率下降)。总的看,改
革开放以来中国经济周期波动呈现出一种新态势:峰位降低、谷位上升、波幅
缩小。

2002 年,经济增长率回升到 8.3%,开始进入新一轮周期。2003 年、2004
年、2005 年上半年,经济增长率均为 9.5%。2005 年全年,预计为 9% 或略高。
这样,中国经济连续保持了三年 9%—9.5% 的适度高位平稳增长,这在新中国
成立以来还是从未有过的。克服经济的大幅起落,实现经济周期波动在适度高
位的平滑化,是人们一直所盼望的。那么,在未来 5—8 年的中期内,中国经济
周期波动将会出现什么新特点呢? 这是本文所要探讨的主题。总的看法是:未
来 5—8 年,中国经济周期波动有可能出现两个新特点:一是在波动的位势上,
有可能实现持续多年的适度高位运行,潜在经济增长率将在 9% 左右;二是在波
动的幅度上,有可能实现进一步的平滑化,使经济波动保持在 8%—10% 的适度
增长区间内。以上两个特点之所以说是"有可能",一方面是因为其中包含着一
定的客观因素,有着良好的发展机遇;另一方面是因为未来还存在着许多不确
定性因素,还面临着许多新挑战。因此,我们不能盲目乐观,而要增强忧患意
识,紧紧抓住机遇,妥善应对挑战。

为了分析未来中国经济周期波动的态势,我们从中国国情出发,根据马克
思的论述,并综合借鉴熊彼特理论和现代经济周期理论的有关分析思路,着重
阐明中国本轮经济周期冲击因素的特点,包括其类型特点、形成特点和作用特
点。其类型特点是正向技术冲击,即以房地产和汽车为代表的产业结构升级;
其形成特点是由消费结构升级所推动,而消费结构和产业结构的升级,又是中
国人均收入水平提高和工业化、城镇化、市场化进程加快的结果;其作用特点是

同时产生经济的长期增长趋势与短期周期波动,具体表现为高位增长与强幅波动的双重特点。这样,将经济的长期增长趋势与短期周期波动统一起来进行分析,既可说明未来推动中国经济高位增长的一个重要客观因素(以房地产和汽车为代表的产业结构升级),又可说明为应对强幅波动的新挑战,防止经济的大起大落,仍需不断加强和改善宏观调控。

正向技术冲击

2002 年中国经济增长进入新一轮周期。新一轮周期的经济推动力即正向技术冲击是以房地产和汽车为代表的产业结构升级,而产业结构升级又是由消费结构升级所推动的。消费结构升级的突出表现是:居民消费结构由满足温饱需求的"吃、穿、用"阶段,向满足小康需求的"住、行"阶段升级;由百元级的小型耐用消费品向千元级的中型耐用消费品升级之后,又向着万元级、特别是数十万元级的大型耐用消费品升级。由此推动了产业结构的升级,直接推动了房地产和汽车产业的发展,进而又带动了各种相关产业,特别是基础产业的发展。这一发展态势符合发展中国家消费结构和产业结构升级的一般规律。从中国20 世纪 70 年代末以来的情况看,消费结构和产业结构的升级可以分为四个阶段:

第 1 个阶段:70 年代末—80 年代初。这一阶段,有代表性的领先增长行业是手表、自行车、缝纫机和收音机,即被称为"三转一响"的"四大件"。如:手表年产量的增长率在 1977—1981 年,由 21%一路上升到 29%,随后增势下降。自行车年产量的增长率在 1977—1982 年,由 11.2%一路上升到 37.9%,随后增势下降。缝纫机年产量的增长率在 1979—1982 年达 20%—35%,随后出现负增长。

第 2 个阶段:80 年代中、后期。这一阶段,有代表性的领先增长行业让位于彩电、音响、洗衣机、电冰箱,即被称为家用电器"新四大件"。如:彩电年产量在1982 年上升到 29 万台,1984 年突破 100 万台,1988 年又突破 1 000 万台;彩电年产量的增长率在 1982—1988 年(除 1986 年外)达 54%—225%,随后增势下降。家用电冰箱年产量在 1982 年上升到 10 万台,1985 年突破 100 万台,1988 年达 758 万台;家用电冰箱年产量的增长率在 1982—1988 年达 55%—190%,随后增势下降。

第 3 个阶段:90 年代初、中期。这一阶段,有代表性的领先增长的带头行业转向房地产和轿车。就房地产来说,因缺少房地产方面较长的时间序列资料,这里以全社会固定资产投资中的房屋建筑施工面积为例,在 1991—1996 年,从其绝对量看,每年平均以新增 1.6 亿平方米的规模增长;从其增长率看,每年平均增长 9.5%,随后增势下降。轿车在 1992 年产量超过 10 万辆,1993—1997 年平均每年增长 25%,随后增势下降。

第 4 个阶段:21 世纪初期。2002 年起,房地产和轿车的发展进入了一个新时期。就房地产方面来说,仍以全社会固定资产投资中的房屋建筑施工面积为例,在 2002—2004 年,从其绝对量看,每年平均以新增 3.3 亿平方米的规模增长;从其增长率看,每年平均增长 10.7%。若以房地产开发投资中的房屋建筑施工面积来考察,2001—2004 年,则每年平均增长 20% 左右。轿车年产量在 2002 年突破 100 万辆,2003 年又突破 200 万辆;其年产量增长率,2002 年达 55.2%,2003 年又高达 89.7%,2004 年增速有所调整,为 11.7%。与此同时,城市建设、IT 产业等也进入了一个新的发展时期。

从 2002 年起,以房地产和汽车为代表的消费结构和产业结构的升级,是中国人均收入水平提高和工业化、城镇化、市场化进程加快的结果。房地产和轿车在 20 世纪 90 年代初、中期曾有一个发展,但由于当时人均 GDP 水平还较低,尚处于 400—700 美元之间,所以只有一个初步的发展。2000 年,中国人均 GDP 水平达到 800 多美元,2003 年突破 1 000 美元,这就进一步推动了房地产和汽车的发展。与此同时,90 年代中、后期以来,城镇化进程出现一个加速之势,城镇化率(城镇人口占总人口的比重)到 2004 年上升到 41.8%。此外,由福利分房到住宅商品化,以及消费信贷的启动等市场化的住房制度和金融制度改革,再加上 1997 年以来居民购买力的积蓄等,都推动了以房地产和汽车为代表的消费结构和产业结构的升级。

经济的增长与波动

以房地产和汽车为代表的产业结构升级对经济增长与波动的作用具有两重性特点：一是高位增长，二是强幅波动。

1. 高位增长

以房地产和汽车为代表的产业结构升级对整个经济增长具有广泛的和持久的推动力。同时，中国正处于人均 GDP 超过 1 000 美元，工业化和城镇化进程加快的时期，对房地产（特别是住宅）和汽车的潜在需求很大，会进一步促进它们的发展。从住宅的潜在需求看，据有关专家估算（王国刚，2005），在未来 20 年（到 2025 年左右），现有城镇家庭（1.55 亿户）以每户 100 平方米计算，需要住宅 155 亿平方米，而目前城镇住宅存量为 90 亿平方米，二者差距为 65 亿平方米，20 年内每年需要建设住宅 3.25 亿平方米；如果加上未来 20 年城镇人口以每年 0.8 个百分点增加，到时城镇家庭约 2.61 亿户，以每户 100 平方米计算，需要住宅 260 亿平方米，与目前城镇住宅存量 90 亿平方米相比，缺口达 170 亿平方米，20 年内每年需要建设的住宅上升为 8.5 亿平方米；如果再加上城镇拆迁、危房改造等，则每年需要建设的住宅应在 10 亿平方米左右。而近几年，全国城镇每年新建住宅面积只有 5—6 亿平方米，远不能满足需要。

从轿车的潜在需求看，据有关专家估算（福格尔，2001），美国从 1910—1970 年对轿车的收入弹性为 2.6，如果今后中国的人均收入以每年 6% 的速度增长，同时中国收入增长对轿车需求的弹性也和美国上述时期相同的话，到 2015 年，中国每年将购置 1 000 万辆轿车，而目前中国轿车的生产能力只有每年 150 万辆（2002—2003 年的平均产量）。这就意味着，在未来 15 年中，中国轿车的生产能力需要增加 6 倍。如果中国年均 6% 的经济增长能够持续到 2024 年，轿车收入弹性不变的话，到时中国对轿车的需求将达到 4 500 万辆，相当于目前全球轿车保有量和购买量。尽管就现实的发展看（出于资源、能源、环境等方面的考虑），中国未来轿车保有量恐怕会小于这个预测数，但其潜在需求的巨大是可以肯定的。

总之,从房地产和汽车这两个产业自身的产业链特点及未来潜在需求看,蕴涵着较为持久的经济增长潜力。

2. 强幅波动

需要引起我们重视的是,以房地产和汽车为代表的产业结构升级对整个经济具有高位增长作用的同时,它们还具有强幅波动的特点。这是因为以房地产和汽车为代表的产业结构升级这一技术冲击因素,在其传导过程中会具有放大效应或过度扩张效应,随后会遇到各种因素的制约,如需求制约,特别是资源制约等。

房地产和汽车的投资与生产在其传导过程中之所以会具有放大效应或过度扩张效应,是因为:其一,产业内的独立循环。房地产和汽车的产业关联度很高,在其投资和生产过程中,与原材料、能源、矿产品等投资和生产之间所产生的相互推动的产业循环,具有产业内相对独立的内部循环性。在这个相对独立的内部循环中,会形成"面多加水,水多加面"的滚动扩张。其二,需求的夸大。房地产和汽车的投资与生产不仅是根据其现期需求,而且是根据其预期需求进行的。在其现期需求和预期需求中,甚至还会包含投机需求。在其需求旺盛的情况下,市场会充满乐观的预期,由此,对房地产和汽车的实际需求会被夸大。这时,在高价格、高利润的驱使下,会进一步推动房地产和汽车的投资与生产的盲目过度扩张。其三,金融的推波助澜。在市场前景看好的情况下,金融企业为获取自身的赢利,会从金融角度支持房地产和汽车,以及与它们相关产业的投资和生产的过度扩张。

这种过度扩张,随后会遇到各种因素的制约,主要有:

其一,需求制约。对房地产和汽车的有购买力的实际需求,是与人们一定的高收入水平、一定的收入积累、一定的信贷支持和自身负债能力,以及一定的相配套的基础设施条件(诸如社区服务设施、道路、停车场等)为基础的。在一定时期内,人们的收入水平、收入积累和负债能力是有限的;金融企业从其自身获利出发,对经济风向的变动最为敏感,信贷条件是最易变化的;同时,相关的基础设施条件也不是一下子能满足的。因此,对房地产和汽车的购买热潮具有一定的阶段性,而不可能像中国20世纪80年代对百元级、千元级的小型和中型耐用消费品的购买那样一浪紧接一浪地排浪式进行。而一旦房地产和汽车的需求发生阶段性变化，将造成房地产和汽车在短期内的产能过剩，导致其投资与生产的剧烈波动，同时也带动各相关产业的连锁波动，形成"一荣俱荣、一损俱损"的局面。美国 20 世纪 20 年代房地产和汽车的大发展，及其后 1929—1933 年的大危机和大萧条，最好地说明了这一问题。

其二，资源制约。房地产和汽车的投资与生产的扩张，产生了对各种原材料、能源、矿产资源和土地资源等的高消耗，还有相应的对环境的高污染。这其中有许多资源对一国或一个地区来说是稀缺资源，同时也是不可再生资源。当其中某种重要资源的供给缺乏弹性或完全无弹性时，整个产业链的运转将难以进行。当国内资源不能支撑而需要依靠进口的情况下，大量的进口将会使国际收支状况恶化，同样会阻止国内经济增长。日本在 1955—1973 年近二十年的经济高速增长中，大量依赖石油的进口。每当投资旺盛、经济增长加速时，就因大量进口而产生国际贸易收支的严重赤字。在这近二十年中，曾五次（1957 年、1961 年、1963 年、1967 年、1973—1975 年）因大量进口所产生的国际贸易赤字而不得不进行紧缩性的经济调整。

在各种资源当中，特别是土地资源，涉及到农业和粮食问题。对于中国这样一个人口大国来说，房地产投资和整个投资规模的过快增长所造成的土地资源的过度占用，是难以承受的。除各种自然资源外，房地产和汽车的投资与生产的扩张，以及所带动的整个投资规模的过快增长，还使用了大量的信贷资金资源。据专家估计，中国每年房地产开发投资中，大量资金来自银行信贷，包括房地产开发企业从银行直接得到的房地产开发贷款、流动资金贷款，以及通过卖"期房"而间接得到的居民购房消费贷款。这就容易积累银行的潜在金融风险。

一般说来，在市场经济下，在消费结构由"吃、穿、用"向"住、行"升级，工业化和城镇化进程加快的时期，即工业化中期，是经济波动幅度最大的时期（刘树成，1996）。上面所提到的美国在 20 世纪 20 年代到 30 年代初所发生的大繁荣和随后的大危机、大萧条，就是处于美国工业化中期阶段的事情。中国现在正值工业化和城镇化进程加快时期，客观上说，正是经济波动幅度加大的时期。

综合以上分析,在未来5—8年的中期内,中国经济的高位增长包含着一定的客观因素,以房地产和汽车为代表的产业结构升级对整个经济增长具有广泛的和持久的推动力;但是,与此同时所具有的强幅波动特点,却是对经济平稳运行的一种新挑战。为了既保持经济的适度高位增长,又避免强幅波动,必须加强和改善宏观调控,决不能以为工业化和城镇化进程加快就可以自然而然地使经济快速而平稳地增长。

不断加强和改善宏观调控

1. 全面贯彻落实科学发展观

科学发展观是我们党在新世纪对社会主义现代化建设指导思想的新发展,是全面建设小康社会和推进现代化建设始终要坚持的重要指导思想。我们一定要全面贯彻落实科学发展观,充分利用体制和制度手段、法律法规手段,大力促进粗放型经济增长方式向集约型经济增长方式的转变,大力促进以增强自主创新能力为中心环节的产业和产品的结构调整,提高经济增长质量,切实把经济社会发展转入全面协调可持续发展的轨道。以房地产和汽车为代表的消费结构和产业结构的升级,是今后一段较长时期内经济增长的重要推动力,但房地产和汽车业的发展不仅要"量需而行",而且要"量力而行",也就是说要充分考虑资源的可承受度,有阶段、有节奏地推进。

2. 把握好潜在经济增长率与适度经济增长区间

潜在经济增长率与适度经济增长区间的测算和把握,是正确分析经济波动态势和实施宏观调控的重要基础。所谓潜在经济增长率是指,在一定时期内,在各种资源正常限度地充分利用,且不引发严重通货膨胀的情况下,所能达到的经济增长率。潜在经济增长率表明一定时期内经济增长的长期趋势。现实的经济运行围绕潜在经济增长率上下波动。如果现实的经济增长率过高地超过了潜在经济增长率,则各种资源供给的瓶颈制约就会非常严重,经济运行就会绷得很紧,产业结构失衡,引发严重的通货膨胀,经济快速增长难以为继;反之,若现实的经济增长率过低地低于潜在经济增长率,则失业问题不好解决,有可能带来通货紧缩,企业经营困难,国家财政收入减少,各项社会事业也难以得到发展。现实的经济增长率可在一定的、适当的幅度内围绕潜在经济增长率上下波动,既不引起资源的严重制约,也不引起资源的严重闲置,物价总水平保持在社会可承受的范围内,这一波动幅度可称为适度经济增长区间。

经济学家们普遍认为,确切地判定潜在经济增长率是一个困难的问题。不同的测算方法,所得出的结果不尽相同。同时,一定时期内潜在经济增长率的把握也还需要参考各种实际情况的变化。因此,潜在经济增长率不单纯是一个测算问题,其中也含有经验把握问题。就潜在经济增长率的测算来说,一般有三种方法:HP滤波法、生产函数法、菲利普斯曲线法。

从改革开放以来的实践经验看,特别是从20世纪90年代以来的情况看,当经济增长越过9%时,就会出现局部过热,引起煤电油运和重要原材料的供给紧张;当经济增长冲出10%时,就会出现总体过热和严重的通货膨胀,导致经济的大幅起落;而当经济增长低于8%时,就会出现通货紧缩,就业压力明显增大。根据各种计算和实践经验,特别是以房地产和汽车为代表的产业结构升级对整个经济增长具有广泛的和持久的推动力,再考虑到资源约束,一定时期内有购买力的需求约束等因素,在未来5—8年的中期内,潜在经济增长率可把握在9%,适度增长区间可把握在8%—10%。

但是,若从未来的更长时期看,潜在经济增长率有可能会有所降低。这是因为:一者,消费需求的高质量化。随着人均收入的提高,消费需求将从"量"的提高上升到"质"的提高。这在客观上将会抑制未来一般消费品生产的增长速度。二者,资源约束的强化。随着前期经济的长时间高位增长,资源约束会越来越强,在客观上就要求加快经济增长方式的转变,不断提高资源利用效率,提高整个经济增长质量。三者,投资预算约束的硬化。随着经济体制改革的不断深化和经济市场化的推进,必然会使企业的软预算约束不断地"硬化",企业需要为自己的投资行为真正负起责任。同时,在开放经济条件下,也为防止外部风险,需要不断矫正资源配置中的种种扭曲,如要素价格的扭曲、政府的隐性担保等。这些都会抑制投资冲动,减少投资的盲目扩张。四者,人口的老龄化。随着2013年之后中国开始逐步进入人口老龄化阶段,劳动年龄人口减少,老龄人口增加。这一方面会使整个国民储蓄下降,另一方面老年抚养比上升,因而促使经济增长速度放缓。

3. 谨防新一轮经济过热和防范(国际)外部冲击

本文在前面对经济周期波动的冲击因素进行分类时指出,冲击还可分为持久冲击和暂时冲击。以房地产和汽车为代表的产业结构升级这一正向技术冲击,属于持久冲击。现在,要指出的是,就近期的一至三年看,还存在着可能出现的、较大的正向暂时冲击。目前,从 GDP 增长率的季度数据看,中国经济正由2003 年下半年至 2004 年上半年的局部过热和在适度增长区间(8%—10%)的上线区域运行(9.6%—9.9%),向适度增长区间的中线(9%左右)回归,经济增长的位势并不低。就近期的一至三年看,有几件"大事",如 2006 年开始实行第十一个五年规划,2007—2008 年党政换届,2008 年奥运会等,所有这些因素集中起来有可能推动经济增长的新一轮"大起"。如果能够较好地调控 2006—2008年可能出现的"大起",那么就能为 21 世纪第二个十年的经济平稳增长创造良好的条件。

许多国家的经验表明,在国内经济发展态势良好和经济波动趋于平稳的情况下,防止(国际)外部冲击的负面影响是一个值得高度重视的问题。从外贸看,目前,中国的外贸依存度(进出口总额占 GDP 的比重)已经很高,由 1978 年的不到 10%(9.8%),上升到 1990 年的 30%,又上升到 2000 年的 44%,2004 年高达 70%。在出口方面,我们将面临越来越多的国际贸易摩擦问题;在进口方面,将面临国际上石油、矿产品、粮食等重要战略资源的价格与供给保障问题。因此,需要对外贸的高度依赖进行必要的调整,在促进进出口继续适度增长的同时,要注意防止外贸冲击对经济增长和波动可能产生的负面影响。贸易增长应由关注贸易顺差转向贸易平衡,由关注贸易额转向提高贸易质量、增强国际竞争力和抗风险能力。从外资看,今后,外资流入除采用 FDI(海外直接投资)形式之外,将更多地采用非 FDI 形式。非 FDI 资本最为重要的特征,就是其"流动性"非常强。对投资者来讲,流动性强易于规避风险;但对于流入国来讲,受资本流动冲击的可能性增大。因此,我们在对外开放中,应加紧完善针对非 FDI的监控体系,防止非 FDI 的大进大出对宏观经济和金融稳定的冲击。

4. 不断深化经济体制改革

通过深化经济体制改革,不断消除影响经济平稳较快增长的体制性机制性障碍。一方面,要继续深化国有企业改革和使民营企业健康发展,使政府更多地运用经济手段和法律手段所进行的宏观调控具有较好的微观基础。另一方面,要不断推进政府自身改革,推进政府职能转变。要树立正确的政绩观,转变发展观念,创新发展模式,提高发展质量,防止盲目攀比和片面追求经济增长速度。同时,通过深化改革,使宏观调控规范化、制度化、法制化。

在政府的宏观调控中,是要"政策规则",还是要"相机抉择",在国际学术界,从 20 世纪 60 年代至今,也一直存在着争论。在宏观调控中,所谓相机抉择,是指政策制定者根据经济周期波动不同阶段中经济运行的不同态势,机动灵活地采取逆向调节政策。其目的是熨平经济波动,保持宏观经济运行的稳定性。这被比喻为"逆经济风向而行事"的政策。这是 20 世纪 60 年代,在美国,由凯恩斯主义者提出的宏观调控政策。但是,后来在实际政策制定中,这种反周期的相机抉择政策演变为不受任何约束的、任意的"纯粹"相机抉择政策。针对相机抉择政策所带来的问题,美国学术界提出要制定一种"政策规则",以限制宏观调控政策的任意使用。所谓政策规则,是指政策制定者在决定宏观调控政策时应遵循的一种事先确定的规则。然而,在实际政策制定中,因为经济形势是不断变化的,不可能按照一个不变的规则行事。因此,美国联邦储备委员会在货币政策的制定和操作中,实际上不同程度地采用了政策规则和相机抉择的方法,也就是把一定的政策规则与相机抉择相结合,避免相机抉择的任意性和政策的时间不一致性,增强决策的透明度和可预见性。

目前,在中国宏观调控中,采取的是"双稳健"政策,即稳健的财政政策和稳健的货币政策。这是一种松紧适度的中性调控政策。在执行中,这一政策并不排除根据经济形势的具体变化或针对新出现的某些问题,而进行必要的调整或微调。但这种调整或微调也不宜频繁。总的说,在经济形势没有发生大的变化时,应注意保持宏观调控基本政策的相对稳定。

关于新型工业化的讨论〔两篇〕

思考与回应：中国工业化道路的抉择

吴敬琏

经济学对不同增长模式的分析

　　现代经济学把英国、美国和日本等先行工业化国家的发展分为四个阶段，对应于不同的发展阶段，存在着不同的增长模式。这四个发展阶段是：（1）"起飞"以前的阶段，即产业革命以前，其主要特点是经济增长靠土地和自然资源投入的增加实现的。（2）19世纪后期第一次产业革命发生到第二次产业革命前的"早期经济增长"阶段。这个阶段的特点是用机器大工业代替农业和手工业中的手工劳动。机器大工业的基础是重工业，所以这个阶段的经济增长是靠大量投资发展资本密集的机器大工业，特别是重工业来支撑的。按这种模式进行的工业化叫做"旧型工业化"。（3）第二次产业革命以后的发展阶段。诺贝尔经济学奖获得者库兹涅茨把先行工业化国家这个阶段的经济增长称为"现代经济增长"。现代经济增长和早期经济增长的区别在于，经济增长主要已经不是靠资本积累,而靠效率提高实现。这种增长模式体现出"新型工业化道路"的特征。(4)到了 20 世纪 50 年代以后,出现了计算机、现代信息技术(IT),所以,先行工业化国家逐渐进入信息时代或者叫知识经济时代。这个阶段的经济增长主要靠信息化带动。

(一)经济学对"旧型工业化道路"(早期经济增长模式)所做的分析

随着第一次产业革命的进行,经济增长逐步摆脱了"起飞前"的状态,摆脱了土地约束,依靠用机器代替手工劳动使经济获得快速发展。这种经济增长是靠狭义的工业化,即用大机器工业作业去替代农业和手工业的手工劳动。用机器代替手工劳动就要生产机器,还要生产"生产机器的机器",这就要有钢铁等资本密集的重工业作为基础。所以,旧型工业化道路,即工业化早期和中期增长模式的最大特点,就是依靠资本积累,资本对劳动的比例提高(这在马克思主义经济学中叫做资本有机构成提高,在现代经济学中叫做资本深化)。

马克思最早指出这种增长模式的弊端。他在《资本论》中指出,在资本积累过程中,随着有机构成的不断提高,一定会出现两种规律性的现象:一是平均利润率的下降。随着用于购买机器的不变资本(物质资本)比重的不断增加,能够创造剩余价值(利润)的可变资本比重的不断降低,利润率必然会下降。利润率的不断降低导致竞争加剧,必然出现资本的积聚和集中,导致垄断。另外一条规律叫"相对过剩人口增加的规律",即失业人口不断增加的规律。有机构成提高导致工资总额的相对减少,所以就业岗位就会减少,或者使劳动者工资水平降低,从而导致无产阶级贫困化和阶级斗争的加剧。19 世纪 60—70 年代,马克思根据上述严密推论得出结论:"资本主义的丧钟就要敲响。"

在马克思主义阵营中,列宁和斯大林与马克思观察问题的角度不太一样。列宁在 1893 年的《论所谓市场问题》中,从资本有机构成提高推导出另一个规律,即第 I 部类优先增长的规律,用列宁的话说就是生产生产资料的生产资料增长最快,生产消费资料的生产资料增长次之,消费资料增长最慢。到了 20 世纪 20 年代,斯大林在吸收"第 I 部类优先增长的规律"和苏联经济学家费尔德曼第 I 部类投资决定增长的模式的基础上,提出所谓"社会主义的工业化路线",即优先发展重工业的工业化路线。斯大林指出,资本主义工业化过程中从轻工业到重工业的发展是自发的,共产党取得政权以后就可以自觉地来做,不需要从轻工业开始,而是从一开头就借助国家力量优先发展重工业,这样可以加快工业化的进程。这样,优先发展重工业在1929年被正式确立为苏联共产党的路线,后来的社会主义国家都是沿着这条路线走的。

西方先行工业化国家的早期增长模式和苏联的优先发展重工业的实践,对西方经济学家具有很大的影响。首先,德国经济学家霍夫曼把先行工业化国家的工业化过程分成四个阶段,并指出,越是到了高级阶段,资本品生产对消费品生产的比例愈高。他根据这种发展趋势作出预言:进入工业化的后期阶段后,资本品的生产将超过消费品的生产。由于当时还没有第三产业的概念,在经济只有工业和农业两个部门的总体框架下,重工业在工业中占优势也就意味着它在整个国民经济中占优势。所以,霍夫曼的这个预言被人们推演为工业化后期将是重工业化阶段,此时重化工业将成为国民经济的主要部门,带动整个国民经济的增长,并被称为"霍夫曼定理"。因为这个"定理"是根据先行工业化国家工业化早期和中期阶段的经验推演而来的,它也被称为"霍夫曼经验定理"。

发展经济学理论也受到早期增长模式类似的影响。例如,流行多年的哈罗德—多马增长模型,就是旧型工业化道路的理论概括。在哈罗德—多马增长模型中,资本产出率是不变的,所以增长就决定于投资,投资越多增长越快。直到第二次世界大战后,世界银行的基本工作仍以该模型为理论基础,很多发展中国家的领导相信,保持较快的发展速度的秘诀是增加积累,增加投资。

(二)经济学对"新型工业化道路"(现代经济增长模式)所作的分析

第二次产业革命以后,先行工业化国家在工业化后期的实际情况表明,马克思关于平均利润率下降和失业率提高,以及霍夫曼关于工业化后期阶段重工业将成为国民经济中的主导产业的预言都没有实现:平均利润率没有因为资本深化而呈现下降趋势;失业率大体保持不变,而工人的工资水平随着人均产量的增加反而呈上升态势。同时,与霍夫曼所提出的理论相反,在国民经济中增长最快的和占主要地位的并不是工业,更不是工业中的重工业,而是服务业。为什么马克思和霍夫曼的预言没能实现呢?原因并不在于马克思和霍夫曼在理论推导上有什么错误,而是因为先行工业化国家在第二次产业革命以后经济增长模式发生了变化,即增长主要不是靠物质资本积累,而是靠效率提高推动。

根据20世纪50年代以后许多经济学家的研究,先行工业化国家的现代经济增长中效率提高的主要源泉大致有以下三个:

第一,"基于科学的技术"的广泛应用。第二次产业革命前的技术进步靠的是工匠们的经验积累,即"熟能生巧"。这种进步是改良性质的,范围受到很大的限制,不可能有革命性的改进。第一次产业革命中涌现的某些技术虽然也是在与科学家交流中产生和应用热力学原理的结果,但大多数技术改进仍然是基于经验和由工匠进行的。第二次产业革命的情况发生了很大变化。由于19世纪中期基本上完成了对科学发明和科技创新激励的制度化,从而大大地激发了科学家、技术人员和企业的创新热情,使得基于科学的技术大量涌现并得到了广泛的应用,新工艺、新材料、新能源、新产品层出不穷使生产率得到大幅度的提高。

第二,服务业超越工业的迅猛发展对成本降低和效率提高起了重要作用。20世纪发展最快并对经济发展起了最重要作用的,并不是消费性服务业,而是为制造业、农业等生产提供产前、产中和产后服务的生产性服务业。比如,前端的教育、研发(R&D)、设计、采购,后端的营销、维修服务、供应链管理、金融等。

不管是就业人数还是产值,到了19世纪和20世纪之交,也就是在进入所谓"工业化后期阶段"后,服务业在英、美等先行工业化国家都已成长为占主导地位的产业。

20世纪制造业的一个巨大变革,就是制造业和服务业的一体化。我们现在所讲的工业或制造业,其实是已经和服务业相融合的工业和制造业。比如索尼照相机,它主要的成本体现在研发、设计和分销、维修服务等方面。索尼作为制造业企业,它最赚钱的领域是什么?是影视业,而影视业的内容又是服务业提供的。所以,有人把先行工业化国家后期的工业化称为"服务业—工业化"。

运用现代经济学关于交易成本的基本原理能充分认识服务业发展对降低成本,提高效率的重要意义。亚当·斯密早就指出,技术进步是以分工深化为依托的,但是随着分工的深化,分工各分支之间的交易会愈来愈频繁,因此用于交易的资源也会增加。而服务业正是处理交易活动的,所以服务业的迅猛发展乃是出于降低交易成本的需要。服务业一方面能够减少生产环节的成本,但是更重要的作用在于降低交易成本。随着交易成本在总成本中比重越来越高,服务业对于降低交易成本的作用就越来越突出;越是发达的分工,越要花费更多的资源去完成交易,而发展服务业就是有效降低交易成本、提高效率的基本手段。

提高效率的第三个源泉是信息化。20世纪50年代以后出现了现代信息技术(IT),并且得到了迅速的发展。渗透到各行各业的信息成为降低交易成本、提高效率的新的有力武器。信息化在发达国家是完成工业化以后的事情,但是对尚未完成工业化的发展中国家而言,完全可以发挥后发优势,在适宜的场合运用现代信息、通信技术(ICT)来处理信息,加快工业化的进程,叫做"用信息化带动工业化"。

根据以上的分析,我认为"新型工业化道路"具有双重含义:第一层含义的"新",是相对于18世纪中叶到19世纪中叶的早期增长模式而言的。第二层含义的"新",就是为工业化增加了新的加速器,"用信息化带动工业化"。

中国经济增长模式存在的问题

从1953—1957年的第一个五年计划开始,中国沿用了斯大林的"社会主义工业化路线",集中人力、物力、财力来发展重工业。这条工业化路线造成了农业衰退、农村偏枯等经济和社会问题。虽然毛泽东主席在20世纪五六十年代就发现了这些问题,提出要在优先发展重工业的同时,处理好"农、轻、重"的关系。但由于对这条工业化道路和缺乏效率的增长模式缺乏根本性的认识,因而在"大跃进"运动中反而把钢、煤等重工业的发展提高到压倒一切的地位,把一切能够动员的资源都投入到"大炼钢铁"运动中,造成了极为严重的经济政治后果。虽然"大跃进"的荒谬做法遭到人们的唾弃,但是传统的工业化道路以及高投入、低效率的增长模式并没有被否定,因此在"文化大革命"结束之前,重工业畸形发展、农业受到严重损害、服务业十分落后,高投入和低效率的状况始终没有改变。

"文化大革命"结束后,中国政府在1979年和1981年两次对经济结构进行了调整,主要内容就是改善农业、轻工业和服务业的比例关系。"九五"计划时期,中国政府正式提出实行增长方式的根本转变,经济结构和经济效率也的确有所提高。但是,由于着重于改变外延增长的结果,强调要依靠效率提高来实现增长,而没有着重于改变外延增长的原因,即改变传统的工业化道路那种依靠资源和资本高投入的增长模式,找到通过提高效率来实现增长的办法,特别是与传统工业化道路相配套的制度和政策安排没有得到彻底改变。这些旧体制的遗产主要包括四个方面:一是政府还保留着对重要经济资源的过大配置权力。在市场经济体制下,资源的最优配置是以市场为配置主体的,市场会把资源导向效益高的地方。但在目前,中国市场化改革还没有完全到位,因而各级政府对土地、信贷等重要资源仍然掌握很大的权力和影响力。二是GDP的增长速度仍然是主要的政绩考核标准。在市场经济的条件下,各级政府的主要任务是提供公共服务,而并非是经济的主人。但在中国目前的条件下,政府是国民经济的主持者,各级政府官员也就成为经济发展状况的首要责任人。三是中国现行的以生产型增值税为主体的财税制度促使各级政府官员希望发展价高税大的产业。四是要素价格扭曲的问题依然存在。在计划经济条件下,为了优先发展资源和资本密集、盈利性却很差的重化工业,采取了对土地、资本等生产要素无偿调拨或把价格尽量压低的政策。这种政策至今依然在很大程度上保留,使经济核算发生扭曲,并促使各级政府官员和企业经营者走传统的工业化道路,尽力发展那些社会效益很差但在价格扭曲的条件下表现为高盈利的重化工业。

如果说"九五"计划和前面的调整都是向着否定旧型的工业化道路迈出了步子,到了"十五"计划时期就出现了一些新的问题。"十五"计划提出,要以经济结构的调整和优化为主线。如果正确地加以理解,这无疑是一个正确的提法。因为所谓经济结构是指资源配置结构,而资源配置结构的优化,正是效率提高的主要内容。问题在于,由谁来进行调整和怎样进行调整。在前面讲的体制条件下和政策环境中,许多人都把调整结构看成一种政府行为,由各级政府官员按照自己的意图来调整经济结构。按照中共十四大的决定,市场应当在调整资源配置中起基础性作用。但是在"十五"计划期间,我们看到,许多地方要发展哪些产业,以哪些产业作为支柱产业,以至重点扶持哪些企业等等,都是由当地主要领导来决定。在前面提到的现行制度和政策安排的条件下,许多地方都提出了实现经济重型化的方针,运用自己手中配置资源的权力或影响资源配置的权力,大力发展重化工业。这种不顾资源禀赋的状况片面追求经济结构重型化的浪潮,已经给国民经济带来以下七个方面的问题:

第一,不能按照比较优势原理扬长避短地配置资源,造成国民经济整体效率下降。经济学的常识告诉我们,正确配置资源的首要要求,是要根据自己的资源禀赋的状况扬长避短和发挥优势。中国的资源禀赋的基本情况是:"人力资源丰富,自然资源短缺,资本资源紧俏和生态环境脆弱。"在这样的条件下,中国显然应当尽量发展既是低资本和其他资源投入,又能发挥人力资源优势的产业。然而在"重型化"导向下,许多地方却集中物力财力去发展资源密集和资本密集的重化工业。这就变成了扬短避长,必然造成了一系列消极后果。

第二,放松了技术创新和提高效率的努力。和发达国家相比,中国丰富的人力资源存在文化技术水平普遍偏低的缺点。但是,这并不等于说中国人只能生产初级产品而全然没有自主创新能力。事实上,经过多年建设,中国已经拥有运用和自主开发 20 世纪后期技术的物质技术基础;相对于许多发展中国家,中国劳动者受过较好训练,也更加富有纪律性和创新精神;而且,由于中国人口基数大,其中能够承担技术创新重任的科学技术人员的绝对量也不在少数。但在前述向重化工业倾斜的体制和政策环境下,那些有能力进行技术创新的企业和个人的潜力没有得到正常发挥。相反,不少企业安于做简单加工,靠价廉的劳动力、自然资源等生产要素和人民币投入赚钱,甚至做一些表面赚钱的赔本买卖。这也是中国企业研究开发投入不足,大大低于同等规模的外国企业的重要原因。

第三,抑制了对提高国民经济整体经济效率关系重大的服务业的发展。1985 年,世界银行的中国调查报告《中国:长期发展的问题和方案》根据中国经济结构与钱纳里著名的"大国模型"的比较,开宗明义地指出,中国经济结构失调的一项重要表现,在于服务业增加值在国民生产总值(GNP)中所占比重不但大大低于"大国模型"中大国的平均水平,而且大大低于低收入国家的平均水平。尽管改革开放后出现了一些好转,但中国服务业发展水平仍然偏低。2001年,服务业占国内生产总值(GDP)的比重不但低于世界各国60%的平均水平,而且低于低收入国家45%的平均水平。在近两年的重化工业浪潮中,服务业比重不但没有上升,反而有所下降,这不能不影响中国的整体经济效益。

第四,造成水、土、煤、电、油等基本资源的高度紧张。中国是资源短缺的国家,重要资源的人均占有量都大大低于世界平均水平。但是,实行产业结构的"重型化",把原本稀缺的资源大量投入重化工业,很快就造成了资源瓶颈收紧,企业的正常生产和群众的正常生活都受到负效应的影响。中国企业大量向国外采购铁、矿石、氧化铝、石油和石油制品,使这些产品紧俏腾贵,甚至海运价格也出现猛涨。

第五,加剧生态环境的破坏。重化工业一般具有高污染的特征,它的过度发展造成中国本来已经很脆弱的生态环境的加速破坏。

第六,增加了解决就业问题的难度。中国除每年城市有1 000万以上的新增劳动力需要就业,农村还有1亿—2亿富余劳动力需要向城市的非农产业转移。因此,创造足够的新工作岗位以解决就业问题的任务十分沉重。然而,世界各国包括中国的经验都告诉我们,重化工业创造就业岗位的能力是很低的;增加就业主要要靠发展小型工商企业,特别是服务业企业,因为这类企业创造新就业岗位所需的资金投入少,而且对从业人员的技术要求不高。所以,资源配置向重化工业倾斜,必然会增加解决就业问题的难度。

第七,对重化工业的过度投资孕育金融风险。对于像中国这样的发展中国家而言,资本是一种十分宝贵的稀缺资源,必须高度珍惜,决不能采取靠投资拉动的增长模式。在近年来的房地产和重化工业投资热潮中,无论公私企业还是政府机构都靠商业银行贷款支撑。在投资效率不高的情况下,过度投资极易造成银行坏账大量增加;如果投资决策普遍失误或者泡沫破灭,还会引起金融系统的风险。殷鉴不远,我们必须加倍警惕。

新型工业化"不是什么"

刘世锦

准确理解和把握"新型工业化"的实质,还需要说清楚"新型工业化""不是什么"。从近年来的实际情况看,突出表现在对重化工业增长加快问题的认识上。这里,对几个有争议的问题做一讨论。

问题之一:"发展重工业是旧式工业化的结果,中国大可不必经历重工业加快发展的阶段"

进入工业化中期后,重工业增长加快是国际范围的规律性的现象。在大国类型中,这一增长阶段特征更为明显。19 世纪中期美国轻重工业的比例是 2:1。20 世纪初期,美国生产消费品的轻工业比重下降,生产资本品的重工业比重则稳步上升,1914 年资本品工业所占比重超过了消费品工业。到 1925 年,排在前列的是汽车、煤炭石油、铸铁机械等工业。到 20 世纪中期,轻重工业的比例反过来为 1:2。工业化完成较晚的日本,1877 年制造业中重化学工业比重不到 1/7,一个世纪后,到 1987 年上升至 3/4。日本第二产业比重,1955 年为 33.7%,5 年之后就增加到 40.8%,以后稳中有升,持续了 10 年左右的时间。韩国的第二产业比重,1960 年为 20.3%,以后持续上升,到 1991 年达 44.3%,之后稍有下降,但在整个 20 世纪 90 年代都维持在 41% 以上。20 世纪 70 年代巴西的快速增长也主要靠工业特别是重工业的带动,1973 年重工业超过轻工业,比重达 52.8%。小的经济体,如新加坡、中国的香港地区、新西兰等,受资源禀赋限制,不可能建立相对完整的工业体系,所需要的重工业产品可以通过进口解决。大的经济体则不能不建立自己的工业体系。至少到目前为止,我们还找不到这样的先例:一个大的经济体没有经过重工业加快增长阶段而进入了后工业化社会。目前,我国总体上处在工业化中期,近年来住宅、汽车等产品进入大众消费时期,城市化进程和基础设施建设加快,分工链条加长,装备技术水平提高,都对重工业产品提出了大量需求。技术进步改进了重工业产品的生产和使用效率,也推出了一些新的材料和产品,但尚未形成对原有重要产品的全面替代,修公路、盖房子还是要用钢材、水泥,只是可以更为节约的方式生产出质量和性能更好的钢材、水泥。所谓"旧式"工业化与"新型"工业化的区别,不在于是否生产和使用重工业产品,是否要经历重工业增长加快、比重提高的阶段,而在于生产和使用重工业产品的方式和效率有了较大程度的变化。

对重工业增长加快、比重提高这一事实进行经验和理论研究的成果颇为丰富。马克思在其再生产理论中,提出随着资本有机构成的提高,生产生产资料的部门将更快增长。列宁则据此进一步提出了生产资料工业优先增长的理论。所谓的"霍夫曼定理",描述的就是随着工业发展,资本品工业比重提高的规律性现象。除此之外,罗斯托的经济增长阶段论、库兹涅茨对现代经济增长过程的开创性研究、钱纳里等人提出的工业化和经济增长的"标准模式"、迈克尔·波特的国家竞争力发展阶段等,以不同方式对在工业化的特定阶段重工业增长加快、比重提高的现象进行了描述。钱纳里通过考察"二战"以后一系列国家和地区的工业化进程,对重工业比重上升有一个经典解释:随着收入增长,一个主要变化是工业产品中间使用量的增加,生产品、机械和社会基础设施的需求份额上升。工业特别是制造业比重的上升,主要是由于与投资品相关的中间需求的增长,而不是消费需求的增长,相应地,在一定时期内,投资比重也有所上升。尽管研究者的观察、分析问题的角度、方法和研究结论有很大区别,但对重工业增长加快、比重提高的事实几乎没有疑义。对中国这样的大国是否经历重工业增长加快、比重提高阶段,是一个在经验和常识范围内可以做出判断的问题。

问题之二:"重工业粗放经营,消耗高、污染大,不利于增长方式的转变"

所谓增长方式问题,我们通常理解为消耗高低、效率高低的问题。这是任何一个行业都会存在的问题。轻工业、服务业也会高消耗、低效率。我们一直讲中国经济增长方式尚未根本转变,而许多年来正是以轻工业增长为重点的。重工业既可能是高消耗、低效率,也可能是低消耗、高效率,国内外都可以找到大量重工业企业低消耗、高效率的例子。所以,增长方式问题本质上是体制和机制问题,并不必然与特定行业有关。另一方面,重工业由三部分组成:采掘工业、原料工业和加工工业。近几年来,在我国重工业加快增长的过程中,增长最快、比重最高的是其中的加工工业。这些工业主要是机械、电子、化工等技术含量高的产业。国际经验表明,这些产业的 R&D 投资比重显著高于轻型工业,构成了整个产业技术进步的主要来源。它们的比重提高,恰恰是为我们向依靠技术进步的新增长模式转型创造物质和技术基础。没有这样一大批产业,我国增长模式的转型是不大可能的。因此,与某些说法相反,重工业特别是其中的加工工业或者说技术密集型产业的加快发展,与增长方式的转变并不矛盾,而是为增长模式的转型创造条件。从中长期看,没有这样一批产业的长足发展,我国工业乃至整个经济将缺少长期稳定的核心竞争力,"大而不强"的局面不可能从根本上改观。

问题之三:"我们不应搞重化工业,而应搞服务业,应当选择更好的产业"

我国服务业比重低,有统计上的问题。即便如此,服务业比重偏低还是不争的事实。问题是服务业如何才能得到大的发展。传统服务业,如餐饮、住宿等,已经不少了,缺少的主要是生产性服务业,如研发、教育培训、金融、物流、售后服务、会计、律师,等等。这些服务业的发展要以工业特别是技术密集型产业的发展、以工业结构升级为前提。"皮之不存,毛将焉附"?不能将重工业与服务业发展对立起来,实际上前者为后者的发展创造条件。工业化先行国家都是在重工业特别是其中的技术密集型产业加快发展后,迎来了服务业的大发展时期。经验数据表明,汽车制造业与汽车服务业的产值比重大体上是 1∶2,汽车制造业的发展可以有力带动汽车服务业的发展。这里需要分清两个数字概念,一是工业内部轻重工业的比例关系;二是工业与服务业之间的比例关系。重工业增长加快、比重提高,发生在工业内部,改变的是轻重工业的比例关系,并不一定显著改变工业的比重,以及工业与服务业的比例关系。1995—2003 年间,我国工业比重在 42.3%—45.3% 之间波动,变化幅度只有 3 个百分点,而同期重工业在工业中的比重有了很大提高。服务业的比重也大体稳定。可以预见,在重工业加快发展后,将会有一个服务业、重点是生产性服务业加快发展的阶段。

进一步的问题是,我们是否可以按照主观愿望人为"选择"某些"更好"的产业?在计划经济或政府强力主导的经济中,曾经出现过通过政府控制主要资源而"选择"某些产业的情况,但往往没有可持续性,有些付出了高昂代价。在市场经济条件下,发展什么产业本质上是一个市场选择过程。这是理解计划经济与市场经济之间的区别,市场经济为什么要取代计划经济的一个关键问题。政府或其他组织以及某些个人可以进行产业规划,提出发展某些产业的设想,但成功的产业规划必须通过市场检验,与市场选择具有内在一致性。有些同志经常讲某某产业好,某某产业不好,对新型工业化做一种片面的、不切实际的理解,好事都由自己干,不好的事都推给别人,主观愿望或许是好的,思路上却自觉或不自觉地滑向了计划经济一边。某个产业最终能否发展起来,一定要看有无市场需求,有无相应生产要素的供给和有机组合,是否做到成本低、有效益、有竞争力。不具备这些条件,即便某个产业"科技含量高、资源消耗少、环境污染少",也不可能发展起来;人为地强制推动,最终还是要在市场竞争面前失败的。

问题之四:"这一轮重化工业发展是地方政府搞出来的"

地方政府在推动经济增长上存在一些问题,如人为压低生产要素价格以吸引投资,导致一定程度的价格扭曲、资源误置和过度投资等。这样的问题既存在于重化行业,也存在于其他行业。在2002年开始的这一轮重工业快速增长中,投资主体较以前已经发生了很大变化,大多数投资者已经不是政府,其中较大比例是非国有经济的投资者。如果某种产品没有市场需求,没有盈利前景,再给优惠政策,他们也不会去投资。三四年前,煤炭、钢铁企业,以及这些企业所在的地方政府,都在谈结构调整,核心是限制主业,发展非煤、非钢产业,认为主业没有前途了。时间不长,情况就完全改观,关键是出现了市场需求。说到地方政府推动,这些年鼓吹最多的当属高新技术产业,一些连大学生都没有的地方,也要发展 IT 产业、生物产业等。最后真正能够发展起来的,应当说是很少。即使是有 IT 产业的地方,大多还是劳动密集的装配行业,技术含量高的企业为数甚少。

问题之五:"我们发展重化工业不占资源优势,在全球化条件下,可以让其他国家生产,我们通过进口满足自己的需要"

这种说法的合理之处是,在对外开放条件下,与过去的封闭经济相比,通过国际贸易调节国内供求的空间大大扩展了。但这不意味着缺什么资源就不能生产相应的产品。如果这一逻辑能够成立,日本、韩国根本就不应该发展汽车、钢铁工业,因为在这两个国家,发展这些工业所需的石油、铁矿石、煤炭等资源,要么没有,要么很少。但正是这两个国家发展起了国际上很有竞争力的汽车和钢铁工业,原因恰恰也在于对外开放。国内的经验也证明,经济发展最快的,往往不是资源最丰富的地方。从我国的特定国情看,大量需求的重化产品,不可能主要通过进口解决。例如,2004 年中国消费钢材 3.1 亿吨,哪个国家为你生产如此数量的产品? 即使能够生产,进口时卡你的脖子怎么办? 再退一步,即使大部或全部可以进口,那么,国内靠什么产业推动经济快速增长,靠什么产业创造就业机会? 我们是否一定要将这样的增长机会和就业机会让给别人? 这些都是经济发展中的基本问题,也是大的经济体通常要经历重工业快速增长阶段、形成较为完整经济体系的原因所在。

【2006年第5期】

中国土地政策改革：
一个整体性行动框架

中国土地政策改革课题组

国务院发展研究中心的研究人员与世界银行专家在过去的一年半时间里合作,旨在更深入地理解土地及土地政策在中国的作用,以及识别进一步解决与土地相关的关键问题的备选方案与机会。这一合作涉及一系列相关活动,包括组织一个由跨学科的中、外专家组成的课题组,甄别与分析中国现行土地问题的主要特征,促成各级政府内部以及各级政府之间的对话。更为重要的是,进行了在省一级地方进行的有创新意义的田野调查,其中包括由国务院发展研究中心完成的对浙江、陕西、广东三省的深入研究,以及由国务院发展研究中心与世界银行组成的联合调查组开展的对江苏、重庆、安徽、河南、北京的调研。

作为整个政策咨询的切入点,在研究中特别强调土地政策在城市扩张背景中的作用。当然,对城乡结合部的土地给予特别的关注,并不意味着要减低老城区以及未直接受到城市扩张影响的农村地区的土地问题的重要性,而是因为城乡结合部所表现出来的特征恰恰是检验中国所有最紧迫土地问题的复杂相互影响的理想场所,包括它们与农业部门的特殊相关性。尤其是对城市边缘地带土地政策的密切观察引出了对本报告的中心议题的关注——农地与城市土地在权利、管理与使用上的尖锐分割,而且这一分割居然在城乡经济日益整合以及社会流动性越来越强的当代中国顽固地维持着。正如下面将要论及的,中国土地政策的这一特征已经在城市和农村地区以及那些正在经历转型进程的地区引发了大量的问题。

中国土地政策框架的演进

(一)农村与城市土地制度仍维持着二元性,以及相关的国家对城市土地一级市场的垄断现象,造成了经济的重大扭曲,也刺激了城市以不合理的方式增长

在一个城市以史无前例的速度增长以及城市与农村经济越来越整合的年代,中国土地政策的一个最重要特征却是对待城市与农村土地上的一直绝然分割。这两类土地受制于不同的权利体系并由分立的机构和法规所管理。

作为这一分割的主要结果是,政府成为农地转变为城市土地的唯一仲裁者,它拥有从农村获得土地及将之转换给城市使用者的排他性权力。在现行法律下,所有土地进入城市市场必须首先由城市政府当局进行强制征用,然后通过几种方式将之再配置给城市使用者。换言之,在土地转换用途的过程中,不需要在原有的农村土地拥有者和最终获得土地的城市新使用者之间进行直接交易。无论是土地被作为公共目的、准公共用途还是明确作为私人使用,都是如此。

这一特征以国际标准来看是非常独特的——在世界上没有一个主要的市场经济国家像中国这样维持着城市与农村在土地权利、管理与市场上的绝对分割。而且全球趋势与这一特征正好相反。这些国家日益认识到,随着城市与农村经济的日益整合、城市的快速增长、人口与资本的流动,对土地的区别对待将是不合时宜的,其效果是适得其反的。尽管不同类型的土地确实需要有不同的规划方法和程度不一的规制和经济干预,但越来越清楚的一点是,将城市和农村土地人为地归入完全区割的两类制度体系并不是最好的方式。

(二)强制征地与补偿措施的不公平

事实上,在所有国家,政府都有权在强制的基础上获得土地,但它被严格限定于某些特定的情形,且受制于某些具体的条件。但是在中国,这一权力的范围以国际标准来看太宽，且政府动不动就使用这一权力，尤其在它对城市快速扩张的作用举足轻重这一现实下情形更是如此。正因为此，中国强制征用土地所产生的影响也不像有些国家那样是相对地方性的和孤立的，而是影响相当广泛的，且会产生重大的社会和经济结果。在实际操作中，在一些场合，强制征地已成为引起不满的来源，政府正试图予以认真对待。

（三）农民对土地的权利一直处于相对弱势，致使他们容易遭受不公平的对待，由此也制约了他们参与经济增长的能力

土地政策在过去 20 多年变迁的一个脉络是，使农民的土地权利得到不断增强，因为政府认识到，确保农户对土地权利的稳定是粮食安全和农业增长的关键条件。农村土地承包法的起草及其相关政策的制定就是在这一原则指导下达成的。

但是，另一方面，这一原则和愿景迄今只有部分得到了实现。农民的权利仍然受到制约，且由于一系列的影响而受到损害，这里面既有权利实施的困难也有对权利本身的重大限制。

（四）地方政府对土地转让收入及土地相关融资的过度依赖

政府对土地一级市场的垄断，刺激了地方政府严重依赖土地转让所形成的收入，用以补充正常的财政预算资金和城市扩张所需的资金。同时，地方政府也日益依赖于通过土地储备方式把征用的土地用作抵押物来获得银行贷款。这两种做法均刺激了地方政府冒着潜在风险去积极征用农地，造成城市以不合理的方式增长。

（五）减低农田流失率的困难

城市的快速扩张日益加深了对中国农田流失的担忧。这一担忧由于中国的可耕地比例相对小以及国家长期坚持承诺要实现粮食安全而进一步加深。

为回应这一趋势，中央政府对农地的转用已采取一系列限制措施。农田转用的计划指标是于 1997 年设定的，它涵盖了 13 年的用地计划，直到 2010 年。指标由省级及省内各级设定。但是，在有些省，农田转用速度非常之快，省及省以下单位已用完了分配给其的指标——正如国务院发展研究中心的研究报告所反映的，浙江全省及陕西省西安市的情形的确如此。超过指标的面积要么从

其他地区通过指标的交易来补足(允许在省内异地平衡但不允许在省之间进行指标的平衡),要么通过土地整理来补足。土地可以通过破产的乡镇企业、河堤或村边地的整理来完成。也可以通过将废地或未利用地投入使用来实现,其办法是,权利持有者在 3 年内未用,其土地将被收回,或通过土地集中的办法来实现。

政府对农田转换实行从紧的管制的努力源于国家看待这一问题的重要性。留待观察的是,新近的这些措施在多大程度上是有效的。如果不采取根本改变促进现阶段城市快速扩张的经济激励结构,就很难抑制各地采取各种规避管制的措施。

(六)土地法律框架不完整

1. 涵盖面存在差距

一些重要的活动领域缺乏由明确、适当的规则和程序提供的指导。目前还缺乏一个规制土地储备的框架。无论是对土地储备部门还是更为一般的金融部门,这都会造成较严重的风险。

2. 权利、责任和权力的不明晰

由于对负责土地管理方面的不同机构在功能上的不明确和不一致,导致不同机构的当事人及其代理人角色的不确定性。

3. 规章过多

这容易导致不必要的、重复的官僚程序,造成极高的交易成本和潜在的寻租行为。

4. 不同法律之间的同步性差

对政府内不同机构推出的相关法律改革所存在的特别危害没有给予适当关注。

5. 能力问题

某一法律的有效实施所需的能力与政府内部实际或预期存在的能力之间常常不匹配。土地拥有者缺乏理解或使用法律的能力。这一点已在《农村土地承包法》的实施方面有所提及,不过这是一个与土地法律框架许多组成部分都可能相关的问题。

中国土地政策改革的方向与行动方案

要有效应对上述挑战，解决经济发展中土地的规制和管理问题，势必牵涉到诸多机构和各级政府，因而需要采取协调行动。同时由于所涉及的问题存在各自复杂的原因，面对不同的情形也有相应的潜在解决办法，因而需要采取整合性方法。

为了把改革向前推进，需要制定明确的、可预期的目标，并谨慎选择为实现这些目标所要采取的短、中期行动。这本身就是一场重大的制度实验，需要进行大量的方案检验、研究和建立广泛的共识。因此，要在这一阶段提出一套综合的改革议程可能为时尚早。不过，提出一个引导这一议程发展的框架还是可能的，而且也是有用的。

土地政策应该旨在：第一，支持农业部门的发展，包括对农田进行保护，通过土地的市场化流转促进农业生产效率的提高，以及通过建立农民的社会保障体系等来支持人口从农村向城市的流动。第二，促进制造业、服务业和住宅部门的发展，其措施是，在一个综合考虑经济、社会和环境的规划框架下，通过市场机制为城市的扩张提供土地。第三，为政府尤其是各级地方政府提供财政收入，其措施是，以土地资产作为可持续的公共收入的基础，为公共服务和投资提供资金。第四，促进利用土地作为抵押来获得资本，以增加金融体系成长中的备用资产蓄水池。第五，支持土地利用规划决策，使之既与市场导向背景下的快速经济增长相一致，也要适当关注和保护环境。第六，增强土地权利和土地管理的一致性和整体性，以使土地拥有者的权利越来越有保障。

迄今所做的研究不仅对土地政策在城市快速扩张中的作用给予了特别关注，而且有助于对所存在的问题和解决方案进行全面的战略性思考。以上六点愿景要得以实现，整个土地政策的设计就应该在平等对待城市和农村土地这一总体目标的指导下进行。

下面提出了用于调整中国土地政策的七个长期目标。对于每一个长期目标，都提供了为实现这一目标建议在短期和中期可采取的行动，尽管这一目标的可行性同时也有待时间的检验与评估,甚至还有可能要重新表述。还必须再度强调的是,所有这些目标都有密切的内在关联,而且长期目标的成功也需要所有这七个目标综合的、持续的行动。

(一) 界定、确保、扩大土地拥有者的权利,促进农村和城市土地拥有者的权利一致

第一个长期目标是解决所有问题的核心,它对于城市和农村地区的法律和行政管理框架的改革意义重大。在整个改革进程中,对这一目标的持续、恰当关注将主要集中于以下三方面:减低刺激城市和农村地区土地无效利用的激励和市场扭曲,包括与国家垄断土地一级市场有关的刺激因素;减少对不同体系下的土地权利的不公平对待,减少那些制约城乡地区的土地使用者因权利不明晰和弱化而影响其分享经济增长机会的因素;促进形成一个更公平、更合理、更统一的评估财产价值的标准。

要实现第一个目标,需要对土地权利的不同类型予以关注——包括由集体、农民个体和城市使用者所持有的土地及国家所保有的土地利益——以及这些不同类权利拥有者之间的相互作用。最后一点值得强调,因为它再度凸显了整体方法的重要性。通过关注具体的权利类型的渐进改革无疑也能达到目标,但更应不失时机地理解进行更深刻变革的必要性和机遇,这就需要对不同的土地权利之间是如何相互作用和彼此相互影响作出系统的评估。

这个目标也要求按下面的准则来对每类权利进行评估:

明晰:权利和相关责任是否在法律法规中给予了明确的说明,在权利拥有者对他们的土地什么能做、什么不能做的问题上,是否产生了混合的信号而导致他们在权利上的差距和不确定性,是否有因权利的滥用导致行政管理上的武断和腐败的行为?

保障:权利是否得到法律的适当保护,法律和行政机构的运行是否对权利的保护造成影响,这些权利是否会被过于轻易撤回、终止或变更?

范围:赋予某一特定地类的权利是否足以宽泛到使权利拥有人在土地使用的选择和进行土地交易方面有适当的灵活性,这类选择在哪些方面会受到法律的限制,以及这类限制是否与一个明确、合理、重要的政策目标直接相关?

显然这些复杂、有争议的问题还需要进一步研究和建立共识，以为进一步的改革确定详尽的、适宜的路径。然而，也可以采取一些过渡性的步骤来帮助改革向前推进，以及对各种选择进行检验，以取得用于指导未来规划和政策发展的经验。应当注意，虽然下面采取的大多数步骤是针对具体某类土地权利，但即便是在采取这些最初的有目标的步骤时，上面提及的整体方法的重要性仍应牢记于心。

支持目标1的短期及中期潜在行动包括：

1. 评估检验集体建设用地市场化的可行性

这里需要注意的一个方面是，正如它更一般地在政府土地征用的补偿领域所表现的，要界定和保护单个农民而不是集体的利益和权利稳定性。决策制定、财务和收益分享上的透明性，对于确保单个农户对收益的充分、恰当参与是十分重要的。还存在的一个风险是，新的市场机遇会刺激集体寻找替代的、转让农地的方式，而不顾及农民已有的土地承包权，需要设计恰当的方法来阻止这种情形的发生。

2. 评估和尝试在土地做非"公共利益"用途时，由集体拥有者直接供地的方式

很显然，这一方法也需要伴之以目标2下所提议的行动。对这一方法进行的试验，从本质上要求在法律上对公共利益与非公共利益之间的行动作出区分——这一区分在现行的中国法律中没有清楚说明，这点已有提及。正如上面所论及的，对集体内的单个土地使用者的权利保障措施给予关注也是很重要的，其中对已经被界定为集体建设用地的土地进行不加限制地试验尤其值得关注。有必要让那些受影响的农民直接介入决策过程和参与利益的分享——换言之，对于最终作为私人使用的土地，不应该简单地将强制征地的权力机制从政府转移到集体领导人手中。最后还要认识到，只要地方政府的预算外收入继续过度依赖于商业用地的出让金，这一方法也不可能为他们所广为接受。

3. 加强法制管理，以更好地保护农村土地承包者，使其免受集体管理者的不公平或不恰当行为的侵害

从长期来看，如何最好的强化农民的土地权利，这一问题与以下的基本问题密切关联：即这些权利是否继续属于集体土地权利的派生品，或者这类权利

的最终改革是否会朝着类似于城镇土地使用权的方向。不过,从目前来看,还需要继续关注如何建立农民在现行集体土地管理框架下的利益保障措施。

4.赋予农民对承包地在30年承包期内的抵押权

《农村土地承包法》虽然为承包农民提供了更大的交易土地的自由,但没有提供以承包权进行抵押的法律基础。允许抵押将能使农民更充分地实现与切实而有保障的土地权利相连的潜在经济机会,也会促进农村土地与城市土地有更加同等的权利。

5.发展有效、准确、可行的针对所有土地权利(包括农民土地权利)的登记体系

应着手进行试点,以发展一套对农村土地进行登记的恰当方法,包括承包给农民耕作的土地。在建立这套体系时国际经验也非常重要,应该建立一套与该国独特情形相适应的可行的、有用的登记体系。需要谨慎地检验土地拥有者和国家在创立、维护这套体系及设计与之相一致的决定时所要支付的成本和收益。

6.评估和尝试赋予城市不动产拥有者稳定的、市场化的城市土地使用权的可行性

应当使土地以其实际稀缺性价值向市场供应成为可能。向所有城镇不动产拥有者赋予城镇土地使用权,将允许土地拥有者能直接从市场上获得土地,这将为城镇土地提供更有效的集约利用的激励,从而减低城镇外延扩张和农地被不断拿走的压力。

(二)强制性征地的规则和办法需要予以重新检定和修改,以确保补偿充分,过程公平、公开

正如政府已认识到的,土地征用法规需从多方面进行重新检验。从长期来看,要确保公平对待失地农民,就应运用能真实反映土地市场价值的补偿标准,而这将取决于一个真实的城乡土地市场的出现——只要农村土地的市场交易能力受到限制,城乡二元土地制度维持不变,城镇土地使用权仍然如《土地管理法》规定的那样只是限于某些城镇财产拥有使用权,其他财产除外,这种局面就不会出现。然而,从中短期来看,可采取的具体步骤包括增进补偿的公平性以

及改善征地的程序。

支持长期目标2的中短期潜在行动包括：

1. 修改补偿计算方法，以使其成为更加公平、更具有预见性、更能为社会所接受的标准

公正补偿的根本目标是让被征地者的经济状况与征地前相同。从长期来看，在中国，一个更为发达的土地市场的形成，将为计算公平的补偿水平提供更多所需要的信息。在缺乏一种计算补偿的可接受的、以市场为基础的方法时，在短期内一个可选择的方式是要处理好社会公正问题。要找到一种合适的方法，就需要进行详细的研究与分析，但也需要提出一些一般性原则和建议。为确保公平，不将补偿水平与所征土地的将来用途挂钩是十分重要的。

从中期来看，通过集体建设用地所形成的市场价格来作为基准，可能更为适当。这就是说，如果允许集体建设用地市场存在，就可以基于土地的价值取决于它是否已是集体建设用地的假设，来推导出农地的补偿价值。在目前情况下，集体建设用地通过市场来实现其价值，看来可以使农村地区的土地实现其最大的使用潜力。

2. 采取措施确保补偿能到达失地农民手中

通过立法，制定给予被征地农民的最低补偿比例。要禁止在土地征用和将农地转化为集体建设用地时进行土地的再调整。

要制定有效的程序确保征地讯息能充分、及时地下达到受影响的农民手中，使他们可以得到将有多少地被征走、将给予多少补偿的完整信息，以及有机会在最终达成交易时参加听证。

建立一种机制，使感到不平的农民在召开解决争端会议之前有权提起申诉，以便迅速消除这些抱怨以及采取必要的正确行动。

采取主动措施告知潜在受影响的农民有关他们在新建立程序下的权利，并帮助其利用这些程序。在这方面，通过法律援助方案将可取得显著的成效。

3. 进行其他补偿方式的试验

其他一些替代现金补偿的方式已在一些地区得到成功运用，应当对这些措施予以评估，以识别哪种措施在哪种情形下是最为合适的。但是，在没有确定

无疑地把握这些选项之前,提出一些告诫也是必需的。

4.考虑对可适用于强制征用的土地的用途进行限定

在中期方案中要优先考虑的是,中国应当对强制征地权获得的土地用途进行限定。从各国经验看,最为清楚的一面是,征地法律必须明确,非常详细与精确,这样人们就能知道他们在其中处于何种位置,以及如何控制官员的任意决定行为。

5.建立更科学的对城市土地的补偿标准

第一,在《土地管理法》下,对于土地的使用权,其补偿标准只是简单表述为,土地使用者必须得到"适当"补偿——这一标准需要澄清,并在城镇范围内(相对于农村土地),现存的土地使用权市场至少要为这一标准的建立提供一个起始点。此外,要再度强调的是,如果按目标1所提议的有关这类土地的法律不明确问题首先得到解决,才可能派生出一个适当的补偿标准。

(三)促进农地与城市土地更有效使用

增进城市地区的土地利用效率可以减低农田保护的压力;与此同时,农村地区土地的更有效利用也可以为城市化释放更多土地,这样也不会危及国家粮食安全。目标1所建议采取的行动为增进城乡地区的土地利用效率提供了基础,因为它会引致激励结构的实质性转变。不过,要推动这一变化还需要解决其他一些问题,尤其是在现行土地管理体制和市场信息背景下,两者都需要作出长期的调整。

支持长期目标3的中短期潜在行动包括:

1.反省通过人为设定工业用地最高价、通过财政对其进行补贴的影响

目前,在城市快速扩张的情形下,这类补贴的总体影响容易引起土地的粗放式和相对无效利用。因而,这一方法的影响应根据可能的选择性方案加以审视和考虑。

2.探索对城市和农村规划的功能及目标进行更大范围的整合

了解作为一种跨越农村和城市边界的规划的功能是必要且十分重要的,这就需要更密切地整合农村地区和城市地区的规划活动,以及对与之相应的机构予以整合。目前,中央政府所倡导的土地利用规划更多关注的是农田保护,而

不是如何以合理的价格为城市发展提供适当的土地，而地方政府的规划目标则通常旨在赢得更多的建设用地指标以继续进行城市扩张，有时甚至不惜通过夸大人口增长以获得更高的审批指标。

（四）创立使土地作为地方政府可持续性税收来源的制度安排

探索征收以市场价值为基础的财产税作为地方政府财政的一个可选来源已成当务之急。随着土地出让收入的减少，这种财产税将替代目前的做法成为地方财政长期的、可持续的收入来源。因此需要对现行以财产为基础的过于复杂的税费制度进行全面梳理与简化。

支持长期目标4的中短期潜在行动包括：

1. 设计和实施试点，以检验引入财产税的可行性

试点的设计与实施应当考虑选择与检验以市场价值为基础的财产税方案，以此为地方政府收入创造一个公平、稳定和可持续的基础。全球有大量在不同体制下实施财产税的方案，可以从中选取一些非常有价值的经验，来帮助中国找到最适合自己的方法。

2. 对土地储备的目的和功能进行再评估

土地储备制度应当建立在一套与相关会计（包括评估）和管理标准一致的适当的法制框架下。这一制度的成功实施需要有明确界定的目的和目标，并保持一定的灵活性以应对现实的变化。总体的看法是，公共土地征用应当慎行，在这方面总结出的一个结论是：大规模的政府干预一般不会非常成功，尤其是在发展中国家。现在迫切需要制定一部有关土地储备的全国性法律。

3. 对其他与土地有关的税费进行回顾，以评定它们的持续相关性及使用是否合理

十分明确且适宜的一点是，对这些税费进行审视并识别它们怎样才能被合理化，以确保任何这类税收都能达成它们的特定目的，并且不会对不动产市场的发展产生负效应。

（五）促进土地管理机构框架的合理化

已明确的一点是，需要减低农村和城市土地之间的人为分割与分界。要增进国土部门与建设部门在规划功能方面的协调。尽管没有必要在一个可预见

的未来将这两个规划职能合并为一个机构,而且这样做也不一定有效,但其他职能如果能在开始时就从这一愿景来考虑将肯定能受益。特别是有关房地产的资产管理方面的职能,应从一开始就以将它们长期统一起来的观点来加以协调。从国际比较与国际经验来看,有许多涵盖以上观点的有用例子,有来自东亚地区的,东欧和前苏联转型经济国家的,也有来自发达市场经济国家的。前两个地区所提供的例子可能会最恰当地展示这一整合体制的不同发展阶段及其转型过程。

支持长期目标5的短中期潜在行动包括:

1. 协调和统一土地及房屋的登记

在实际操作中,这种复杂的、不统一的安排给越来越多希望利用这一体制的人和组织制造了混淆。因此,首先应当审视目前的状况,确定如何将其一致起来的计划,以促成土地和房屋登记的统一。

2. 协调和统一农村和城市的登记

农村土地承包权和城市土地使用权的登记目前分别由两个不同的部门执行:农业部和国土资源部。从功能上讲,要有效地执行这些职责,他们所要执行的活动是一样的。这是一个可以看到良好前景的可协调的、并最终达成统一的活动领域。

(六)强化总体法律框架和法治

有必要对法律改革予以关注,明确审视它与上面提及的一系列行动之间的内在联系,同时也要关注它与其他大多数行动之间的内在联系。显然,需要重新评估各种土地相关法律所表述的权利与责任的实质性内容,以确保它们能有效地支持政府所制定的政策目标。因而,需要对现行法律或法规加以补充修正或替代,使之与关注于以下目标的行动相联系,这些目标包括:增进和强化土地权利、改善土地登记、设定适当的征地补偿标准、促进土地利用规划更为整合、引入新税制等。但是,也有必要更一般地看到法律框架的差距、重叠和不一致性,可能会妨碍政策目标的达成,也可能会阻碍不同当事人去追逐那些有所图的活动。需要超越目前的视角对法律进行整体回顾,要更多关注与具体政策改革有关的法律工作。

支持长期目标6的中短期潜在行动包括:

1.对整个土地法律框架进行一次会诊和回顾

应当对上述的各类问题进行一次综合的、系统的审视。

2.立即着手解决土地法律框架与现实的差距及存在的不足

基于本文的分析,可以列示出以下一些需要迫切关注的方面:第一,尽快制定一个规制土地储备的框架;第二,制定规制土地收益权质押贷款的政策和法律;第三,对土地征用做法作出必要的改进,特别是对"公共利益"作出明确的法律界定;第四,对《农村土地承包法》中过于宽泛的表述作出修改,以及完善实施条例;第五,将抵押权引入农村承包地;第六,制定规制集体建设用地的法律框架。

3.有目的地关注政策改革决策的法律含义

这意味着,法律专家从一开始就应当与政策制定者携手工作,首先要确保对现存法律框架所提供的机会和所造成的制约有清楚的理解,然后识别进行必要变革的适当切入点。

4.采取措施增进农民理解及使用其权利的能力

对于政府来讲,为了维护国家的最大利益,就应当积极推动一场教育运动,以使农民意识到他们的权利;在农村地区提供法律援助,以使农民得到支付得起的专业建议和法律帮助;通过建立诸如土地法庭这类机构,以检验解决土地相关纠纷的新的、更为有效的方式,以及确保其有申诉和获取赔偿的有效途径。

(七)加强土地管理的能力建设

中国正经历从集中于国家对土地的管理到更多集中于土地的管制与利用土地市场的体制转型。这两种类型所需要的技能和能力是极为不同的。要确认支持这一长期目标取得成功的行动也是十分复杂的,因为每个这些长期目标的成功实现都需要进行与之相应的能力建设。在这一阶段要详尽准确地说明需要什么以及何时需要都是不适当的,也是不可能的。不过,指明需要形成的技能和知识的广阔领域,这些方面应该达到什么程度,以及如何以最合适、最经济的方式确保这一能力建设得到制度化,还是可能的。

支持长期目标 7 的中短期潜在行动包括：

1. 开展能力建设，使土地管理者掌握在市场经济取向下如何进行土地管理的重要技能和相关知识

这些技能应该与法律、规划和评估活动有关。

2. 在每个领域的能力建设必须以赋有远见地遵行国际惯例进行

确定有哪些技能目前已存在，哪些需要补充，在哪种程度上需要评估（确认已有的相关能力，确认已有的条件和需要的条件），以及满足需要所要采取的策略和如何实施这一策略。

【2006年第9期】

2005 年理论经济学的若干热点问题

卫兴华　　孙咏梅

"刘国光经济学新论"之争

2005 年 7 月 15 日,中国社会科学院原副院长刘国光教授回答采访者的题为《经济学教学和研究中的一些问题》的谈话,先在网上传播,随后在《高校理论战线》2005 年第 9 期和《经济研究》第 10 期公开发表,他就当前经济学教学和研究中的一系列问题谈了自己的看法。刘国光的"谈话"一石激起千层浪,引起强烈反响,许多经济学者对马克思主义经济学被排斥和边缘化、盲目崇拜西方经济学的现状表示不满。与此同时,持不同见解的学者也发表了文章,公开反驳刘国光的观点,将争论推向了高潮。这是我国理论界的一场大争论。

2005 年 10 月 23 日,北京 30 多位学者参加了"刘国光经济学新论"研讨会。国家统计局原局长李成瑞发言的题目是《历史关头,何去何从?》。国务院发展研究中心顾问詹武以《必须牢牢掌握改革的社会主义方向》为题发了言。全国政协原副秘书长卢之超呼吁:"必须恢复马克思主义政治经济学的指导地位。"国家发改委研究员刘日新发言的题目是《"刘旋风"刮得越大越好》。北京大学余斌博士把对待西方经济理论的教条主义,称作"邪教条主义"。中国人民大学的博士生张建君提出，应注意把西方经济学与新自由主义区别开来，两者虽有共同点，但新自由主义是要通过"用观念打败观念"的手法来打败社会主义。中国社科院研究员裴小革分析了马克思主义经济学超越西方经济学的特点。

2005年11月5日，北京许多学者参加了"刘国光经济学新论"第二次研讨会。中央党校吴健、中国社科院左大培、全国总工会韩西雅、北京大学原副校长梁柱、人民日报原常务副总编张云声、北京市委党校原副校长王子恺等与会，支持刘国光的意见。有的学者说：当前展开的理论斗争，是两种改革观的斗争。坚持还是否定四项基本原则，是区分两种改革观的标准。分清了两种改革观，有些人就难以用"改革"的旗号骗人，也难以用"反改革"帽子吓人了。

2005年11月23日，"刘国光经济学新论"第三次研讨会在中国社科院举行。中国社科院、首都各高校和其他研究机构的学者、有关单位的离休老领导、各新闻单位记者130多人与会，其中有李力安、谢华、李成瑞、有林、杨守正、王定烈、武志、刘国光、李崇富、王忍之、吴介民、何秉孟、喻权域、于祖尧、杨圣明、房宁、韩树英、刘海藩、赵曜、吴健、吴振坤、宋涛、吴易风、赵光武、刘树林、吴栋、丁冰、李光远、徐非光、白暴力等。许多人发言支持刘国光的意见，刘国光申述了自己的见解。

2005年11月2日，"乌有之乡"书社在京召开了"马克思主义指导下的中国经济学理论创新"研讨会，讨论刘国光的文章。胡代光、于祖尧、丁冰、刘日新、智效和、张勤德、毛立言、杨斌、卫兴华等发了言。

2005年10月8日，南京地区数十名经济学学者举行研讨会，坚决支持刘国光，认为"经济界必须拨乱反正"。李炳炎、朱必祥、奚兆永、何干强、陶用之等发了言。

陕西、河南的经济学学者也召开了刘国光经济学新论研讨会，批判新自由主义，支持刘国光的新论。

在报刊上，也展开了对刘国光文章的讨论，有支持的，有反对的。

高尚全针对刘国光的文章说：从历史经验看，对改革有不同的看法，有争论,有反复,中国的改革就是在不断反复中前进的。问题在于我们能不能排除干扰,坚持改革。现在,社会结构发生了重大变化,人民的生活水平有了普遍提高,同时也形成了数量庞大的困难群体。在这个结构大变动时期,利益主体多元化,改革触动到利益主体,改到这里难度就大了,于是反对改革者有之。党的十六大报告指出:"人民日益增长的物质文化需要同落后的社会生产之间的矛盾仍然是我国社会的主要矛盾",但是现在有人提出,针对当前主要危险、主要倾向,当前要反右防"左"。现在老百姓最怕折腾,折腾就会落后,折腾就不能构建社会主义和谐社会,就会影响改革和发展。另外一个干扰,就是借所谓的批判新自由主义来否定改革。"他们这样来否定改革是不能容忍的。我们千万别上当,否则就会有灾难性的后果"。他不赞同有人认为"针对当前的主要危险和倾向,应该防左反右,批判资产阶级自由主义和批判西化"。

杨宇立不赞同刘国光关于经济人假设等于自私自利的观点。他认为,中国在一定时期内低调认可经济人假设,曾有解放思想、抵制"左"的意义。而现在不否认经济人假设的意义又在于,如果更多人能通过市场机制自主决策、自我负责,政府的作用就会小些,责任就会少些,公权力才会是有限的。

晏智杰也不赞同刘国光的观点,他说:刘国光提出,我们的教学与研究应当以马克思主义经济学为指导,"改革开放以来,西方经济学大量涌入,事实上形成了西方经济学与以《资本论》为经典的经济学并重的局面",但"刘国光断言所谓并重就是为西方经济学泛滥大开方便之门,就是取消马克思主义经济学的指导地位,我并不这么认为"。第一,从一统天下到两家并重,是一个历史进步,对实践发挥了很好的作用。第二,以为在一定时期并重的做法就是要抬高这个,压制那个,这种论断未免过于武断。他不赞同"一味坚持传统马克思主义经济学的指导地位",所谓"传统马克思主义经济学"包括马克思、恩格斯、列宁、毛泽东的经济理论思想。"中国经济学的理论基础和指导思想",应是邓小平理论和"三个代表"重要思想,这是当代马克思主义。

《财经》杂志2005年11月和《商务周刊》同期发表了《吴敬琏:向富人开枪会导致很严重的社会后果》和《刘国光:如果改革造成两极分化,改革就失败了》

两篇文章,观点相异。吴敬琏认为,权力过度干预经济才是腐败之源,市场化改革才是扼制腐败的基本途径。政府对稀缺资源的配置权力过大和对微观经济活动的干预权力过大,是市场发育缓慢、腐败难以消除的最重要原因。刘国光对于当前出现的权力资本化和贫富分化加剧等问题,认为这与市场经济有关,而吴敬琏认为这是市场发育缓慢造成的。

赵磊坚决支持刘国光的看法,认为在今天大学的讲台上,以宣传西方主流经济学为时尚,以谈马克思主义为耻辱,理论经济学的教学安排极力排斥马克思主义经济学,大学教师一提马克思就底气不足,这些都是事实。在"西方主流经济学才是真理"的现实语境下,在主流经济学垄断了话语权的"选择范围"中,让那些18岁左右、没有系统的经济学知识、尚无对经济学理论辨别能力的大学生们如何"自由选择"?

余斌认为,目前理论界存在着两种教条主义,一个是迷信、空谈马克思主义,而不是与时俱进地发展马克思主义;一个是迷信、崇扬西方发达国家的反映资产阶级主流意识形态的思想理论,把西方某些学派、某些理论或者西方国家的政策主张奉为教条,向我国思想、政治、经济、教育、文化等各个领域渗透。

纪宝成指出:当前中国经济学的发展走到了一个重要的历史关头,摆在我们面前的是两条根本不同的道路。一条道路:以马列主义、毛泽东思想、邓小平理论和"三个代表"重要思想为指导,以马克思主义经济理论为基础,广泛吸收和正确借鉴国外经济学发展的优秀成果,密切联系中国改革和发展的丰富实践,努力发展具有中国特色、中国风格、中国气派的经济学理论,为建设中国特色的社会主义和实现中华民族的伟大复兴服务;另一条道路:以新老自由主义为指导,否定马克思主义的指导地位和科学价值,否定中国社会主义革命和社会主义建设的历史意义,否定中国改革开放的独特的经验和理论,主张全盘西化、全面接轨,完全按照西方发达资本主义国家特别是美国的经济学模式改造中国经济学的教学、科研和人才培养。近年来,后一条道路的影响日益增长,大有取代马克思主义的主导地位并使其逐步边缘化之势。前一条道路是正确的道路,应当坚持;后一条道路是错误的道路,应当反对。

颜鹏飞认为,极有必要用完整的关于马克思经济学逻辑体系构建的学说——而不是寄希望于非马克思主义经济学体系——来指导和建立科学的现代政治经济学理论体系,使之成为社会实践的科学反映并用来指导现实经济运动。西方经济学或国际经济学的本土化或中国化,如果是出于借鉴而不是把中国本土经济学边缘化和"西化"的目的,应该加以肯定。他认为,我们在批判"土"教条主义的同时,不要走进"洋"教条主义的死胡同。

李成瑞赞同刘国光"指出了客观存在的事实"。他提出几点看法:"(1)维护马克思主义的指导地位,反对西化分化,是历史赋予我们的义不容辞的重大责任";"(2)展开充分的讨论,实行百家争鸣,是辨明真理,树立马克思主义经济学指导地位的重要方法"。"(3)我国的经济制度,是要走向私有化还是坚持社会主义公有制为主体,是经济思想讨论的核心问题";"(4)切实解决学校教材、教师队伍和宣传单位的领导问题,是保障马克思主义指导地位的必要条件"。

杨承训提出,哪一种学说可称之为中国主流经济学?大体有三种观点:一种是以吴敬琏为代表,认为西方经济学是中国经济学的主流派(称之为"现代经济科学");一种是以何伟为代表,认为中国还没有主流经济学或经济学主流派;再就是以刘国光为代表,明确主张马克思主义经济学才是中国的主流经济学。他认为,吴敬琏、何伟都以中国改革的市场取向作为佐证,说明西方经济学主导中国的改革,这是与历史不相符的。"社会主义市场经济"这个崭新的科学范畴恰好是中国马克思主义者自己的重大理论创新。他完全赞同刘国光的主张,认定中国化的马克思主义经济学是中国的主流经济学。

关于价值理论问题之争

多数学者主张坚持与发展劳动价值论。有的学者提出了"泛价值论",认为价值创造是价值分配的依据,并以此推断出各生产要素创造价值。有的学者在反驳这种观点时指出,价值创造研究的是价值产生的领域、价值的源泉问题,而价值分配研究的是价值在各要素所有者之间按照什么原则进行分配,这是两个不同的问题,不能把它们混为一谈。既不能把价值创造看做是价值分配的依据,也不能把价值分配问题等同于价值创造问题。也有学者指出,价值分配原则的变化并不能否定价值创造的理论,分配关系是由所有制决定的。目前提出生产要素按贡献参与收益分配,既不是对劳动价值理论的否定,也不是对劳动价值理论的简单引申,非劳动要素参与分配是根据非劳动要素的所有权。

鲁从明系统论述了坚持和发展劳动价值论的几个问题。他说:"价值的内涵必须有基础性、同质性和公约性,显然,只有把价值归结为人类抽象劳动才能做到这一点"。他批评"有些人……把西方经济学早已提出并受到马克思着力批判的多要素价值论加以打扮,重新抬了出来",并进行了具体辩驳。他认为"价值的生产和收入的分配是两个不同的层次,有着不同的规定性,人类抽象劳动是价值创造的源泉,生产条件的所有制或所有权是收入分配的根据。这一基本原理同样适用于社会主义市场经济。绝不能倒过来,由于非活劳动所有者的不同,有权获得收入,就认为他们投入的要素都创造了价值,否定劳动价值论。""收入的合法性与收入的来源和性质不是一回事"。私营企业主凭借资本所有权获取利润,来源于雇佣工人创造的剩余价值,具有剥削性质……绝不能用否定剥削性质,进而否定劳动价值论的办法来调动私营企业的积极性。在发展劳动价值论问题上作者提出"以第三产业为代表的各种服务业日益成为创造社会价值的主要生产部门";"同一活劳动量在生产力提高的条件下,往往表现为比较强化和效益更高的劳动,从而导致相应范围所生产的社会价值总量的增加";"宣扬多要素共同创造价值,是错误的,但要素价格论……则有可取之处"。

胡世祯认为,广义价值论和联合劳动价值论都脱胎于萨伊的"三位一体"公式。离开物质产品就不存在商品和商品价值。科学技术是劳动生产力因素,在物质产品生产中生产使用价值而不生产价值。有些学者主张的供求决定论和效用决定论是马歇尔均衡价格论的翻版。否定我国存在资本主义剥削,其实质是否定我国以社会主义国有经济为主导,以社会主义公有制经济为主体的必要性。

张思锋、马新文认为,承认流通领域的劳动也创造价值,是对马克思关于流通领域价值创造原理的一种更新或更替,属理论发展的一种重要形式。流通领域的劳动创造价值的观点与事实相符,是劳动形式变化和劳动内容延伸的结果和表现,是以总体劳动者的总体劳动的形式参与价值创造的。

刘有源提出"泛价值论"。他认为,价值和使用价值都具有自然和社会二重性质。"泛价值论"就是把以往看似对立的各种价值论整合到一个互补的体系之中,"通解"劳动价值论能解释和不能解释的一切对象和领域。屈炳祥不赞同"泛价值论",他认为只有人的活劳动才是价值的唯一源泉。机器、土地等一切以物的形式存在的资本,都只能是价值形成的物质条件,而绝不是价值的源泉。

程建华认为,商品价值创造中的三种劳动是耗费劳动、传导劳动和凝结劳动。耗费劳动是正在进行的劳动,它是价值的源泉,本身并不是价值;传导劳动表现为劳动资料,劳动资料在本期劳动过程中起着把活劳动传导到劳动对象中去的作用;凝结劳动是凝结在劳动对象中的人类一般劳动,即价值实体。耗费劳动与凝结劳动既不同质也不同量,耗费劳动能否成为凝结劳动,或在多大量上成为凝结劳动,取决于传导劳动的效能和劳动对象对耗费劳动的吸收程度。

关于公平与效率问题之争

2005 年理论界在这方面的争论主要围绕两个方面进行。

(一)关于公平与效率关系问题的争论

理论界有以下三种观点:效率优先论、效率与公平并重论、公平优先论。效率优先论认为,"效率"是经济增长的重要保证,只有"蛋糕"做大了,才能够保证人人有份,才能实现分配的公平。公平优先论认为,我国作为社会主义国家,在经济社会发展过程中应始终以实现共同富裕为目标,不能只重视效率而忽视公平。当前我国要缩小收入差距,防止两极分化,应把"公平分配"放在优先地位,将公平作为我国经济社会发展的长远目标。效率与公平并重论认为,二者是优势互补的关系,轻视其中的一个因素,必然会对另一个因素产生损害。

晓亮认为,"效率优先,兼顾公平"是我国几十年的经验总结。如果把公平放在首位,不把蛋糕做大,只能是大家在一起穷。正确的做法只能是毫不动摇地发展经济,在把蛋糕做大的前提下,注重缩小收入差距。他还认为,应该让人们有一个起点的公平,在同一起跑线上起跑,这样结果不公平也会认为公平;但在生产力不发展的情况下,由于种种因素的制约,人们的素质不同,起点公平是做不到的,因而结果自然更会有不公平。要缓解这种不公平,只有在提高生产力的基础上,坚持按生产要素贡献分配,发展科技教育,提高人们的素质,逐步做到起点的公平,才能见效。而不能不顾效率,把结果的公平放在第一位。把公平放在第一位,难免会走回头路,把平均主义混同为公平。

刘国光近两年来多次提出在效率与公平关系上应向公平倾斜,加重公平的分量,主张效率与公平并重。他认为,"效率优先,兼顾公平"是一个时期的说法,到了一定阶段,我们的生产力发展起来了,效率优先的负面作用就出来了。他还认为,"效率优先,兼顾公平"并不符合当前形势的要求,原因在于:第一,"效率优先、兼顾公平"意味着把经济效率放在第一位,把社会公平放在第二位,兼顾一下。这怎么也同中央提出的"更加重视社会公平"搭不上界。这个提法只适用于社会主义初级阶段的一段时期,不适用于初级阶段整个时期。第二,小平同志讲"在本世纪末(即 2000 年)达到小康水平的时候就要突出地提出和解决这个(贫富差距)问题"。如将"公平"放在兼顾即第二位的地位,就不可能突出地提出和解决社会公平问题。这与小平同志的指示相悖。第三,现在收入分配差距过大,社会不公平造成许多矛盾紧张与社会不和谐现象,潜伏隐患,不时爆发。如继续把社会公平放在"兼顾"的第二位,与我党构建和谐社会的宗旨不符。第四,中国基尼系数已达 0.45 以上,超过国际警戒线,是中国历史上贫富差距空前大的时期,如果再拖下去,把公平放在"兼顾"的第二位,如何与"社会主义国家"的称号相匹配。"效率优先"不是不可以讲,而是不要放在收入分配领域。在收入分配领域不用再提"效率优先,兼顾公平",也不要再提"初次分配注重效率,再分配注重公平",要更加注重社会公平,这符合改革的大势所趋和人心所向,也有利于调动大多数人的改革积极性。对生产领导来说,可以讲"效率优先"、"兼顾速度",但不要放在分配领域讲。

高尚全认为:有人说,过去是效率优先,兼顾公平,导致收入差距扩大,出现了两极分化,所以现在应该颠倒过来,要公平优先,兼顾效率。这是把两个不同层次的问题和两个不同的概念混淆起来了。搞市场经济就要有竞争,要讲究效率,不讲究效率的市场经济就不是好的市场经济,容易搞成平均主义。大家不希望要这种贫穷的公正。市场要讲求效率,政府要强调公平。一个是有效地更好地创造财富,一个是更好地实现公平,使公平与效率有机地结合起来,而不是一个简单的效率优先或者公平优先的问题。

张宇系统论述了公平的含义和效率的本质、公平与效率的关系、公平与效率的选择等,主张用"在发展社会生产力的基础上努力实现公平与效率的统一"这一新提法,代替"效率优先、兼顾公平"的原有提法。

吴敬琏认为,混同两种不平等,把矛头主要指向结果不平等的最大问题,是把"反腐"和"反富"混为一谈。"腐"和"富"之间容易混同,但是领导和传媒的责任正在于帮助大众分清二者。令人担忧的是,现在好像集中注意的是结果的不平等,于是就要限制国企经理的最高薪酬,对一般的富人征高额税等等。这种说法和做法不但没有抓住要点,还会导致严重的社会后果。贫富悬殊,是腐败、用权力换取收入,即权力寻租造成的。

(二)要不要重视分配公平问题

吴敬琏认为,收入的不平等,可以是由机会不平等或者起点不平等造成,也可以是结果不平等的直接表现。建立法治的市场经济有助于实现机会平等,因此既有利于效率提高,也有利于收入平等的实现。以分配状况恶化为由来反对我国市场取向改革的大方向,是没有道理的。我们应当通过市场取向的改革,进一步铲除寻租的土壤,既推进平等,又促进效率的提高。

丁冰不赞同吴敬琏的有关观点。他认为,作为资源配置手段,市场经济不能成为社会主义的基本特征。机会均等只是表面平等而实际不平等的。而且在不加任何约束的情况下,随着市场经济的发展,这种实际不平等的状态还会愈演愈烈,会使市场参与者的收入差距愈来愈大,社会收入分配愈来愈不公平。

何伟不赞同讲公平分配。他说:公平分配从来没有实现过,也无法实现。公平没有一个固定的标准进行衡量,对公平的评价也很难掌握。因而,公平是一个法权概念,属于上层建筑,分配是经济基础,上层建筑不能决定经济基础。

卫兴华针对何伟的观点提出,强调重视分配的公平并不是把公平作为分配的"标准",比如,按劳分配的标准是劳动贡献,而不是公平。应把分配的标准和衡量分配公平不公平的标准区分开,不应将两者混淆。衡量分配公平不公平,是有国际标准的,那就是基尼系数。我国的基尼系数已达到严重不公的安全警戒区,即使撇开基尼系数和人均 GDP 等指标,实际经济生活中的分配不公平的现象,也应重视。他提出,不能把平均主义分配与公平分配相混淆,强调公平分配绝不是要回到平均主义去。党的十六届五中全会的《建议》也强调指出:"应注重社会公平,特别是要关注就业机会和分配过程的公平"。

魏杰、谭伟提出,收入分配不公是现阶段收入分配的首要问题,它在很大程度上导致收入分配差距过大,并使这一差距不断加大。收入差距是市场经济中的一种常态,适当的收入差距可促进社会的效率,因此要承认差距,不能消灭差距。同时,让人们看到自身能力的差异是引起收入差距的重要原因,引导人们通过提升自身能力来缩小收入差距。其次,对绝对有意见的人,政府要加强疏导,缓解他们的情绪,避免产生过激行为。对相对有意见的人,政府又要避免他们被一些过激言论影响,变成绝对有意见的人。

对"新自由主义"的批判

近年来,不少学者批驳了"新自由主义"的观点。他们认为,"新自由主义"是现代资产阶级右翼的意识形态,其私有产权万能论,实质上是以权力体系瓜分国有资产;其市场万能论,实质上是为两极分化辩护,在实践中对一些发展中国家造成了巨大的灾难。一些学者提出,"新自由主义"在我国理论界的表现是:私有化的所有制改革观,多要素创造价值的分配观,完全否定国家计划的市场改革观,主张一切产业都无须保护,这些观点只能对我国的改革实践形成误导。有的学者认为,建立社会主义市场经济,解决中国的经济问题,必须以马克思主义为指导,以中国的具体实际为基础。也有的学者提出不要借批新自由主义反对改革。

刘国光指出西方新自由主义里面有很多反映现代市场经济一般规律的东西,如以弗里德曼为代表的货币主义学派,以卢卡斯为代表的新古典学派,有许多科学的成分,我们还需要借鉴,没有人批评这个东西。但是新自由主义的理论前提与核心理论整体上不适合于社会主义的中国,不能成为中国经济学的主流和中国经济发展与改革的主导。中国经济学教学和经济决策的指导思想,只能是与时俱进的发展的马克思主义。西方的正直的经济学人也在批评新自由主义。新自由主义经济思想给苏联、给拉丁美洲带来什么样的灾难性后果,是众所周知的。当然我们的同志批评新自由主义,不是没有政治的、意识形态的考虑,他们担心新自由主义的核心理论影响我国的经济思想和经济决策。谁也没有说过我们的改革决策是新自由主义设计的,目前它还没有这个能耐。但是担心和忧虑这种影响不是无的放矢,不是多余的。因为私利人、私有化、市场原教旨主义等等,已经在中国社会经济生活中渗透和流行,并且在发展。

卫建林认为,新自由主义在任何意义上都完全不意味着自由和民主,新自由主义属于资本主义,而且给世界带来更大灾难。新自由主义是剥夺最大多数劳动者起码权利的主义,也是剥夺第三世界最后一道防线即国家主权、民族独立,使国际垄断资本可以任意长驱直入、为所欲为、加紧全面掠夺和压榨的主义,同时,它也是"稳定"国际垄断资本全球统治地位的主义。

程恩富认为,新自由主义主张非调控化,推崇市场原教旨主义,反对国家干预;主张私有化,宣扬"私有产权神化"的永恒作用,反对公有制;主张全球自由化:维护美国主导下的自由经济,反对建立国际经济新秩序;主张福利个人化,强调保障的责任由国家向个人转移。相对于马克思主义经济学、西方激进经济学和新老凯恩斯主义经济学来说,新自由主义经济思潮总体上是保守和落后的。

　　吴易风认为,新自由主义是20世纪30年代形成的与国家干预主义相对立的经济自由主义。新自由主义鼓吹市场万能论,不承认存在"市场失灵",例如不承认市场经济存在像美国经济学家加尔布雷思说的"微观经济无效率"、"宏观经济不稳定"、"社会不公平"。新自由主义反对国家干预,主张自由放任。现在,新自由主义一方面是西方国家诱导社会主义国家和平演变的理论武器,另一方面是西方国家对发展中国家推行新殖民主义的理论武器。

　　潘胜文认为,新自由主义经济学与政治化的新自由主义——"华盛顿共识"之间虽然存在千丝万缕的联系,但二者存在本质的差别,"华盛顿共识"本质上是以美国为首的西方发达国家推行世界霸权主义的工具,因此我们必须坚决抵制;而新自由主义经济学主要是为适应解决西方国家经济问题、推动资本主义市场经济发展的需要而产生和不断发展的,因此其中必然存在可供我国社会主义经济建设借鉴之处。但在借鉴新自由主义经济理论过程中,必须持批判的态度。

　　周新城认为,构建社会主义和谐社会,必须反对新自由主义思潮。新自由主义主张私有化,势必破坏社会主义和谐社会的经济基础;鼓吹极端个人主义,势必破坏社会主义和谐社会的社会基础;反对党的领导和人民民主专政,势必破坏社会主义和谐社会的政治基础;主张指导思想多元化,势必破坏社会主义和谐社会的思想基础。他说:新自由主义在我国大肆泛滥,在经济学界中几乎占主导地位,在某些人那里已成为经济改革的指导思想,误导着国有企业改革。始终存在着两种改革观的对立:是按照马克思主义,坚持公有制为主体、改革其实现形式;还是按照新自由主义,取消公有制实现私有化。中央的态度是极其明显的:强调指出"反对私有化"。

　　何伟认为,由于邓小平的大无畏精神和坚忍不拔的毅力,使市场经济的社会主义出现在我们面前,为什么一定要把主张市场经济的人说成是主流经济学家,戴上新自由主义的帽子。批判西方经济学最好不要和经济学家群体挂钩,更不要与经济改革实践挂钩。不要和经济体制改革实践挂钩,一是有些说法不准确,如说"新自由主义主导的改革",这不符合实际情况,不是科学的批判。二是这种挂钩会干扰中央的政策执行,使实际工作者无所适从。

关于国有企业改革问题的争论

（一）国有企业改革究竟是坚持公有制为主体、国有经济为主导，还是实行民营化、"国退民进"

张维迎认为，国有企业改革，或者说国退民进和民营化的过程，是二十多年的改革中不断摸索出的一条道路。这不是最初任何一个人的精心设计，从某种意义上说是被逼出来的，是在实践中，包括政府部门、企业界和学术界在相互碰撞当中逐步形成的一种思路。如果所有制不发生一个根本变化，我们改革的目的就达不到。为什么现在要讲国退民进？因为检验一个企业所有制的标准，就是在竞争中有没有生存能力。

汪洋、徐枫认为，国有企业改革首先求取在中、小国有企业层面实现"国退"，进而在大型企业的禁入、限入方面，实行民营企业逐渐准入策略。国有企业改革必须是资产的战略性撤退。其资产最好转移到民营企业，以便保证社会经济的正常运转。在企业改制过程中，国有资产"流失"，符合资产运营的经济规律。其"流失"量的多少和"流失"方式、状态及采取何种措施、手段、途径遏制流失，才至关重要。

萧灼基认为，对于一般竞争性企业，国家可以逐步退出。但到目前为止，国有经济退出的进展不大，不少人往往怀有浓厚的国企情结，对一些早已不能有效经营及正常获利的企业，舍不得改变体制、转让出卖。因此，要坚决按照中央战略调整的方针，加快退出的步伐。

喻权域认为，1997 年邓小平去世后，私有化浪潮更加汹涌。在那些鼓吹私有化的"著名经济学家"和高参的煽动下，大量国有企业在"产权改革"的名义下被贱价出卖，或者半卖半送给人。有些地方甚至以"卖光"为荣。我国的许多干部、群众（特别是工人群众）和经济学家批评私有化，要求维护《宪法》第六条、第七条。可是，维护《宪法》的声音被扣上"保守"、"僵化"、"极左"、"反改革"的帽子。而那些鼓吹私有化的经济学家和高参，渐渐成了我国的"主流派"。一些地方的政府领导人公然做出"国退民进"的决定，发出"国退民进"的文件，与《宪法》的明文规定背道而驰。他还引用了胡锦涛总书记在2000年1月全国宣传部长会议上批评社会上几种错误思想观点的内容,其中之一是"主张私有化,否定社会主义初级阶段的基本经济制度"。胡锦涛同志强调:涉及政治原则、政治方向的问题,必须旗帜鲜明,分清是非。对错误的东西,必须严肃批评,及时处理,不能听之任之。

苏文中等提出,当前有人认为"国有企业改革最彻底的方法就是把国有企业都处理掉"、"国有企业的出路就是私有化"等等观点是极端错误的思想,也是极端危险的实践,它已经偏离了国企改革的方向,难以达到国企改革的目的。国有企业改革的方向是让国有企业能适应市场的要求,在市场经济的条件下快速发展,其目的是搞好国有企业,不是私分、吃掉、削弱,更不是消灭国有企业。

卫兴华认为,坚持中国特色社会主义,必须澄清社会主义与公有制关系的理论是非。我国宪法关于"社会主义经济制度的基础是生产资料的社会主义公有制"的规定,体现了马克思主义的基本观点。邓小平理论十分强调公有制在我国社会主义制度中的地位和作用,十六大报告中也提出了"两个毫不动摇",然而,目前在"毫不动摇地巩固和发展公有制经济"方面,并没有得到理论和实践的普遍重视,经济理论界存在贬抑和否定公有制经济特别是国有经济在社会主义经济中的基础性地位和主导作用的种种错误观点,如"公有制不是社会主义的特点","非公经济是社会主义性质的经济"而"国有经济不是社会主义经济";将国企改革简单地演绎为"国退民进";认为将国企卖给私人并未改变国有经济的性质,只是"国有经济由实物形态转换为货币形态"等。对于目前盛行的私有化思想,应重视它对我国改革与发展造成的负面影响。

《经济日报》2005年1月19日发表编辑部文章指出,评价国企改革的发展现状,应该既肯定成绩、又看到不足,既看到支流、更看到主流;对于国企改革中存在的问题,既不能视而不见、见而不问,也不宜以偏概全,渲染夸大;在有关国企改革的理论探讨中,应该立足于发现问题,解决问题,鼓励开展合乎学术规范、富有建设性的争鸣与交流,尽量避免简单化、情绪化的指责,更要防止打棍子、扣帽子、盲目地贴上"政治标签"。调整国有经济布局不等于"国退民进"。如果简单地把调整国有经济布局称之为"国退民进",甚至在调整中对国有企业"一卖了之",则是对这一重大战略的曲解。一方面,应当承认国有产权转让中确实存在国有资产流失的现象,对此要予以高度重视并继续采取有效措施加以遏止;另一方面,不能把国有产权转让等同于国有资产流失,对具体情况要作具体分析。

邱兆祥认为,中国许多国企存在的问题,并不单纯是进行产权改革和进行股份制改造就能解决的。因此,他不同意国企私有化的主张,指出国内有些学者认为,现在国企存在的诸多问题,都是由单一的不明晰的国有产权带来的,他们认为抓好了产权改革,问题就能解决;在此基础上这些学者提出了国企民营化的方向。但事实上,如果私有化就能解决所有问题,为什么美国每年还有许多私营企业破产重组呢?俄罗斯推进私有化的初衷是克服国有企业的低效率,然而私有化以后,并没有显现出更高的效率,很多的领域还不如原来的国企。

杨承训反对刘小玄在《国有企业民营化的均衡模型》一文中提出的"实行一种普遍民营化模式",指出国有企业民营化的实质是私有化,私有化与 MBO 向少数暴富者倾斜、全面否定国有企业、助长社会两极分化,必然造成历史的灾难。

（二）"国有资产流失"是否存在或是否存在于一个合理范围之内？如何看待这种现象？

唐丰义认为,目前有些人用国有资产流失否定产权改革,实际上犯了四个错误:其一,国有资产流失不是必然的,而是实际运作中的质量问题,不能借质量问题否认整个产权改革的方向。其二,国有资产流失不是普遍现象,大部分真正进行了产权制度改革的国有企业都获得了生机,这是本质,是普遍现象。其三,完全无缺陷的改革运作是不可能的,在改革当中产生一些流失是改革成本的付出。其四,不改革国有资产流失会更多。总之,一定要防止把国有资产流失当做阻止或者是拖延国有企业改革的一种借口。

何伟认为,国有资产要流动,只有流动才能优化资源配置,有流动就不可避免会有流失。假如国有资产不流动,其"坐失"可能比流失的损失还大。要权衡流失和坐失的得失,尽量减少和避免流失。其次,要承认过去在国有资产交易中确有个别的暗箱操作,低价送给亲友,甚至还有非法交易,属于这种情况应坚决取缔,严厉打击。再次,属于没有经验或法规制度不健全所造成的国有资产流失,这也算是产权交易中付出的学费。他还认为,只要遵循一定的原则进行国有资产产权交易,都应认为是合理、合法的,即便一个企业只卖一元钱,也不能认为是国有资产流失。

杨帆认为,特别大型的国有企业的改革涉及全民财产处置,属于一个重大公共政策问题,怎么处置应该经过全民讨论,应该公开化地进行。要改革就要依法行事。国有企业法律上属于公共财产,说产权不清也好,说所有者没有行为能力也好,说效率低也好,无论怎么说,也还是不能偷偷分掉。

左大培认为,为了防止国有企业资产受侵占,我们应该有专门的法律规定,国有企业的改制、运行状况和财务报表应当向全社会、全体公民公开。我国过去改革最主要问题就是这些财务状况都没有公开,企业怎么改的,改给了谁,都没人知道,从法理上讲这是侵犯人民权利的。

社会科学文献出版社2005年出版了何秉孟主编的《产权理论与国企改革》一书,分五篇:国企改革必须坚持以马克思主义产权理论为指导;科斯产权理论评析;马克思主义产权理论研究;国企改革的实践与理论探索;警惕新自由主义误导国企改革。书中收有吴易风的《不能让西方产权理论误导我国国有企业产权改革》、吴树青的《从"华盛顿共识"到"北京共识"的几点思考》、胡代光的《评科斯产权理论中的两大支柱》、杨承训的《"管理科学"是完善现代企业制度的关键》、于祖尧的《国企改革岂可无法无天》、张树华的《俄罗斯经济私有化的后果及教训》、乔新生的《国有企业改革的问题究竟何在》等。

(三)"郎咸平旋风"的延续和回应

香港中文大学郎咸平教授对国有企业改革进程中出现的问题发表评论,引起了学术界的争论。许多学者和网民支持郎咸平的观点,也有的学者和官员表示不赞同。有的学者认为,很难有一个客观标准来判断国有资产是否流失。讨论的焦点在于我国改革的方向应如何——是向社会主义市场经济方向发展,还是向新自由主义所主张的市场经济方向发展？国有企业改革的问题究竟出在哪里？讨论表现为两种截然对立的意见。

李炳炎在所著《中国企改新评》（民主与建设出版社，2005）中，系统评述了有关国企改革的多方面问题。书中介绍了郎咸平的观点，即指出国企管理层收购中的严重问题和国有资产大量流失的情况，并评介了"倒郎"和"挺郎"的观点。"倒郎观点"如张维迎、张军和张文魁等认为，郎咸平的讲演，只是为了自己知名度的最大化，迎合大众的流行舆论而讲话，根本就是滥用"学术自由"和"学术尊严"。张维迎认为十五大提出了"一种民营化方案，如果所有制不发生一个根本性的变化，我们的改革目的就达不到。绝不能因为可能会出现国有资产流失，就停止'国退民进'的大方向。"

书中也评介了大量学者和网民的"挺郎"观点。如《中国经济周刊》的点评：时代呼唤郎咸平精神，"郎咸平注定是引人注目的，不是因为他作为教授的高深论著，而是他一再表现出来的力量。这种力量是超凡的，足以震撼我们早已荒芜的思想与灵魂，这种力量也正是我们这个时代所迫切呼唤的。"

刘贻清、张勤德主编的《郎旋风实录：关于国有资产流失的大讨论》（中国财政经济出版社，2005）也系统介绍了郎咸平的观点和争论双方观点，资料比较全面和系统。

新华社记者潘倩写了一篇报道：《又一个"资本神话"破灭让人沉思：顾雏军事件折射制度缺失》（见《深圳特区报》2005 年 8 月 8 日）。文中说："董事长顾雏军被刑拘，科龙危机最终演变成一场剧烈的风暴，又一个'资本神话'破灭了。""恰好在一年前，香港中文大学教授郎咸平以一篇《格林柯尔：在'国退民进'的盛筵中狂欢》，对顾雏军进行了声讨。……郎咸平当初的判断，如今正在一一获得验证。"正如郎咸平所说，"资本神话"的背后，"是疯狂运动的资本控制'黑手'，是巨额国有资产的悄然流失和违法者的一夜暴富。"

郎咸平旋风也影响到了决策部门。2005 年 4 月 14 日，国务院国资委和财政部公布了《企业国有产权向管理层转让暂行规定》。明确规定了大型国有及国有控股企业的国有产权暂不向管理层转让。2005 年 9 月 9 日，国资委主任李荣融表示：要坚决杜绝企业国有资产"自卖自买"的现象。

关于政治经济学教材建设问题

近来,关于政治经济学教材建设问题成了理论界讨论的热点。有的专家指出,高等学校的经济学教学与研究,应凸显马克思主义经济学的指导地位,高校开设西方经济学是必要的。高校经济学专业的师生既需要有深厚的马克思主义经济学的理论功底,也需要系统地掌握西方经济学的知识,包括其基本原理与方法,但是不能以西方经济学排挤和取代马克思主义经济学而占据主流和主导地位。有的学者指出,不应把西方经济学包括其经济人假设、私有制永恒等理论观点统统真理化。政治经济学教材建设的方向是发展现代政治经济学。当代中国的主流经济学应该是马克思主义政治经济学,西方经济学包括新自由主义经济学只能作为借鉴。马克思主义政治经济学的基本原理和方法可以为我们提供指导,但不是原封不动地照抄照搬,必须要与中国实践相结合,学科和教材建设要有一个创新问题,要坚持与创新相结合。

卫兴华认为,繁荣发展马克思主义政治经济学,应当把握三个关键:一是坚持和巩固马克思主义在意识形态领域的指导地位,二是拓宽对马克思主义的研究领域,进行理论和体系创新,三是准确理解和把握马克思主义经典著作的原意。他认为,经济学研究必须坚持科学的态度与方法,发展马克思主义也好,理论创新也好,或是批评马克思主义也好,都需要首先弄懂、理解和把握马克思主义理论的原意,不能误解、错解和曲解马克思主义。

纪宝成、张宇认为,马克思主义经济学是中国经济学发展的活的灵魂,中国经济学的建设与发展应当以马列主义、毛泽东思想、邓小平理论和"三个代表"重要思想为指导,广泛吸收和正确借鉴国外经济学和一切文明发展的优秀成果,密切联系中国改革和发展的丰富实践,努力发展具有中国特色、中国风格、中国气派的经济学理论。

逄锦聚认为,要实现政治经济学的发展和创新,关键是把握其发展的基本趋势,致力于推进改革创新。从我国经济社会发展的需求和学科的发展规律看,政治经济学能否繁荣发展取决于三个因素:一是能否继承和发展马克思主义政治经济学的基本原理和方法;二是能否借鉴和汲取人类一切文明成果包括西方经济学中的科学成分;三是能否解释我国生动活泼的经济社会实践,为现代化建设提供理论支持和服务,这是最根本的一点。这三点既体现了政治经济学学科发展的基本趋势,也是政治经济学改革创新的基本方向。

程恩富认为,应以当代中外市场经济实践为思想源泉,以传承和创新的马克思主义经济学主要假设为基点,构建和发展"新马克思经济学综合学派"。要积极吸纳古今中外各种经济思想的合理成分,广泛借鉴相关社会科学和自然科学的可用方法,构造既超越前苏联经济学范式,又超越西方经济学范式的新范式,即新建在世界经济大环境中、反映经济全球化和中国初级社会主义市场经济独特性的经济学范式。"新马克思经济学综合学派",在本质上是一种马克思主义性质的"后现代经济学"。

程长羽等针对当前经济学数学化的趋势,指出经济学数学化有其可取之处,但不加限制的"数学化",很可能阉割经济学的本质。那种以为西方经济学基本理论是适合一切国家的普遍真理,各国只有具体应用的观点,显然是错误的。经济学的独立性决定了经济学与数学的关系只能是"本"与"用"的关系,而不是像某些数理学派经济学家所片面议论的那样,经济学只有"数学化"才能成为科学。数学只是经济学研究方法之一,不是经济学研究方法的全部。

贾根良认为,如果中国经济学发展能实现激烈的转向,它就必须进行一系列的制度创新,第一,建立新的学术规范。例如西方经济学界数学形式主义所支配的学术规范就不能在中国重新出现;第二,破除诺贝尔奖迷信。盲目崇拜诺贝尔奖对中国经济发展是不利的。正如 2004 年 10 月,彼德·索多鲍姆撰文所指出,诺贝尔奖已成为新思想的绊脚石;第三,改革经济学教学体制。

洪银兴提出了"社会主义现阶段的政治经济学范式"的转变,分清了处于资本主义社会的政治经济学和处于社会主义社会的政治经济学,两者都包括资本主义部分和社会主义部分,但研究的重点不同。政治经济学使命的转变,决定了其范式的变化。现阶段的社会主义经济还是市场经济,因此,《资本论》中关于市场经济规律及其运行机制的原理,基本上可用于对现实社会主义经济的分析。

很多学者提出,应从大局来正确看待政治经济学教学与教材的改革与建设问题,要正确对待和处理好马克思主义经济学与西方经济学的关系。政治经济学教材的建设,关系到我国社会主义经济理论的发展方向和人才培养的基础。当前,我国政治经济学教材的建设仍然必须坚持马克思主义基本原理与方法的指导地位,在此基础上有选择地借鉴和汲取现代西方经济学的有益成果。

【2006年第14期】

经济卷

2007 年

中国经济的"大国难题"

王永钦　张　晏　章　元　陈　钊　陆　铭

现代马克思主义政治经济学的四大理论假设　程恩富

潮涌现象与发展中国家宏观经济理论的重新构建　林毅夫

中国经济面临的转折及其对发展和改革的挑战　蔡　昉

亚洲金融危机的经验教训与中国宏观经济管理　余永定

中国经济的"大国难题"

王永钦　张　晏　章　元　陈　钊　陆　铭

引　言

对于中国的发展道路,理论家的任务是要去寻找一个一致的分析框架,它应该不仅能够解释中国近三十年的高速经济增长,还能够解释今天中国改革所面临的各种困难。我们将中国未来的发展道路总结为:"从分割到整合"及"从关系到规则"。"从分割到整合"主要是指城乡和地区之间的分割状态应逐渐得以消除;"从关系到规则"主要是指减少传统的政治和社会结构所赋予的不同人在政治和社会资源禀赋方面的不平等,并通过建立公正的秩序与规则来规范人们的行为。在顺利实现这两个转变的过程中,政府的作用,包括政府自身的改革是非常重要的,这可能是中国的"大国发展模式"中一个非常重要的特点。中国的经济增长和社会发展正处在一个十字路口,中国的发展道路上面临着重大的问题与挑战。

中国经济转型与增长的代价

(一)经济分权的代价:一个理论分析

钱颖一等的财政联邦主义理论可以较好地解释中国分权式改革迄今为止

取得的成就,但是这个理论更多地强调了中国分权式改革的好处,却没有分析分权式改革的成本。一个完整的理论应该既能够分析分权式改革的收益,也能够分析分权式改革的成本。否则,就无法回答如下问题:我们应该如何在发挥分权式改革的好处的同时避免它所产生的负面效果? 中国分权式的渐进转型的潜力还有多大?

中国的分权式改革过程的一个重要机制是,上级政府通过考察下一级政府辖区的经济发展(尤其是 GDP)的相对绩效来晋升地方官员,而且这个机制在实践中已经被证明的确在发挥着作用(Li and Zhou,2005)。在缺乏充分统计量的政绩考核体系下,相对的 GDP 增长可能是一种次优的考核地方官员政绩的具有信息量的指标。但是,这种财政分权加相对绩效评估的体制正在日益显现它的代价。第一个弊端是,相对绩效的评估会造成代理人之间相互拆台的恶性竞争。我们观察到各地政府为了在 GDP 竞赛中名列前茅而采用了各种各样的以邻为壑的手段。其中,最典型的就是形形色色的地方保护主义,地方保护主义造成的地区分割和"诸侯经济"会阻碍中国国内市场整合的过程(严冀、陆铭,2003)。在资源配置方面的深远影响是,这种市场分割会限制产品、服务(甚至还有思想)的市场范围,市场范围的限制又会进一步制约分工和专业化水平,从而不利于长远的技术进步和制度变迁,这最终会损害到中国长期的经济发展和国际竞争力。

相对绩效评估发挥作用的一个重要前提是,代理人面临的冲击或者风险是共同的,这样仅仅通过代理人之间业绩的相对排名就可以比较准确地反映出他们的绩效。但是在中国这样的大国模式中,各个地区之间在自然、地理、历史、社会等很多方面可以说千差万别,由于这种异质性的存在,所以相对绩效是一个噪音很多的指标,基于相对绩效评估的激励方案的效果就会大打折扣,这可以看作是相对绩效激励的第二个弊端。

第三个弊端实际上是第二个弊端的另一种形式,由于问题的重要性,我们将其拿出来独立论述。由于各地区之间先天的(自然、地理、历史、社会等)差异性,或者由于改革后享受的政策的差异性,会出现由收益递增效应导致的经济增长差异,即使没有其他外力,穷的地区也可能相对地越来越穷,而富的地方相对地越来越富（陆铭等,2004）,这样就加大了相对绩效评估标准中的噪音,中央政府很难区分地方的经济增长绩效是由收益递增机制造成的,还是地方政府努力的结果。

相对绩效评估的第四个弊端来自于如下事实:在基于相对绩效评估的锦标赛下,赢家的数量是有限的,而大部分是输家。更为重要的是,由于比较富裕的地区更多地享受着先天的优势和收益递增机制的好处,这就使得经济较落后的地方官员不能在相对绩效评估的机制下获得激励,通俗地来说就是努力了也没用（Cai and Treisman, 2005）。所以相对绩效评估对落后地区的官员基本上是没有作用的。但是官员也是理性人,在晋升的可能性比较小的前提下,他们会寻求替代的办法进行补偿（如贪污腐败）,"破罐子破摔"。这样一来,从整个经济的角度来看,就会加剧落后与发达的地区的两极分化现象。

对地方政府官员进行激励还有一些其他的难题。一方面,与企业的经理相比,地方政府官员的绩效更加取决于一个团队的努力,而不是自己的努力,一个政府目标（如就业）的实现取决于多个政府部门作为一个"团队"的共同努力,因此,在地方政府的"团队生产"中,不同的地方官员之间就可能存在严重的搭便车现象。另一方面,在企业经理的激励计划中,可以比较容易地找到激励经理追求企业长期目标的手段,比如说给予经理股份或者股票期权,但是,对于地方政府的官员却很难进行类似的长期激励,从而使得地方的长期目标被忽视,而这又集中体现为地方政府对于环境、收入差距、教育和医疗服务质量这些问题的忽视。

（二）当代中国政治与社会结构中的 Power（也许可以将 Power 翻译为"权势",但我们更希望 Power 这个词具有中性的含义。）与收入差距

经济分权的代价最终集中地体现在城乡间、地区间和不同人群间的收入差距上,而不同收入水平的人在获取公共资源时所面临的机会不均又对收入差距的持续扩大具有动态的效应。在当代中国社会中,由于等级制的政治和社会结构,再加上不同的人拥有的政治资本和社会资本不同,导致了政治资本和社会资本成为决定个人收入（包括隐性的收入和灰色的收入）的重要因素（Knight and Yueh, 2004,中译本）。

在渐进式的改革过程中,中国政治与社会结构中的 Power 体系并没有被打破,相反,拥有 Power 的人还在新生的市场机制里将 Power 的回报显性化了。从理论上来说,至少有以下几个 Power 转化为收入的机制:第一个机制就是"制定规则"。第二个机制是"操纵价格"。例如在企业转制的过程中,转制企业的资产评估价格本身就是被操纵的。有研究发现,在不同所有制企业的产权转让中,国有企业转制的价格和资产评估的价格差距最小(Liu,2005)。我们的解释是,由于国有资产评估价格和国有资产的转让价格往往是在内部人控制下做出来的,当然就会相差不多。第三个机制是"垄断信息"。以证券市场和房地产市场为例,往往是那些拥有 Power 和信息优势的人,能够做到逢低买入,逢高卖出。第四个重要的机制是"优先排队"。只要市场上有排队机制,拥有 Power 的人就有更强的能力排在前面。在教育和劳动力市场上,拥有 Power 的人也有更大的可能获取优质的教育资源和好的工作机会(包括进入政府公务员系统和垄断行业)。甚至在公共的产权保护服务中,也是拥有更多的 Power 的人能够更多地利用政府资源,从而拥有更安全的产权保护和相应的投资收益。

近年来广受关注的国有和集体企业转制与公有资产流失问题是一个非常好的案例,借此,我们可以理解企业的在位经营者和一些利益相关的政府官员是如何借助于制定规则、操纵价格、垄断信息、优先排队等机制将 Power 转化为收入的。以上分析表明,原先的计划体制和政治社会结构赋予了人们不同的政治和社会资本,这些资本形成了人们在经济转型过程中所拥有的不同的 Power,而由于经济转型正是在这样一个政治和社会结构中进行的,收入差距就不可避免地扩大了。

(三)小结:当代中国发展的"大国难题"

中国当代经济转型和发展中出现的代价可以归结为收入差距扩大、公共服务的不平等和地区间市场分割等几个方面,而收入差距扩大的持续产生了三方面的负面影响:(1)经济增长受到了负面的影响(陆铭等,2005);(2)城乡的缓解贫困工作受到阻碍;(3)社会流动性正在下降(王海港,2005;余央央、封进,2006;陆铭、张爽,2006)。不难发现,这些在现有的政治和社会结构下面临的代价与中国是一个大国有关。

首先,正是因为中国是一个大国,中央政府难以对地方政府进行监控,因此,为了解决对于地方政府的激励问题,中国采取了财政分权体制。同时,中国作为一个大国的另一个非常重要的特征是,各地区之间在历史、地理、政策等方面存在着巨大的差异。在改革开放和中国加入全球化的进程当中,各地区巨大的历史、地理、政策等方面的差异就转化成了地区间的经济发展水平差距和收入差距。由于在历史、地理方面的优势,以及在改革之初所享有的优惠政策,中国的沿海地区吸收了大量的国际直接投资(FDI),也在中国的国际贸易中占有较大的份额,而各地区之间经济开放进程的差异又进一步引起了工业向沿海地区(特别是长江三角洲、珠江三角洲和环渤海湾三大地区)的集聚(金煜等,2006)。自从20世纪80年代中期以来,各地区之间的全球化进程的差异在解释整个地区间收入差距中占有的相对重要性越来越大,目前已经是地区间收入差距的最重要的解释因素(万广华等,2005)。日益扩大的地区间差距本身就对中国的社会和谐和经济增长产生危害,地方政府可能产生分割市场、保护本地产业和重复建设的激励,以获得更多的本地利益,这些举措可能进一步地导致地区之间在分工方面的效率损失(陆铭等,2004)。因此,一系列与收入差距有关的代价也在一定程度上与中国是一个大国有关,不妨将这一系列的代价归结为"大国难题"。如何应对发展过程中的"大国难题"是中国是否能够形成一个成功的"大国发展模式"的关键所在。

中国所面临的"大国难题"集中表现在日益扩大的收入差距上。由于收入差距的负面影响,控制收入差距对于经济增长、增加社会的流动性和减少贫困是有好处的,而这三个方面的目标至少在整个社会能够比较容易地取得共识和认同,而不必再使控制收入差距的政策争论停留在是否公平的层面上。中国的"大国发展道路"如果处理不好经济增长和收入差距的关系,就不能说是成功的。

中国的道路、中国的未来

(一)经济转型与社会发展的中国道路:面向一个转型的发展经济学理论

我们把对当代中国经济增长和社会和谐产生关键影响的政治和社会基础

归结为三个方面,即:以城乡分割为代表的社会分割、经济分权和政治集权以及关系型的社会运行机制。虽然在经济发展的早期,这样的政治和社会结构均对经济增长产生了有利的作用,但是,以收入差距为代表的一系列问题也作为改革的代价而日渐积累。当中国的政治和社会结构对经济增长和社会和谐所产生的消极作用超过其积极作用的时候,就要求这个政治和社会的结构做出调整,以促进社会和谐和保持经济增长。在这样一条发展道路上,中国作为一个大国的特征必然继续存在,因此,适应大国发展需要的经济分权和政治集权的基本体制不会有实质性的改变。当然,这并不是说不需要对现有的经济分权和政治集权的体制做出调整。相比之下,对社会分割和关系型社会这两个方面需要做出较大的调整,所以,我们把带有中国经济转型特征的发展道路概括为:从社会分割到社会整合,以及从关系型社会到规则型社会。下面,我们分别对其加以阐述。

1. 从社会分割到社会整合

社会分割的结构是社会的强势集团在最大化自己利益的情况下形成的。在中国,这种社会分割主要体现在城乡分割上,城市居民在最大化自己利益的情况下决定了城乡分割的政策和相应的城乡差距,而农村居民在政策制定中的发言权很小。社会分割在经济发展的早期并不是中国所独有的。事实上,在其他欧美发达国家的经济发展早期也同样存在社会分割,只不过其社会的分割表现为社会中有相当多的人不享有公民权,不对社会的政策具有直接的决策权(Acemoglu and Robinson, 2001、2002)。在这里,一个非常有趣的问题就是:既然在发展的早期,政策决策的权力是被社会的强势集团(或精英集团)所掌控的,而社会分割又是在最大化强势集团利益的条件下形成的,那么,这个最大化自己利益的集团是否会放弃社会分割,从而逐渐实现社会整合呢? 如果会,这个过程又是通过怎样的机制实现的呢?

Acemoglu 和 Robinson(2001、2002)提供了一个政治转型模型,用政治经济学的方法解释了在欧美发达国家发展史上出现的收入差距先上升再下降的库兹涅茨曲线。这个理论将政治民主化和收入差距的变化很好地结合了起来,但这个政治经济学理论并没有考察经济增长的过程本身。我们最近发展的一个模型基于中国城乡分割政策的内生决定及其变化,考察了二元经济发展中的农村劳动力流动与经济增长的过程。我们考虑了一个最大化城市居民利益的城市政府如何决定农村居民向城市的移民政策。当移民规模增加时,城市居民获得的利益是更高的产出,而其面临的代价包括由移民规模上升造成的城市居民非生产性资源消耗的增加(如更多的对产权保护的投资)。在这样一个决策机制下,我们证明,农村移民的规模是随着城市部门的资本积累而不断增长的,经济增长在稳态到达之前也是可持续的,但是在这个过程中城乡间的差距却是不断扩大的,除非城市能够减少对移民的歧视。我们发现,城市减少对移民的歧视既能够增加农村劳动力流入城市的规模(城市化水平),也同时使经济能够在一个更高的水平下达到稳态(陈钊、陆铭,2006)。

从本质上来看,中国经济发展过程中出现的城乡分割政策的调整,正如欧美国家曾经出现过的越来越多的居民被赋予公民权一样,是一个从社会分割走向社会整合的过程。其中,由收入差距而导致的负面影响具有关键的意义,无论收入差距的代价是导致发生革命还是更多的非生产性的资源消耗。我们将这种由收入差距的负面影响而引起的政治和社会结构的调整称作"用拳头投票"(vote by fist)的机制。在经济发展过程中,这种"用拳头投票"的机制对于政治社会转型和经济增长的重要意义不亚于在一个给定的市场机制下"用手投票"和"用脚投票"这两种保证经济有效率运行的机制。

2. 从关系型社会到规则型社会

由互联关系合约理论可知,制度是内生于社会发展阶段和社会结构中的,社会分工程度越低,互联的关系合约在社会经济生活中起的作用越大;社会分工程度越高,依靠第三方来实施的正式合约发挥的作用就会增强。在此基础上,进一步得出分工程度和合约形式的一些推论,这些推论对于我们理解当代中国非常有帮助。

推论1. 在自我实施的互联的合约形式下,法律的作用在两个方面受到了限制。第一个方面的限制来自于它的关系性,即长期性,所以它是自我实施的,人们可以不诉诸法律。第二个方面来自于它的互联性,由于现实中的法律都是关于某一个具体争议的,即只关于某 ·个具体市场的争端的,所以单个市场的具体案例的裁决可能不符合当事人的理性考虑,因为当事人之间的交易跨越了好几个市场,因此他们的理性选择可能是不去打官司。

推论2. 由于关系合约的封闭性(只限于长期博弈的几个主体之间),所以,分工程度低的社会从信息上来说被分割成不同的群体,而不是一个整合的系统。

推论3. 由于关系型合约的封闭性,所以在分工落后的经济中,为了维持关系合约的可维持性,对关系合约中当事人的进入和退出有内在的限制,从而对社会的流动性造成一定的限制。

推论4. 从效率方面来看。第一,很多从单期、单个"市场"来看是低效的,从而不可行的交易在互联的关系合约下,就可能是可行的了,因为当事人关心的是"捆绑"在一起的联合的、跨期的收益,而非单个市场、单期的收益。第二,由于互联市场关系合约的封闭性和排他性,使得其他的潜在进入者和竞争者不能自由地进入这个"市场",因此关系合约就会创造一种"租金"。这个租金是不容易耗散为零的,因为关系合约充当了一种进入壁垒。

推论5. 在金融合约上的表现是,在社会分工程度较低的经济中,更多的金融交易采取的形式是关系型融资(如通过银行或者亲戚朋友),而不是(通过金融市场的)距离型融资。

推论6. 由于关系合约的封闭性、长期性和低社会流动性,因此分工程度较低的国家的某些具有政治、社会或经济力量的主体会享有很多"租金",会内生出更多的腐败,尽管这种腐败未必是低效率的。

这有助于我们理解下面几个现象。第一,从历史上看,特别是从近代以来,一些仁人志士从西方学到了很多先进的理念,并尝试将西方的一些制度搬到中国,来改造中国社会。遗憾的是,很多尝试都失败了。这一事实说明,一定有某些中国的深层的制度结构在背后起作用,使得本来在西方有效的制度在中国却产生了"淮南为橘,淮北为枳"的情况(钱穆,2001)。第二,西方的文化、异族的文化一到中国就被中国文化同化了。从历史上看,无论是蒙古族入侵中原建立元朝,还是满族入主中原建立清朝,最后他们的文化都被中原文化同化了。中国文化的这种刚性和同化能力之强是令人惊奇的。在这种刚性的文化下,制度变迁的动态和轨迹都会表现出很多独特的地方。第三,法律在中国的社会生活中起的作用比较小,而社会规范起的作用很大。

通过这个视角还很容易理解社会学和人类学中的一个著名命题,即韦伯提出的中国社会是伦理社会,而西方社会是理性社会。我们认为,理解这个中国社会和西方社会的钥匙在于社会分工。根据我们的模型,分工程度低的经济会有更多的自我实施的关系合约,关系合约对应的是所谓伦理社会。有意思的是,过去有些学者认为伦理社会是非理性的,我们用互联的关系合约说明,如果合约变量第三方不可验证,那么关系合约实际上是一个高效率的自我实施的机制。尤其是,在互联市场上,单从一个市场看好像不理性的行为,实际上是非常理性的,因为这些互联的市场是"捆绑"在一起的,要看的应该是"捆绑"在一起的联合收益。

在中国,由于长期的分工水平较低,大量的经济交往是通过关系合约来维持的,而且其中很多关系合约采取了互联市场的关系合约的形式。中国的农业社会的定居特点使得长期博弈成为可能,从而使关系合约有了可以维持的技术基础。随着社会分工的深化和拓展,市场厚度的增加和关系合约之外的机会成本的提高,必然使得关系合约越来越难以维系,从而中国也会从伦理社会转移到所谓的"理性"社会。

市场范围的扩大通过斯密效应会加深分工,从而打破关系合约的范围和深度,逐渐向规则型治理(即正式合约)过渡,但并不意味着这种过渡是水到渠成,我们可以坐享其成。这种过渡中有两方面的问题值得关注。第一个问题是,在两种治理结构变换的临界点会出现治理的真空(即两种治理结构均处于失效的状态)。Li(2003)分析的东亚危机提醒我们要特别重视这个问题。第二个问题是,这两种治理结构在某种程度上是自我维持的(Kranton,1996)。换言之,它们具有锁定效应,当更多的人参与关系型交易时,市场就会变得比较稀薄(交易量和交易频率低),从而提高了人们在市场上的搜寻成本,这时候就会锁定在关系型交易上。换言之,即使距离型的市场是有效率的,但是由于人们倾向于关系型交易,使得大范围的市场交易是不可以维持的。

为了避免或者尽量减轻第一个问题造成的影响,我们应该在市场化发育到一定程度的时候,有意识地建立或者强化依靠第三方的正式制度。为了避免长期锁定在不符合分工发展的低效率均衡,全国范围内的市场整合的工作就变得很重要。市场整合会扩大市场范围,降低人们在市场上的交易成本,促进分工的发展,打破关系型合约的互联性和可行集,这样就有可能避免锁定在低效率的状态。

(二)经济发展与制度变迁:中国如何进行政治和社会的转型

随着时间的推移和经济的增长,中国传统的政治和社会结构所引起的"代价"将可能超过其"收益",于是,政治和社会的转型对于中国的社会和谐和经济增长将是必要的。在中国的背景下思考制度与增长的关系的时候,我们就不可避免地涉及到至少三个问题。第一个问题就是,中国没有一个从西方标准来看的"好的"制度,比如三权分立、代议制民主和全民投票,那么,中国的经济怎么会有持续的增长? 第二个问题是,既然没有"好的"制度,那是不是要先把现有的制度变革了,然后才能保持比较长期的增长,还是一直保持现在这样的增长,维持这样的制度,然后到了某一天我们再进行制度变革? 第三个问题是,制度究竟在什么意义上是重要的? 如果的确存在着一个"更好"的制度,什么时候去完成这场制度变革?

Glaeser 等(2004)认为,我们很难说制度是不重要的,但是教育和人力资本积累可能是更为重要的导致增长的原因。他们发现,滞后的教育变量能够非常好地预测制度变量,相反,制度变迁却不能很好地解释教育发展。这一发现与Djankov 等(2003)的观点相一致,即每个社会都面临着一些由人力资本和社会资本决定的制度机会,滞后的教育能够很好地预测制度变量。教育对于经济发展的作用是非常关键的因素,教育除了在传统的理论中代表着一个社会的技术水平以外,在新制度经济学视角里,它还成了影响制度变迁的因素。

人们在思考什么是一个好的制度的时候,往往以西方发达国家在现代化进程中形成的市场经济加民主政治的体制作为好的制度的标准模式,却很少去思考好的制度的本质是什么? 不难理解,好的制度应该具备两个要素:一是保证民意传达和决策效率的政治竞争,二是约束政治权力的制衡机制。那么,我们就需要考察一下,在没有西方式的民主的中国是不是就绝对地没有政治的竞争和权力的制衡呢? 我们的回答是,不能绝对地将中国的政治制度看作是完全没

有政治竞争和权力制衡的制度。在中国,地方政府官员如果取得了更好的 GDP
增长绩效,就有更大可能获取升迁的机会(Li and Zhou,2005),这实际上就体现
了地方与地方之间的竞争,保证了促进增长的政策得以实施。此外,党和行政
之间的关系既是一种竞争也是一种相互的制约。党和行政的职能可以说各有
侧重,但不论是在企业,还是在组织里面,没有一方可以在重大的决策上单独做
出决定,这里面也有权力的制衡。中国的政治和社会结构的调整似乎不必要完
全放弃中国现有的那些权力制衡机制,这可能使得中国未来的民主制度形成一
种具有中国特色的模式。

　　此外,我们还可以从其他一些角度来说明为什么中国的政治和社会结构调
整不能急于求成,同时,政治和社会结构调整的时机还与经济发展的阶段有关。
第一,政治和社会结构的调整必须在保持社会稳定的前提下进行,这样才能给
目前的政策制定者以稳定的预期,使得他们有激励在集权的政治构架下实施好
的政策。第二,经济的发展阶段决定了经济信息的复杂程度,从而决定了对于
不同的经济发展阶段要求有不同的、与之相适应的制度。在经济发展的初期,
好的领导人和集权制度可能比较好,因为这时的经济结构比较简单,决策不需
要很多信息,政治家决策的很多信息是全局性的简单信息。如果社会发展到很
复杂的程度,决策就需要越来越多的局部信息。所以,经济发展程度越高,经济
和政治越需要分权。第三,一个规则型的社会需要很高的固定成本来维持这个
制度,因此它在经济规模达到一定水平之后才是具有规模经济的。要建立一个
现代民主制度也同样要耗费很多的固定成本,而这也需要经济达到一定规模才
能实现规模经济。

(三)小结:有中国特色的市场经济体制和"大国发展模式"

　　市场经济体制的基本特征是价格能够自由的浮动,以及产品和要素能够自
由的流动。根据这样一个判断标准,中国已经基本建设成了一个市场经济体
制,唯一的差距是地区之间的市场分割以及由此而给商品和要素(主要是劳动
力)的跨地区流动造成的障碍。可以预见的是,中国在自己的市场经济体制日
益完善的时候,并不会完全地放弃自己已经形成的政治和社会结构,因此,具有
中国特色的市场经济体制的特色将主要体现在两个方面:

第一，由于中国是一个大国，经济分权的体制必然会被保留，而相应的，政治集权作为减少经济分权的负面影响的制度也不会被根本放弃。中国要做的调整只是在经济分权和政治集权的框架下引入更多的更有效的政治竞争和权力制衡，让更多的普通民众参与政策决定过程，改进地方政府和基层政府的治理和责任制，以及削弱地方政府直接干预经济（特别是投资）的能力，并进行相应的地方财政和税收体系的改革，将地方财政转变成公共财政。

第二，中国的一些社会结构也将被延续，而不是被彻底放弃。随着向规则型社会的逐渐转型，政治资本和社会关系网络的作用将在市场发育的过程中被减弱。但是，只要与政治集权相对应的垂直的社会结构不发生根本改变，政治资本和社会关系网络的配置资源的作用就不会被完全消除。

结　语

中国在渐进式的改革过程中，保留了在经济发展的早期阶段有利于资本积累的社会（城乡）分割，有利于激励地方政府的经济分权，以及有利于合约实施的关系型社会。同时，也正因为这样的政治与社会的结构，特别是适应于中国的大国特征，但又简单地与地方政府经济增长相对绩效评估结合的财政分权体制引起了当代中国的收入差距、公共服务提供中的公平缺失以及地区之间的市场分割。对于基本保留了原有的政治和社会结构的改革来说，收入差距的持续扩大在改革的初始阶段似乎是无法避免的。

今天中国面临的难题，是一个大国在发展过程中必然面临的"大国难题"。在中国持续高增长近三十年后的今天，中国必须对所依赖的政治和社会结构做出必要的调整，来应对面临的挑战。如果中国能够成功地完成从社会分割到社会整合，以及从关系型社会到规则型社会的两个转型，那么中国所形成的"大国发展模式"将是对全世界的经济发展的巨大贡献。而这条转型和发展相互促进的道路必须在一个智慧的政府领导之下，在经济的持续增长中以平稳的方式去完成。

【2007年第1期】

现代马克思主义政治经济学的
四大理论假设

程恩富

如同现代西方经济学把"生产三要素创造价值论"、"完全自私经济人论"、"资源有限与需要无限论"、"公平与效率高低反向变动论"等视为理论假设一样,现代马克思主义政治经济学的理论创新也有必要把"新的活劳动创造价值论"、"利己和利他经济人论"、"资源和需要双约束论"、"公平与效率互促同向变动论"等视为理论假设。本文拟详略不同地阐述现代马克思主义政治经济学的这四个理论假设。

新的活劳动创造价值假设

(一)"新的活劳动创造价值假设"的要义

依据已有的商品经济、市场经济实践和马克思关于活劳动创造为市场交换而生产的商品价值,以及纯粹为商品价值形态转换服务的流通活动不创造价值的科学精神,可以推断,凡是直接为市场交换而生产物质商品和精神商品以及直接为劳动力商品的生产和再生产服务的劳动,其中包括自然人和法人实体的内部管理劳动和科技劳动,都属于创造价值的劳动或生产劳动。这一"新的活劳动创造价值假设",不仅没有否定马克思关于"活劳动创造价值假设"的核心思想和方法,而且恰恰是遵循了马克思研究物质生产领域价值创造的思路,并把它扩展到一切社会经济部门后所形成的必然结论。具体说来:

第一,生产物质商品的劳动是创造价值的生产性劳动。如为市场提供物质商品的农业、工业、建筑业、物质技术业等领域中的生产性劳动。这是马克思早已阐明的。

第二,通过交通从事有形和无形商品场所变更的劳动是创造价值的生产性劳动。如为市场提供货物和人员空间位移的运输劳动,提供书信、消息、电报、电话等各种信息传递的邮电劳动。场所变更或信息传递就是广义交通劳动产生的效用,它们是可以发生在流通领域内的特殊生产性部门。这也是马克思基本阐明的观点。

第三,生产有形和无形精神商品的劳动是创造价值的生产性劳动。如为市场提供精神商品的教育、社会科学、自然科学、文化技术、文学艺术、广播影视、新闻出版、图书馆、博物馆等领域中的生产性劳动,其中包括讲课、表演等无形商品或服务劳动。应当突破价值创造仅限于物质劳动的理念,确认生产有形和无形精神商品的劳动同样创造价值。

第四,从事劳动力商品生产的服务劳动是创造价值的生产性劳动。直接涉及劳动力这一特殊商品的生产和再生产的部门,除了包括上述有关人们生活的生产性部门以外,还包括医疗、卫生、体育、保健等等。

第五,生产性企业私营业主的经营管理活动是创造价值的。中外传统的政治经济学承认,在公有制企业内,厂长经理从事生产性管理活动是创造商品价值的生产劳动,而对于资本主义私营企业内,从事生产性经营管理的活动能不能创造价值的问题,则持完全否定或回避的态度。这在分析逻辑上就形成一种难以自圆其说的矛盾:本来属于创造价值的生产性管理活动,一旦与该企业的财产私有权相结合,便完全丧失了其创造价值的生产劳动属性。其实,倘若生产性私营企业的主要投资者或所有者,同时又是该企业的实际经营管理者,那么,这种管理活动具有两重性:一是从社会劳动协作的必要管理中产生的劳动职能,客观上会创造商品的新价值;二是从财产所有权获利的必要管理中产生的剥削职能,客观上又会无偿占有他人的剩余劳动。在现实经济生活中,这两种职能交织在一起,并由一个人来承担,并不妨碍在科学分析进程中加以定性区别。

第六,劳动生产率变化,可能引起劳动复杂程度和社会必要劳动量的变化,从而引起商品价值量的变化。马克思在阐述商品价值量与劳动生产率变化规律时舍掉了劳动的主观条件对劳动生产率的影响作用,而认定劳动的客观条件和自然条件变动引起的劳动生产率提高只引起使用价值量变动,不会影响价值总量,所以就得出了商品价值量与劳动生产率反向变化规律。但是,就一般意义而言,引起劳动生产率变化的重要因素是科技的进步,而它会引致劳动复杂程度、熟练程度和强度的提高,进而增大商品的价值量,并由此增大社会价值总量。1. 如果劳动生产率变动是由劳动的客观条件变动而引起的,劳动的主观条件没有发生变化,那么劳动生产率与价值量是反向变动关系,这种情况在一定条件下和一定时期是存在的。2. 如果劳动生产率变动是由劳动的主观条件变动引起的,劳动客观条件没有变动,那么,劳动生产率与价值量变动是正向变动。3. 如果劳动生产率变动是由劳动的主观和客观条件共同变动引起的,劳动生产率与价值量变动方向不确定,可能是正方向变动,也可能是反方向变动,也可能不变。4. 由于劳动的复杂程度、熟练程度和强度的提高而引起的劳动生产率的提高是主要的,因而长期来看商品的价值总量和社会价值总量会具有一种向上变动的趋势,而不是不变。我们对马克思的商品价值量与劳动生产率的规律作了如上的界定和新理解,就可以科学地说明科技劳动和管理劳动等在价值创造中的作用与事实。

(二)与新假设密不可分的"全要素财富说"和"按贡分配形质说"

与上述"新的活劳动创造价值假设"密切相关的是"全要素财富说"和"按贡分配形质说"。必须指出,活劳动是价值的唯一源泉,但就劳动过程而言,显然,仅有活劳动是远远不够的。人们还必须拥有除劳动之外的其他生产要素才能进行现实的生产和服务活动,提供能满足人们各种需要的使用价值或效用。其中,包括土地、资本、技术、信息,以及自然资源和生态环境等。因而,财富、效用或使用价值的源泉是多元的,是所有或全部相关生产要素直接创造和构成的。同一些论著随意批评马克思经济学忽视财富及其生产要素的观点相反,马克思是一贯高度重视财富及其各种生产要素作用的。

十分明显,这里的"全要素财富说"与"活劳动价值说"不仅不矛盾,而且是相辅相成的,共同构成了关于创造商品和财富的完整理论。前者说明的是作为具体劳动过程的生产要素与社会财富(商品使用价值或效用)之间的关系,其目的主要是揭示在创造使用价值的具体劳动过程中人与物之间的关系和物与物之间的关系。在这个层面上,财富的源泉必然是多元的。后者说明的是作为抽象劳动的活劳动与商品价值之间的关系,其目的主要是揭示在特定的社会生产方式下新价值创造过程中人与人之间的关系。在这个层面上,价值的源泉又必然是一元的。

同时,二者的内在联系又表明:作为劳动主体的活劳动,既是价值的源泉,也是财富的源泉;作为劳动客体的有形或无形生产资料,既是财富的源泉,也是价值创造的必要经济条件或基础。但是,要素价值论者声称财富的源泉就是商品价值的源泉,既然劳动不是财富的唯一源泉,那么劳动也不是价值的唯一源泉,其他生产要素的劳动一起共同创造价值。在这里,他们混淆了财富与价值、具体劳动与抽象劳动、不变资本与可变资本、劳动过程与价值创造过程等一系列区别。

最后,还有一个重要问题也必须指出,我国现行的收入分配制度是以按劳分配为主体,多种分配方式并存的制度。把按劳分配与按生产要素分配结合起来,这是社会主义市场经济的一项基本制度。广义上看,按生产要素分配中自然包括按劳动力这一主体性要素分配(在了解了劳动与劳动力的严格区别后,不妨碍我们说劳动是一个独立的生产要素),而市场型按劳分配首先表明的是要视劳动力同其他生产要素一样,可凭借自身的所有权参与分配,其次才表明要根据劳动力的实际有效支出或贡献,即有效劳动的数量和质量,来具体确定可分配的价值量或金额。这不会否定我们经常从狭义上把按劳分配从按生产要素分配中独立出来,并分别加以阐明。

马克思在《资本论》中全面系统地论述了生产要素的多种产权状态与生产成果的多种分配状态及其相互关系,这启发我们可以从国民收入初次分配的角度提炼出"多产权分配说",即多种产权关系决定了按资和按劳等多种分配方式。无论是资本主义市场经济,还是社会主义市场经济,其多种分配形式都直接取决于生产要素的所有权或产权。

事实上,劳动价值论是一切市场经济的理论基石,所揭示的是市场经济条件下劳动与商品之间的一般规律以及劳动机制和价值机制,指出价值是由活劳动创造的,生产资料的价值只是被转移到商品价值中,因而使其旧价值得以保存;而马克思所描述的经典社会主义的按劳分配是没有商品货币关系和市场经济的,因而劳动价值论不可能成为马克思设想的社会主义按劳分配的直接依据。不过,在现阶段我国社会主义市场经济的运行中,劳动价值论同市场型按劳分配有了一定的联系,因为分配的是商品出售后的价值,又由企业自主分配并完全货币化。尽管市场化按劳分配的直接依据是生产资料的公有制和劳动力的个人所有制,但从宽泛的意义上说,公有制范围内的工资既是劳动力价值或价格的转化形式,也是市场型按劳分配的实现形式。

进一步说,按生产要素贡献分配的表现形式,是按生产要素所有者在自身创造财富和价值过程中的具体贡献来分配的,而其经济实质则是按生产要素所有者在要素创造财富和活劳动创造价值过程中所贡献或提供的要素数量及其产权关系来分配的。这就是按生产要素贡献分配的形式与实质,用哲学上的形质来表达,可简称为"按贡分配形质说"。

现代西方主流经济学的"生产三要素创造价值假设"把按生产要素贡献分配的形式或表象当作其本质,而现代马克思主义政治经济学理论,既承认按生产要素贡献分配的形式或表象,又揭示了其经济实质,并在形式与本质相统一的基础上理解和使用"按贡献分配"这一术语。这与西方经济学一贯主张按贡献分配的诠释和立场是有本质区别的。

有的论者以为,只要承认"按贡献分配"的用语,就等于承认生产要素所有者都亲自创造或贡献了财富和价值,并据此进行分配。这是错误的论证。其理由在于:当我们使用"按贡献分配"一词时,只是承认在特定的经济制度下,要素所有者拿出了一定数量的土地、资本等非活劳动性质的要素同劳动力相结合,进而由劳动者运用非活劳动生产要素实际创造财富和价值。从产业资本循环的三个阶段来分析,要素所有者只是在实际生产财富和价值之前的购买阶段从

"预付"、"拿出"或"提供"的意义上"贡献"了非活劳动生产要素,而所有的财富和价值都是在生产阶段由劳动者运用非活劳动生产要素进行实际创造和生产的,并在生产阶段结束后(若是商品则在销售阶段后),由购买阶段的各个要素所有者依据"预付"要素的数量及其所有权进行生产成果的分割或分配。可见,是要素本身成为财富的源泉,而不是要素所有者成为财富的源泉;是要素本身对财富的实际构成作出了生产性的贡献,而非要素所有者对财富的实际构成作出了生产性的贡献;从一般劳动过程考察,劳动者运用各种生产要素实际生产或贡献出财富或价值,只与各类生产要素的数量和质量有关,而同要素的所有权状况(私人所有、集体所有、国家所有或公私混合所有)没有直接的关系。

其实,"按贡分配"归根到底可以分解为劳动所得或按劳分配与资本所得或按资分配。当把管理、技术、信息等作为劳动来看待并参与实际分配时,它们属于劳动所得或按劳分配的范畴;当把管理、技术、信息等作为资本来看待并实际参与分配时,它们属于资本所得或按资分配的范畴。例如,科技人员因技术发明而获得收入,属于劳动所得或按劳分配;科技人员再把这项技术发明折合成一定数量的技术股并参与分配,则明显地属于技术资本所得或按资分配。又如,让某个名人在企业挂名并给予一定数量的干股,而他不为该企业从事任何工作,则是将名人的无形资产转化为资本,全部属于资本所得或按资分配。再如,对实际在企业工作的某个管理者或员工实行部分工资加部分干股的总收入分配方式,则其总收入都属于劳动所得或按劳分配。其他生产要素均可作以此类推的分析。

那么,各种要素收益的量的规定是由什么规律和机制进行调节的呢?要素价值论者认为,用边际分析法可准确测定其各自应得的实际贡献额。事实上,各种要素所有者参与分配的量的多少,其依据和分割规律是不同的。工资收入是劳动力价值或价格的货币表现,工资的多少并不影响商品的价值,其实际数量多少取决于全体或部分劳动者的谈判和博弈状态,而不是劳动者的边际贡献。非劳动的生产要素所有者在竞争规律和平均利润率规律的作用下,等量资本大体获取等量收益,并具体表现为地租、利息和利润等形式。这一趋势性的收益分割规律和机制,并不排除各种垄断、产业地位、交易能力和博弈智慧等主客观因素影响其实际收益数量。

当前,我们要高度重视和发挥劳动、科技、信息、管理、环境和资本等各种生产要素的作用,切实保障一切要素所有者的合法权益,促使国民经济和人民生活又快又好地健康发展。这是由"新的活劳动创造价值假设",以及与此有关的"全要素财富说"、"多产权分配说"和"按贡分配形质说"必然推出的政策思想。

利己和利他经济人假设

西方经济学自英国近代的亚当·斯密、西尼尔和约翰·穆勒以来,一直到当代美国的哈耶克、弗里德曼和布坎南,只把"自私人"即"经济人"作为探究人类经济行为和市场经济的始点、基点和定点,并由此推演出整个经济学体系和经济进化史。即使现今某些新自由主义经济学家对传统"经济人"内涵进行修补,把分析范围扩展到非经济领域,增添机会主义行为描述和信息成本约束,或者把含义扩展界定为可用货币衡量的经济利益与不可用货币衡量的精神利益两个层面,也没有根本摆脱作为"最大化行为"的"自私人"的思维模式。这种"完全自私经济人假设"包含三个基本命题:1. 经济活动中的人是自私的,即追求自身利益是驱策人的经济行为的根本动机。2. 经济活动中的人在行为上是理性的,具有完备或较完备的知识和计算能力,能视市场和自身状况而使所追求的个人利益最大化。3. 只要有良好的制度保证,个人追求自身利益最大化的自由行动会无意而有效地增进社会公共利益。

依据人类实践和问题导向,并受马克思的思想启迪,我认为必须确立一种新"经济人"假说和理论,即"利己和利他经济人假设"(或称"己他双性经济人假设"),其方法论和哲学基础是整体主义、唯物主义和现实主义的。作为创新的现代马克思主义政治经济学基本假设之一,它对应"完全自私经济人假设",也包含三个基本命题:1. 经济活动中的人有利己和利他两种倾向或性质。2. 经济活动中的人具有理性与非理性两种状态。3. 良好的制度会使经济活动中的人在增进集体利益或社会利益最大化的过程中实现合理的个人利益最大化。

关于第一个命题。作为逐渐脱离动物界和超越动物本能的人类,具有极其丰富的情感和理智,不是单纯地表现为完全的自私性。倘若我们摆脱单向度的思维定势,超出大小私有者的眼光去观察人类经历过的社会,便可明显地看到三种情形的利他主义(他人利益泛指除自己利益以外的个人利益、集体利益、国家利益和人类利益等):(1)愿意花费自己的时间、精力和财富,来换取某种即刻可见的他人利益;(2)愿意花费自己的时间、精力和财富,来换取某种未来的他人利益;(3)愿意花费自己的时间、精力和财富,来换取某种实际无效的他人利益,即愿为他人利益而不讲究实际效果。除了后一种属于特殊和个别的利他行为之外,前两种利他行为既存在于单位、家庭和社会等各个范围,也存在于经济、军事、文化和政治等各个领域。可见,利己与利他是"经济人"(经济主体)可能具有的两种行为特性和行为倾向。

至于社会上利己和利他哪种行为特征突出或占主导地位,那就取决于社会制度和各种环境。因为人的利己与利他是一种社会网络中的互动行为,具有互促性的内在机理,总是与特定的社会整体大环境和群体小环境相关联。毋庸置疑,是数千年的多种私有制支配了人类社会,才促使私有经济的活动主体逐渐驱散了利他心态,甚至见利忘义,唯利是图,损人利己。

必须指出,把一切利他行为均视为利己行为,是不合情理的。西方旧"经济人"理论的解释者认为,因为当你觉得助人为乐和牺牲光荣时,已经满足了个人的心理需求和主观欲望。这种用主观欲望的满足来界定自私行为的唯心论方法,混淆了利己与利他的客观行为界限,也混淆了真善美与假恶丑的客观行为界限。事实上,利己与利他、主观与客观之间的典型组合有四种:主观利己,客观利己;主观利他,客观利他;主观利己,客观利他;主观利他,客观利己。自然,其中舍去了利己的同时也可能利他、利他的同时也可能利己等复杂因素。

关于第二个命题。与一般自然界的动物相比,人是有理性的动物。人的正常行为是从一定的理性出发,并反映人们对于个人与他人、与社会、与自然的相互关系的思考,决定着行为的形式和内容。广义地说,理性具有纯洁与肮脏、合理与荒唐、正义与邪恶、完善与欠缺、不变与可变、单一与多样、简单与复杂等特性。著名基督教哲学家尼布尔正是在宽泛的意义上声称,理性归根结底是一种工具,既能服务于善,也能服务于恶。不过,狭义地说,理性是指认识的纯洁、合理、正义和完善,是认识能力强和认识的高级阶段,而认识的不纯洁甚至肮脏、不合理甚至荒唐、不正义甚至邪恶以及不完善甚至欠缺,便相对地算作非理性。这就是为何有很多哲学家和经济学家歌颂真正理性的缘由。可见,理性与非理性一般呈现出相对性、程度性和历史性。

从狭义角度分析,经济活动中的人具有理性与非理性两种状态。循着上述确立的新观点,就可以合乎逻辑地解答中外学术界争论不休的难题。例如,抢银行是不是理性的? 盗窃是不是理性的? 卖淫是不是理性的(波斯纳曾分析过)? 造假货是不是理性的? 从新"经济人"的理论来辨析,此类涉及经济的活动均属非理性,尽管他们在行动前一般经过"构成其行为动机的目的"和"限制其达到目标的约束条件"等"理性"的思考(西方旧"经济人"理论所强调的)。其实,西蒙以企业家只能寻求"满意的利润"和"足够好"为例,来用"有限理性"否定"最大化的理性",是难以驳倒旧"经济人"理性的,因为谁又会主张"无限理性"和百分之百的"完全理性"呢? 理性上追究约束条件下的最大化,不等于实际经济生活中能实现,但无法因此而否定"最大化的理性"。况且,在约束条件下寻求"满意的利润"和"足够好",实质上就是理性所寻求的利益相对最大化。

关于第三个命题。在私有经济范围内,个人追求自身利益最大化的自由行动会无意而正负效应程度不同地增减社会公共利益,并非如旧"经济人"理论所说的,只要有良好的制度保证,个人追求自身利益最大化的自由行动肯定会无意而有效地增进社会公共利益。这是因为:根本经济制度与具体经济制度(确切地说是具体经济体制)有紧密的关联,私有制必然从根本上限制良好经济制度或体制的建立和健全;个人一味地优先追求自身利益最大化,经常会同各类群体利益和社会利益发生矛盾与冲突,个人利益的总和不一定等于群体利益或社会利益的总和与潜在的最大化。

从理论上分析,在社会公有经济范围内,良好的制度会使经济活动中的人在增进集体利益和社会利益最大化的过程中实现合理的个人利益最大化。这是因为:在良好的制度下,公有经济的基点是为集体或社会谋利益,作为在其中活动的个人及其理性首先要服从集体理性或社会理性,即首先寻求集体利益最大化(类似戴维·米勒等所说的"社群",但这里不谈社会理性与集体理性的矛盾)或社会利益最大化,否则,就会因个人主义而受到利益制约和利益损失;在良好的制度下,已经取得相对最大化的集体利益或社会利益,必然较公平地分配给每个人(如按劳分配等),从而最终实现个人利益的最大化。

资源和需要双约束假设

现代马克思主义政治经济学和现代西方主流经济学的区别不在于要不要研究资源配置,而在于怎样研究资源配置,即以何种方法论来研究资源配置问题。

具体说来,现代马克思主义政治经济学所研究的资源配置与现代西方主流经济学有重要区别。首先,前者认为经济学是一门社会科学,它研究的起点与终点都是人,认为社会生产和再生产,不仅是物质资料的生产和再生产过程,而且是特定经济关系和经济制度的生产和再生产过程;认为社会资源的配置,不仅包含计划或市场的配置方式,而且是公有或私有的配置方式。后者所研究的资源配置,是将资本主义生产关系作为研究的假设前提或无摩擦的和谐物,而重点研究人与物的关系或人与人的表象关系(科斯、诺思等新制度经济学也反对主流经济学狭窄的研究对象和思路,事实上是"复活"了马克思和古典经济学的分析视角)。其次,前者始终站在历史的高度上,认为资源配置和经济运行的方式是不断发展和变化的,并不是一个与社会制度无关的自然现象,在不同的经济关系下具有独特的社会经济内容和经济运动形式。后者显然缺乏这种历史高度和辩证思维。

作为上述经济思维的具体表现,现代西方主流经济学的重要假定或假设之一是资源有限与需要(欲望)无限。从辩证思维和假定的一致性或对称性来分析,尽管西方经济学对资源与需要相互关系的描述有一定的道理,但仍然存在着明显的逻辑缺陷。这表现在:其一,从假定对称层面看,当假定资源有限时,暗含着以一定的时间和条件为前提,而假定需要无限时,并没有以一定的时间和条件为前提。把两个前提不一致或不对称的经济事物和概念放在一起加以对比或撮合成一对经济基本矛盾,显然过于简单化和绝对化,缺乏完整的逻辑性和辩证性。西方学者实际上是用"稀缺"来定义"资源"的,不稀缺的就不算作资源,资源一词已内含着稀缺性,因而再说资源是稀缺的,无异于同义反复。

其二,从资源利用层面看,各类资源在一定条件下是有限的,但从某种意义上看又是无限的,因为包含资源在内的整个宇宙本身是无限的,科技发展、物质变换和循环经济也是无限的。我们不能撇开地球自然资源与宇宙物质世界之间的必然联系,把资源局限在宇宙中物质形态的一小部分即地球资源,而忽视宇宙资源和物质的广泛性、无限性和可循环性。依据这个假设,现代西方主流经济学似乎过分强调人类的生产、分配和交换源于资源的"稀缺性",而不强调源于生活需要。其实,即使相对于若干需要的某些可用资源已经处于充足和丰裕境地,人与人之间也要结成一定的生产关系,并在某些可用资源总量充足的条件下从事"丰裕性"的生产和消费的结构性选择,因为还有需要主体的非可用资源总量因素的各类选择。

其三,从需要满足层面看,需要在一定条件下也是有限的,而且在市场经济中能实现的需要,还是专指有货币支付能力的需要即需求,并非指人们脱离现实生产力水平和货币状况的空想性需要。人类不断增长的合理需要本身也是受到一定约束或限制的。西方理论没有明确区分需要的种类及其约束条件,笼统地说需要始终处于无限状态,是不合情理的。

因此,批判地改造西方主流学者的上述理论假设的必然结果,就是创新的现代马克思主义政治经济学提出的"资源和需要双约束假设",即假设在一定时期内资源和需要都是有约束的,因而多种资源与多种需要可以形成各种选择或替代组合,进而在一定的双约束条件下实现资源的高效配置和需要的极大满足。这样的理论假设反映现实全面,论证逻辑严密。与三百年来的西方经济学不同,现代马克思主义政治经济学清晰地将需要分为三类:一是脱离现有经济条件的无约束欲望或需要;二是符合现有经济条件的合理欲望或需要;三是具有货币支付能力的需要即需求。后两类需要是经济学科要研究的主要任务之一。其缘由是在一定时期内,可利用的资源不能完全满足人们不断增长的合理需要,供给与需求的总量和各类结构也会经常失衡,这就要善于作出各种资源与各种需要在某种条件下不同的选择性组合,使资源相对得到最佳配置,需要相对得到最大满足。

"资源和需要双约束假设"的内在要求之一,是通过科技和管理的改进等途径来实现各种资源的高效利用和最佳配置。资源的破坏性开发、环境的不友好利用、物品的过度包装、不可再生资源的滥用、循环经济的轻视、物种的人为毁灭、生态的战争性损害、人力资源的浪费等等,均不合乎自然规律、经济规律和该理论假设的客观要求。

"资源和需要双约束假设"的内在要求之二,是通过有效需求和合理需要的总量和结构的科学调节等途径来实现各种需求的最大满足。人们的有货币支付能力的需要(需求)与现有生产力水平基础上所能达到的正常合理需要有差异。人们有效需求的满足程度,在价格一定的条件下取决于其支付能力。可见,关键在于调节社会总供给与总需求及其多种结构的均衡关系。

"资源和需要双约束假设"的内在要求之三,是通过资源的高效利用和最佳配置来不断满足日益增长的社会有效需求和合理需要。与私有制主体型的资本主义市场经济体制不同,倘若公有制主体型的社会主义市场经济体制操作得法,市场的基础性调节和国家的主导性调节互补的有效结合,便可更好地以最小的社会成本获得最大的社会收益,进而实现资源利用的极优化、需要满足的极大化。

简言之,在现代马克思主义政治经济学的视域中,资源的有限性与无限性、稀缺性与丰裕性、基于深思熟虑的选择性与任意随机的无选择性,均呈现复杂的辩证关系。变革中的现代政治经济学须解析资源的稀缺与丰裕、需要的限制与满足、机会成本的确定与选择、效益的结构与提高、节约的实质与途径、环境的利用与保护等的一般含义和社会约束条件,更加科学地给出理论抽象和政策意义。

公平与效率互促同向变动假设

(一)经济公平、经济效率的理论与现实

经济学意义上的公平,是指有关经济活动的制度、权利、机会和结果等方面的平等和合理。经济公平具有客观性、历史性和相对性。把经济公平纯粹视为心理现象,否认其客观属性和客观标准,是唯心主义分析方法的思维表现;把经

济公平视为一般的永恒范畴,否认在不同的经济制度和历史发展阶段有特定的内涵,是历史唯心论分析方法的思维表现;把经济公平视为无需前提的绝对概念,否认公平与否的辩证关系和转化条件,是形而上学分析方法的思维表现。

公平或平等不等于收入均等或收入平均。经济公平的内涵大大超过收入平均的概念。从经济活动的结果来界定的收入分配是否公平,只是经济公平的涵义之一。结果公平至少也有财富分配和收入分配两个观察角度,财富分配的角度更为重要。况且,收入分配平均与收入分配公平属于不同层面的问题,不应混淆。检视包括阿瑟·奥肯和勒纳在内的国际学术界流行思潮,把经济公平和结果平等视为收入均等化或收入平均化,是明显含有严重逻辑错误的,并容易路径依赖地进一步生成"公平与效率高低反向变动假设"或"效率优先假设"的思想谬误。

倘若囿于西方主流经济理论关于机会平等和结果平等的肤浅之说,那便认识不到即使在号称机会最平等的美国,由于财产占有反差巨大、市场机制经常失灵、接受教育环境不同、生活质量高低悬殊、种族性别多方歧视等缘故,因而人们进入市场之前和参与市场竞争的过程中,机会和权利也存有许许多多的不平等性。资本主义的不公平,主要表现在私有财产制和按资分配及其派生现象上。与此相反,传统社会主义的不公平,主要表现在体制僵化和平均主义分配及其派生现象上。至于由生产技术原因直接导致的某些经济不公平现象,在比较两种制度的公平与否时应暂时舍弃。

人类的任何活动都有效率问题。经济学意义上的效率,是指经济资源的配置和产出状态。对于一个企业或社会来说,最高效率意味着资源处于最优配置状态,从而使特定范围内的需要得到最大满足或福利得到最大增进或财富得到最大增加。经济效率涉及生产、分配、交换和消费各个领域,涉及经济力和经济关系各个方面,它不仅仅属于生产力的范畴。科学社会主义性质和类型的市场取向的改革目的,就是要进入高效率的最佳状态。法律意义上的社会主义资产公有制,只是为微观和宏观经济的高效率以及比私有制更多的机会均等开辟了客观可能性,而要将这种可能性变为现实,须以科学的经济体制与经济机制为中介。效率是实行公有制和体制改革的基本动因。

(二)公平与效率的内在关联

经济公平与经济效率是人类经济生活中的一对基本矛盾,也是经济学论争的主题。人们之所以把这一矛盾的难题解析称作经济学说史上的"哥德巴赫猜想",其缘由在于:社会经济资源的配置效率是人类经济活动追求的目标,而经济主体在社会生产中的起点、机会、过程和结果的公平,也是人类经济活动追求的目标。这两大目标之间的内在关联和制度安排,就成为各派经济学解答不尽的两难选择。

收入和财富的差距并不都是效率提高的结果,其刺激效应达到一定程度后便具有递减的趋势,甚至出现负面的效应。例如,一部分高收入者的工作效率已达顶点,继续加大分配差距不会增高效率;也有一部分低收入者已不可能改变内外条件来增加收入,进而导致沮丧心态的产生和效率的降低。换句话说,人们接受高收入刺激的效率有着生理和社会限制,不会轻易进行没有新增收益的效率改进活动,全社会或某一行业(如我国目前调控不力的国有金融行业)过大的收入和财富差距,必然损失社会总效率。

高效率是无法脱离以合理的公有制经济体制为基础的公平分配的。从现实可能性来观察,可将所有制、体制、公平和效率这四个相关因素的结合链分归四类:公有制→体制优越→最公平→高效率(效率Ⅰ);私有制→体制较优→不公平→中效率(效率Ⅱ);公有制→体制次优→较公平→次中效率(效率Ⅲ);私有制→体制较劣→不公平→低效率(效率Ⅳ)。在制度成本最低和相对最公平的状态中实现高效率,是坚持和完善社会主义市场经济体制改革方向的目标。

与"公平与效率高低反向变动假设"或"效率优先假设"的涵义截然不同,"公平与效率互促同向变动假设"表述的是,经济公平与经济效率具有正反同向变动的交促互补关系,即经济活动的制度、权利、机会和结果等方面越是公平,效率就越高;相反,越不公平,效率就越低。当代公平与效率最优结合的载体之一是市场型按劳分配。按劳分配显示的经济公平,具体表现为含有差别性的劳动的平等和产品分配的平等。这种在起点、机会、过程和结果方面既有差别,又是平等的分配制度,相对于按资分配,客观上是最公平的,也不存在公平与效率哪个优先的问题。尽管我国法律允许按资分配这种不公平因素及其制度的局部存在,但并不意味着其经济性质就是没有无偿占有他人劳动的公平分配。可见,按劳分配式的经济公平具有客观性、阶级性和相对性。同时,只要不把这种公平曲解为收入和财富上的"平均"或"均等",通过有效的市场竞争和国家政策调节,按劳分配不论从微观或宏观角度来看,都必然直接和间接地促进效率达到极大化。这是因为,市场竞争所形成的按劳取酬的合理收入差距,已经能最大限度地发挥人的潜力,使劳动资源在社会规模上得到优化配置。国内外日趋增多的正反实例也表明,公平与效率具有正相关联系,二者呈此长彼长、此消彼消的正反同向变动的交促关系和互补性。在初级阶段的社会主义分配制度上,以按劳分配为主体,按资分配为补充或辅体;在高度重视效率的同时更加注重社会公平,建立和完善公平与效率的和谐互动机制;当前特别要强调收入和财富分配上的"提低、扩中、控高、打非"。这些基于"公平与效率互促同向变动假设"的论断和政策具有一般意义和科学性。

市场型按劳分配为主体的分配格局可以实现共同富裕和经济和谐。与计划经济相比,在市场经济条件下,等量劳动要求获得等量报酬这一按劳分配的基本内涵未变,所改变的只是实现按劳分配的形式和途径。详细地说,一是按劳分配市场化,即由劳动力市场形成的劳动力价格的转化形式——工资,是劳动者与企业在市场上通过双向选择签订劳动合同的基础,因而是实现按劳分配的前提条件和方式;二是按劳分配企业化,即等量劳动得到等量报酬的原则只能在一个公有企业的范围内实现,不同企业的劳动者消耗同量劳动,其报酬不一定相等。也就是说,按劳分配的平等与商品交换的平等结合后,市场竞争会影响按劳分配实现的方式和程度,但若不与私有化相结合,其本身无法带来社会两极分化,妨碍构建社会主义共同富裕与和谐的社会。实际上,现阶段的共同富裕是脱离不了按劳分配这一主体的。倘若我国不重蹈为某些资本主义国家所走过、又为美国库兹涅茨所描述的"倒 U 型假说"之路径,那么,就能通过逐步健全一种公平与效率兼得的良性循环机制,来推进全社会的共同富裕和经济和谐。

潮涌现象与发展中国家宏观经济理论的重新构建

林毅夫

　　宏观经济学理论探索的是政府的货币、财政、金融和税收等政策如何发挥作用,透过影响家庭和企业的投资、消费、信贷、储蓄、就业决策和国民经济中物品和资本的国际流动等,影响经济的总体物价水平、失业率、经济增长和周期波动等。自凯恩斯在1936年出版《就业、利息和货币通论》以后,宏观经济学成为当代经济学中的一个独立领域,宏观经济理论的研究硕果累累,并且,分成了几个不同的流派,对发达国家和发展中国家政府的宏观政策和管理产生了重要影响。

　　本文认为,现有的宏观经济学理论不管哪个流派,均以国民经济中下一个新的、有前景的产业何在是不可知的为理论模型的暗含前提。这样的暗含前提对发达国家来说是合适的,因为发达国家的一个特征是所有产业都已经处于世界产业链的最前沿,对于国民经济中下一个新的、有前景的产业何在,绝大多数情况下每个企业的看法不同,不会有社会共识,政府也不可能比企业有更准确的信息。但是,对于一个处于快速发展阶段的发展中国家而言,在产业升级时,企业所要投资的是技术成熟、产品市场已经存在、处于世界产业链内部的产业,这个发展中国家的企业很容易对哪一个产业是新的、有前景的产业产生共识,投资上容易出现"潮涌现象",即许多企业的投资像波浪一样,一波接着一波涌向相同的某个产业。在每一波开始出现时,每个企业对其投资都有很高的回报预期,金融机构在"羊群行为"的影响下也乐意给予这些投资项目金融支持。然而,等到每个企业的投资完成后,不可避免地将会出现产能严重过剩,企业大量亏损破产,银行呆坏账急剧上升的严重后果。而且,即使在现有的产业已经产能大量过剩、出现通货紧缩的情况下,对下一个新产业投资的"潮涌现象"也可能继续发生。所以,有必要放松现有宏观经济理论中新的、有前景的产业是难于预知、不确定的暗含前提,重新构建一套适合于快速发展的发展中国家的宏观经济理论体系,探讨投资的"潮涌现象"对物价、就业、经济增长和周期波动的影响,作为政府制定财政、货币、金融、外贸、外资、产业发展等宏观管理政策的参考,帮助发展中国家的国民经济取得稳定、快速、持续、健康的发展。

本文的组织如下:第一节简单总结现有宏观经济理论的主要内容和政策建议。第二节,讨论在一个快速发展的发展中国家,新的、有前景的产业容易预期,企业的投资出现"潮涌现象"的可能后果,以及放松这个暗含前提后,宏观经济理论上有待研究的新问题。第三节是一个简单的小结。

现有宏观经济理论的简单述评

目前的宏观经济理论分成两个主要流派:新古典理论和凯恩斯理论。

新古典理论强调市场机制的作用,认为市场价格自动地灵活调整能够使经济中的信贷、投资、消费、储蓄等的供给和需求自动达到均衡,而使经济趋向于稳定。例如,当投资受到外生的冲击而增多,会导致总需求增加、经济过热。此时,资金市场会因为支持投资所需的贷款增加,信贷求大于供而使利率上升。利率上升会一方面抑制投资冲动,一方面刺激储蓄,增加信贷资金供给,使信贷市场恢复均衡;同时,储蓄增加意味着当前消费减少,抵消投资需求的增加,使经济中的总供给和总需求恢复均衡。对经济中消费、信贷等其他变量的外生冲击也会经由市场的类似调整而使经济恢复均衡。所以,按照新古典宏观经济理论,包括理性预期学派的观点,政府的宏观经济职责只在于维持市场秩序,让市场的价格机制充分发挥作用,由市场利率和价格的升跌来调节投资、消费、信贷等等,政府不应该为了减少周期波动、促进经济增长、增加就业等目的而对市场的价格信号和资源配置进行直接的干预。

凯恩斯则认为新古典宏观经济理论是以经济处于均衡状况为前提,如果经济严重失衡,市场机制将失效,需要政府以直接干预来增加投资和消费,才能创造就业、促进经济增长。例如,当一个经济产能严重过剩、出现通货紧缩时,经济中缺乏好的投资机会,不管利率多低都难于刺激企业进行投资。而且,产能严重过剩必然会使企业盈利减少,甚至亏损、破产,国民经济中的失业率将增加,即使是有就业的劳动者,他们对就业安全和未来收入预期也会下降,此时,不管利率多低,消费者都要减少消费、增加储蓄以未雨绸缪,所以,利率下降也不能刺激当前消费。因此,凯恩斯理论认为在经济处于不均衡时,应该强调政府财政政策的作用,以赤字财政直接创造投资和消费,才能启动市场,消化过剩产能,增加就业,使国民经济恢复正常运行。

放松现有宏观理论暗含前提的
必要性和有待研究的新问题

仔细想来,新古典和凯恩斯这两种在发达的市场经济国家中提出来的宏观经济理论都不完全适用于像中国这样快速发展的发展中国家。

发达国家的一个特征是所有产业都已经处于世界产业链的最前沿,对于国民经济中下一个新的、有前景的产业何在,绝大多数情况下每个企业的看法不同,不会形成社会共识,政府也不可能比企业有更准确的信息。因此,以发达国家的经济现象为主要研究对象的宏观经济理论自然以上述情况为其理论的暗含前提。在这样的条件下,从促进经济发展的动力机制来讲,政府最好的投资管理方式是让各个企业凭自己的判断来选择项目、进行投资。在众多的投资中,少数企业的项目会成功、多数企业的项目会失败,经济的不断发展就靠那些经过市场筛选,事后证明成功的少数企业的投资项目来推动下一轮新产业的出现,带动整个国民经济的发展。所以,对于发达市场经济国家的政府,除了维持物价稳定,以及维护经济、金融市场的有效运行外,不应该制定产业政策,不应该干预企业的投资。

在极少数的情况下,发达的市场经济国家也有可能出现违背上述暗含前提的情形,众多企业同时看好某一个相同的产业,例如 20 世纪 90 年代的信息产业和互联网。此时,企业的投资会出现"潮涌现象",像浪潮般地涌向这个产业。在投资前,每个企业都确信这个投资项目是个获利极高的好项目,金融市场也会出现行为金融学所研究的"羊群行为",大量的资金投向这些项目,结果导致整个社会的过度投资,出现"非理性繁荣"(席勒,2001)。等这些投资项目都完成以后,产能出现严重过剩,价格大幅下跌,投资回报远低于当初的预期,导致大量企业破产,甚至引发经济萧条,严重者则伴随着金融危机。

上述对某一新的、有前景产业投资的"潮涌现象",在发达国家顶多是很长时间里偶然出现一次,在一个以市场经济为主而处于快速发展阶段的发展中国家则可能频仍出现。发展中国家的产业在世界产业链中处于链条内部的较低部位,发展中国家的经济发展是在世界产业链内部,沿着现有的各种资本和技术密集程度不同的产业台阶,由低向高逐级而上不断升级的过程。由于发展中国家在每一个经济发展阶段的产业升级,企业所要投资的是技术成熟、产品市场已经存在、处于世界产业链内部的产业,这个经济中的企业对哪一个产业是新的、有前景的产业很容易"英雄所见略同"。于是,在发达国家偶然出现一次的"潮涌现象",在处于快速发展阶段的发展中国家很可能会像波浪一样,一波接着一波地出现。在每一波开始出现时,每个企业对其投资都有很高的回报预期,金融机构在"羊群行为"的影响下也乐意给予这些投资项目金融支持,此时,靠增加几个百分点的市场利率不足以打消企业的投资冲动,也难于抑制金融机构对这些项目的资金支持热情。然而,等到每个企业的投资完成后,也将不可避免地出现产能严重过剩、企业普遍开工不足、市场竞争激烈、价格下跌、企业大量亏损破产、银行呆坏账急剧上升的严重后果。所以,一个发展中国家的政府如果遵循新古典宏观经济理论,不对市场进行任何干预,完全依靠市场利率的升跌来调节投资,国民经济很可能出现一个产业接着一个产业的投资过热和产能过剩,发展中国家将会出现比发达国家更为频仍的周期波动和金融、经济危机。实证研究证明,发展中国家的波动和危机确实如上所述,比发达国家大而且频仍(Hnatkovska and Loayza,2005)。

既然投资的"潮涌现象"对处于快速发展阶段的发展中国家是可能会经常出现的现象,那么,理论上就不能漠视这个现象的存在。由于发展中国家的产业升级并非像发达国家那样是属于不确定的事件,而是企业和政府都可以有相当准确的信息和判断。政府对于整个经济中的投资、信贷总量、国内外市场的需求等信息比个别的企业和金融机构有优势,政府应该可以利用这种总量信息的优势,形成产业政策,对市场准入和银行信贷制定标准,监督检查这些标准的实施。同时,政府适时发布投资规模、信贷总量和市场需求情况的信息,让企业和金融机构了解整个经济的现在和未来总体情况的变化,避免"潮涌现象"在产业升级时过度严重。所以,认为只要让市场机制发挥作用就行的现有新古典宏观经济理论不完全适用于发展中国家。当然一个处于快速发展阶段的发展中国家的政府,如何才能以产业、金融、投资管理政策,来更好地引导企业和金融机构的投资和融资行为,是发展中国家宏观经济理论有待深入研究的一个新课题。

当一个发展中国家,出现产能严重过剩、通货紧缩时,凯恩斯理论也不完全适用。按凯恩斯的理论,此时政府应该用赤字财政刺激消费和投资。在发展中国家对于可以增加国内就业和消费、扩大国内市场需求的措施,像基础设施建设的项目,只要执行得好,当无多少疑义。但是,对于一个发展中国家,即使现在的所有产业都已经过剩,产业升级的空间仍然会很大,前述下一轮新产业投资的"潮涌现象"还会继续不断地发生。所以,即使在现有的产业产能严重过剩,经济疲软,通货紧缩,企业开工率不足,失业率和银行呆坏账比率上升的状态下,对产业升级的投资"潮涌现象"可能带来的后果还必须有清醒的认识。虽然,新一轮产业投资的热潮会给国民经济带来投资拉动的较快增长,促使投资品价格上涨,部分抵消产能过剩部门产品价格的下跌而缓解通缩的压力,总体的就业率和企业盈利率都会因此而有所上升。然而,等这新一轮潮涌的投资建成时,这个新的产业又会加入产能过剩的行列,在原有产业产能过剩问题尚未解决时,又加入新的产业的产能过剩,整个经济的产能过剩问题可能更趋严重。此时,若又依靠下一轮新的产业的潮涌投资来缓解表面的通缩压力,这种"水多了加面,面多了加水"的宏观经济增长模式,等每一轮潮涌投资所积累的过剩产能和银行呆坏账达到一定程度后,很可能诱发出大的经济、金融危机。不过,在大的危机尚未爆发前,国民经济很可能会有较快的增长和较低的通胀率,从新古典理论来看是最理想的宏观经济情况,很容易使有些国家的政府和社会对集中于某一产业的过热投资可能带来的后果疏于警惕,而不采取一些必要的防范措施,等到危机爆发时再来治理,整个国民经济就必须为此付出极高的代价。

在已有的产业已经存在产能过剩,而新产业的投资又出现“潮涌现象”时,政府在运用货币政策时将会出现两难选择:贷款利率和储蓄利率同时提高,即使能够抑制投资冲动,也可能会降低消费需求,而使已有产业的产能过剩更为严重;如果仅提高贷款利率而不提高储蓄利率,则会使利差扩大,银行放贷的积极性会更高,投资者可以得到的资金更多,提高利率以后,投资可能反而增加。所以,一个发展中国家的政府在现有产业的产能已经过剩,同时经济中又存在许多新的产业可以升级时,如何组合运用财政、货币、金融等宏观政策以消化现有产业的过剩生产能力、防范新的一轮又一轮的投资“潮涌现象”,避免国民经济的过度波动和金融、经济危机,也是发展中国家宏观经济理论有待深入研究的新课题。

在一个发展中国家,由于资本相对短缺,理应从发达国家引进资本来补足国内资本之不足。而且,发展中国家的产业水平比发达国家低,当发达的国家进行产业升级时,其企业也有以直接投资的方式将已经失掉比较优势的产业转移到一个市场和各种基础条件比较好的发展中国家的积极性。因此,在一个快速发展的发展中国家,资本账户应该会有盈余。同时,在一个快速发展的发展中国家即使有政府产业政策的指导,投资的“潮涌现象”将难以完全避免,因此,这样的发展中国家很可能长期处于多数产业产能过剩的情况。国内产能过剩、供大于求,则必然反映为出口的长期大于进口,而导致经常账户也长期出现大量盈余,而非一般新古典宏观经济理论所认为的,在资本账户有盈余时,经常账户应该有赤字的情形。

当一个发展中国家,资本账户和经常账户长期出现双盈余,外汇储备的积累会很快,汇率将面临巨大的升值压力。但是,升值固然可以减少出口、增加进口,使国际收支平衡,降低升值压力。可是,和新古典宏观经济理论所预期的汇率升值将使国内外经济恢复均衡的预测不同,汇率升值将减少产能过剩部门的出口,同时增加进口替代部门的进口,使进口替代部门的产能也出现过剩,结果国民经济的产能过剩情形将更趋严重,不仅可能导致过剩部门企业盈利状况恶化,出现更多破产倒闭的情形,甚至诱发金融、经济危机。而且,国内的通货紧缩将会加重,物价水平下跌的结果将抵消掉汇率升值的效果,使进出口产品的比价恢复到汇率未升值前的水平,结果等国内一轮的价格调整完成后,经常账户盈余会依然很大。所以,一个快速发展的发展中国家的政府在面对国内产能长期过剩,该采取何种汇率、外贸、外资政策来处理内外经济的不均衡,也是发展中国家宏观经济理论所应该深入研究的新课题。

小结:呼唤发展中国家宏观经济理论的新革命

在20世纪30年代出现全球性的经济大萧条时,凯恩斯放松了国民经济是处于均衡的前提假定,探讨了在产能过剩情况下的财政、货币、金融、外贸政策,而产生了宏观经济理论上的凯恩斯革命。20世纪60、70年代时,出现了滞胀的现象,Lucas(1972)引进了企业和家庭对政府政策会做出预期的假设,而有了在宏观经济学理论上的理性预期学派的革命。今天,针对快速发展的发展中国家,每个阶段的产业升级是可预期的、容易产生投资的"潮涌现象",给国民经济的宏观治理带来新的挑战,因此,也应该放松新古典宏观经济理论和凯恩斯理论中产业升级是不可预期的不确定事件之暗含前提,从严谨的理论模型和经验实证上,全面探讨、重新构建适合于快速发展的发展中国家的财政、货币、金融、外贸、外资、产业发展的宏观经济理论体系。以这种新的宏观经济理论体系作为处于快速发展阶段的发展中国家的政府制定宏观管理政策的参考,才能使发展中国家充分利用后发优势和经济全球化的有利条件,推动国民经济稳定、快速、持续、健康地发展。对于处于快速发展阶段的中国经济学家来说,进行这方面的理论探索,既可以对我国宏观管理政策的制定提供有价值的参考,也可以对国际主流宏观经济理论以及其他处于和我国同一发展阶段的发展中国家的经济发展做出贡献。这是一个难得的利己、利国、利世界的机会。

【2007年第7期】

中国经济面临的转折及其对发展和改革的挑战

蔡　昉

在认识经济发展一般规律的基础上,对经济发展阶段做出判断,揭示特定国家在特定时期的经济发展特征,特别是具有转折意义的特征,是理解经济发展过程,从而形成具有方向性和针对性的政策思路的关键。进入 21 世纪以来,中国经济在宏观经济的周期性变化中,呈现出了一系列具有长期影响的阶段性特征。这些阶段性变化特征的主要环节是:人口转变显现出它长期隐藏的经济含义,即通过对生产要素相对丰裕程度的影响,正在耗竭着长期以来所依赖的经济增长源泉——单纯的劳动和资本投入,并且相应地创造了调整城乡关系、改善收入分配状况和加快劳动力市场一体化的条件。由于这个正在发生的变化是把双刃剑,既可以成为推动中国经济迈向一个新阶梯的催化剂,也可能使中国经济发展陷入一个均衡陷阱,因此,只有科学地认识这个新阶段,才能最大限度地将其转化为对中国经济发展的积极因素。本文用中国经济增长经验修正和发展了刘易斯二元经济理论模型,并以此作为分析框架,剖析中国经济发展面临的阶段性变化及其对经济增长和制度创新的含义,进而提出相应的政策建议。

刘易斯转折点的经济发展含义

刘易斯舍弃了新古典经济学劳动力不是无限供给的假设,把一个国家区分为两个部门,我们这里将其分别称作"传统经济部门"和"现代经济部门"。在传统经济部门中,相对于资本和自然资源来说,人口众多从而劳动力供给是无限的。或者说,在这个部门中,劳动的边际生产力十分低下。由于这个部门的存在,现代经济部门在增长和扩大的过程中,可以用不变的工资水平不受限制地获得所需要的劳动力供给。因此,在这样一个增长模型中,制约经济增长的唯一因素是资本的积累。按照刘易斯和罗斯托的说法,经济发展的核心就是如何在现代经济部门持续实现一个特定水平的储蓄率或投资率。因此,发展中国家的经济发展,在很长时间内就呈现一种二元经济格局,一方面是以维持生计的工资源源不断地提供劳动力的传统经济部门,另一方面是由积累率制约的不断扩张的现代经济部门。直到现代经济部门的发展把传统经济部门的剩余劳动力吸收殆尽,二元经济增长才逐步被合成为一体化的和均衡的现代经济增长。因此,剩余劳动力被吸收完的这个时点,被称为刘易斯转折点,而经济增长本身是这个转折点到来的根本原因。

研究经济发展的主流理论,不仅认为先行的发达国家不具有二元经济的特征,而且也主要从新古典经济学的假设出发,探讨新兴工业化国家和地区的成功发展经验,因此,二元经济理论模型长期以来并没有被广泛地应用来解释经济发展现象,关于从劳动力无限供给向劳动力短缺的转折点的研究更是乏善可陈。尽管如此,无论是通过经济学文献还是通过直接的观察,我们仍然可以归纳出伴随着刘易斯转折点的两个标识性变化。

首先,人口出生率的下降。人口转变从"高出生率、高死亡率、低增长率"阶段转变到"高出生率、低死亡率、高增长率"阶段,是传统经济部门劳动力剩余,从而二元经济发展中劳动力无限供给特征的主要源泉。也就是说,由于健康和卫生水平的改善导致了死亡率的大幅度下降,与此同时,生育率下降的反应要滞后很多,造成人口增长率长期处于很高的状态。但是,人口转变的规律表明,随着经济增长和社会发展水平的进一步提高,人们开始改变生育行为,"高出生率、低死亡率、高增长率"将转变为"低出生率、低死亡率、低增长率"。这时,作为无限劳动力供给的一个源泉,人口因素不再助长劳动力供给的增长。刘易斯本人就曾经根据人口转变的这种变化,对日本经济刘易斯转折点的来临时间进行过预测。

其次,劳动力市场一体化。刘易斯式的二元经济范式,表面上是指两个部门的划分,实际上,从经济逻辑上更主要的是反映劳动力市场的分割状态。虽然劳动力从传统部门向现代部门的迁移,是二元经济条件下经济发展的标志性现象,但是,由于在前一部门存在的劳动力供给的无限性,从而劳动边际生产力极其低下和工资的分享特征,以及在现代经济部门工会和政府政策的作用,两个部门的劳动力市场是分割的。劳动力市场从分割到一体化的变化,产生于农业中工资增长率的相对提高。农业作为传统经济的代表性部门,也作为以不变工资率为现代经济部门源源不断提供劳动力的基础部门,在二元经济条件下,工资水平长期处于生存水平。当现代经济部门的扩大把农业中剩余劳动力吸收殆尽时,如果前者继续产生对劳动力的需求,工资则必须上涨,相应地引起农业中工资水平的提高。由此引起的一个现象则是,农业工资与生产率的关系越来越符合同步变化的经济理论预期。

中国特色的二元经济发展

从农业中存在大量剩余劳动力、城乡劳动力市场处于制度性分割状态,以及因此形成的农村向城市转移劳动力工资水平长期停滞等特征来观察,中国的经济发展也可以被定义为一个刘易斯式的二元经济增长类型。但是,与典型的刘易斯模式相比,中国的二元经济增长又有其显著的特色。这表现为改革开放之前,二元经济发展同时又是计划经济式的增长;而在改革开放时期,二元经济发展是与经济体制转轨相伴随的。在计划经济时期,虽然农业中存在着大量的剩余劳动力,统购统销、人民公社和户籍政策等制度安排,却阻止了劳动力在城乡之间和工农业之间的流动,微观激励机制上的严重缺陷和资源配置上的无效率,导致计划经济下的中国经济虽然实现了一定的增长率,却未能从外延型增长的局限中解脱出来,全要素生产率对经济增长的贡献甚至是负数。经济改革和对外开放推动了中国的高速经济增长。在1978—2004年期间,中国GDP以年平均接近10%的速度增长。与此同时,中国经济增长在这个期间也开始具有了二元经济发展的特征。我们可以通过考察与改革开放效应相关的经济增长因素,来描述一个中国特色的转轨中的二元经济增长。

首先,转轨时期的中国经济增长充分利用了人口红利。在整个改革期间,劳动年龄人口的数量持续增加,比重不断上升,因而人口抚养比相应下降。这种人口结构特征,一方面保证了经济增长过程中劳动力的充分供给,另一方面提高了资本积累率。由此形成的这种人口红利,通过资源配置机制的改革得以释放,并且通过中国参与经济全球化的过程而作为比较优势得以实现,从而延缓了资本报酬递减的过程,为经济增长提供了额外的源泉。计量表明,如果用人口抚养比作为人口结构所具有生产性的代理指标的话,改革期间总抚养比的下降对人均GDP增长的贡献为27%。人口红利得到充分利用的一个突出表现,是农村劳动力持续大规模地向城市非农产业转移,同时劳动力成本保持相对低廉。这个过程表现出鲜明的二元经济增长特征,工业化过程所需的劳动力供给得到充分保障,同时,劳动者收入水平的提高主要是通过就业面的扩大,而不是通过工资水平的上涨实现的。

表1　农户家庭从劳动力流动中获得的收入

	外出劳动力 （万人）	打工收入（Ⅰ） （亿元）	打工收入（Ⅱ） （亿元）	工资性收入 比重（%）
1997	3 890	5 016	3 833	24.6
1998	4 936	6 364	5 202	26.5
1999	5 204	6 710	5 866	28.5
2000	6 134	7 909	7 395	31.2
2001	7 849	10 121	10 121	32.6
2002	8 399	10 830	11 534	33.9
2003	9 831	12 676	14 378	35.0
2004	10 260	13 229	15 980	34.0

资料来源:农户家庭工资性收入比重来自于国家统计局《中国统计年鉴2005》;外出劳动力平均工资来自于"中国城市劳动力调查";迁移人数来源请参见蔡昉《科学发展观与增长可持续性》(社会科学文献出版社,2006年)。

从表1中,我们可以观察到农村外出打工劳动力的规模不断扩大,2004年超过1亿人。根据2001年和2005年对城市劳动力市场上农民工的两次调查,我们可以估算出这两个年份城市农民工的平均年工资分别为12 894元和16 578元。利用这两个工资水平,我们可以估计出两组农民工工资变化的情形。第一种情形是按照一些学者的观点,假设在1997—2004年期间工资水平没有发生变化。第二种情形是按照我们实际观察的结果,假设农民工工资是逐年提高的,并按照调查得到的2001—2005年期间的工资变化率推算各年的农民工平均工资水平。从农民工的工资水平变化趋势看,要么是假设没有提高,而在假设有所提高的情况下,其增长速度并不是很快。然而,用上述两个工资水平乘以农村外出劳动力的总量,我们可以获得两组农民工外出打工总收入,即表中"打工收入(Ⅰ)"和"打工收入(Ⅱ)",2004年为13 229亿元到15 980亿元之间。这个事实的另一个侧面,则是农民家庭纯收入中,工资性收入的比重不断提高。2003年以后这个比重没有再上升,显然是粮食直接补贴政策以及其他减轻农民负担政策的效果。

其次,转轨时期的中国经济高速增长得益于全要素生产率及其对经济增长的贡献率的提高。全要素生产率通常反映产出增长中不能为生产要素的投入所解释的部门,包括来自微观技术效率改进和来自资源配置效率改进两个组成部分。经济改革不仅通过在微观经营环节改善激励机制,提高了技术效率,还通过生产要素市场的发育,特别是劳动力的流动,获得了资源重新配置效应。已有的许多研究,都证明了改革以来中国经济全要素生产率的改进,以及在经济增长中贡献率的提高。还有研究具体估计了不同因素对于经济增长的贡献率,并且把全要素生产率分解为资源重新配置效率改进和微观技术效率改进两种效应,发现前者对1978—1989年期间GDP增长率的贡献率为21%,而后者只有3%。显而易见,中国经济的生产率的提高,是在具有劳动力无限供给特征的二元经济发展过程中实现的。

第三,对外开放为中国提供了发挥比较优势的机会。经济全球化的总趋势是国际贸易的空前发展。中国在劳动力的质量和价格上体现出来的资源比较优势,通过确立了劳动密集型产品在国际市场的竞争地位而得到发挥。改革开放的近30年中,在世界贸易总量迅速增长的同时,中国对外贸易以更快的速度增长。此外,资本在世界范围的流动与配置,为中国提供了来自外部的更有效率的资源配置能力。在中国发展到 20 世纪 90 年代后期以来的阶段上,引进外资主要地不再是填补资金不足,而最终是利用了国际投资者的资源配置能力。

发展阶段性特征与转折点

中国经济在改革时期之所以能够充分获得人口红利,除了改革开放创造了必要的制度环境之外,还在于社会经济发展和计划生育政策促成了人口转变的提前完成。通常,在人口再生产类型从"高出生率、高死亡率、低增长率"阶段,经由"高出生率、低死亡率、高增长率"阶段向"低出生率、低死亡率、低增长率"阶段转变的过程中,由于出生率和死亡率下降在时间上具有继起性和时间差,相应形成人口年龄结构变化的三个阶段。这三个阶段分别具有少年儿童抚养比高、劳动年龄人口比重高和老年抚养比高的特征。由此分别形成人口自然增长率和劳动年龄人口增长率先上升后下降两条继起的变化曲线。

利用历史数据和预测结果,我们可以完整地观察到这个人口转变在中国的变化过程和趋势继人口自然增长率从 20 世纪 60 年代中期开始持续下降之后,劳动年龄人口的增长率从 80 年代也开始了下降的过程,并且在 21 世纪以来下降速度明显加快,预计在 2017 年左右停止增长。如果我们把劳动年龄人口看作劳动力供给的基础的话,上述趋势也就意味着在经历了一个中国特色的二元经济增长阶段之后,劳动力无限供给的特征正在消失,刘易斯转折点已经初见端倪。2004 年开始出现的以"民工荒"为表现形式的劳动力短缺现象,已经从沿海地区蔓延到中部地区甚至劳动力输出省份,并且推动了普通劳动力工资的上涨。与此同时,城市失业率攀升和劳动参与率下降的趋势也得到遏止。这些都是可以印证上述判断的一些劳动力市场变化的征兆。

把对劳动力需求和供给的预测结合起来观察,刘易斯转折点到来的征兆则更加明显。为了做一个简单的预测,我们可以对"十一五"期间的非农产业增长及其就业弹性做出不同的假设。首先,对非农产业增长率分别做出 8%(低增长率)、9%(中增长率)和 10%(高增长率)三种假设。其次,对非农产业的就业弹性分别按照 1991—2003 年平均水平做出 0.297 的高弹性假设,以及比该平均值低半个标准差的低弹性假设 0.23。非农产业发展的新增劳动力需求,将是这几个假设值的组合。与劳动年龄人口总量预测值对比,我们可以看到,在设定的高位非农产业增长率和高位非农产业就业弹性的情况下,从 2004 年开始,新增劳动年龄人口数将持续低于非农产业劳动力需求量,而且两者差距逐年扩大。在其他各种假设的情况下,在 2010 年之前,也分别出现新增劳动力数量低于劳动力需求数量的情况。

制度创新与经济增长可持续性

正如在第一部分讨论过的,刘易斯转折点不仅是对发展中国家劳动力无限供给特征消失的一个时点的表达,其背后更具有丰富的经济发展含义。一旦刘易斯转折点到来,劳动力无限供给特征逐渐消失,中国经济将进入一个人们以往并不熟悉的发展环境。如何在这种变化了的环境下保持经济增长的可持续性,完成从计划经济向市场经济体制的转变,需要进行一系列制度创新。下面,我们依次讨论在刘易斯转折点到来之际,中国经济面临的挑战和需要进行的制度调整。

首先,刘易斯转折点要求通过增长方式的转变,以获得新经济增长源泉。新古典增长理论预期在劳动力供给有限,从而存在资本报酬递减现象的条件下,保持经济增长可持续性必然要求技术进步引起的全要素生产率的提高。

中国的全要素生产率及其在经济增长中的贡献,在经历了改革后一段时期从负到正的提高之后,20 世纪 90 年代以来表现并不理想。这与当年亚洲四小龙最初生产率没有提高的理由十分相像,即由于人口红利的存在,劳动力数量、质量和价格具有明显的优势,并得以形成和保持很高的储蓄水平和资本积累率,使得这种主要依靠投入的增长方式足以支撑中国经济的高速增长。然而,随着刘易斯转折点的到来,传统增长方式赖以作用的条件就发生了变化,经济增长方式向主要依靠生产率提高的转变迫在眉睫。

其次,刘易斯转折点要求形成一个新的收入分配模式。库兹涅茨假设存在着一个经济发展和收入分配关系的倒 U 字形曲线。虽然有众多的实证反例,收入分配状况在时间上呈现一定的变化轨迹的确是事实,而且在很多情况下存在着与经济发展的相互关联。既然都是关于经济发展阶段的特征描述,库兹涅茨关于收入不平等先上升后下降的转折点,与刘易斯转折点之间也必然存在着一定的逻辑联系。从理论上讲,一旦劳动力无限供给的特征消失,劳动力市场的一体化程度相应提高,在新的劳动力供求关系下,经济增长对普通劳动者即原来的低收入群体的需求扩大,导致其工资水平相对于其他群体提高更快,其结果则是社会收入的不平等程度降低。从实证角度讲,库兹涅茨观察到自 20 世纪 20 年代开始,在西方主要工业化国家,主要由于低收入群体收入份额提高,导致收入不平等程度的降低。

在经济发展和市场发育的较低阶段上,资本是相对稀缺的生产要素,而劳动力是相对丰富的生产要素。因此,资本要素的市场回报相对高,劳动力的市场回报则相对低,社会收入通常有利于资本的所有者,而不利于劳动力的所有者。一个社会的收入分配状况受到收入分配的构成成分的影响。如果我们把社会收入划分为资本要素收入和劳动要素收入两个部分的话,前者对于收入不平等的贡献大于后者。如果资本收入在全部收入分配中的份额比较大,就会形成较大的收入不平等。相反,如果工资收入在全部收入分配中的份额比较大,则具有缩小收入差距的效果。在劳动力无限供给特征消失、资本的相对稀缺程度相应下降,从而一个社会的就业更加充分的条件下,在全部收入分配中,劳动工资的收入份额就比较高,资本收入份额则相对降低,整个社会的收入分配倾向于更加平等。但是,这种变化并不会自然而然地发生,而是有赖于社会能否顺应发展阶段的要求,创造一个充分就业的环境。

第三,刘易斯转折点提出了一系列新的制度需求。

在中国特色的二元经济发展时期,具有现代经济部门特征的非农产业的迅速发展,引起劳动力从农村到城市的大规模流动,为前者提供了源源不断的低成本劳动力供给。由于劳动力供给的无限性,转移到非农产业就业的劳动力既不具有影响工资决定的集体谈判权,也无从影响地方政府的劳动力市场政策。因此,在这个发展阶段上,农村劳动力转移面临着一系列的制度性障碍。其中,最根本的制度安排是分割城乡劳动力市场的户籍制度。由于这些制度性障碍的存在,地方政府往往把城市的就业压力归咎于外来劳动力的竞争,从而人为地控制着城市劳动力市场的开放程度,形成排斥外来劳动力的周期性政策倾向。每当转移劳动力遇到系统性政策阻挠时,他们只好退回到农村的承包土地或其他家庭经营上面,而农业和农村家庭经济则周期性地执行剩余劳动力蓄水池的功能。这种中国特色的"工资分享制"导致农村劳动力转移的临时性、农户收入的不稳定,以及城乡收入差距的持续存在。在劳动力供求关系发生变化的情况下,解决这些问题的条件已经具备。在大多数发达国家的历史上,系统性的劳动力短缺现象的出现,通常都成为改善劳资关系、缩小收入差距、政府立法和社会政策转向有利于普通劳动者阶层的转折点。

结　语

改革开放时期中国的经济增长,是通过一种有自身特色的二元经济发展模式实现的。一方面,各种有利的经济增长因素被充分地加以利用,创造了持续近 30 年的高速增长奇迹。另一方面,特定的发展时期所具有的劳动力无限供给特征,也导致经济增长方式没有实现从主要依靠常规生产要素的投入,到主要依靠生产率提高的模式的转变。同时,经济增长本身也未能自动解决二元经济发展中出现的社会问题。随着人口转变新阶段的到来,中国经济迎来其发展的刘易斯转折点,即劳动力无限供给的特征逐渐消失。由于二元经济结构不仅表现为传统经济部门和现代经济部门之间的分野,更是对劳动力市场分割的一种特征性概括,因此,刘易斯转折点的到来,同时意味着对制度创新的紧迫需求,也就是说,解决发展过程中农村劳动力转移不充分、收入不平等、劳动者权益没有得到充分保障等一系列问题的条件逐渐成熟。正确判断和认识经济发展阶段的变化特征,并且顺应这种发展阶段转折时期的内在逻辑,推进制度创新和政策调整,解决经济发展过程中长期积累的问题,对于保持经济增长可持续性、促进社会和谐具有至关重要的意义。

【2007年第14期】

亚洲金融危机的经验教训与中国宏观经济管理

余永定

　　亚洲金融危机十年后,由于资产泡沫在东亚地区的重新泛起,东亚许多经济学家产生了一种似曾相识的感觉。鉴于此,对亚洲金融危机的发展过程重新建构,并以此作为研究中国金融发展、增长战略及宏观经济管理薄弱环节的参照物已经显得十分必要。

亚洲金融危机回顾

　　在1990年代,许多不同类型的国家先后遭受到金融危机的袭击。1995年的墨西哥危机是一个典型的国际收支危机。在资本账户自由化的条件下,墨西哥政府为抑制通货膨胀而采用的高利率政策导致了资本的大规模流入。由此引发的比索升值则导致了贸易赤字的上升。不断恶化的经常账户赤字最后终于导致资本的大规模外逃和墨西哥比索的大幅贬值。墨西哥危机是一场国际收支危机,所以标准的"处方"——紧缩政府预算、提高利息率、本币贬值——对墨西哥是适用的。事实上,由于采取了上述政策组合,比索最终趋于稳定,墨西哥迅速渡过了这场危机。

亚洲金融危机的性质较为复杂。它是一场金融、经常项目和资本项目的危机。我们对亚洲金融危机的讨论将以泰国作为重点。

1996年,泰国经常账户赤字占GDP的8.1%,高于墨西哥危机爆发时的情况。但是此前泰国已持续了数十年的经常账户赤字。1990年,经常账户赤字占GDP的比例高达8.5%,但是当时并未发生什么严重的事情。经常账户赤字并不是导致危机的充分条件。因为泰国经济运行非常良好,经济增长迅速、出口增长强劲,20多年国际投资者一直高高兴兴地为泰国经常账户赤字融资。如果不是因为出口增长率急剧减速和随后将要讨论的其他问题,大规模经常账户赤字本身不会导致资本流向的突然逆转。经常项目逆差本身并不是危机爆发的原因。

经常账户赤字健康与否取决于产生赤字的原因。在其他条件不变的情况下,一般来说,由高投资率所致的经常账户赤字是不用担心的。尤其在投资增长有利于出口潜力增长的情况下,国际投资者将非常愿意为经常账户赤字融资。这种国际收支模式可持续数十年,直到资本流入国进入到一个更高级的发展阶段。然而,在下述一些情况下,不断增长的经常账户赤字值得担忧。

第一,在其他条件不变的情况下,如果经常账户赤字是由不断降低的储蓄率引起的,国际投资者或贷款人将重新考虑是否继续为赤字融资,因为资本接受国或债务国的未来出口能力可能会被削弱。第二,如果经常账户赤字是由出于套利、股票市场和外汇市场投机为目的的短期资本流入所引起的,经常账户逆差大概不会持续。事实上,在亚洲金融危机的前几年,由于日圆利率偏低,资本流入在很大程度上是由"套利交易"的高收益所引致的。事实上,在走向危机的多年中,泰国短期资本流入占据总资本流入的大部分。1996年,当泰国经济出现问题时,资本流入依旧,且超过为抵消经常账户赤字所需的数量。也许资本的易得性是导致泰国当局放松警惕的最重要的因素之一,否则,泰国当局早就会采取强有力的行动削减经常账户赤字。

泰国的问题是:从1985年到1995年,泰国年均经济增长率为9%。1996年降为6.7%,为十年中的最低水平。在泰国,出口和投资是经济增长最重要的两个驱动力。1990年代初,泰国贸易依存度已经超过90%。从1990年到1995

年,泰国年平均出口增长率为 19.6%。1996 年,出口增长率突然从 1995 年的
24.7% 下跌到 -1.9%。使国际投资者对泰国经济失去了信心的是出口增长率
的急剧下降,而不是经常账户赤字的增加。事实上,同 1995 年相比,1996 年泰
国的经常账户赤字与 GDP 之比并未增加。

泰国出口减速可归因于竞争力的下降,而竞争力的下降是由多重因素导致
的。第一,从 1995 年 6 月到 1997 年 4 月,日圆相对美元贬值超过 50%,结果,那
些不同程度钉住美元的东亚其他国家货币相对日圆大幅升值。1996 年,所有东
亚国家出口增长率都急剧下降了。第二,国内价格相对国外价格迅速上涨导致
真实汇率升值。第三,工资增长迅速。例如:1990 年至 1995 年,泰国服装制造
业每小时劳动成本年均增长率为 12%;马来西亚甚至更高(23.2%)。第四,资
本流入抬高了非贸易品的价格,例如土地价格的上升对出口造成了直接或间接
影响。简而言之,出口利润率缩水,出口增长率自然相应下降。

当泰国实体经济出现问题时,其资产市场的情况甚至更糟。1996 年的经济
减速伤害了中上阶层的购买力。1996 年,房屋供应量超过对房屋的有效需求。
1997 年,曼谷住宅空置率与办公楼空置率分别为 25%—30% 和 14%。金融公
司和商业银行贷款助长了泰国的房地产泡沫。1990 年代早期以来,在能很容易
获得外国贷款的情况下,金融机构盲目扩大了对房地产投资商的贷款。1993
年,信贷总额为 2 640 亿泰铢;到 1996 年,信贷总额已增至 7 670 亿泰铢。由于
银行和金融公司对房地产投资商的盲目贷款,房地产泡沫破灭造成大量呆坏
账,大批金融机构相继倒闭。当泰国房地产泡沫破裂时,其股票交易也大幅度
下跌,1996 年的前九个月,泰国股市就损失了大约 15% 的市值。

在看到这些情况后,国际投资者决定撤离,国际投机大鳄则闻到血腥。泰
国政府不明智地决定保卫泰铢,金融危机进入到第二阶段。在第二阶段中,其
主要战役是泰国央行和国际投机者之间的战斗。对泰国央行不能维持泰铢兑
美元的汇率的赌注,促使国际投机者从 1997 年 5 月开始大肆抛出泰铢。当国际
投机者开始抛售泰铢资产时,泰国当局仍然还有最后一次避免危机的机会。有
两种选择:贬值或实施资本管制。泰铢的贬值可抑制资本的出逃,因为贬值使
得美元相对泰铢更昂贵以及对泰国的资产需求增加。在更长的一个时期里,贬

值也可改善贸易状况。马来西亚尝试了资本管制,而且很成功。不幸的是,泰国央行决定在外汇市场捍卫泰铢,此时泰国央行是否有充裕的外汇储备成为关键。如果泰国央行听任泰铢贬值,尽管泰国在泰铢贬值后仍然可能无法避免陷入危机,但泰国央行至少可以避免白白损失如此之多的外汇储备。值得强调的是,如果泰国有一个健康的金融体系,当国际投机者沽空泰铢时,泰国中央银行就可以通过大幅提高利息率来保卫泰铢。当港元在亚洲金融危机爆发几个月后受到攻击时,香港金融管理当局通过提高银行间拆借利息率的方法击退了国际投机者对港币的攻击。遗憾的是,由于银行体系脆弱,泰国无法采取这种办法。

泰铢汇率急剧跌落后,IMF 对泰国金融危机的性质作出了错误诊断,认为泰国金融危机只是一场国际收支危机。在泰国接受一揽子政策措施条件下,IMF 决定施援。这些附加约束条件的政策措施有:实行泰铢自由浮动、大幅提高利息率、进一步开放资本账户、关闭出现问题的金融机构等。于是,亚洲金融危机进入第三阶段。显而易见,IMF 的错误处方进一步恶化和延长了亚洲金融危机。

中国从亚洲金融危机中得到的经验教训

亚洲金融危机后,中国经济学家认真研究了危机的演变过程。他们总结到的经验教训如下:

教训一:健康的金融体系是经济持续增长的关键

所有被危机重创的国家的金融体系都十分脆弱,表现为高不良贷款率与低资本充足率。日本与受危机冲击的国家的经验告诉我们:经济繁荣时期盲目扩张信贷所形成的高不良贷款率将导致金融机构在经济低迷时期的破产。由不良贷款引发一家或两家主要金融机构的破产会导致整个金融体系的崩溃,将经济带入更严重的萧条,正如泰国和其他一些东亚国家在亚洲金融危机中所发生的一样。不良贷款引起的信用紧缩也能导致像 1990 年代日本那样漫长的通货紧缩。

在健康的金融体系下,内部或者外部冲击或经济周期因素导致经济减速时,银行挤兑和资本出逃一般不会发生,更不会发生金融体系紊乱。不论什么原因,当一国货币受到攻击时,货币当局可以通过提高利息率来保卫它的货币。然而,由于脆弱的金融体系以及因此对更多金融机构破产的惧怕,泰国政府没有大幅提高利率的余地以阻止资本出逃和防止国际投机攻击。当它遵照 IMF 的处方时,大量企业和金融机构的破产真的发生了。高利率通常会导致经济衰退,然而,在情非得已的情形下,相对温和的衰退要优于不可预知、不可控制的货币危机及由其引发的更严重的衰退。此外,当一国货币受到攻击时,货币当局让它的货币贬值就可以了,然而,脆弱的金融体系使得这种选择不具吸引力,因为以本币计算的外债与资本比率增加可能会使金融和非金融机构破产。

教训二:汇率应该既灵活又稳定

经验显示,一种稳定和有竞争力的汇率安排对出口导向的发展中国家是至关重要的,它能够保障出口企业维持竞争力,同时能够保证出口企业顺利开展业务而不受汇率波动的干扰。然而,在非灵活的汇率安排下,当货币被高估时将会导致国际收支危机和货币危机;当货币被低估时会造成泡沫经济和通货膨胀。当一种货币面临贬值压力时,灵活的汇率制度似乎能使货币错位更小。

教训三:应该以稳健和有序的方式实施资本管制的自由化

资本管制的自由化将推动资本流入,资本流入对填补国内储蓄与投资缺口是十分必要的,这将会使发展中国家实现比没有资本流入条件下更高的增长率,然而,亚洲国家的经验显示:一个仍需改革其金融系统、提高企业管理水平的经济体,资本的自由流动将使汇率过分波动,因为它的经济周期并不能和发达国家同步,而且需要独立的货币政策。如果维持汇率稳定,它就得放弃货币政策独立性;如果它既想维持汇率稳定又想保持货币政策独立性,就会发生流动性泛滥或信用紧缩。"套利交易"使金融机构赚取大量利润。然而,金融机构的盲目信贷创造了股票市场和房地产市场的泡沫。当泡沫破灭时,很多金融机构不是无法运转就是濒临破产。重要大型金融机构的破产导致了银行挤兑与极大的恐慌。资本出逃和经常账户赤字引发了货币危机。金融机构的崩溃是金融危机的罪魁祸首。在韩国,大财团从国外大量借款。期限结构错配引起的流动性困难造成韩国的债务危机,债务危机接着导致货币危机,加剧了金融危机和经济危机。最显著的事实是:在危机爆发后,韩国政府才开始认识到其债务有多么的严重。新兴市场国家太小、力量太弱,不能抵抗任何针对自己的攻击。甚至像中国这样大的经济体,都不敢保证它的防御能力。在掠夺性袭击后,国际投机者饱食远飏,身后留下一片废墟。

尽管中国对资本管制十分严格,但在1997年以后的许多年份中,每年从中国出逃的资本仍超过100亿美元。很多观察者指出:中国金融体系同受危机攻击的国家一样有问题,甚至问题更严重。然而,中国却避免了金融危机的灾祸。原因是显而易见的,如果中国不对资本实施管制,中国经济的命运可能比泰国以及其他受危机冲击的国家还要糟。如果在还不具备健康的金融体系、灵活的汇率制度以及稳定的宏观经济环境时,过早地放弃资本管制等同于自杀。

在最近对曼谷的访问中,泰国的一位著名经济学家告诉笔者,泰国危机应该称之为"资本项目危机"。国际资本流动方向的突然改变是东亚各国(乃至发展中国家)金融危机的共同特征。是否能够管理好资本流动是发展中国家是否能够避免一场国际收支危机、货币危机和金融危机的关键。菲律宾是东亚经济状况最差的国家,但1997年菲律宾却没有发生金融危机,其原因是菲律宾一直就没有什么外资,因而也就谈不上由于外资流入造成房地产泡沫,房地产泡沫破灭外资急剧流出之类的种种问题了。

中国货币当局面临的三难困境

很大程度上出于对亚洲金融危机的反应,中国在过去十年中一直对其金融体系进行着制度上的改革,中国所处的新的宏观经济形势完全不同于亚洲金融危机前后东亚经济体所面临的形势。与危机前的东亚国家相对照,1990年代早期以来,中国一直持续双顺差,而这些东亚国家则存在大规模的经常账户赤字。为维持人民币汇率稳定,中国人民银行不得不有力地干预外汇市场。干预意味着中国人民银行向银行系统注入了大量的高能货币。假设人民币对美元的汇率是8∶1,如果中国的双顺差是2 000亿美元。让人民币汇率不变,就意味着央行要向银行体系注入 16 000 亿元人民币高能货币。流动性增加必然导致物价上涨和资产价格上涨。

2002 年下半年以来,中国经济开始加速增长。固定资产投资增长率非常高,是 GDP 增长率的两倍多。据官方资料,到 2005 年底,投资占 GDP 比重为 48.6%,政府开始担心投资率过高在未来几年将导致生产能力过剩。

除固定投资增长率居高不下之外,不断高涨的房价成为政府另一个重要关注对象。迅速上涨的房价不但加剧了房地产市场的投机与由投机造成的泡沫,而且也引起了社会公愤。最近,房地产价格上涨的势头似乎已经有所减弱,但中国股票价格则开始疯狂上涨。

2006 年,中国通货膨胀率仅为 1.5%。然而,2006 年 12 月,按年计算的 CPI 已上升至 2.8%。通货膨胀出现加速的苗头。

为降低固定资产投资率、抑制房地产泡沫、维持价格稳定,中国人民银行实施了紧缩的货币政策。然而,一方面,紧缩的货币政策意味着较高的利率,而较高的利率意味着资本流入和人民币升值压力。另一方面,为了维持汇率稳定而造成的流动过剩则与紧缩政策直接冲突。为同时维持人民币的稳定与紧缩货币政策,中国人民银行不得不实施大规模冲销操作。

由于大规模的冲销操作,中国人民银行只用三年就售罄了 1998 年以来积累的政府债券。中国人民银行持有债券的枯竭意味着它已没有操纵资产负债表资产一方的空间,它只得转向负债一方。2003 年,中国人民银行开始发行央行票据,以平抑流动性泛滥。冲销操作的可持续性是问题的关键。持续的、大规模的、单一方式的冲销存在很多障碍。第一,在其他条件不变的情况下,央行出售票据将抬高货币市场利率,接着会吸引更多的资本流入、加大人民币升值压力,以至于需要更大规模的冲销,在特定环境下,将产生恶性循环。第二,当金融环境全面紧缩时,由于存在更好的选择,商业银行可能拒绝购买低收益的央行票据。结果,央行票据收益将被抬高。此外,如果联邦基金利率调整到低于央行票据利率时,央行则会遭受对冲损失。第三,在商业银行不得不买进数量不断膨胀的央行低收益票据情况下,相比其他高收益资产,商业银行利润率下降,这将对脆弱的银行系统产生负面影响。而在不久前,央行在勾销了一些商业银行的呆坏账以及重新对其注资后,银行系统才刚刚展露出较好的形势。第四,为了保障央行票据的顺利发售,央行可能逼迫商业银行去购买。结果,不但商业银行的利润率被大打折扣,而且整个金融改革将会遭受巨大挫折。

紧接着冲销措施,在过去三年中,中国人民银行从 2003 年开始 8 次提高法定准备金率,减轻冲销的负担。通过提高法定准备金率,冻结了大量流动性(在这种意义上提高准备金率也可以认为是一种冲销操作)。2007 年 3 月,法定准备金率已升至 10.5%。

在典型的市场经济中,央行尽量避免改变法定准备金率,因为这一方法被认为过于激烈和笨拙。但这对中国经济来说似乎不是问题。虽然法定准备金率的提高将会给商业银行带来一些问题,但后者会通过许多方法来适应这一新的情况。对商业银行来说,对紧缩政策最简单的回应就是将一部分超额准备金转入法定准备金账户。由于外汇储备的大量增长,中国人民银行干预外汇市场所创造的新的流动性将很快到来,以满足其对超额准备金的需要。法定准备金率的上升意味着对商业银行加征税收,这也许能够避免推进货币市场利率的上涨,但肯定会对商业银行的经营产生负面影响。

似乎中国人民银行将要交替使用冲销方案和提高法定准备金率来解决流动性过剩问题。而问题在于,如果双顺差不能大幅度降低,冲销方案和提高法定准备金率很难在不毁坏中国金融系统机能的情况下解决流动性过剩问题。

在发达国家中,"中央银行最重要的控制工具是短期利率,它通过决定商业银行的借贷价格从而影响其行为"。利率政策也是中国货币政策一个重要工具。1999 年以来银行间货币市场似乎就在影响经济流动性和利率结构上扮演越来越重要的角色。然而,尽管在利率自由化上做出了努力,由于中国货币市场的脆弱性,所谓的改变基准利率的"溢效应"距离理想程度还很遥远。由于中国信贷市场的二元结构,提高存贷款利率也很难解决流动性过剩问题。

总的来说,同时实现保持汇率稳定、紧缩的货币政策和实现商业银行盈利这三个目标是不可能的。如果政府希望同时实现这三个目标,那么在它们之中必须要做出某种妥协。事实上,中国人民银行已经实施了一个适度紧缩的货币政策,流动性过剩并没有完全被冲销。同时,人民币被允许升值以减轻中国人

民银行实行冲销的负担。在这种环境下,所有这三个目标都得到某种程度上的
处理,但是没有一个目标完全得以实现。

中国的金融稳定和资本项目自由化

尽管在经济增长率和通货膨胀方面,中国经济表现异常不俗,但是依然面
临着日益严重的结构性问题。首先,中国环境不断恶化;其次,能源消耗持续猛
增;再次,中国的收入分配差距日益加大;最后但并非不重要的是,中国经常账
户失衡更加严重。决策者们意识到不管投资和出口拉动型的增长战略曾经多
么成功,中国不能再延续使用这一战略了。

中国政府并不希望人民币迅速升值,因此人民币升值的过程可能会持续很
多年——笔者认为至少五年。在这段时间内,跨境资本将会持续涌入中国,不
但会推动人民币升值,而且使中国经济流动性泛滥。在这种情况下,政府努力
抵御收支危机和货币危机的最后防线是修补它的防火墙漏洞来阻止投机资本
流入以及鼓励资本有序流出,尤其是以对外直接投资(FDI)的形式流出。

基于1980年代拉美国家的债务危机教训,中国从一开始就对资本账户自
由化采取了谨慎的态度。很多年来,观察者一直批评中国开放资本账户的步伐
过于缓慢。中国政府自身也因这种慢速度而感到窘迫。然而,突然间,当亚洲
金融危机爆发的时候,这一缺点变成了优点。尽管中国的金融体系和那些危机
波及到的国家一样脆弱,甚至更糟,但人民币逃过了国际投机者的攻击。亚洲
金融危机后,中国资本账户自由化的步伐减慢了下来。

但近年来,资本项目自由化再次成为政策争论的焦点。最近一些改变背后
隐含着两个因素。首先就是中国在2001年12月签署承诺作为WTO成员国对
外开放金融服务部门的义务。第二就是中国货币当局为减少人民币升值压力
所使用的策略。这一策略就是采取"严进宽出"政策模式(严格控制资本流入,
放宽资本流出)。

尽管实施了"严进宽出"的新政策,资本依然迅速流入经常账户和资本账
户。迄今为止,究竟有多少投机资本进入什么市场,仍没有确切的数据。

一些人认为,在中国 2006 年 1 750 亿美元的经常账户盈余中,通过高报出口和低报进口的资金流入至少占三分之一。对于这种说法笔者很怀疑。笔者认为大部分投机资本可能是通过资本账户最终进入到中国股票市场和房地产市场。

中国外资流动管理的指导方针是"严进宽出"。严格控制资本流入是正确的。然而,放宽资本流出对缓解人民币升值压力并没有什么帮助。放宽资本流出将会鼓励而不是阻止资本流入,尤其投机资本的流入。如果资本在经济形势出现不利状况时很容易出逃,这种情况意味着降低了风险贴水,那么资本为何不大量进入并在出现不利情况时迅速离去? 在目前条件下,大概只有两种类型的资本将渴望利用"放宽资本流出"所提供的机会流出中国:平仓的投机资本和需要"漂白"的资金(洗钱)。

笔者认同中国资本管制存在漏洞这一观点。但是,当当局决心使资本管制发挥效力时,低估资本管制的有效性是不对的。至少政府可以做些事情来增加非法跨境资本流动的转移成本。笔者认为,最近泰国货币当局以阻止投机资本流入为目的的行动是值得称赞的。尽管在战术和技术方面有一些错误,但是大方向是正确的。中国应该认真学习泰国的经验。此时此刻,尽管阻止投机资本流入迫在眉睫,但是也不应该轻易放弃对资本流出的控制。在目前情况下,资本外逃主要会造成中国国民财富的流失,而非危害国家经济安全,如果泡沫经济确实存在,真正的危险是在泡沫经济崩溃之后。届时,如果居民要把部分存款变为美元,如果外国投资者要把利润全部汇出,如果对冲基金对人民币发起进攻,尽管我们有大量外汇储备,亚洲金融危机重演的可能性也不能完全排除。最近中国政府正在加强对跨国资本流动的管理,这是非常必要的,金融开放和资本项目自由化的步伐不能太快。

结 束 语

亚洲金融危机过去十年了,现在亚洲经济形势非常好。亚洲经济的复苏证实了亚洲奇迹是真实的。亚洲有意愿和能力继续这个奇迹来进一步缩短与发达国家的差距。但是,我们要意识到一切并非尽如人意。亚洲金融危机 10 年后,亚洲经济再一次面临着类似的挑战和威胁。所有东亚经济体的货币都或多或少面临着升值的压力,所有东亚经济体都面临着投机资本的流入。历史不会沿着相同的道路重复,但是不排除类似可疑情况的存在。亚洲国家应该提高警惕。否则,我们将再次成为投机基金和私募资本的猎物。通过我们学到的经验,如果这次我们失败了,除了自己,我们不能责怪任何人。最后需要强调的是:中国当前的经济形势是非常好的,我们必须有危机的意识,但却没有任何理由感到悲观。

【2007 年第 16 期】

经济卷

2008 年

"双膨胀"的挑战与宏观政策选择

2007 年,中国宏观经济运行出现了近 10 年来罕见的资产膨胀和通货膨胀同时并存现象,这种"双膨胀格局"的持续将直接挑战我国经济增长的稳定。在中国非同质的微观基础条件下,"双膨胀"带来的严重后果,一方面会因"资产重估"而削弱实体经济的国际竞争力;另一方面则是加速收入分配的两极分化,对经济稳定产生不利的影响,因而遏制两大膨胀已经是宏观政策选择的重要方面。但目前资产和通货"双膨胀"形成的机理仍未厘清,遏制膨胀的政策选择方向不明,在此情况下一项宏观调控政策的出台,本来其目标是解决资产部门的价格膨胀问题,后果可能对资产泡沫的紧缩效果不佳,却反而极大地损害了实体经济,把符号经济和实体经济的裂口越撕越大。因此,寻找双膨胀的机理和政策选择,正是本文探索的主线。

货币的迷失与回归:历史的考察

1. 从"财政赤字化和货币增长之谜"到"货币迷失之谜"

著名经济学家麦金农在 90 年代初注意到 1978—1992 年中国广义货币的快速增长(10 多年间平均每年约 23%)和政府的财政赤字扩大(接近于 GNP 的

10%)现象,并提出了著名的"中国之谜":在中国政府成为国家银行体系的巨额借款人的同时,是如何成功地避免通货膨胀的?(麦金农,1997)今天看来,当初的"麦金农问题"随着时间的流逝已经完全蜕变为其后 10 多年的"中国货币消失之谜"了:90 年代中期后财政情况已趋于好转,M2/GDP 比率却仍在持续上升,M2 绝对量在远远高于 GDP 总量水平上不断放大,但 CPI 在更低位运行,超过实体经济部门多余的货币似乎消失了。这一谜团的原因到底何在?

以 1995 年为界,中国货币扩张与控制通货膨胀的条件和内在机制发生了实质性变革,货币政策在促进增长、稳定物价的方面找到了合理的平衡机制:首先,国际收支双顺差的实现、外汇储备的不断增加,使得经济增长获得了一个新的货币扩张机制,国家可以不再单纯地依赖于包括财政赤字货币化的简单"发票子"货币创造手段来刺激经济;其次,基于资本管制的固定汇率制度,为开放条件下通货膨胀的治理找到了一个新的"基准锚",在外汇储备可获得情况下,汇率持续固定在钉住的水平上,由于外部(美国)价格水平是相对稳定的,在购买力平价条件下,国内价格得以保持稳定(萨克斯与拉雷恩,2003);再次,在中央银行货币稳定职能的确立、宏观调控水平的提高和货币市场形成的条件下,不断成熟的公开市场操作增加了抵御货币冲击、稳定物价的手段。特别是 2002 年来,为保证物价稳定,中央银行公开市场操作力度增大,发行中央票据对外汇占款带来的基础货币增加,使得 M2/GDP 的快速增长部分体现为"虚高",而这部分"金融窖藏",是不可能去创造 GDP 和制造通货膨胀的。

不仅如此,在上述宏观变革背景下,金融结构及微观主体行为的特征也值得关注。首先,高储蓄与银行"惜贷"。中国金融体系长期以来由四大国有银行垄断,存在国家对银行不破产的隐性担保机制,高额 M2 包含着巨大的被关在银行中的高储蓄特征,最近 20 年各项金融存款余额连年攀升,1985 年仅为 3 553 亿元,到 2006 年底约为 32 万亿元,22 年间增长了近 89 倍。在资本市场和金融工具欠缺及对其他非银行金融机构限制的情况下,资产投资市场发育不足,国内部门的收入只能在银行存款和商品上进行选择,国内部门的储蓄被严格管制的融资体系关起来,成为难以动弹的"笼中虎"。同时,随着 90 年代中期金融管制的变化和金融市场化的推进,银行部门向企业供给资金的"短边约束"增强

（刘树成、赵志君等,2004）,金融机构资产负债表出现了从 1995 年前的"货差"向 1995 年后"存差"的转换,高额储蓄在最近 10 年并没有被金融机构通过传统的信贷手段完全运用出去。银行"惜贷"的结果之一,是流动性不高的、主要作为价值储藏职能的货币相对增多,结果 M2 提高,但不影响物价;结果之二是银行资产多元化,大量银行资金用于直接购买财政部和国家开发银行等政策性银行的长期债券(财政赤字货币化),所以对短期物价的影响也不大。

其次,资本外流下的"货币迷失"。在 1994 年人民币超贬前后,中国经济彻底向一个外向型的国家转型,进出口激增,由于大量企业和个人出于对人民币贬值的担忧,导致大量资产出走、货币"迷失"到海外。王宏淼(2005)的分析是,1982—2004 年间,除了 1982、1985、2001、2003、2004 五年出现短期资本(游资)净流入(净流入 1 165 亿美元)外,其余 18 年皆为净流出(总净流出为 2 778 亿美元)。资本的大量外流(外逃)成为加剧通货紧缩或缓解通货膨胀的重要因素。

2. "迷失货币"的海归与"出笼之虎"的咆哮

尽管在货币操作、银行"惜贷"、资本外流等因素综合影响下,国内价格在长达 10 多年时间保持了稳定。但长期 M2/GDP 过高积累了相当的货币冲击风险,通过压低固定汇率向国际输出的"货币",随着人民币汇率体制的改革和人民币的升值预期,不断从海外移回国内,2001 年以来短期游资呈现加速回流态势,2003、2004 年分别实现净流入 310 亿美元、793 亿美元;同时早期沉睡于银行财务报表负债方的"笼中虎"也开始苏醒,涌向资本市场。

短期资本流入拉升了中国资产价格。2004 年以来大量海外个人和机构到中国境内购买房地产,推高了全国各大城市房地产价格。据国家外管局报告披露,外资流入房地产市场呈现以下特点:(1)新设外资房地产企业增长迅速,房地产业已经跃升为外商投资第二大行业,外资规模不断扩大。(2)外资房地产企业外债快速增加。截至 2006 年 6 月末,外资房地产外债占全部房地产外债的比例为 92.13%。外资房地产企业依托境外银行和境外股东,大量借用外债,外资房地产行业外债总量呈逐年递增趋势。(3)境外机构和个人购买境内商品房增长较快。2006 年上半年,境外机构和个人购买境内房地产支付的外汇为 21.47

亿美元,同比增长约45%。尽管国家两年来出台了多项政策治理房地产价格涨幅过快的势头,但从2007年一季度的情况看,70个大中城市房屋销售月平均价格同比上涨仍然达到5.6%。

同时,由于对经济增长有着较好预期、资本市场股改等因素,银行中的储蓄再也不堪继续忍受低利率(甚至实际负利率),"笼中虎"开始出笼,银行储蓄向资产市场特别是股票市场"蚂蚁搬家",导致股票价格急速上升。中国资产市场出现了"非理性繁荣"。

资产和消费物价"双膨胀"的内生性原理

1. 汇率升值和城市化:资产重估的触发机制

中国外向型的工业化道路在1994年汇率超贬后,加快了前进步伐,对经济的带动作用明显。在政府对要素采取严格的管制下,全民补贴工业化,如免费的土地、水和空气、低金融成本、超贬的固定汇率等补贴给了可贸易的工业部门。"低成本"促进了可贸易部门发展迅速,并进一步带动了农村劳动力转移,劳动力转移优化了就业结构,提高了综合要素生产率;在开放中由于"干中学"和"技术的套利—扩散机制"(张平、刘霞辉,2007),以及国际产业加快向内地转移的劳动力吸纳效应,可贸易的工业部门获得了新的技术进步和持续的低成本竞争优势,从而导致出口的"量"和"质"都得到了大幅度的提升。在贸易顺差不断扩大的情况下,人民币汇率升值压力也在不断增强。

新世纪以来,随着中国城市化的快速发展和金融管制的放松,出口积累的货币有相当大的部分投向了一直被人为管制的资产部门上:房地产市场、城市化基础设施和股市;为治理1998—2002年间的通货紧缩,新凯恩斯主义政策下较大规模的政府债券和银行政策性贷款投向了与土地和城市化有关的公共基础设施和大型基建项目。随着对汇率升值的预期提高和汇率制度的改革,启动了国际资本对中国资产价格的重新定价,土地和房地产的价格被重估(张平,2005);而经济高增长背景下资本市场实施的股改等一系列体制性改革,更是吸引了大量储蓄资金、银行信贷、国际热钱的进入和早期"迷失货币"的海归,中国的证券化率从2005年的不足30%,到2007年超过了100%。资产部门开始迅速膨胀。

在汇率升值过程中,东亚经济体的问题主要是资产泡沫,而通货膨胀一般处于比较低的水平。中国则不同,可贸易工业部门的"低加工成本"竞争力在很大程度上是多年来政府干预出来的。由于资源、环境约束变硬,以及国际能源价格上涨、国际政治干涉增加等原因,城市化进程中的高成本开始逐步显现,资产价格开始迅速膨胀,并构成社会成本上升的主要动力。

2. 资产价格快速膨胀的制度性支持

从目前资产膨胀的特征看,资产价格除受到汇率升值和城市化要求而重估的影响外,更深层次的原因是来自制度性因素的支撑。

(1)最大的制度背景就是长期以来土地是无价的。从1992年开始尝试定价就引发了第一轮土地泡沫。到新世纪随着城市化的发展,土地才开始进入真实的资产定价过程,但这种再定价是在政府的直接干预下展开的,土地成为地方政府的最主要收入,政府直接推动了土地价格的上涨,并推动了房价的高涨;加上地产投机、官商勾结及大地产商的土地囤积行为(建行研究部,2007),这一机制配合着低利率和人民币升值就更有了"加速"膨胀的条件。

(2)股市再定价从2006年股改才真正开始,原本严格管制下缓慢发展的资本市场在股改等制度性激励下,开始了前所未有的"井喷式"发展,极大地调整了中国的金融结构,从长期而言对中国经济有着积极的意义。资本市场制度性建设、工具创新、大量的蓝筹回归和国有银行上市,在体制上继续支撑着股市的发展;高增长和人民币升值也持续激励着股市成为资产膨胀的最快部门,对股市上升起着"拉力"作用。

(3)由于利率、汇率、融资体制等基本金融制度的调整尚待时日,它们对资产膨胀的"推力"或倒逼作用不可低估:1)在汇率弹性依然很小、资本流出仍不很顺畅等体制性因素还将在今后一定时期内存在的条件下,大量贸易顺差带着"迷失的货币"海归,外汇储备的累积还将持续,央行公开市场操作尽管能冲销一部分货币,但也只能是不完全货币对冲。到2006年底,中央银行票据余额已近4万亿元,虽然它不同于国债,它与实体经济没有关系,造成M2中的相当一部分处于闲置状态,并使整体货币流通速度下降,但问题在于,这部分"迷失的货币"随着中央银行票据的累积并逐步兑现,还会部分回到现实经济中,增加市场流动性。2)从经济增长、汇率稳定、银行股改等多重因素考虑,利率管制体制短期内不会有较大改变。央行一方面用央票发行利率引导货币市场的利率来保持中美之间的适当利差,以抑制套利性热钱流入,缓解人民币升值压力;另一方面,通过对信贷利率的管制和逐步放松来引导储蓄和调控投资、缓解银行存差压力和促进国内商业银行的现代化转型。应当说其效果是明显的,特别是实现了低利率政策下的大量储蓄资金分流。3)银行为主导的融资体制短期内不会有所改观。中国银行业正处于通过上市成为公众公司的转型中,来自股东的压力使其注重信贷资产的收益率最大化,为获取收益,不少银行资金甚至绕道进入资产市场进行投机,推动资产价格上扬。

3. 成本传递下的通货膨胀

在中国汇率升值和城市化加速发展的过程中,资产重估引致的资产价格膨胀不会局限于资产部门,它正在很快地传导到实体部门,在国际原材料价格上涨的助推下,中国开始直面近10年来罕见的资产和消费物价双膨胀格局。

按"巴拉萨—萨缪尔逊原理",可贸易部门的快速增长有明显的工资传递效应(Balassa,1964;Samuelson,1964)。在中国二元经济结构条件下,因受农村剩余劳动力的抑制,这种工资传递效应一直不很明显。但汇率升值和城市化过程中的资产价格上升加快后,可贸易工业部门的传递效应却开始逐步显现。这种传递,不仅仅体现在向非贸易部门的"巴拉萨—萨缪尔逊型工资传递效应",更重要的是汇率改革和城市化触发下资产价格重估的更广泛的"成本传递效应",包括土地、水、空气、税收、融资成本等的上升,同时作为大国还必须承担国际价格的冲击,农业部门、制造业和服务业的成本都开始上升了,成本推动型通货膨胀的压力开始出现。

首先,汇率升值和城市化进程中资产重估带来的成本传递效应,在国际因素的推波助澜下,可贸易工业部门加工成本的提升速度和潜在上升势头不小。其次,农业部门的成本也不断提高,导致一些农产品价格走高。从当前通货膨胀的特征看,食品、房地产价格是最为主要的引发消费物价(CPI)上涨的因素,而石油和原材料价格上升直接推动了生产品价格(PPI)。再次,受成本推动,中国第三产业部门的长期"价格压抑"正在逐步释放。第三产业很多是属于非贸易的、受管制的,仍处在严格审批的规划体系中,其价格很难反映供求关系,而成为国家调控价格的重要手段,如水、能源价格都是如此,这样也积累了大量的"价格压抑"。这一潜在的压力是未来价格上涨的主要推动力。

因此从总体上看,中国经济体作为一份资产,依据资产定价模型原理,主要依靠工业品出口的现金流入支撑着国内的资产价格重估。在原有管制条件下,现金流不能参与到资产部门中,而只能积累在银行或海外,当金融管制放松,汇率改革触发这些"迷失的货币"和国际上大量的热钱参与到资产重估中来,在制度性条件支持下,从而引起了这一轮资产价格上涨。由于债券市场分割、开放度低,此轮资产价格的上升主要表现在股票市场和城市化相关的房地产上,这只是第一次的冲击,即国内制造业所赚取的美元和早前"迷失货币"的回归,国际的大型投资银行和对冲基金等还没有完全进入。而由于股票和房产等资产部门对货币的吸纳,2005年以来尽管货币投放大、流动性过剩,通货膨胀在当时还不是最大的问题,但到了2007年资产重估对实体经济的影响逐步开始显现,部门、国际间成本传递的累积效应启动了消费物价上升。因此正如我们分析的,如果资产价格继续上升,通货膨胀就不会立刻消失。而且,如果资产重估越来越推高了可贸易工业部门的成本,就会导致国际竞争力下降,现金流入不断下降,则资产重估的支撑就会出现问题。迷失货币与热钱制造的资产泡沫在短期内会掩盖实体经济因成本上升而带来的竞争力下降——由于大量实业部门和银行也介入到资产部门,尽管实体经济竞争力下降,但利润反而会提高,掩盖了经济的真实问题。亚洲金融危机就是在出口部门竞争力下降后,国内资产泡沫破裂。中国当前的很多宏观政策希望抑制资产膨胀,但成效不大,资产继续膨胀,其政策效果恰恰直接打击了实体部门,这就会加大资产部门和实体部门的裂口。

资产和消费物价膨胀的后果:撕开的裂口

1.实体经济和符号经济的裂口

城市化背景下资产和消费物价的膨胀来势较猛,而且伴随着很强的国际化的压力和冲击，因此宏观政策选择上采用了常规的操作手段，一是"堵"，即通过降低出口退税等一系列方式抑制出口，试图平衡进出口来抑制由于双顺差导致的资金流入；二是"压"，通过加息、加大节能减排和税收征收力度等抬高生产领域的成本，抑制国内的经济过热；三是"疏"，即放松资本流出管制，鼓励企业和居民到国外投资，缓解国内资金过多的压力，这些政策无疑有着积极的意义。但从结果看，它们对资产部门的抑制效率并不高，反而对实体部门有明显的打压作用，随着实体部门的资金逐步投向资产部门，资产部门更膨胀，而实体则更虚弱，实体和资金部门发展的裂口不断加剧。

近年来出台的汇率升值、减少出口退税、提高利率、强化节能减排措施、加大税收的征收力度、保证工人的最低收入等一系列宏观经济调控政策，基本上是"压"实体经济的，这些政策的积极意义无须多言，但毋庸置疑这些政策对实体经济的制造成本提高也有着非常明显效果。一个企业面临制造成本快速提高时的理性选择有两条：一是加大技术创新，提高生产率来消化成本；二是维持现状，通过实体的融资功能进行融资投向其他盈利项目。在中国存在着一个快速膨胀的资产市场条件下，后者成为最有效率的选择，因为股票市场上新股的无风险收益率现在仍高达 15%—25% 之间，因此大量企业会选择后一条道路。从 2007 年上市公司公布的前三季度季报可以看出，新增的利润中 31% 来自股权投资收益，如果再加上资产注入和投资房地产的收入的话，50% 以上的利润来自于房地产和股票，传统制造业加入到股票和房地产投资，彩电巨头康佳收入主要来自股票投资，而海尔也大举进入房地产业。带动股指上扬的主要是金融部门和地产部门，两者相互促进、自我循环，形成了股票、地产价格、金融服务自我推动的上升螺旋。上市公司的投资也更倾向于找资源类的矿山投资，以及地产投资、资产注入、上市公司股权、金融和基础设施的私募股权等方面，人们对实体的再投资兴趣下降，已经可以看出实体资金投向资产部门的倾向非常强了。

再以出口为例。中国汇率改革后，人民币升值，相应贸易顺差状况应该有所缓解或增长趋缓，但却出现了超出原有顺差倍数的激增，这是不符合产业——贸易发展规律的反常现象。现象的背后是通过"非正常贸易"进行"海外资金"

的回归,而不能完全归结为实体竞争力在一两年内突飞猛进的"奇迹"。在当前人民币升值前提下,中国贸易—产业技术进步没有重大革新的条件,贸易顺差激增已经大幅度超过了正常贸易增长的均线,有人已经意识到这是非正常贸易能实现的快速增长,它更可能是金融行为,即通过虚报货值和转移定价帮助巨额外汇资本流入中国来实现"资产内移"。渣打银行(上海)资深经济学家王志浩(Green,2006)的一篇研究报告认为中国存在"贸易顺差泡沫":由于进出口的计价标准、计量口径(香港中转贸易是否算入)、人民币升值预期、跨国公司转移定价等原因,中国 2005 年的贸易顺差要小于 350 亿美元,其余 670 亿是"虚假贸易"即资本非正常流入。

因此宏观上看到的工业企业利润的快速上升、外贸大幅度顺差,就认为中国的实体经济宏观成本越提高,其竞争力和利润水平就越高,这是不符合经济学常识的。实体经济的短期表现固然有效率提高、需求加大等改进性因素,但有多少是效率改进,又有多少是来自于资产收入,这一点是宏观政策需要分析的,否则就会迷失在形势大好的错觉中。

2. 分配的裂口:两极化趋势

资产和物价"双膨胀"所带来的另一个严重后果是收入分配差距扩大。在中国城乡之间、不同行业之间、地区之间、城市高收入和低收入者之间非同质的微观基础条件下,资产膨胀使富人受益,而将穷人排斥在外;而通货膨胀,特别是食品价格上涨更多地损害穷人利益,导致分配两极化。

就居民收入构成而言,实体经济部门带来的主要是工资性收入,资产部门带来的则是所谓的资本利得。工资性收入差别有限,在短期内不会出现急剧分化;而资产性质的财富则可能会在一夜之间改变收入分配格局。由于财富积累的"马太效应",高收入阶层往往能在房市和股市的资产繁荣中双重受益,而低收入者却无能为力,并被抬高生活成本。国际经验一再证实,资产膨胀的结果只会拉大贫富差距。随着福利性分房的结束,1998 年到 2007 年我国房价上涨了 3 倍左右,同时也意味着我国居民的房地产财富增加了近 3 倍,但这种财富主要体现在高收入居民,同时对穷人则是负效应,买不起房或难以再改善居住条件,实际贫富差距在无形中被拉大。而且房地产的财富效应,将可能使得富有者进一步增加对房地产的投入,再次推动房价上涨,形成新一轮的分配效应。

不断上涨的股票市场更是"印钞机"。2005 年时 A 股总市值仅为 3 万亿元,两年来由于股价指数从 1 000 点一路高歌猛进到 6 000 点,加之一大批"巨无霸"公司连续上市,A 股总市值已经近 30 万亿元,接近 GDP 的 1.5 倍。但中国资本市场的参与者仍不普遍,资产分配更为两极化,加上资本市场的扭曲制度,如低价定向发行与唯我独尊的权证创设制度、价格操纵等,使中小投资者的财富继续向少数人集聚。

相反此次通货膨胀源于粮食价格,由于收入的不同,居民的恩格尔系数不同,收入高的恩格尔系数低,收入低的恩格尔系数高,因此对通货膨胀的感受和实际的分配效果是非常不同的,同样的 6.5% 的通货膨胀率对富人来讲,由于恩格尔系数低,感受是 5% 价格压力,而低收入层则要感受 9% 以上价格上涨压力,以粮食为核心的通货膨胀直接拉大了贫富者的实际收入和消费的差距。

因此,资产价格和消费价格"双膨胀"不仅使得实体和资产部门发展的裂口不断加剧,而且新型财富分配形式加大了收入和财富分配不均的裂口,进一步加剧了贫富差距,导致经济和社会失衡。宏观经济管理面临着巨大的挑战。

宏观调控政策选择

在前期政策基础上,面对双膨胀的挑战,必须进一步做出恰当和配套的宏观选择,既要抑制资产部门的泡沫,又要激励实体投资和创新,同时还要顾及分配目标。针对资产重估过程中的投机泡沫,应加大资金成本及交易成本,以降低投机的收益和预期;针对实体部门虚弱趋势,应通过减税以及提高金融对技术创新的服务力度,激励实体部门增强国际竞争力,保持实体部门的持续创新热情,让实体能真正获得长期动力和收益;针对双膨胀带来的贫富扩大,应加大转移支付力度,调节收入和财富的分配。

1.提高资产部门的资金和交易成本

针对资产膨胀的两大市场——房地产市场和股票市场的宏观政策,从长期看需要进行制度性完善建设,从短期看需要加大资金和交易成本。抑制"双膨胀"首要的任务就是要保持正利率,按现有的通货膨胀趋势看,加息周期已经启动,只有保持正的利率水平,才能加大投机者的资金成本,有效降低投机的收入预期;第二要启动税收手段,提高交易成本,如前面已经出台的提高印花税、二手房交易税等是必要的,今后可能要出台的物业税、财富增值税等都对投机有很强的抑制性作用;第三是在金融政策上减低资金杠杆比例,如提高二手房首付比例等都是在防范风险和抑制泡沫。

利率的提高会加大汇率升值的压力,但只要保持现有的爬行升值预期,并且明确央行对汇率的触发性政策调控目标,积极参与外汇市场干预,保持干预主动权,利率对汇率的影响不会很大,热钱仍是为资产价格而来,而不仅仅是为利差而投资。同时可以学习日本"藏富于民",这比政府对外主权投资更好,逐步给居民创造更好的跨国理财的渠道(金融服务商),疏导民间资本流出,减低国家风险。由于"贸易顺差泡沫"原因,过大幅度地压低贸易顺差来迎合国际压力是不必要的,相反通过提高对贸易流动中"金融行为"的监控力度,降低"非正常"贸易顺差水平,或许是更好的政策选择。对于金融监管部门而言,当前最重要的另一任务是密切关注双膨胀格局下的资金流向,要防止形成新的信贷不良资产,以免重蹈日本"住专"和美国"次按"的"金融危机"。

房价问题比金融泡沫更为复杂,特别是官商勾结的利益共谋格局。为此,一方面要提高土地拍卖和项目建设的透明度,加大信息披露和反腐败力度;二是提高房地产开发商的资质审核,提高房地产业的进入门槛;三是加强对于房地产投机的监控,甚至建立黑名单制度。当前情况下特别要关注大地产商的屯地行为;四是加大廉租房建设投入,让低收入者安居乐业。

2. 减税激励实体部门创新

中国实体经济直接在承受着成本上升的压力,汇率、利率、土地、劳工、节能减排、税收等全面生产要素的成本提高,因此其预期回报率会不断下降,理性的选择是投资于资产部门获得超额回报。如果不加大对实体经济的激励,让实体经济有能力技术创新进行生产模式转型,其竞争力的衰落是必然的。

中国税收是以流转税为基础,而发达国家则以所得税为基础。长期以来中国税收的核心是企业生产流转,而且名义税率很高。过去因征缴效果不佳使得实际税负并不十分高。随着电子化的发展和征缴力度加大,实际与名义税收水平的差距已被逐渐拉平。在目前的经济发展情景下,这一税收体制对实体是一种负激励,而资产部门的快速发展却没有相应的所得类税收,比如投资股票、债权等所得免税。这种税收激励原则,在某种程度上是逼企业去投机资产获取回报,直接拉大了实体和资产部门的缺口。因此必须在税收体制改革上下大力气,进行转型。

当务之急是加快对实体经济的减税步伐,激励实体经济进行技术创新,加强国际竞争力,这是中国经济增长的根本。减税激励企业创新包括现在已经通过的内外资两税合一,减低国内企业所得税。更重的激励则是探讨十来年试点了几年但一直没有全面铺开的将生产型增值税转向消费型增值税改革,通过这一改革才能对企业设备更新有更大的激励。此外加大 R&D 的抵扣力度等,对技术创新给予财政返还都是激励企业走向创新的道路。

3. 加大转移支付进行分配调节

社会政策的重要方面是加大收入分配调节,特别是逐步加大财富分配调节。除了加快税收的调整,对收入所得、财富增值、资源占用等加大税收的征缴和开征外,急迫需要的是加大转移支付,对低收入人群进行补贴,并对住房中的廉租房、经济适用房进行补贴,保障社会的平稳。

【2008 年第 6 期】

中国改革的全球价值 [访谈]

成思危　吴敬琏　厉以宁等

改革的成绩单：经济增长与财富分享齐头并进

《21 世纪经济报道》记者(以下简称《21 世纪》)：从 1978 年到 2008 年,中国在很多方面都经历了长足的发展,改革取得了辉煌的成就,其中经济的长期快速增长最为引人注目。那么,改革与经济增长之间是什么样的关系? 改革如何促进了经济的增长?

樊纲：中国过去 30 年的增长,很多人认为没有效率改进,就是靠着劳动力便宜和资本积累。根据我们的分析,过去平均每年 9%—10% 的增长速度中,要素投入确实是主要的部分,但是生产力的提高也是一个重要的因素。要素投入拉动的经济增长率,1979 年到 1988 年是 6.7%,1989 年到 1998 年是 5.16%,1999 年到 2005 年是 5.36%,要素投入对经济增长的贡献大概是 60%。而生产效率改进拉动的经济增长率,在 1990 年代大概是 4.4%,到了 1999 年以后仍然有 3.7% 左右,应该说这是相当大的贡献。美国布鲁金斯基金会 2007 年的一个研究发现,中国全要素生产率的年均增长速度是 6%,这和我们的研究基本上兼容。

为什么会有这么大的生产力改进,第一是市场化改革,主要是产权关系的变化,主要是民营经济占整个经济比重的提高。第二是人力资本的外移效应,是教育进步之后整个社会的知识水平增长所产生的效果。第三是研发投入的增长,但是这一块迄今为止还是不大。第四是城市化和基础设施建设,我们的基础设施是吸引外资的重要条件,而城市化打破了过去分散的、离土不离乡的农村工业化发展模式,使得基础设施的利用率大大提高,对于经济增长的促进很大。此外就是外资和外贸对经济结构的改变起到重大效果。

还需要注意到另外两个因素,第一个是政府的行政成本在加大;还有一个是经济结构,主要指消费和储蓄的比例关系,现在储蓄占 GDP 的 50%,这是严重失衡的经济结构,对经济增长的效果是负的。

上面所说的这些因素,有些是与改革、制度相关的因素,比如市场化和政府改革,经济结构的背后其实也是一些制度问题。通过分析这些因素,一方面可以对过去的很多问题给予解释,另一方面可以对未来能不能发展、如何发展给出判断。每年 3 到 4 个百分点的生产率提高,可以解释过去 10 年"高增长、低通胀"的现象,能源、原材料等都在涨价,但是消费品的价格却不涨,企业的利润还在增长,没有生产效率的提高,这是根本不可能的。我们从中可以看出改革和开放确实有效,体现在生产率的释放、效率的提高。

同样,我们可以通过分析这些因素哪些还在,哪些不在,哪些弱了点,哪些强了点,对未来进行判断。总的来讲,所有这些因素今后 20 年基本都在,只不过强弱上会有变化。其中,廉价劳动力在增长过程中起的作用已经开始下降,将来显然会弱下去。其他很多因素将来会强起来,比如人力资本、科研投入、企业创新、城市化等,今后会起更大的作用,会支撑经济的增长。

那改革还起不起作用呢? 前面说了,我们很大一部分生产力是靠改革释放出来的。在我看来,中国的改革仍处在初级阶段,即使在经济体制领域,仍然有很多东西可以改,仍然可以释放出大量的效率,仍然可以通过制度改革去改变各种各样的激励机制,改变经济结构,消除各种各样的扭曲。这其中既包括市场化,即民营企业进一步发展、国有企业进一步改革、市场经济体系进一步完善;也包括提高政府效率,降低政府行政成本在 GDP 中所占的比重,如果这个因素的效果可以转成正的,我们就可以释放出不少生产力。

《21世纪》：改革通过改善制度，释放了生产力，提高了生产效率，带来了经济长期快速的增长。GDP是增量，财富是存量，GDP快速增长的同时，我们的财富是否也在增加？

茅于轼：比较全世界的穷国和富国，可以看到富国是以商品交换作为主要的资源配置方式。这是什么道理？最重要的原因就是交换创造财富。传统的政治经济学认为劳动创造财富，而交换只是产品的转移，因此是一种多余的东西。而市场经济的特点恰好就是交换，而且交换是创造财富的。道理非常简单，平等自由条件下的交换是双方都同意的，一个商品从卖方的手里转到买方的手里，卖方有一个价格底线，买方也有一个最高价格，这两个底线中间有一个距离，交换是从出价低的卖方转手到出价高的买方，一旦成交，买卖双方就都得到了好处。所以说每一个买卖都是从低价值变成高价值，社会的财富因此就增加了。

交换对双方都有利，因此它会很自然的实现，但是平等自由这个条件很难实现。改革以来，百姓的自由扩大了，选择职业、创业、交换、旅行本来是完全没有的，现在越来越多了，由于这个原因，我们的财富得到了非常大的空间的增长。但我们还是不大愿意提平等自由，有可能陷入权贵资本主义的误区，就是一个讲特权的市场经济，这是非常值得警惕的。

《21世纪》：经济增长，财富增加，但有人认为，在效率提高的同时，公平的状况在变差，比如收入差距扩大。改革对收入差距和社会公平到底产生了什么样的影响？

张维迎：谈中国改革30年，就不可能不谈收入分配。其实任何一个制度都是收入分配制度，任何一个体制改革都是收入分配制度的改革。中国的改革可以说是从政府主导收入分配到市场主导收入分配的变革。目前的情况是政府仍然在资源分配中起着非常重要的作用，同时市场在收入分配中也起着重要的作用，这两者结合起来，就产生了现在收入分配中存在的诸多问题。

回想改革初期，我们主要的目的是引进激励机制，反对大锅饭、平均主义。经过30年的改革，贫困问题应该是基本解决，但收入差距却扩大了。以世界银行的统计来看，无论按照老的标准还是新的标准，农村贫困人口的比例大幅度下降,按照老的标准,1980 年有 40.7% 是贫困人口,到 2002 年只有 4.8%;按照新的标准,1981 年贫困人口是 52.8%,到 2001 年是 7.8%。而且,贫困人口比例的降低,与每个省的 GDP 的增长有显著的相关性,也就是说,GDP 增长越快的地区,贫困人口比例减少得越快。这印证了邓小平的一句话:发展是硬道理。

基尼系数,无论是农村还是城市,都是上升的。但大家也要注意一点:全中国的基尼系数现在达到了 0.45,但无论是城市还是农村,分别来看都低于 0.4,这是二元结构可能带来的统计上的一些问题。

现在有关收入分配的争议越来越多,实际上这是一个怎么评价我们改革成就的问题。现在提出一个新的口号是"改革的成果全民分享",但实际上,过去 30 年改革的成果也是全民分享的,当然分享的程度有所不同。我认为,尽管改革 30 年之后,中国人之间的收入差距是扩大了,但是中国人的公平程度也大大提高了。

在全球和历史的大视野下考察:中国改革并非特例

《21 世纪》:纵向比较,改革成就巨大,那横向比较又是什么情况? 如果进行国际比较,中国的地位是怎样的?

钱颖一:从 1978 年开始的中国经济改革,使中国经济经历了近 30 年的快速增长,这是 20 世纪最重要的世界性历史事件之一。我在这里想从国际比较的角度来做三个观察。

第一个观察,如果从国际比较的角度讲,中国经济增长的速度并不是独一无二,它增长的基本因素也并不特殊。如果跟世界上其他转轨国家做比较,比如波兰和俄罗斯两个典型的东欧国家,结论当然是中国很特殊。但是,如果日本以 1950 年、中国台湾以 1958 年、韩国以 1962 年、中国大陆以 1978 年作为原点,重新刻画它们各自的增长曲线,那我们就会发现,中国大陆在这一组国家和地区中没有什么特殊。

进一步讲,不仅中国的增长速度不是独一无二的,而且它的直接因素也与东亚国家和地区非常相似。1993 年世界银行出版了《东亚奇迹》一书,这本书研究了东亚的 8 个高增长的国家和地区(没有包括中国),总结了导致它们高增长的直接因素,主要是宏观经济稳定(也就是物价稳定,低通货膨胀);高储蓄;高投资;大量的年轻劳动力(即人口红利);重视基础教育等。这些和中国的情况是一致的。

第二个观察,目前中国经济体制的制度基础仍然相当不健全,社会不稳定的因素也不少。但是如果采用国际比较的方式,就会发现,这并不是一个非常特殊的现象,有它的一般性。看三个指标。一是法治指标,世界银行每年都公布各国的法治指标,满分是 100 分,中国是 40.6 分,比我们好的有墨西哥、巴西、印度,比我们差的有俄罗斯、秘鲁、乌克兰等。二是腐败指标,最清廉的是芬兰、新加坡等,我们排第 71,在 100 多个国家中比较靠后,墨西哥、泰国等都在中国之前,而土耳其、罗马尼亚、俄罗斯等在中国之后。三是基尼系数,无论在城乡之间、农村之内还是城市之内,中国的基尼系数在过去 30 年中都有较大的上升。

站在中国的角度看,我们当然希望收入更平等、腐败更少、法治更健全。但是和其他国家相比,我们的情况并不是那么特殊。这里的关键是要考虑到中国目前的发展水平,即人均 GDP。首先,法治指标与人均 GDP 是正相关的,虽然我们不知道其中的因果关系,但我们发现越发达的国家法治程度越好,越落后的国家法治程度越低,我们画一条法治指标与人均 GDP 的回归线,中国是在回归线的稍微偏下一点点。第二,腐败指标与人均 GDP 的回归线,中国正好在回归线上。第三,基尼系数与人均 GDP 的回归线,中国是在曲线上面一点点。根据上面的分析,我们发现,我们的制度水平与现在的人均收入和发展水平是基本一致的。我们的确仍然处在发展的初级阶段,不仅我们的人均收入仍然低于世界的平均水平,我们的制度水平也处于较低水平。

第三个观察,虽然中国取得巨大成就有非常复杂的因素,但是其基本推动力是三条并不特殊的经济规律:一是把激励搞对,二是让市场起作用,三是实行对外开放,前两项正是改革的内容,后面一项是开放的内容。

把激励搞对是改革的两条主线之一,它包括很多形式,最后都体现为对经济人提供激励。我们可以找到很多地方政府的问题,但是不可否认地方政府积极地参与经济改革,发展地方经济,是改革成功的重要因素之一。

让市场起作用是改革的主线之二。市场起作用就是由供给和需求决定价格,由看不见的手来引导资源配置。实现它也有不同的方式,比如中国曾经采取的双轨制,看上去它跟标准的市场不一样,但是它在一定程度上起到了在边际上有效的资源配置作用。

对外开放是第三个基本推动力,这其中也有一些有趣的现象值得研究。中国对外开放的速度和程度甚至超过对内改革。中国对外开放程度用某些指标来衡量,比如进出口与 GDP 之比,比美国都高。

《21世纪》:放在全球大视野中去看,中国30年改革的经历曾经在东亚普遍发生过,符合发展的一般规律。那放到历史大视野中去看的话,从更长的时段看这30年,又能得出哪些结论呢?

陈志武:中国改革开放不只是过去30年,应该有160年左右。过去160年确确实实给中国社会带来了非常大的变化。我们更感兴趣的是,为什么这一次会非常成功?

我们今天说到中国,都强调人口众多和劳动力便宜,是让中国成为世界工厂,使中国经济的腾飞变为现实的主要因素。不过,我们要问,中国的这种高速发展到底是中国自己创造的,还是世界带给中国的? 我们回过头去看,在19世纪末期20世纪初,中国人口占世界人口的比重比今天要高得多,当时大概介于世界1/3 到 1/4 的人口之间,而今天的中国人口才占世界的1/5 左右。一两百年前,中国在这方面的比较优势比今天更强,那时的中国人也照样勤劳、人口也更加众多,那时中国经济没有腾飞,这说明必然是劳动力之外的因素在起作用。

钱教授讲,中国过去30年跟1950年以后的日本、1958年以后的中国台湾、1962年以后的韩国,增长经历非常类似。我要补充的是,从1950年到1998年,全球的人均 GDP 也是翻了差不多两倍,跟中国最近的30年的增长情况差不多。我强调这一点,绝对不是要贬低中国人自己的贡献,但也要看到,中国的经历,东亚国家早就有过,世界平均水平也从1950年开始经历这样的收入增长,那就说明,中国过去30年的增长,是一种全球范围内更普遍趋势的一部分,我们只不过是赶上了这个趋势,加入了这个潮流。从这个角度看,是世界给中国带来了这种增长势头、发展机遇,而不是相反。

从 1980 年代初开始,英国、美国开始大规模地实行私有化;1990 年之前,东欧、西欧、拉美国家都不约而同地进行市场化。到底是一种什么样的力量,使全世界都不约而同地进行改革开放,让大家几乎同时采取类似的行为,比如放松政府管制,把财产权、把经济活动的选择自由还给个人? 中国过去 200 年中发生的很多事情,都跟同时期其他很多国家的事情几乎一样,比如工业革命的时期,曾国藩、李鸿章等人也在进行洋务运动;19 世纪后半期在德国、瑞士、拉美国家、俄罗斯出现了股票交易所,而中国的股票交易差不多也是在 1872 年开始的。为什么在大家不知道"华盛顿共识"是什么的前提下,都同时采取了市场化、全球化的举措?

19 世纪后半期,全球范围有两大趋势,给中国过去 30 年带来了机会,第一是工业技术越来越成熟,越来越商品化,异地的可移植性越来越强。第二是世界秩序的演变。以前的世界秩序是以武力炮舰来维系的,交易成本非常高,而今天美国和中国的跨国公司不需要自己的军队——但要有自己的律师。在以规则为主导的世界秩序之下,邓小平一旦决定改革开放,马上就有很多外资进来,同时中国的企业可以把商品运出去,而以前的改革开放者也没有这么幸运。1978 年时这些条件具备了。

改革的路径:渐进地界定产权

《21 世纪》:从全球和历史的大视野看改革,似乎说明,改革具有必然性,而且其发生和发展受到全球趋势的强烈影响。但不管怎么说,中国的改革首先应该是针对国情的,它的发生和发展还是应该有一些特殊性。如果具体来看国内的情况,改革是如何发生的?

周其仁:改革开放不是突然从天上掉下来的,而是酝酿了很长的时间。

1978 年是中国改革开放的元年,因为这一年发生了思想解放运动。虽然在 1978 年 12 月党的十一届三中全会,政策对包产到户还是下了禁令,但是这次全会和之前的中央经济工作会议,从思想路线上纠正了整个国家看待体制、制度、政策的思想方法,这个思想路线就是改革开放。社会主义、公有制、计划经济讲到底都是手段,是要满足人民日益增长的物质文化要求,满足生产力的发展,而不能把它倒过来,变成选择体制的一种桎梏。选错了要改过来,要听从实践的经验,我相信这是中国改革开放30年来最重要的一个思想根源,所以我们今天把改革开放定成1978年开始。邓小平在1960年就讲过,包产到户能多打粮,不合法,就让它合法起来,但直到1978年以后,局部的包产到户才变成席卷全国的包产到户。包产到户的意义就是在集体的公有制中划出一个权利界线,使用归你,种什么归你,产品归你。中国有社会意义的界定产权就是从包产到户开始的。

在我看来,整个改革开放就是权利的重新界定。第一个层次是集体的所有权可以通过承包,清清楚楚地界定到个人。第二个层次,不仅仅是可以使用,还可以转让,有转让权、定价权、喊价权和还价权,中国资源的配置就不再生活在苏联教科书的那一套范畴里,看不见的手开始起作用,直到最后写入中央的改革文件,以市场价格手段来配置资源。第三个层次,界定了创业权,这一条大大解放了中国的生产力,出现了新型的企业家,才有今天这么多的服务和商品。第四个层次,把各种来路的权利放到一个合约中来,不同权利放在一起,互相保护利益,互相不侵犯,组织更大的生产力。

这四个层次的权利界定,是从实际出发,先试再做再讨论,最后把稳定的东西变成法律,变成章程,这就是我们看到的改革开放。对于这四个层次的产权界定,到今天为止都有不同认识,这没有关系。重新界定产权和原来含含糊糊的大公有制之间的区别使中国的经济实力发生了完全不同的变化,这一点我相信看到的人越来越多。

当然,界定产权是一个渐进的过程,哪一个领域问题严重就先动一动,所以我们的权利界定是不够普遍的,权利和权利之间的平衡关系构成未来改革的一个难点。对于将来,我相信我们现在可以提出这样的目标:要有普遍的产权,要界定到所有的资源配置上去,而不是哪一方面的权利。

所有权利当中,有一种权利背后带着合法的暴力,任何社会要有秩序,就一定要有强制力,一定要有合法暴力。但是这个合法暴力怎么能够在规范的轨道上运行？怎么能够不被滥用？这是改革开放 30 年来到今天都没有解决的问题。当然总的思路有了，就是法治，这个法治是所有人要服从同样的准则,用同样的准则管住所有的人。

《21 世纪》：改革是权利的重新界定，而这又是有个渐进的过程，经历了不断深化的四个层次。渐进可以说是中国改革的特性，为什么中国改革会采取这样的路径？

林毅夫：我要谈的是中国渐进改革的逻辑。中国的改革开放采取的是双轨渐进的道路，在上世纪 80 年代就取得巨大的成绩，1979 到 1990 年经济连续取得十多年的快速增长，而且对外开放扩大，城乡差距缩小，可以讲经济发展所追求的主要目标都达到了。但是在那段时间里，国际经济学界普遍不看好中国改革的前景，他们认为中国的改革虽然成绩明显，但是存在很多根本的体制问题，比如说产权还没有私有化，市场是双轨制，经济体系当中还存在着根本的矛盾，认为中国经济将会出现巨大危机，甚至崩溃。

当时国际经济学界看好的改革方式是按照"华盛顿共识"所主张的"休克疗法"，包括价格一次性地全部放开，推行市场化，对国有企业产权进行大规模的私有化，同时，政府维持预算的硬约束来保持宏观经济的稳定。"休克疗法"这三项内容，从理论上来讲是非常完整、自洽的。主张"休克疗法"的经济学家认为，按此改革实行之初经济会有所下滑，然后就会长期快速发展，而中国渐进、双轨的改革必然会出现大的灾难。

但事实的发展并不是像理论预期那样。苏联、东欧推行"休克疗法"以后，出现了恶性的通货膨胀，经济长期停滞，一直到最近，才开始有增长。反观中国，国民经济确实出现很多问题，比如说国有企业的效率一直没有提高，地区差距城乡差距在扩大，金融体系比较脆弱，社会当中有很多腐败现象，社会发展也相对滞后，但是我们的国内生产总值在 1990 年代和新世纪以来，以更快的速度在发展。

从中国的改革开放与苏联、东欧转型的比较，我们看到的是现有的理论在预测转型时，是苍白无力的。原因在于，现有理论暗含了一个假定，认为存在于市场中的企业都具有自生能力，也就是只要管理好，就可以在竞争的市场中赚钱，如果一个企业在市场竞争中不赚钱，一定是它的管理有问题。但实际上，在转型国家,很多企业即使管理没有问题,也有可能没有办法获得预期的竞争力和利润率。

但是,在中国、苏联、东欧以及其他一些社会主义计划经济国家,在二次世界大战以后,都试图优先建立技术先进、资本密集的重工业体系。

但是,由于重工业体系中的企业缺乏自生能力,"休克疗法"的三个目标就不可能同时实现。在企业缺乏自生能力的情况下把所有保护和补贴都取消,企业就会破产,这会导致两个不可承受的后果,一是重工业企业通常非常大,破产就会造成大量失业,社会不稳定;二是这些产业是国家现代化的基石,政府和社会各界都会要继续保有它们。即使是私有化之后,国家也需要继续进行保护和补贴,而且要补贴更多,但政府的征税能力却是下降的,于是只好用印钞票的方式来补贴,这就是"休克疗法"导致恶性通货膨胀的原因。

为什么渐进的、双轨制的改革比"休克疗法"更好呢? 中国的渐进改革首先是放权让利,让农民、工人有一部分自主权,变成部分剩余的所有者,他们的积极性提高了;允许农民、私营企业、外资企业进入以前受压制的轻工业,这符合比较优势,改善了资源配置的效率;同时,对于那些不符合比较优势,没有自生能力的企业,继续给予必要的补贴和干预,避免了经济的崩溃。所以,同时实现了稳定和快速增长。当然,在改革过程中,由于旧的计划体制和新的市场制度同时存在,因此,国民经济中出现了很多奇怪的现象,但是,随着经济的快速发展,国家掌握的资源越来越少,而价格扭曲也越来越小,最后,由双轨过渡到市场单轨。这是中国渐进改革的取得比休克疗法成功的原因。

改革的走向:通过深化改革解决现实问题

《21世纪》:刚才从不同角度总结了改革的过程和成就,那如何综合评价改革呢?

成思危:中国30年来改革开放的成绩是巨大的。没有改革开放,就没有中国今天的世界地位。我认为改革的核心是制度创新,制度本身包括体制和机制两个方面,体制讲的是结构,机制讲的是过程和程序,我们只有在结构和程序方面同时进行改革,才有可能成功。我认为中国的改革有四个特点:

　　第一,改革是自上而下,在党的领导下进行的。改革初期实行家庭联产承包责任制,大大解放了农村生产力;社会主义市场经济体制的提出,彻底改变了国家经济的发展和道路;非公有制经济的发展,给国家经济增添了活力。进入新世纪以来,以人为本的科学发展观的提出,特别是最近在各方面推进的社会保障体制的改革,都起到了重要的作用。

　　第二,改革是量力而行的。我们的改革并没有像苏联、东欧国家那样采取非常激进的办法,而是根据国力、群众可以承受的程度、经济的发展水平一步一步进行的。正因为这样,改革的同时也维持了经济的快速发展和社会的稳定。

　　第三,改革是循序渐进的。在开始的时候我们确实没有经验,要摸着石头过河。这当然有不足的地方,但我们的目标是过河,开始摸着石头也是必要的。这30年的改革,从农村的联产承包责任制开始,然后政府和市场之间的关系逐渐变化,开始是有计划的商品经济,之后逐步过渡到社会主义市场经济。

　　第四,改革是路径依存的。改革就像下象棋一样,第一步会影响到以后的几步,如果要退回去,付出的代价会很大。2001年10月,政府推出一个政策,按市价减持国有股。从动机来看,我认为这个政策是好的,但是按市价减持遭到了质疑。这是一个导火线,它导致了以后几年的熊市。这就说明了改革过程很复杂,是路径依存的。所以,在改革措施出台前,一定要谋定而后动,最好通过一些试点来摸索经验。

　　中国改革过程的这四个特点成就了中国改革的成绩,这是我要讲的第一点。

　　我要讲的第二点,改革可以说进入了深化和攻坚的阶段,有许多矛盾需要认真处理。

　　第一是法治和人治的矛盾。尽管中央提出了依法治国的方略,但是要解决这个问题还需要长期的努力,在实际执行过程中,法治和人治之间还是存在矛盾和问题。腐败是影响国家发展的一个很严重的问题,尽管这些年来中央采取了标本兼治的办法,处理了不少人,也取得了阶段性的成果,但是要彻底根治这个问题,必须靠法治来解决。我们尚未真正树立宪法的权威,需要进一步根据宪法来审查各部门和各地方推出的法规,如果有不符合宪法的,一定要撤销,我想这是一个根本。

依法治国首要的是依法行政或者说依法治官，因为政府官员和人民群众相比是强势，所以政府官员能不能够依法行政，是非常关键的。再一点，依法治国要靠全民的力量和觉悟，单靠监督部门的监督是不够的，还要依靠群众监督、民主监督、政协监督、民主党派监督、人民群众来信来访的监督，以及新闻媒体舆论的监督。

第二是处理好公平和效率的关系。我认为小平同志的社会主义市场经济实际上是把公平和效率结合起来了，一方面要用市场经济的手段去追求经济发展的效益和效果，另一方面要坚持和完善社会主义制度，保障社会公平和公正，特别是保障弱势群体的合法权益。如果只讲效益不讲公平，贫富差距越拉越大，社会不稳定，就谈不上效率；只讲公平不讲效率，就没有办法满足人民群众日益增长的物质文化需求。现在大家都比较注重讲公平，但我还是要说，千万注意不要用一种倾向掩盖另一种倾向。

第三是要处理好政府和市场之间的关系。政府看得见的手和市场看不见的手，应该密切结合，政府的宏观调控不能违反市场经济的三个基本规律：一不能违反价值规律，限价或者补贴的方法都只是权宜之计，并没有真正解决问题。二不能违反供求规律。我们应该相信市场，不要用自己主观的判断来代替市场信号。三不能违反市场竞争规律，我们以前用限制新进入者来防止重复建设，实际上这个提法是不对的，没有新的市场进入者和竞争者，市场是不可能进步的，所以后来改成防止低水平的重复建设，这个提法就科学了。

第四是要处理好集权和分权的关系。一方面中央要有一定的财力，另一方面也要给地方一定的主动性。很多问题的产生，都是由于在集权分权的处理上引导了地方政府的行为。地方政府追求 GDP，政绩是一方面，财政收入也是一方面。如果权力过分集中，就会把矛盾过分集中；财力过分集中，就会把负担也过分集中，在这个问题上，要有巧妙的艺术的处理。

《21 世纪》：因为依然存在的一些矛盾和问题，有些人开始质疑改革，我们应当如何理解改革与现实问题之间的关系？

吴敬琏：我们现在处的状况是"两头冒尖"，成就巨大但是面临着严峻的挑战。出路就在于要像十七大所讲的那样,坚定不移地推进改革开放,建立起一个规范的市场体系,让市场充分发挥它在资源配置中的基础性作用。

关键就是要推进市场化的改革。现在有一种舆论认为改革过头了,或者改革急于求成了,甚至改革的方向不对了。实际上,只要具体分析一下,看看碰到的问题到底是改革的方向不对还是改革没有到位,结论就会很清楚。比如收入差距过大问题,低收入阶层基本生活和福利不能得到保障的问题,这能不能怪罪于改革? 只要举一个简单的事实就可以说明这个问题,我们的社会保障体系本来就不完善,到了 1993 年中共中央的十四届三中全会,《关于建立市场经济体制若干问题》这个决定里面,对社会保障做出了一个很好的原则设计。但 14 年过去了,到现在还没有解决,责任是在所谓市场化的改革,还是在没有能够执行这个决定呢? 再比如国企改革,1997 年的十五次代表大会和 1999 年的十五届四中全会制定了关于国企改革的决定后,国有经济布局的战略性调整和国有企业改革这两个方面都有很大的进步,但是这一波改革到了最大的一些国有企业那里,好像就停顿了。

市场化改革还有一个很重要的内容,就是要把我们的市场建立在法治的基础之上。虽然十五次代表大会提出来要建设法治国家,十六次代表大会又重申了这样的主张,而且提出建设社会主义民主政治和提升政治文明的问题。法治包括立法和司法两个方面。从立法方面来说,数量是不少的,但一些基本的立法在速度和内容上都还存在着不少问题。党中央一再强调的《物权法》,是市场经济的基本规则,但是这个法律搞了 13 年;还有《反垄断法》也花了 13 年,而且现在还有一些不太清楚的地方。司法问题就是怎么能够做到公正执法、独立司法,这个难度可能比立法还要大一些。

改革需要各方的努力,但是关键的关键在于党政领导机关,在于政府。根据十七大的决定,党政领导机关最重要的职能就是要努力推进经济改革和政治改革。我还是赞成有些经济学家说的,政府提供公共产品,而不是去处理企业的微观事务,在市场上没有自己的利益,而是给市场提供秩序和条件。也就是温家宝总理说过多次的,该管的事一定要管好,不该管的事就一定不要管。但是现在这两个方面好像都没能完全做到。如果我们大家共同努力,改革开放就能够在新的时期得到大的推进。

《21世纪》：解决问题的出路在于深化改革,具体来讲,哪些领域亟待改革?

厉以宁：我要讲的是城乡二元体制改革。

计划经济体制有两个支柱,一是国有企业制度,二是城乡二元体制,不把这两个支柱去掉,计划经济就没有退出历史舞台。城乡二元结构从古就有,但城乡二元体制是1950年代后期建立的,是计划经济条件下才有的。从那个时候起,户口分为两种:城市户口和农村户口。改革初期农村的承包制起了极大的作用,1980年代改革转到城市里,抓了国有企业改革和股份制,但城乡二元体制一直拖了30年没有动。近年出现很多问题,如"农民工"的提法就是因为户口还是农民,但职业是工人;还有农民没有享受到改革开放的成果,等等。

城乡二元体制改革的重点不是户口问题,关键是怎样让农民充分享受改革成果。既然主要不是户口问题,那主要就是个土地问题。土地制度怎么改? 在现在的情况下,农村承包制还不能改变,重点应该放在土地使用权的合理流转上,承包的土地可以转包、出租、入股。最近我在宁夏考察,发现了将土地存入信用社的做法,按照定期存款获得利息。土地使用权的合理流转,既有利于农业规模经营,也便于农民进城。那农民的宅基地和上面的房子怎么办? 根据各地的调查,比较好的方式是置换。宅基地的置换可以大大加快城市化,农民进入城市,跟城市居民一样享受到低保等福利。在城乡二元体制改革中,要考虑农村土地抵押的必要性和可行性。农民唯一能抵押的就是地,所以我们应该容许将土地使用权包括宅基地、宅基地上的房子进行抵押,这样,进城的农民可以安置家属子女了,可以自行创业了,城市化加快了,农民下一代的素质也提高了。

中国能不能在工业化中期就着手建立社会保障制度? 对"从摇篮到坟墓"的社会保障有各种各样的评价,但是有一点必须承认,就是广大低收入者享受到了经济发展的成果。中国过去没有条件,现在有条件了。这几年财政收入比GDP增长要快,把其中一部分拿出来建立城乡社会保障制度是必要的。社会保障跟社会救助不同,社会保障制度是国家财政拨款的,社会救助是用国家的救济款、社会公益的赞助还有债券、基金、彩票收入等等来帮助困难的人。两者是并存的,不能把社会救助就当成社会保障。

中国到现在为止,主要是靠投资拉动,社会保障体制建立后,低收入者特别是农民的收入将提高,我们将迎来一个内需的大突破。所以,关键是改革城乡二元体制。

【2008年第7期】

中国经济体制改革的历史进程及不同阶段的任务

魏　杰

　　中国的经济体制改革实际上可以划分为两个时期,一个是新体制的大规模建立时期,这个时期自 1978 年十一届三中全会开始,一直到十七大,大约为三十年左右时间;一个是新体制的磨合时期,这个时期起始于十七大,大约还需要十余年时间,到 2020 年为一段。在这两个不同时期,我国的经济体制改革实际上具有不同的任务和历史使命。

新体制大规模建立时期的任务

　　在新体制的大规模建立过程中,几乎涉及了经济体制的各个方面和各个环节。与 1978 年以前的经济体制做一个历史比照,会发现在现在的经济体制中已很难看到原有的传统经济体制的影子。在这场变革中,有四个方面的变革,起着基础性和框架性作用,正是因为它们的变革,才引起经济体制各个方面和各个环节的变革,也才使得新体制的基本框架最终得以确立。因此,对于新体制大规模建立时期的分析,主要是对这四个方面的改革进行分析。

1. 现代产权制度改革

现代产权制度改革是我国经济体制改革的一项基础性改革,主要内容包括两个方面:第一,改革原有的公有经济,包括国有经济和集体所有制经济。因为中国的集体所有制经济主要在农村,城市中的集体所有制经济是少数,而农村集体经济又是改革开放后最早推行联产承包制改革的经济成分,因而对原有公有经济的改革,后来就主要表现为对国有经济的改革,国有经济改革成了对原有公有经济进行改革的焦点。第二,大力发展非公有经济,造就出一种新的经济成分,并通过发展这种新的经济成分而使中国产权制度转变为混合经济体制。

关于国有经济改革方向的问题,是中国学术界争论较多的问题。改革过程中曾出现过不少改革的思路和方法,但最后基本上集中在这样的改革思路上:凡是不属于国家经济安全和国民经济命脉的国有经济,都变革成为非国有经济,实行非国有化;凡是属于国家安全和国民经济命脉的国有经济,我们不再实行国有独资的方式,而是要发挥混合经济的作用,即走向股份化,充其量是国家控股的问题,而且控股不一定都采取绝对控制方式(占51%以上的股份),而是要大量采取相对控股的方式(例如只控股20%—30%)。因此,十五大以后,非国有化和股份化,就成了国有经济改革的基本方向。但是,在2004年国有经济改革实际上一度被中断。但是人们很快发现,所谓"国有资产流失论",实际上并不表明改革改错了,而是权钱交易对改革产生了巨大的损害,这正说明改革的重要性和迫切性,因而国有经济改革又重新启动,并且不断获得成功,例如国有银行的股份化等重大改革不断得以推进。由此可见,国有经济改革还需要不断推进,尤其是要不断冲破传统理论的束缚。

大力发展非公有经济,是我国现代产权制度改革的一项根本性战略举措,使我国彻底摆脱了短缺经济。非公有经济在经济增长、就业、税收、技术创新等方面的巨大贡献,已成为举世瞩目的事实。尤其是非公有经济引发了我国传统产权制度的变革,形成充满活力的混合经济体制。但是发展非公有经济,并不是一种理论上的自觉行为,而是在实践的推动中走向自觉的。我们是在1978年的经济困境中才允许非公有经济存在的,当时并没有对非公有经济作出应有的评价,只是将它定义为"社会主义经济的必要补充",因而非公有经济一开始是被限制在小生产和流通之中的。但是非公有经济具有强大的生命力。到了1997 年十五大的时候,开始承认它是"社会主义市场经济的重要组成部分",尤其是十六大和十七大,开始承认它与公有经济享有同等的"国民待遇",强调非公有经济在法律上和竞争上同公有经济具有平等的地位,即"两个平等"。由此可见,非公有经济的发展过程,也是我们在理论上不断创新的过程。

上述以国有经济改革和大力发展非公有经济为特征的现代产权制度改革,引发了整个社会主义经济体制的变革和社会体制的变革。例如,资本这种生产要素不仅同其他生产要素一起创造了财富,而且也按贡献一起参与了财富的分配,最终形成按要素贡献分配收入的分配体制。又如,随着对产权的认可和保护,我们在人权体系上不仅仅尊重人们作为自然人所拥有的所有权利,而且也尊重人们作为财富拥有者所拥有的财产权,从而形成以尊重人权、尊重财产、尊重契约为特征的法治社会。再如,在现代产权制度的基础上,开始形成混合经济体制,不仅使得整个国民经济充满活力,而且也为社会和谐的形成创造了良好的体制基础。总之,现代产权制度改革是我国经济体制改革的最为重要的基础性改革,是新体制形成的深厚基础和出发点。

2. 现代市场经济改革

市场经济问题在十一届三中全会后就开始触及了,但那个时候我们还将市场经济当作资本主义范畴来批判,不允许公开讲搞市场经济。自1978 年的十一届三中全会开始至1992 年小平同志"南巡"讲话之前,人们似乎从实践中已经感知我们必须搞市场经济,但又因为受传统社会主义经济理论的束缚,不能在意识上突破市场经济这个理论禁区,因而曾经有过三个不承认市场经济,但又试图发挥市场机制和市场调节作用的提法:一个是1978 年提出"计划经济为主,市场调节为辅";一个是1984 年提出"计划经济与市场调节相结合";一个是1987 年提出"国家调节市场,市场引导企业",因为有主张市场经济之嫌,所以在1989 年"六四"风波后批评市场化改革方向的时候,又放弃了这个提法,回到"计划经济与市场调节相结合"这个提法上。

直到1992 年小平同志"南巡"讲话之后,我们才正式承认市场经济,在十四大上提出要建市场经济体制。自1978 年党的十一届三中全会到现在的三十年中,就市场经济实际上主要讨论了四个问题:第一,中国到底要不要搞市场经济? 争论的结果是中国必须搞市场经济。第二,中国应该搞什么样的市场经济? 我们曾经提出过现代市场经济、社会主义市场经济、社会主义条件下的市场经济等,最终的正式提法是搞社会主义市场经济,其最基本属性是现代市场经济。第三,中国如何搞市场经济? 对于这个问题,中共中央曾经发过两个关于发展和完善市场经济的文件,一个是十四届三中全会关于建立市场经济体制的决定,一个是十六届三中全会关于完善市场经济体制的决定,这两个决定提出中国搞市场经济必须遵守市场经济原则,建立包括市场体系、市场机制、市场秩序在内的完善的市场制度,并根据市场经济要求改革经济体制的各个方面,形成完善的市场经济体制,包括形成适应市场经济要求的收入分配体制、农业经济体制、区域经济体制、宏观经济体制等。第四,搞市场经济会出现什么问题? 实践中人们认识到,搞市场经济最容易出现腐败和行政性垄断问题,出现各种权力寻租的问题。市场经济本身并不会引发腐败和行政性垄断,腐败和行政性垄断恰恰是市场经济的对立物,但在从计划经济向市场经济转轨的过程中,确实某些体制漏洞会引发腐败和行政性垄断,因而要大力反腐败和反行政性垄断。

市场经济改革现在虽然在我国取得巨大成就,那种以"姓社姓资"的观点来批评市场经济的观点已经基本上没有了市场,但是仍然有人对市场经济存有疑虑,现在还有不少人经常把破产和失业同市场经济联系在一起,将收入差距同市场经济联系在一起,似乎市场经济给人们带来的不仅仅是效率,是财富的快速增长,还有痛苦和麻烦。但这并不是市场经济的错,而是某些企业和个人的经营行为及能力已经不适应经济发展的需要了,需要"退场",市场经济只是作为裁判将他们罚下场而已,错在被"罚下场"的人和企业的自身,并不在于市场经济。市场经济在这里只是一个评价和处罚的指标体系,我们不能把破产和失业都算在市场经济的账上。市场经济在将有些企业和个人罚下场的同时,也强调对被罚者要有各种保障,因而市场经济本身也是社会稳定器,在消除破产和失业所带来的各种社会问题。由此可见,市场经济改革的方向绝不能动摇。

3. 现代收入分配体制改革

收入分配体制是由产权制度和资源配置方式决定的,因而我国经济体制改革中的现代产权制度改革和现代市场经济改革,必然引发现代收入分配体制改革,这就使得现代收入分配体制改革成了我国经济体制改革的重要内容。当然,同现代产权制度改革和现代市场经济改革一样,现代收入分配体制改革也经历了一个缓慢变革的过程。

在改革开放刚刚开始的几年中,我们对于收入分配体制改革的讨论,基本上集中在两个方面:一是清理"极左"思潮在收入分配体制上的影响,例如,文革十年中"四人帮"鼓吹按劳分配反映资产阶级法权,要破除资产阶级法权,连按劳分配原则都要否定,所以在刚刚改革开放的时候所讨论的所谓的收入分配体制的改革,实际上只是强调要恢复和坚持按劳分配的原则而已;二是批评传统收入分配体制是一种平均主义的"大锅饭"体制,认为形成这种大锅饭体制的主要原因,是没有真正贯彻按劳分配原则,没有反映人们在劳动上的效率差异,因而改革开放刚开始,认为收入分配体制改革的关键在于真正贯彻和完善按劳分配原则,实际上并没有进入现代收入分配体制的改革,基本上还停留在完善传统收入分配体制的基本原则上,像按要素贡献分配这样的原则,尤其是像按资本贡献分配这样的原则,根本没有触及,那时人们还认为按资分配是资本主义经济原则,只有按劳分配才是社会主义经济原则。

不过,由于在改革开放刚一开始推行了农村的联产经营责任制,承认和允许非公经济在一定范围内发展,注重市场机制在一定程度上发挥作用,所以现代收入分配体制的某些原则和机制在当时也就随之开始发挥作用了。正是因为现代收入分配体制的某些原则和机制开始起作用,所以很快就打破了原有的收入分配上的平均主义格局,社会上出现了收入分配差距开始拉大的趋向。但是,由于当时现代收入分配体制的某些原则和机制还仅仅是在体制外起作用,而体制内(包括政府与事业单位、国有经济和集体经济、高等院校和科研机构等)基本上还实行传统的行政性收入分配原则,所以当时的收入差距主要表现为体制内与体制外的收入差距。正是由于这种收入差距的吸引,出现了大量的从体制内"跳入"体制外的所谓"下海"现象。

对于上述收入差距,在1980年代后期和1990年代初,学术界产生了一场争论,对于建立现代收入分配体制问题,当时人们并没有取得统一认识。一直到小平同志"南巡"讲话之后,尤其是十四大之后,我们才开始真正进行现代收入分配体制的改革,逐渐提出下述重大改革决策:按照要素的贡献分配收入,既要按劳动贡献分配收入,也要按资本贡献分配收入,实现按劳分配与按资分配的有效结合;既要在收入分配中强调效率,同时也要强调公平,实现效率与公平的有效结合;现代收入分配体制体现于整个国民经济运行的全过程,因而它既包括初次分配过程和再分配过程,也包括第三次收入分配过程,是三次分配过程的有效结合。

按照上述原则,十四大之后,逐步形成现代收入分配体制的基本框架:初次收入分配过程表现为市场对企业的分配,企业对各种生产要素的分配,其分配基点是按贡献分配,包括市场按企业贡献给企业分配,也包括企业按要素贡献给要素分配。因而这里实行的是效率原则,谁的效率高,谁的收入就高。公平在这里表现为按效率分配,越坚持按效率分配的原则,就越体现公平精神;但是初次分配的收入还属于不可支配收入,其分配结果还要经过再分配过程的调节,调节的重点是解决收入差距过大的问题,调节的机制包括累进的所得税制度、转移支付制度和社会保障制度。前者是将过高收入调节下来,并通过转移支付制度而使低收入者的收入达到应有的水平,而且使低收入者享有各种应有的社会保障。因而再分配过程贯彻了公平原则,即防止收入差距过大的原则,但是这里的公平与初次分配过程中的公平有所不同;再分配过程的完成,并非标志收入分配过程的终结,再分配过程还要经历第三次收入分配过程的调节,也就是有些高收入者还会根据自身的价值取向,向社会进行各种捐赠。这种道义性的收入分配过程,虽然没有强制性,但随着社会经济的发展,也会成为收入分配过程的重要环节,有效促进和谐社会的形成和国民经济的可持续发展。

由上述分析可见,现代收入分配体制充分体现了效率原则与公平原则的有效结合,是国民经济高效快速发展和建立和谐社会的基础,对经济发展和社会进步都具有必不可少的作用。引发我国收入差距过大的重要因素是权钱交易性腐败和各种行政性垄断,因而我们现在的问题不是要否定现代收入分配体制,而是要深化改革,消除腐败和各种行政性垄断。当然,在按要素贡献分配收入的条件下,那些资本拥有量太少甚至没有资本的人,其资本性收入就会显得太少甚至没有资本性收入,所以他们的收入就低,与拥有大量资本收入的人收入相比,就会显得收入差距过大。我们的选择只能是坚持现代收入分配体制的改革方向,有效增加人们的财产,提高人们的财产性收入在自身收入中的比例,从而缩小收入差距。

4.现代宏观经济体制改革

宏观经济体制改革的重点,在于重新塑造政府与企业的相互关系,减少政府对企业的行政干预,充分放活企业,让企业成为市场主体,而不再是被政府直接进行行政干预的"生产车间"。在现代产权制度和市场经济体制下,企业作为独立的法人主体,有权根据自身的利益要求和价值取向,在市场经济中选择自身的经营方向和经营规模,接受市场经济调节,实现自身利益和社会利益的最佳组合。由此可见,在现代产权制度和市场经济体制下,国家宏观调控既不可能再直接控制企业,也不能再直接控制市场价格机制,而只能调控宏观经济变量,通过宏观经济变量的变化影响市场价格机制,并通过市场价格机制再影响企业,从而使得国民经济高效而有序运行。

在现代宏观经济体制下,国家调控经济的重点在于调控总供给与总需求的相互关系,既要防止出现总需求膨胀,也要防止出现总需求不足,最终要实现总量平衡。影响总供给与总需求相互关系的三大因素,一个是货币因素,一个是财政因素,一个是国际收支因素,因而国家调控总供给与总需求的相互关系的举措有三大宏观经济政策:调控货币因素的货币政策,调控财政因素的财政政策,调控国际收支因素的国际政策(包括国际贸易政策和外资外汇政策)。从1998年起,为了调控当时的总需求不足,在国际政策上实行了旨在扩大出口的出口退税政策,在外资政策上实行了旨在吸引外资的更加优惠的政策,从而通过扩大出口缓解总需求不足的压力,并且最后解决了总需求不足问题。但是这种政策调整也使中国经济产生了过度依赖出口的倾向,形成出口、投资、消费为序的拉动经济的增长模式,结果国际收支严重失衡,引发货币发行上的"外汇占款"过大,最终导致流动性过剩,价格全面上涨,因而我们现在必须调整国际政策,解决流动性过剩问题并稳定价格体系。由此可见,现代宏观经济体制需要三大宏观经济政策的有效配合。

现代宏观经济体制的建立,需要全面改革政府管理经济的体制和财政金融体制。改革政府管理经济的体制的重点,在于政府彻底退出资源的配置活动。资源配置的基础性机制是市场而不是政府,从而使政府从生产经营性主体转变成为社会经济活动的公共管理者。金融体制改革的重点在于实行货币政策制定主体、金融企业、金融监管的三分开,强化央行在货币政策上的独立性,并使商业性金融机构彻底企业化,建立现代企业制度,而金融监管机构的职责在于对金融性企业的经营活动实行有效监管。财政体制改革的重点,在于从经营性财政转向公共性财政,财政的重点不在于创办和扶持国有企业,而在于对公共产品的投资和维系。正是基于这样的认识,我们在改革开放的三十年中,不断推动政府体制、金融体制、财政体制的改革,初步形成了现代宏观经济体制的基本框架。

在现代宏观经济体制下,国家对于总供给与总需求的相互关系的调控,虽然也涉及对总供给的调控,但最主要的还是通过对总需求的调控而调控总需求与总供给的相互关系,因而有时人们将这种调控称为需求管理。但是自2003年以来,这种需求管理似乎还不足以保证总供给与总需求的相互关系的协调,尤其有时需求管理似乎还难以有效实现对国民经济的快速调控,因而有人认为仅有这种需求管理还不够,应该注重供给管理。但问题并不是因为仅有需求管理不行,而是体制上仍然存在不完善的地方,使得需求管理难以到位,达不到应有的调控效果。例如,我国近几年导致需求管理效果不佳的重要原因是土地问题,拥有土地的农民实际上并不是土地的所有者,土地的最终所有者是政府,尤其是土地出售的好处的享受者是各级地方政府,各级地方政府为了自身的发展利益,往往以便宜的价格从农民手中拿走土地,并以高价转让给开发商,从而获得巨大收益,推动投资需求不断超常上涨,使得需求管理难以奏效。又如,我国目前的收入分配体制导致居民收入在国民收入分配中的比例太低,在初次分配中的比例太低,尤其是居民收入中的财产性收入比例太低,使得居民消费需求不足,导致大量企业将出口作为重要的市场战略,使得出口顺差太大,人民币发行的"外汇占款"太大,流动性过剩,价格全面上涨。因此,我们在宏观经济体制上要调整的并不是要加强供给管理的问题,而是要深化改革。优化供给是市场经济的功能,只要体制完善,市场经济是能发挥好此功能的。供给学派强调优化供给,认为优化供给是市场经济的功能,而不是政府的功能,因而供给学派是属于制度学派,即强调制度的创新,而不是强调政府的"英明"。

新体制磨合时期的任务和特点

巩固和完善新体制,与新体制框架的大规模建立,虽然在基本思路和做法上没有什么根本性区别,但确实也存在着一些差异,例如和谐社会、科学发展、民生问题、社会公平等问题,都会成为新体制磨合期的热点问题,不像新体制框架大规模建立时期那样,讨论最多的是产权制度、股份制、市场经济体制等问题。

1. 新体制与社会和谐

新体制有两个重要组成部分:一个是财产制度上的多种经济成分并存,一个是经济运行上实行市场经济体制。这两个重要组成部分的显著特征是承认差别并强调差别,因而新体制的推进必然会形成不同的社会阶层,虽然在根本利益上是一致的,它们之间也会有摩擦甚至矛盾。如何面对这些不同社会阶层之间的摩擦和矛盾? 一种方式是否认多种经济成分并存的财产制度和市场经济体制,也就是否认改革和新体制,回到没有任何阶层差异的传统体制;另一种方式是承认多种经济成分并存的财产制度和市场经济体制,也就是承认改革和新体制,并在此基础上通过社会和谐而使新体制能够有效运转,实现各个不同社会阶层的和谐。很显然,我们只有选择第二种方式。

社会和谐的前提是承认多种经济成分并存的财产制度和市场经济体制,承认由于这两者而形成的不同社会阶层,因为只有它们的存在,我们才需要强调社会和谐,通过社会和谐而实现它们之间的协调发展。因此,我们强调社会和谐,并不是要否认多种经济成分并存的财产制度和市场经济体制,而是要为它们的有效运行创造良好的社会基础。因而社会和谐的真正含义在于:

第一,承认和保护各个社会阶层的应有经济利益,任何人和机构都不能任意剥夺和危及任何个人及阶层的财富。要通过《物权法》等法律制度平等地保护各种类型的财产,对不同社会阶层的经济利益一视同仁,没有财产上的任何歧视。要承认富有阶层的经济利益,但同时要消灭贫穷,在承认富有阶层的经济利益增长的同时,也要更加注重贫穷者的经济利益的有效增长,把贫穷者的经济利益的增长,作为社会发展的重要任务,从而不断推动贫穷者的利益上升,实现有利益差异的全社会不同阶层的经济利益的共同增长。

第二,实现不同社会阶层的利益共同增长的经济机制,就是累进的所得税制度、收入保障制度和转移支付制度的内在统一,这套制度可以通过转移支付而使高收入者收入的一部分转变成为低收入者的收入,从而实现人们在经济利益上有差异性的和谐。

第三,维系不同社会阶层的经济利益和谐的关键,是要尊重人权和财产权。在人权和财产权面前,人人平等,没有任何社会阶层的差异。所谓人权面前人人平等,就是指各个社会阶层在人权上平等,特别是要求社会必须关注弱势群体的人权,要使他们拥有和别的阶层相同的致富机会,同时也要使他们的最基本生活条件、最基本医疗卫生条件、他们子女的义务教育及其他教育能得以保障,一句话,要保障弱势阶层的人权。所谓财产权面前人人平等,就是指社会要维系各个社会阶层的合法财产,任何人都不能侵犯和剥夺别人的合法财产,不存在剥夺者和被剥夺者的问题。

2. 新体制与科学发展观

科学发展观的真正含义在于:第一,在发展中注重增长方式的转变,要从过去的粗放型增长方式转向高效益型增长方式。第二,在发展中求得人与人关系的和谐,使人人都能享受发展所带来的好处,尤其是弱势阶层的利益要得到有效提升。第三,在发展中协调好中国经济与世界经济的关系,尤其是处理好国际收支方面的问题。现在中国的经济发展规模已经很大,而且其国际收支失衡状况不仅影响到国内经济,而且也影响到国际贸易和世界经济的时候,国际收支失衡就成了发展中必须解决的问题。所以,科学发展观,也包括了中国经济与世界经济关系的协调。第四,在发展中协调好成本优势与技术优势的关系,注重提升经济发展的质量和水平。我国的经济发展在较长时期内都是靠成本优势获得竞争力,也就是我们的劳动力成本及土地等生产要素较便宜,因而具有竞争上的成本优势。但这种比较优势已经开始丧失了,尤其是不能再依靠劳动力成本的低廉而推动发展了。劳动力成本过于低廉,不仅使得我国以劳动这个要素为生的人,收入长期不能得以提升,从而加剧了国内劳动与资本的矛盾,而且也使中国经济长期内需不足,迫使我们不得不开发国际市场,而顺差的过大又增加了我国经济的流动性过剩的压力。因此,必须在发展中实现发展方式的转轨,从成本优势转向技术优势,推动技术创新。这是科学发展观的重要内容。

3. 新体制与社会公平

在讨论社会公平问题时,有人经常将收入差距作为评价社会公平的重要指标,据此认为现在收入差距过大,引发了社会不公平。这种观点是非常值得商榷的。实际上收入均等不仅不能反映社会公平,且往往会严重损害社会公平。评价社会公平的最主要指标,是看人们的机会是否均等,机会均等下的收入差异是正常的。当然,机会均等在现实中往往是难以做到的,充其量只能是一种趋向,因而也要在承认收入差距的条件下,注重对收入差距的调节,但这种调节并不是因为收入差距反映了不公平,而是因为机会均等的条件没有充分实现,因而需要调节。

有人认为新体制有些不公平,但这并不是因为效率本身引起不公平,而是传统体制中未能加以改革的弊端带来了不公平。对于那些靠自身禀赋和努力而获得较多利益的人,人们并不反感,并没有认为这种情况不公平。人们的不公平感并不是来自效率本身,而恰恰来自和效率相对立的垄断和权钱交易,因而不能把缺乏公平的帽子戴到新体制头上,不公平的现象是由传统体制的未能真正改过来的弊端形成的。因此,要实现社会公平,关键是要深化体制改革,重点在于打破垄断和消除权钱交易,这就要求我们必须推进政府体制改革,完善民主政治,从而消除垄断和权钱交易的体制基础,可以说,没有政府体制的深化改革,没有良好的民主政治,就不可能有真正的社会公平。

在讨论收入差距及社会公平时,人们经常将某些企业所有者的财富与普遍劳动者的收入相比较,感到社会收入差距太大,似乎社会很不公平。但这种比较方法并不合理。因为,在企业所有者的财富中,有一种财富是属于企业法人财产。自然人财产与企业法人财产并不是一回事,甚至有本质区别。企业法人财产虽然会给所有者带来一定的财富,但企业法人财产的主要作用在于维系企业的投资与经营活动,更大程度上是为社会作贡献,例如为社会创造就业机会,为市场提供产品和服务,为政府提供税收,企业法人财产只有在完成这些社会贡献的基础上,才能给所有者带来一定的自然人收入。因此,企业法人财产并不像自然人财产那样,全部是为个人利益服务的,自然人财产可以直接用于个人消费,但是当个人财产表现为法人财产的时候,人们就不能随便将它用于自然人消费了。比较收入差距需要有科学的方法,切不可盲目将不应比较的收入放在一起比较,这样会得出错误结论。

在讨论收入差距,进而评价社会公平问题的时候,我们应该有一种法治意识。所谓法治意识,就是要承认所有的合法性的事实。也就是说,在讨论收入差距,从而评价社会是否公平问题的时候,要看人们的收入是否具有合法性。影响人们收入的因素是多种多样的,但收入必须合法。公平性与合法性是相统一的范畴。因此,我们只有将法治观念引进社会公平问题的时候,才能真正分清何谓公平,何谓不公平。离开法治标准,实际上是很难讨论社会公平问题的。

4.新体制与关注民生

新体制在其运行过程中,由于竞争与效率规律的作用,必然会产生企业破产和个人失业这类传统体制所没有的现象,因而在有些人看来,似乎新体制没有像传统体制那样关注民生问题。其实我们现在强调和关注民生,并不是说新体制就有悖于民生,而是指新体制在进入磨合期后,民生问题显得更为重要,新体制本身所具有的关注民生的内在要求,这时会充分地显现出来。因此,不能将新体制与关注民生对立起来,它们实际上是相互融合的,是一个问题的两个方面。

第一,新体制为关注民生问题提供了强大的物质基础,可以说,没有新体制的建立,我们就不可能有能力真正关注民生问题。

第二,新体制本身就包含了对民生的关注,新体制并不排斥和损害民生问题。例如,市场经济虽然强调效率原则,但同时也强调社会保障原则,因而市场经济越发达,社会保障体制就越健全。在人类历史上,社会保障体制几乎是同市场经济体制同步完善的。因此,关注民生也是新体制的必然要求,我们现在完善新体制的重要内容,如完善医疗卫生体制、完善教育体制、完善收入保障体制、完善再就业体制、完善住房体制等等,就是要全方位地关注民生问题,通过关注民生来为新体制创造深厚的民众基础,使民众利益与新体制紧密地结合在一起。

第三,民生问题有赖于新体制的巩固和深化,我们应该使它们有效配套。我们现在强调民生问题,并不是因为新体制的形成损害了民生,而是指新体制恰恰需要注重民生问题,同时民生问题也有赖于新体制的完善。关注民生问题,不是为了加剧强者与弱者之间的不协调,而是要推动他们之间的和谐,因此,虽然强者更多地依靠自身的竞争,弱者则需要社会的更多帮助,但他们实际上都需要社会的关注,不过前者希望竞争更充分和更公平,后者则希望有更多的扶持和救助而已。从这点上讲,关注民生,就是关注各个社会阶层的社会诉求。

第四,关注民生虽然要强调通过转移支付来有效地保障弱势群体,但关注民生并不仅仅如此,关注民生更重要的是要为弱势群体提供更为公平的机会,使他们的创新能力能够得以有效提升,从而使他们通过自身的努力而改善自己的生存和发展条件。这是民生问题与福利主义的重大区别。如果一味强调提高福利,而不去设法提升弱势阶层的竞争能力的话,那就必然会加大社会进步的成本,并且对于推动社会和谐毫无意义,甚至还会使社会产生"福利病",从而降低经济发展和社会进步的动力。任何人都只有依靠自身的努力才能最终改变自己的地位和生存状况,努力工作是社会进步和自我提升的基础,是国强民富的前提条件,如果一个社会中的人不是强调努力工作和竞争,而是都试图依靠享受福利而生活,那么这个社会就没有前途。总之,关注民生不能削弱社会进步的动力,更不能导致"寄生性"的社会习惯,而是要强调竞争和自我奋斗。因此,要正确理解关注民生问题,切不可把关注民生当成福利主义。这个问题我们必须警惕,不可掉以轻心。

【2008年第12期】

中国经济学范式思考:两个层次的契合

朱富强

　　自改革开放以来,由于中国社会实践发生了巨大变化,中国经济学向何处去就成为经济学界关心的重要课题。显然,中国经济学探究根本上也就是要构建与中国国情相适应的经济学基本范式,而这需要在继承和修正以往各种经济学流派的分析框架和理论观点的基础上进行范式转换。

经济学范式的演化和问题意识

　　根据库恩范式理论,随着实践与范式不一致的反常现象不断增加,原有范式未被利用的逻辑空间越来越小,人们开始对原有范式丧失信心,于是便出现了范式危机。在范式危机时期,人们在怀疑原有范式的同时也在开始寻求新的基本理论和基本方法,在经过一个较长时间的各种学派的论争之后,一种最终被大多数研究者所认同的新理论学说就会取代旧范式而成为新的范式。
　　一般认为,范式的革命和转换是"问题意识"促动的,而"问题意识"则包括对现实经济问题的挖掘和对经济学理论问题的反省两个方面,前者涉及理论解释力问题,而后者则涉及经济哲学问题(程恩富、张建伟,1999)。一方面,就现实问题而言:在重商主义时期,各国面临着资本的原始积累问题,在生产领域不可能取得快速积累的情况下,就只能依靠殖民掠夺和对外贸易这两条途径;在古典主义初期,基于扩大外贸和殖民途径的财富源已经枯竭,而工业生产已经取得长足发展,因而如何增加生产性劳动以及如何促进分工成为当时研究的重点;到了古典主义后期,自由放任政策在迅速壮大财富的同时使得社会矛盾日益尖锐,因而自李嘉图开始的古典经济学家们如穆勒、西斯蒙第、马克思等都转而关注分配问题,并把建立一个合理的分配制度视为建立经济学的基石;随着西方市场机制的逐渐完善和社会制度的日益健全,自边际革命以降的新古典经济学家逐渐把研究从生产转向个人消费,并把稀缺性资源的配置问题作为经济学的研究对象;随着物质财富和物质资本的日益丰富,人们的需求也逐渐从物质领域转向更为广泛的非经济领域,因而现代经济学把研究重点转向了理性人如何行为这一问题。另一方面,就理论问题而言,尽管经济学本质上是研究如何提高人类福利的,但重商主义仅仅把外在的金银视为财富而没有考虑人类劳动的创造;重农主义虽然开始强调人类创造的财富,但却把创造价值的劳动局限在农业领域;斯密尽管把生产性劳动进一步拓展到工业生产,但也仅限于生产必需物质品的直接劳动方面,没有考虑到社会迂回生产的间接劳动;同时,古典经济学强调财富的创造,却相对忽视了人们如何最有效地使用财富,因而新古典经济学着重探究了既定制度下个体有效使用资源的途径,这都是对经济学这门学科的理论深化。

同样,中国经济学范式的提出也是由这两个"问题意识"所促动的。一方面,经济学本身是一门致用之学,它的基本范式需要经受经验事实的检验,当经验事实与其理论相脱节时,人们就必然会对这个基本范式进行反思。显然,传统马克思主义经济学的基本范式是:生产力→经济制度关系→经济体制关系→经济运行关系。在这一经济关系分析范式中,经济制度关系处于主导地位,对其他经济关系起着决定性的作用,后者只是前者的实现形式。因此,传统政治经济学主要关注公共领域的经济事物,并与国家干预和计划经济相适应。但是,20世纪80年代以来中国经济体制和经济实践已经发生巨大的变化,市场经济的发展使得私人领域的经济行为愈益占主流,这也必然会导致原先的理论范式出现危机。另一方面,当一个学科的基本范式面临实践危机的时候,人们必

然会不断地"回到"基础理论问题上去加以探讨,探究构成这种范式的那些作为
逻辑出发点的理论内容和概念体系。显然,尽管传统马克思主义经济学关注人
与物以及人与人两方面的关系,但在理论构架上却过于侧重于生产关系以及其
上的意识形态层面,过于重视对社会生产关系本质规定和基本特征的研究,而
在对异化进行揭示的同时却缺乏解决现状问题的微观手段,更缺乏对那些相对
属于私人领域中的个体行为的分析,从而对经济学中的工程学方面的内容关注
相对不足,从而没有进一步发展具体的工具性手段。越来越多的学者开始思考
如何重建中国经济学、发展新的理论"范式"等问题。

中国经济学范式的相关争论

目前,有关如何构建中国经济学范式的争论主要围绕两个途径展开:第一
个途径是修正原先盲目照搬西方主流经济学的倾向,主张把西方经济学理论与
中国的具体经济制度环境结合起来,从而形成经济学的中国学派;第二个途径
是重新反思西方主流经济学在中国经济学中的地位,这涉及到马克思经济学和
西方主流经济学之间的主从关系。显然,上述两种发展途径各有侧重,共同为
中国经济学的理论体系提供养分。例如,第一种路径便于我们扬弃地吸收和引
进西方主流经济学中的一些分析工具、检验手段以及一些有启发意义的观点、
理论,而这个框架有利于对中国的经济现状进行分析,从而有利于加速中国经
济学范式的形成;后一种路径则更侧重于经济学的根本性方法论问题:是侧重
于本质问题的探讨还是仅仅分析现象,把经济学视为规范的还是实证的,经济
学的规范又如何理解,等等。正因为两者属于不同层次,因而把这两种发展路
径结合起来更加有助于中国经济学范式的构建。当然,在吸收过程中也必须注
意两个层次的轻重之别,一个经济学范式的成形首先必须确定其方法论主体,
因而后者是主要的。一般而言,古典经济学家形成了从本质到现状的研究路
径,它不仅关注现实社会,而且努力剖析社会事物的本质及其内在的因果机理,
借助权力结构来剖析事物本身面目和现实面目之间的差异以批判和改良现实
制度。相反,以新古典经济学为代表的现代主流经济学主要是在既定制度情况

下分析现状以及现状是如何形成的。显然,从基本思维来看,古典经济学研究路线更适合对那些属于公共领域的经济现象和问题的探究和解决,而现代主流经济学在100年来所形成的一套较为成熟的分析体系则对解释现状是极有裨益的。

当然,就中国经济学范式的构建而言,仅仅限于上述两种路径的结合还是不够的,因为这两种路径的经济学从根本上都可以说是西方的,是建立在西方人的行为机理之上的。其实,尽管国内的学者往往把基于苏联范式的政治经济学和基于新古典范式的西方主流经济学对立起来,强调两者观点和术语上的差异,但是,无论是在研究对象还是研究思维上,两者都具有极其相似的特点。就研究对象而言,两者基本上都继承了斯密把生产性劳动限制在物质生产领域的思想:传统政治经济学根据马克思理论在此基础上给出了社会主义经济学的基本性质,并支配了社会主义国民收入的概念和衡量;而新古典经济学的研究对象也主要是物质领域,凯恩斯甚至由此宣称政府部门的活动是非生产性的。就研究思维而言,两者都是西方典型的自然主义思维:西方主流经济学继承和极端强化了李嘉图的抽象化路径,把经济学从其他社会科学中抽象出来;苏联范式的政治经济学在传统上起源于马克思,尽管马克思本身具有深厚的社会科学的底蕴,但他的研究思维仍具有强烈的自然主义特质,如塞德曼(2003)就指出:"《资本论》之于社会科学,就如同达尔文的《物种起源》之于自然科学"。实际上,自然主义思维可以有两种理解:一是人类社会按照既定的规律一直向前发展,人们也可以后验地从历史资料研究中得出经验规律,这显然是传统政治经济学的基本思维;二是人类社会将像自然界一样处于一种均衡状态,这显然是现代西方主流经济学的基本思维。

正是由于这两大经济学范式都是源于西方社会,其基本微观行为基础是西方人的,所以,其研究的基本分析框架、研究思维特别是行为机理都是西方的,因而最终构建的也只能是"西方"经济学。因此,尽管这两种范式都可以为中国经济学范式的构建提供积极的养分,但直接的搬用也都存在非常严重的缺陷:一方面,由于它们的研究对象都局限在物质领域,而较少关注人类福利的变化,这显然已经滞后于当今社会的人类需求;另一方面,由于它们的研究思维是自然主义的,而较少剖析真实社会中人的互动理性及相应的行为机理,因而无法解释和指导当今社会制度的变革。因此,笔者以为,简单地引进西方经济学的某一流派或者基于西方经济学各流派的综合并不足以构建出适合于当今中国现实的经济学,无论是在理论上还是现实中都存在明显的滞后性。

一方面,从经济学的理论性特质而言,它本身具有非常强的本土性。其实,经济学的根本性目的在于增进人们福利,因而经济学不仅是要研究物,更重要的是要研究人,也就是说,经济学的研究必须包含这样两方面的内容:一是人面对着自然物时如何行为,二是人对着他人或社会时如何行为。显然,前一个内容是寻找人类如何最大化地使用自然物的途径,主要是借鉴自然科学所积累的知识。如果仅仅就人与物的关系领域以及物质资源的配置这一问题而言,经济学理论在整个人类社会都具有一定的普遍性,因而是可以大量引进的。但是,后一个内容是要探究如何充分运用人的理性以实现社会需求的最大化,根本上关乎心理学和文化学的知识,需要分析具体环境下人的行为方式和偏好,而一旦涉及到人与人的关系领域以及社会资源的配置这一问题,经济学就具有非常强的本土性或民族性,因为人与人之间的互动必然涉及到人的偏好问题,而基于偏好的互动也是产生社会现象的根本性因素。也就是说,在分析由人产生的社会现象时,必须从人的行为机理入手,从而就需要考虑不同社会中的人在行为机理上的差异,而不能建立在统一性的自然主义思维之上。特别是从系统论的角度看,任何一个经济现象都必然涉及到人与人之间的互动关系,因而经济学必须探究内在于经济现象中的"人"的因素,从而使得经济学的理论本身必然具有本土性特质。

另一方面,从经济学的应用性特质而言,它本身具有非常强的现实性,针对的是具体的现实问题。就这一点而言,尽管在整个新古典时期,经济学都集中于物质资本配置的研究,因为当时最为稀缺的是物质资本。但是,自20世纪70年代起,随着物质资本的积累日趋饱和,影响经济发展的主要因素已经转到了人力资本和社会资本等方面。正因如此,经济学也不再局限于处理人与物关系的私人领域,相反,有关人类互动行为的研究在经济学理论的构建中日益重要,经济学也逐渐演化成了研究理性人如何行为的学科,这促使了博弈论和激励理论这类新学科、新工具的产生。显然,在这种情况下,原先专注于人与物关系的自然主义思维已经不怎么适用了,因为这些新型资本显然不是像新古典经济学所想象的那样可以基于个人理性加以任意配置的,而是需要激发人力资本主体的能动性。譬如,一个社会中企业产权的构造根本上是基于激发人的主动性,但由于儒家社会对企业本身的认知和社会价值观与西方社会是不同的,因而在西方流行的委托—代理治理模式在中国就可能是无效的。特别是新古典经济学是在假设制度相对完善的情况下探究个体的行为,而中国当前的社会制度和市场机制极不完善,公共领域的探究首先是要完善社会制度,新古典经济学那一套自然主义的分析方法对当前的中国问题基本上没有适用空间。

构建中国经济学范式的基本思维

正是基于经济学内含的工程学和伦理学这两方面研究内容,我们说,经济学本质上具有本土性。同样,正是基于经济学研究内容侧重点的变化,我们说,经济学本土化的重要性愈发凸显了。那么,在当前社会中,具有本土性的中国经济学范式应该具有什么特点呢? 这也应该围绕前面所提出的两个问题意识。一方面,就现实问题意识而言,经济学本身就是一门致用之学,纵观经济学说发展史,经济学的研究内容和研究方法与特定的历史背景之间都存在密切关系,它的理论和政策都是针对具体的社会问题的,而且,那些在思想史上享有盛誉的经济学家也大多对当时的公共政策提出了积极有效的政策建议,斯密、李嘉图、穆勒、李斯特、西斯蒙第、马歇尔、凯恩斯等都是如此。另一方面,就理论问题意识而言,经济学本身应该具有双重的内在逻辑性:形式逻辑的一致性、理论与经验的一致性,前者体现了理论的普遍性,后者体现了经济学的本土性特征,显然,前者已经在现代西方经济学中获得了较为成熟的发展,而后者正是崇尚"知行合一"的儒家社会的优点。

笔者以为,要构建中国经济学,首先必须了解中国社会的文化、追求以及探索当前所面临的具体问题。那么,中国的国情是什么呢? 这体现为两个方面:一方面,中国面临的问题不同于西方,经济理论需要解决经济发展或财富增长的问题,这显然不同于主流经济学所强调的资源配置;另一方面,中国社会的文化不同于西方,经济理论需要建立在一个具有本土性的行为机理之上,这显然不同于西方强调个人主义的经济人行为。

笔者以为,当前中国经济学范式的构建面临着两个层次的契合:一是把探究事物本质的古典政治经济学和实证事物现状的现代西方主流经济学契合起来,这主要涉及到当前经济学界的两大分支问题;二是把西方学术界发展出来的经济理论与中国人的行为机理、社会文化契合起来,这涉及到更为广泛的社会科学的契合。

首先,作为一个发展中国家,当今中国面临的根本问题是提高人们的福利。显然,这有两个层次:一是整个社会福利的增加,二是社会成员福利的改善。前者主要涉及到社会财富的创造和增长,后者则关系到社会成员应得权利的享有和财富的分配。但是,现代西方主流经济却不能提供有效的指导:一方面,新古典经济学主要关注的是资源配置,特别是在预算约束下追求个人效用的最大化,而不涉及到资源创造和人际间的资源分配;另一方面,基于凯恩斯主义的宏观经济学也主要是建立在生产要素的粗放式投入,而没有深入剖析财富创造中的劳动有效配置以及生产的协作机理等问题。相反,古典经济学不但重视社会财富的创造,还由此展开对生产机理的深入分析,重视人类社会中的分工和协调;同时,也非常关注个体福利的提高,涉及到财富的分配和应得权利的界定问题。其实,古典经济学家大多非常关注社会制度的改良问题,并一直朝着将社会公平和市场经济学相结合的方向努力。例如,穆勒就关注教育、福利、工会和妇女以及公平问题等各个领域,其改革建议也牢固地扎根于"市场措施"。也正是在古典经济学家的大力努力下,西方社会逐步建立了相对完善的市场制度,从而最终转变到研究资源配置问题上。显然,中国的现状与古典时期的欧洲有类似之处:收入差距不断增大、社会制度依旧失范、市场机制还很不健全,但是,当前国内"主流"经济学家却越来越不愿意去读一读斯密、穆勒等人的著作,而是把现代西方主流经济学理论盲目地搬用到国情根本不同的中国社会,这种"东施效颦"的行为对社会已经造成了诸多非常严重的问题。

其次,作为一个儒家文化的社会,中国人的行为机理根本上不同于西方。

按照布罗代尔的看法,一个社会事物的现状是由结构、局势和事件引起的,其中:"结构"是指长期不变或者变化极慢的,但在历史上起经常、深刻以及决定性作用的因素,这包括地理、气候、生态环境、社会组织以及思想传统等;而"事件"则只是转瞬即逝的突发性事变,如革命、跳跃、地震等。显然,由于人类对地理和生态因素已经做了巨大的改造,因而它们对当前社会经济的影响已经大为下降。但是,文化道德因素却是很难在短期内移植或改造的,因而它将对当前经济问题起到重要作用,这是单个人力所无法控制的。例如,尽管中国社会在很多方面已经遭受了西方的冲击,但基于传统的儒家文化却至今仍然深深地根植于中国土壤中,儒家和谐观至今仍深刻地影响着中国人的思维方式和政府决策。因此,如果不搞清制约中国经济发展的经济结构、文化结构、制度结构,就解决不了中国经济问题,也形成不了真正根植于中国社会的经济学理论和思维。特别是,儒家文化也有助于培育当前大力倡导的科学发展观,因为可持续发展实质上反映了一个合理化的问题:不仅是一个工具合理化问题,而且更是交往合理化问题,前者是为后者服务的,而交往合理化体现为人性圆满和社会和谐。显然,这意味着,发展的合理化依赖于现世人之间以及代际的合作,前者反映了现世人之间的互惠关系,而后者则体现现世人的责任,因为现世人本身已经承受了先人遗传下来的各种财富,从而也有责任给后人留下足够好的资源。因此,可持续发展观与一定社会的文化伦理有关,依赖于合作性伦理和文明,而这正是儒家文明的基本特质。相反,由于西方主流经济学承袭了自然主义思维,它在强调工具理性的同时却越来越偏离交往理性的合理化,从而使得社会经济的发展变得越来越不可持续。

最后,需要指出的是,中国"知行合一"的文化传统与古典主义而不是新古典主义之间更具亲和力。事实上,尽管西方社会的基本思维是自然主义的,它的知识是建立在抽象和普遍的原则之上,而理性推理与经验事实基本上是分离的。但是,在文艺复兴和启蒙运动这一段时间,出于对神性的反动而出现了对人性的探究,重新把哲学思考从天上拉到了地上,从而开始萌发出了经验主义思潮。而且,古典经济学家基本上都出身于社会科学领域,因而或多或少地带有经验主义的思维。也正是基于经验的观察和抽象,古典经济学注重对事物本质的探究,并把它作为社会发展的方向。显然,这种思维与传统儒家具有相通性,儒家的认知也来源于人伦日用的经验,但是通过人的知性思维而开始探究社会的本质,并把它视为社会发展的理想状态,正因如此,中国的理性具有强烈的具体性,体现为主体性与自然中的客体性自然相结合,因而儒家所倡导的"理"也就成为构建社会和谐与政治秩序的理论基础。但是,新古典主义却向强自然主义思维复归:自然有其自身的发展规律而根本无法经由人的改造,因此,新古典经济学注重对事物的解释而不是改造,它所设立的理想状态不是事物的本质而仅仅是一个观察的参照系,这个理想状态也是根本不现实的和不可实现的。为此,在探究中国经济学的范式时,除了吸收西方现代主流经济学发展出来的分析工具和检验手段之外,应该更多地借鉴古典经济学的研究思维。基于中国的国情,中国经济学范式的构建应该向古典政治经济学回归,建立"古典为体,新古典为用"的理论体系。

结 语

尽管自然科学具有普遍性,因而很少有中国物理学、美国物理学、日本物理学这样的说法,但是,包括经济学在内的社会科学却介于人文和科学之间,它与特定的社会文化有密切关系,因而经济学本身存在一个本土化的要求。同时,自然科学的发展往往意味着对自然世界认知的增进,因而常常有"进步"之说,但是,社会科学的发展却是基于对特定社会环境的反应,因而不存在单线的"进步说",而是表现出明显的否定之否定的过程。显然,当前我们也要引以为戒,中国经济学范式需要把"西方"的经济理论与中国的传统文化和行为机理结合起来,形成具有中国特色的经济学分析范式,只有这样才能造就具有根植性的中国经济学。实际上,契合本来就是知识统一和理论发展的关键,通过契合将跨学科的事实和建立在事实基础上的理论联系起来,可以实现知识的"统合",从而创造出一种共同的解释基础。譬如,就当前分立的政治经济学和西方主流经济学而言,两者原本是统一的。其中,西方主流经济学侧重于人与自然的关系方面,研究稀缺性资源的配置问题,而政治经济学则保持了对"人"的关注,分析具体社会关系下人与人之间的互动行为。因此,两者的研究各有侧重,但也各有片面,目前就需要重新审视两者的互补关系,并将两者纳入统一分析框架,这也越来越成为经济学发展的基本路径。

然而,迄今为止,国内的经济学还处于割裂状态:一是长期以来存在政治经济学和西方经济学相互排斥的二元学科结构;二是经济理论与中国文化以及中国人的思维方式存在严重脱节。因此,中国经济学范式的构建就面临着两个层次的契合:一是政治经济学和西方主流经济学之间的契合;二是经济理论与中国人的行为机理之间的契合。为此,中国经济学理论体系的构建重在对两大范式的研究对象、涉及内容、研究方法之差异性和互补性的挖掘,探悉经济学实质以及经济学科与其他社会科学之间关系,着重对两大范式演化的路径以及理论和社会实践的背景进行梳理、剖析,并将两个相对独立的范式进行契合。显然,基于当前两大经济学范式的契合,将马克思政治经济学的研究方法、基本理论观点与现代西方经济学的表达工具和检验手段结合起来,就可以形成从本质到抽象的研究路线,形成较为完整的四层次理论研究框架(朱富强,2006),同时,将经济理论建立在中国人的行为机理之上,用基于儒家社会的"为己利他"行为机理来修正西方主流经济学的"经济人"假设,可以更好地分析中国的经济现象,从而为中国经济学奠定基本分析框架。因此,如果中国经济学范式建立在这两个契合的基础上,那么,就不仅可以有利于经济理论的真正发展,还可以更好地指导社会改革实践,而且,随着中国经济实力的增强和对中国人行为机理探索的深入,必然在世界范围内会出现具有广泛影响的中国经济学,这个中国经济学既是本土的,也是世界的。

【2008年第14期】

总 策 划：张耀铭
责任编辑：贾　兰
装帧设计：周涛勇
责任校对：王　惠

图书在版编目（CIP）数据

新华文摘精华本:2000 年~2008 年.经济卷 /《新华文摘》
杂志社编. – 北京:人民出版社,2009.10
ISBN 978 – 7 – 01 – 008334 – 6

Ⅰ. 新…　Ⅱ. 新…　Ⅲ. ①文摘 – 中国②经济 – 文集
Ⅳ. Z89　F – 53

中国版本图书馆 CIP 数据核字(2009)第 175341 号

新华文摘精华本(2000—2008)
XINHUAWENZHAI JINGHUABEN

经 济 卷
JINGJI JUAN

新华文摘杂志社　编

人民出版社 出版发行
(100706　北京朝阳门内大街 166 号)

北京中文天地文化艺术有限公司排版
中国印刷总公司北京新华印刷厂印刷　新华书店经销

2009 年 10 月第 1 版　2009 年 10 月北京第 1 次印刷
开本：700 毫米×690 毫米　1/16　印张：30.75
字数：434 千字　印数：0,001 – 5,000 册

ISBN 978 – 7 – 01 – 008334 – 6　定价：59.00 元

邮购地址 100706　北京朝阳门内大街 166 号
人民东方图书销售中心　电话 (010) 65250042　65289539